(Mq. la 2e feuille du Tableau synoptique.)

DICTIONNAIRE
RAISONNÉ
DE BIBLIOLOGIE.

DICTIONNAIRE RAISONNÉ DE BIBLIOLOGIE,

CONTENANT,

1.° L'EXPLICATION des principaux termes relatifs à la Bibliographie, à l'Art typographique, à la Diplomatique, aux Langues, aux Archives, aux Manuscrits, aux Médailles, aux Antiquités, etc.; 2.° des Notices historiques détaillées sur les principales Bibliothèques anciennes et modernes; sur les différentes Sectes philosophiques; sur les plus célèbres Imprimeurs, avec une indication des meilleures éditions sorties de leurs presses, et sur les Bibliographes, avec la liste de leurs ouvrages; 3.° Enfin, l'exposition des différens Systèmes bibliographiques, etc. Ouvrage utile aux Bibliothécaires, Archivistes, Imprimeurs, Libraires, etc.

Par G. PEIGNOT, *Bibliothécaire de la Haute-Saône, Membre-correspondant de la Société libre d'émulation du Haut-Rhin.*

Indocti discant, et ament meminisse periti.

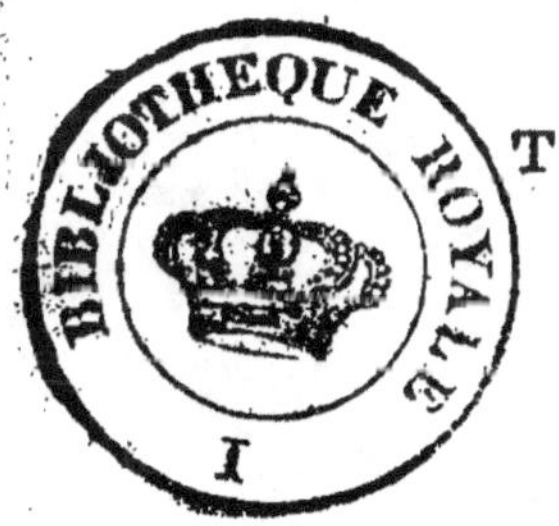

TOME PREMIER.

A PARIS,

Chez VILLIER, Libraire, rue des Mathurins, n.° 396.

AN X. — 1802.

A LA MÉMOIRE
DE JOSEPH BEAUCHAMP,
MON AMI,
ANCIEN CORRESPONDANT DE L'ACADÉMIE DES SCIENCES,
MEMBRE DE L'INSTITUT D'ÉGYPTE,
COMMISSAIRE
DES RELATIONS COMMERCIALES
A MASCATE EN ARABIE.

ASTRONOME ÉCLAIRÉ,
VOYAGEUR INSTRUIT, SAVANT MODESTE,
IL EUT L'ESTIME ET L'AFFECTION
DE TOUS CEUX QUI LE CONNURENT.

APRÈS DE LONGS ET UTILES TRAVAUX,
SUIVIS D'UNE DURE CAPTIVITÉ
SUR LES BORDS DE LA MER NOIRE,
IL VIENT DE MOURIR AU PORT,
VICTIME DE SON DÉVOUEMENT AUX SCIENCES
ET A LA CHOSE PUBLIQUE.

ERRATA.

Pages.	Lignes.	*Mots à corriger.*	*Corrections.*
xvij	4	pères mineurs	frères mineurs
23	20	brachmines	brachmanes
28	25	Bandelot	Baudelot
49	10	don Calmet	don Calmet et J. Lelong
59	31	donné	donnée
117	17	bibliographie	biographie
141	30	à mot	à ce mot
186	24	ont	on
223	17	*bibliographe*	*bibliographique*
251	27	*O mirificam !*	*O ! mirificam*
281	15	36	51
404	16 et 17	cette édition	ce 9e vol.
452	9	*anno* 1486	*annis* 1473---76
idem.	20	1797 et an. suiv. 10 vol. in-4.	1801

DISCOURS PRÉLIMINAIRE.

JAMAIS les sciences et les arts n'ont été cultivés en Europe avec autant d'activité qu'au commencement du 19e siècle, et peut-être jamais moment n'a été plus favorable pour leur faire prendre un nouvel essor. Les savans sont honorés dans leur patrie ; la paix sourit à leurs vœux ; appuyée sur des bases solides, elle rétablit les communications entre des peuples trop long-temps divisés ; elle rouvre partout les canaux du commerce ; elle répand déjà sur nos champs la corne d'abondance ; et l'on sait que les Filles de Mémoire se plaisent, loin du tumulte des camps, sous un ciel pur et sur une terre féconde qu'habite le bonheur. Si, pendant les longs orages de la révolution, le souffle impur du vandalisme n'a point éteint le flambeau des sciences, si elles ont été respectées au milieu des malheurs inséparables d'une guerre qui embrasait l'Europe entière, de quel éclat ne vont-elles pas briller sous l'égide d'un gouvernement pacificateur, juste et éclairé qui protège et encourage ceux qui les cultivent ?

Quatre siècles célèbres font époque dans les annales de la littérature universelle ; un cinquième semble s'ouvrir à la voix du génie qui préside aux destinées de la France. Une heureuse émulation s'établit entre tous les savans, entre tous les artistes : les sciences exactes surtout ont fait depuis près d'un siècle, et et font encore chaque jour des progrès incalculables. Si la littérature, la poésie et l'art dramatique n'offrent rien qui surpasse les chefs-d'œuvres du siècle de Louis XIV, on en est dédommagé par les importantes découvertes et les succès rapides qui couronnent la physique, la chimie, l'histoire naturelle, et même l'idéologie. Mais il est une science qui n'a pas marché de front avec les autres, quoiqu'elle tienne à toutes, et qui a été négligée, quoique très-intéressante ; je veux parler de la *Bibliologie*. Pour en faire sentir l'importance, il suffit de la définir et de présenter un apperçu rapide des principaux objets qui lui appartiennent et qui font l'objet de cet ouvrage.

La Bibliologie, embrassant l'universalité des connaissances humaines, s'occupe particulièrement de leurs principes élémentaires, de leur origine, de leur hisoire, de leur division, de leur classification et de tout ce qui a rapport à l'art de les peindre aux yeux et d'en conserver le souvenir par le moyen de signes, soit hiéroglyphiques ou épistoliques, soit manuscrits ou imprimés. On voit, par cette définition, que la Bibliologie peut être considérée comme une espèce d'encyclopédie littéraire-méthodique, qui, traitant sommairement et descriptivement de toutes les productions du génie, assigne à chacune d'elles la place qu'elle doit occuper dans une bibliothèque universelle. Elle diffère de la Bibliographie, en ce que cette dernière science ne comprend, à proprement parler, que la description technique et la classification des livres, au lieu que la Bibliologie (qui est la théorie de la Bibliographie) présente l'analise des connaissances humaines raisonnées, leurs rapports, leur enchaînement et leur division; approfondit tous les détails relatifs à l'art de la parole, de l'écriture et de l'imprimerie, et déroule les annales du monde littéraire pour y suivre pas à pas les progrès de l'esprit humain.

Nous nous sommes restreints, dans ce dictionnaire, à l'explication des principaux termes relatifs aux simples notions élémentaires de la Bibliologie, sans entrer dans tous les développemens que chaque matière pourrait exiger; car alors nous aurions multiplié les volumes à l'infini; mais malgré les bornes étroites que nous nous sommes prescrites, nous avons tâché de ne rien omettre d'essentiel.

Cet ouvrage devait paraître sous le titre de MANUEL DU BIBLIOTHÉCAIRE, et nous en avions présenté le sommaire dans le discours préliminaire de notre MANUEL BIBLIOGRAPHIQUE publié en l'an 9; mais depuis, cherchant à perfectionner notre travail, nous avons cru que la forme lexique était préférable à la didactique; en conséquence nous avons refondu notre manuscrit, suivi l'ordre alphabétique dans les matières, et changé le titre de l'ouvrage. Cependant, pour faciliter les recherches dans un ordre méthodique, nous allons indiquer les articles qui correspondent à chaque partie du premier plan que nous avions adopté.

Les premiers à consulter sont ceux-ci : *Bibliographie*, *Bibliographe* et *Bibliothécaire ;* ils peuvent servir comme d'introduction à l'ouvrage ; mais il faut y ajouter la biographie des bibliographes les plus connus, tels que les Boudot, Cailleau, Camus, Capperonnier, Cl. Clément, Da. Clément, Debure, Desessarts, Duverdier, Fabricius, Fontanini, Foppens, C. Gesner, Goujet, A.-P. Hérissant, Affo, Labbe, Lacroix-du Maine, Laire, Lambecius, Lamonnaie, Lelong, Lipenius, Mabillon, Maittaire, Marchand, Montfaucon, Naudé, Niceron, Rive, Struvius, etc., etc. : ils ont chacun un article séparé.

Nous donnons à l'article *Langues* des détails abrégés sur leur origine, sur leur différence, sur les langues anciennes, avec leur nomenclature raisonnée et celle des principales langues générales et particulières, tant mortes que vivantes, dont on se sert maintenant dans les quatre parties du monde : cet article est terminé par un catalogue des principaux ouvrages sur les langues, et peut être completté avec les mots *Alphabet*, *Diplomatique*, *Lettres*, etc.

L'écriture vient naturellement après les langues : plusieurs articles sont consacrés à cette partie de la Bibliographie. Les plus curieux sont ceux-ci : *Ecriture*, *Calligraphie*, *Paléographie*, *Hiéroglyphes*,

Koua, *Quipos*, *Chinois*, *Abréviations*, *Chrysographes*, *Sténographie*, *Tachygraphie*, *Okygraphie*, etc.; et pour les matières subjectives de l'écriture, il faut consulter les mots *Papier* de differens pays et de différentes espèces, *Parchemin*, *Vélin*, *Tablettes*, *Diptyque*, *Encre*, *Plumes*, *Styles*, *Palimpseste*, etc.

L'art de la parole et de l'écriture étant une fois découvert, les matériaux pour l'histoire littéraire se sont multipliés à l'infini. Ceux qui désireraient prendre une idée de cette histoire peuvent recourir, 1.° à l'article *Philosophie*, qui en présente une petite esquisse historique, ainsi que celle des différentes sectes philosophiques, et celle des sciences et des arts chez les grecs et les romains seulement; 2.° à l'article *Siècles littéraires*, qui donne un apperçu rapide de ceux d'Alexandre, d'Auguste, de Léon X et de Louis XIV; 3.° à l'article *Gaulois*, qui fait voir que les lettres ont été cultivées de temps immémorial chez nos ancêtres; 4.° à l'article *Bibliothèque*, qui est très-étendu et presqu'entièrement historique; les bibliothèques, tant anciennes que modernes, y sont mentionnées par ordre alphabétique.; 5.° aux articles *Académie*, *Université*, *Museum*, etc.

L'article *Typographie* offre un abrégé historique de l'origine de cette précieuse découverte, et une notice des premières éditions connues; on y parle ensuite des opérations qui constituent ce bel art; savoir, de la *gravure ou taille des poinçons*, de la *fonte des caractères* et de l'*impression*. A l'article *Typographie*, il faut ajouter les mots *Imprimerie*, *Caractères*, *Correction*, *Imprimeurs*, *Orthographe*, *Vignettes*, *Contrefaçon*, *Stéréotypage*, etc.

Quant aux célèbres imprimeurs, ils ont chacun un article séparé dans lequel on trouve, outre leur biographie, une notice abrégée des éditions remarquables qui ont honoré leurs presses. Voici la liste alphabétique, par ordre de siècles, des principaux imprimeurs dont il est question dans l'ouvrage.

XVe SIÈCLE. Alopa, Amerbach, Augustin, J. Badius, Buyer, Coster, Crantz, les Frellons, Frisner, Froben, Fust, Guttemberg, de Leeu, Levilapis, Martens d'Alost, Alde-Manuce, Maufer, Mentel, Moyse, Ratdolt, Rot, Ryfer, Schoiffer, Ventkler, Zeiner, etc.

XVIe SIÈCLE. Anshelmus, Augereau, Aussurd, C. Badius, J. Barbou, Beller, Bienne, Bomberg, Brocario, Brylinger, de Colines, Cornilleau, les Corrozet, de la Coste, Crispin, Dolet, les Elzeviers, les Etiennes, Gallotius, les Griphes, de Harsi, Hervagius, Hierat, Isingrinius, Paul Manuce et son fils, Millanges, les Morels, les Morets, Oporin, Patisson, Plantin, Porrus, Potken, Raphelenge, Roger, Roigny, Rouille, Schott, les Thibousts, les Tierrys, Tiletain, Tory, les de Tournes, les Trechels, Turnebe, Vascosan, Wechel, etc.

XVIIe SIÈCLE. Barbou, Bilaine, Coignard, Cramoisy, Cusson, Drouard, les Elzéviers, les

Etiennes, Martin, Lanoue, Palliot, Petit, Piget, Rocolet, Vitré, etc.

XVIIIe siècle. Anisson, Barbou, Baskerville, Bodoni, Boudot, Breitkopf, Bruyset, Cailleau, Crapelet, Causse, Coustelier, les Debures, les Didots, Fertel, Fournier, Ibarra, Panckcouke, Pierres, Simon, Vincent, Wetstenius, etc.

Les principaux graveurs en caractères sont les Guill. Lebé, les Garamond, les Sanlèque, les Gando, les Fournier, les Baskerville, les Didot, les Wafflard, etc.

L'article *Libraire* indique les qualités et les devoirs de celui qui embrasse le commerce de la librairie, dans quelque genre que ce soit.

La connaissance des livres et des éditions étant indispensable aux bibliographes, nous avons essayé de donner dans les articles *Livres*, *Editions*, *Formats*, etc. quelques détails sur leur matière, sur leur forme, sur leur dénomination, sur leur rareté, sur des titres qui ont quelquefois induit en erreur des bibliothécaires, etc. On peut aussi voir à ce sujet les mots *Bibliomanes*, *Bibliophiles* et *Bibliotaphes*. Quant aux articles où il est question des livres sacrés ou singuliers, nous renvoyons aux mots *Adrenam*, *Amarasinha*, *Anbertkend*, *Aterbabeth*, *Bible*, Catinati libri, Censorii libri, *Chan-hai*, *King*, *Chi-king*, *Chou-king*, *Edda*, Elephantini libri, *Havatnaal*, *Iroukouvedam*, *Izeschné*, *Kings*, *Kio*, *Koran*, *Li-ki*, *Pent-sao*, *Polyglottes*, *Sad-*

der, *San-fen*, *Se-ki*, *Tcheou-pi-souan-king*, *Tchun-tsieou*, *Thalmud*, *Védam*, *Y-king*, *Zend-avesta*, etc.

De la connaissance des livres, passons à leur classification : on trouvera, à l'article *Systéme bibliographique*, une notice abrégée de ceux qui ont été proposés ou adoptés par différens bibliographes de renom. A la suite de ces notices, nous avons hasardé un essai calqué sur la division encyclopédique, avec plusieurs changemens.

Nous ne parlerons point ici d'une infinité d'autres articles qui, dans ce dictionnaire, ont un rapport plus ou moins direct avec la science qui en est l'objet.

Il en est aussi quelques-uns qui n'appartiennent point à la bibliographie, tels que ceux *Cabinet d'histoire naturelle*, *Médailles*, *Peintres*, *Graveurs*, *Sculpteurs*, *Archæologie*, *Glyptographie*, etc. Nous les avons ajoutés à notre ouvrage, parce que, dans les départemens, il existe grand nombre de collections curieuses attachées aux bibliothèques, renfermant, ou des morceaux d'histoire naturelle, ou des médailles, ou des tableaux, ou des gravures, ou des pierres précieuses, etc.; nous avons cru qu'un mot sur la classification de ces différens objets ne déplairait point aux personnes chargées de quelque dépôt de cette nature.

Nous destinons le tableau géographique latin-francais qui termine l'ouvrage, à ceux qui, peu familiarisés avec les noms latins des différentes villes, sont embarrassés lorsqu'ils en trouvent sur les frontispices des livres imprimés en cette langue. Nous ajoutons, au nom des villes, la date de la fondation des académies et universités; nous inquons également dans quel temps et par qui l'art typographique a été primitivement exercé dans la plupart des villes que nous citons.

Nous venons d'exposer rapidement une espèce de plan méthodique de notre dictionnaire, et l'ordre dans lequel on peut en consulter les principaux articles; il nous reste à prévenir le lecteur que, cherchant à faire un ouvrage plutôt instructif qu'agréable, nous nous sommes moins attachés au mérite de la rédaction qu'à celui de l'utilité.

Un très-grand nombre d'auteurs choisis nous ont fourni une infinité de matériaux que nous avons souvent employés sans les retoucher, lorsqu'ils étaient de peu d'étendue, ou que nous avons analisés lorsqu'ils ne pouvaient entrer dans le cadre étroit que nous avons adopté. Mais nous avons toujours eu la scrupuleuse attention de citer les sources où nous avons puisé; et si le nom d'un auteur se trouve par hasard omis avant ou après une citation, nous déclarons que cette omission est involontaire, et qu'il n'est point dans notre intention de nous approprier ce qui ne nous appartient pas.

Peut-être trouvera-t-on que, dans plusieurs articles, nous aurions pu ajouter quelques développemens à de simples définitions auxquelles nous nous sommes restreints ; nous répéterons ce que nous avons déjà dit ailleurs, que, voulant réunir en deux volumes les premières notions d'une science aussi vaste que la Bibliologie, nous avons été obligés de nous borner plutôt à indiquer les matières qu'à les approfondir, sans cependant négliger d'en faire sentir l'importance.

Ce qui nous a encouragés à publier ce dictionnaire, le premier de ce genre, c'est qu'il est plutôt l'ouvrage des auteurs que nous avons consultés que le nôtre propre ; ce seul motif nous enhardit à l'offrir aux jeunes bibliophiles comme un livre utile, et aux bibliographes comme un hommage de notre reconnaissance pour les secours qu'ils nous ont donnés. Heureux si cet essai, tout imparfait qu'il est, n'est pas dédaigné par ceux auxquels il est destiné, ou s'il fait naître l'idée de composer un ouvrage du même genre, mieux fait, plus détaillé, et qui remplisse entièrement le but que nous nous sommes proposé.

Nota. *Quelques articles ayant été omis dans le cours de l'impression du premier volume, nous les plaçons à la suite du discours préliminaire.*

ARTICLES OMIS.

ARNAUD de Bruxelles. Imprimeur à Naples, au 15e siècle. Il a donné, en 1473, une superbe édition des Sermons de Robert Caraccioli, surnommé de Lice, sa patrie, au royaume de Naples. Ce religieux de l'ordre des pères mineurs, était un des grands prédicateurs du 15e siècle. Le titre de cet ouvrage, exécuté en magnifiques caractères romains, est : *Sermones clarissimi in sacrâ theologiâ magistri fratris Roberti Caratzuli de Litio ordin. min. de timore judiciorum Dei.: impressi in civitate Neapolis, per Arnaldum de Bruxella, die xxi mensis julii, anno MCCCCLXXIII.*

BELLAERT (Jacques). Imprimeur du 15e siècle. C'est lui qui a imprimé le premier livre qui a paru à Harlem avec la date de l'année, le nom de l'imprimeur et celui de la ville. Ce livre est un ouvrage flamand, traduit du latin de Barth. de Glanvill, cordelier anglais, qui florissait en 1360, intitulé : *De proprietatibus rerum.* L'édition flamande a pour titre : *Van de proprieteyten der dingen. Harlem, Jacob Bellaert*, 1485, in-fol. à deux colonnes, fig. sur planches de bois, caractères flamands-gothiques carrés. En 1372, cet ouvrage avait été traduit du latin en français, par ordre de Charles V, roi de France, par Jehan Corbechon, religieux augustin. On avait déjà imprimé à Harlem, en 1484, sans indication de typographe : *Of de Konincx somme*, etc. (1), in-4 à longues lignes, avec fig. en bois, mêmes caractères que les précédens, lettres initiales de diverses couleurs.

(1) La *Somme le roy*, ou la *Somme des vices et des vertus*, ouvrage composé en gaulois, par ordre de Philippe-le-Hardi, roi de France, l'an 1279, par frère Laurent de l'ordre des frères prêcheurs. Jean Brédérodé, chartreux, en a fait et terminé la traduction flamande en 1409.

BIBLE. *Ajoutez* à cet article, pag. 49 : Dans le cours du 18e siècle, plusieurs bibliophiles ont formé des collections précieuses des premières éditions de la *Bible*. On distingue parmi ces amateurs, le duc de Wurtemberg, J.-M. Goetze, pasteur à Hambourg, W. Panzer, dont nous parlons à l'article MAITTAIRE, Josias Lork, pasteur à Copenhague, et M.-J.-A. Steiner, pasteur à Ausbourg. Le duc de Wurtemberg alla en 1784 à Copenhague pour y acheter la collection de M. Lork, qui était de 5,156 éditions : elle lui fut cédée et passa dans la bibliothèque ducale de Stoutgardt. Peu de temps après, le duc acquit encore la collection de M. Panzer, consistant en 1,645 volumes. On peut donc regarder la bibliothèque de Stoutgardt comme le dépôt le plus complet des différentes éditions de la *Bible*. On croit que la collection de M. Goetze a été dispersée après sa mort; celle de M. Steiner, composée de 982 volumes, a été vendue par enchère à Ausbourg, en mars 1799. M. Zapf, connu par différens ouvrages, s'en est procuré quelques éditions dont il donne la description dans une brochure in-4, ayant pour titre : *Notices bibliographiques d'une ancienne édition des psaumes et de quelques éditions rares de la Bible du 15e siècle*. Ausbourg (en allemand). Cette brochure, de 70 pages, est, dit-on, intéressante et renferme des commentaires qui jettent beaucoup de jour sur l'histoire de l'invention et des progrès de l'imprimerie. M. Georges-Guill. Zapf est connu par différens ouvrages relatifs à l'art de l'imprimerie. Il a publié, en 1778, avec Fr.-Ant. Veith, les *Annales typographiques d'Ausbourg*, dont il a donné seul, en 1786, une nouvelle édition augmentée, qui renferme les alphabets et les écussons des imprimeurs de cette ville, depuis 1468 jusqu'à 1530. Il a encore publié, en 1791, une notice des livres imprimés dans le 15e siècle à Schwaben, Ulm, Esslingen, Reutlingen, Memmingen, Stoutgard, Tubingen, Aurach, Blaubeuren et Constance. Ces ouvrages sont écrits en allemand.

Ajoutons un mot sur deux *Bibles* célèbres dont on parle dans le sixième volume des *Notices et Extraits des manuscrits de la bibliothèque nationale*, qui vient de paraître. Le citoyen Camus donne la description de ces deux *Bibles* manuscrites très-curieuses par leur magnificence : elles sont ornées de dessins et de miniatures extrêmement précieuses à tous égards : l'une renferme 5,152 tableaux avec deux versets pour chaque tableau, l'un latin, l'autre français, tous deux décorés d'une capitale alternativement en or et en azur, et d'une finale toujours en or et azur. « Je suppose, dit le citoyen Camus, que l'on pût aujourd'hui faire exécuter chaque tableau avec les deux versets pour 12 francs, ce livre entier coûterait 61,824 francs ; ce que l'on peut bien porter, avec la dépense du vélin, à 62,000 francs. Le second manuscrit n'a qu'un peu plus de la moitie du nombre des tableaux ; mais ce ne sont pas de simples lavis, ce sont des peintures parmi lesquelles il s'en trouve de très-belles : qu'on ne l'estime si l'on veut qu'à la somme de 40,000 francs ; où trouvera-t-on aujourd'hui des exemples d'un pareil luxe pour les livres ? » A cette observation sur la dépense que l'on faisait alors pour se procurer de beaux livres, le citoyen Camus en ajoute une seconde sur les sujets de ces tableaux et la manière dont ils sont représentés. Ces sujets sont presque tous en contradiction avec les idées saines de la religion, de la raison, de la morale : ce sont des Diables luttant contre la puissance de Dieu ; l'ame sortant du corps de l'homme, y est représentée sous la figure d'une petite personne. On y expose les actions les plus impures ; et souvent les acteurs, dans ces sortes de scènes, sont des prélats et des moines. Quel siècle que celui où, après s'être rempli l'esprit des idées que ces tableaux impurs et pleins de fables faisaient naître, on ne recevait dans les temples d'autre instruction publique que celle des Maillard, des Barlette, des Menot, etc. !

BOLLANDISTES. On appelle ainsi des jésuites d'Anvers, qui travaillaient à la collection des actes des vies des saints. On doit le projet de cet immense ouvrage au P. Héribert Rosweide d'Utrecht, jésuite de la maison professe d'Anvers, qui le conçut au commencement du 17e siecle (1). Il mourut en 1629, sans l'avoir commencé, et le P. Bollandus ou Bolland y travailla l'année suivante : c'est de lui que vient le nom de *bollandistes*, donné à ses associés et à ceux qui lui ont succédé dans cette longue et pénible tâche. Bollandus, pour exécuter le projet du P. Héribert Rosweide, établit une correspondance générale de lettres avec toute l'Europe, pour se faire ouvrir toutes les bibliothèques, les chartes, les trésors, les cabinets, afin qu'on lui envoyât tout ce qui se trouverait d'actes concernant la vie des saints. Comme il ne pouvait suffire seul à une si pénible occupation, on lui associa, en 1635, le jésuite Godefroi Henschenius, et ils publièrent, en 1643, 2 forts volumes in-folio, pour les vies des saints de janvier, avec des observations en tête de chaque vie, et des notes à la fin. Le mois de février parut en 1658, 3 volumes in-fol. Le P. Daniel Papebroch leur fut adjoint pour continuer leur travail; mais Bollandus mourut en 1665, à 70 ans, ayant que le mois de mars fut en état de paraître. Ce recueil forme maintenant 50 volumes in-folio, dont voici le détail :

Janvier 2; février 3; mars 3; avril 3; mai 7, y compris le *propyleum;* juin 7, y compris le martyrologe d'Usnard; juillet 7; août 6; septembre 8; octobre 4 : ce dernier mois est incomplet; novembre et décembre n'ont point encore paru.

Cet ouvrage, publié à Anvers, chez Meursius, 1643 et

---

(1) Ce projet est imprimé à Anvers sous ce titre : *Fasti Sanctorum quorum vitae in Belgicis bibliothecis manuscriptae asservantur*, in-8.

années suivantes, a été réimprimé à Venise en 1734 et années suivantes. Nous possédons à la bibliothèque publique de la Haute-Saône, cette dernière édition, bien inférieure à celle d'Anvers. Mais je présume que l'édition de Venise ne passe pas le 15 septembre, qui termine le 42e volume, du moins nous n'avons que cela de cette édition; les six volumes qui suivent le 42e sont de l'édition d'Anvers; les 2e et 4e d'octobre nous manquent.

Ce recueil précieux, qui renferme une infinité de pièces originales, de diplômes et de dissertations intéressantes pour l'histoire, est purgé de tous les contes ridicules et des fables indécentes dont les anciens légendaires avaient rempli la vie des saints. Il faut ajouter à cette collection, 1.° une censure amère de Sébastien de Saint-Paul, qui parut en 1693, in-4, contre le P. Daniel Papebroch, et qu'on attribue au mécontentement particulier qu'eurent les carmes de ce qu'avait avancé Papebroch dans l'*Acta Sanctorum*, contre l'antiquité de leur ordre; et, 2.° la réponse à cette censure, qui parut à Anvers, 1698, 4 vol. in-4, et qui fut très-bien accueillie (1). Les auteurs qui ont travaillé à cette vaste collection, sont: *Joa. Bollandus*, *Godefr. Henschenius*, *Daniel Papebrochius*, *Franc. Baertius*, *Conrad. Janning*, *Joa. Pinius*, *Guill. Cuperus*, *Nicol. Rayæus*, *Joa.-Bapt. Sollerius*, *Pet. Boschius*, *Joa. Stiltingus*, *Joa. Limpenus*, *Joa. Veldius*, *Constant. Suyskenus*, *Joa. Perierus*, *Urb. Sticker*, *Joa. Cleus*, *Cornel. Byens*, *Joa. Buens*, *Jos. Ghesquierus*, etc., etc.

La collection des *bollandistes*, interrompue par la suppression des jésuites, a été reprise en 1779, par ordre de feue l'impératrice-reine, et le 4e volume d'octobre a paru en

(1) *Voyez* MANUEL BIBLIOGRAPHIQUE. Les titres de ces deux ouvrages se trouvent aux pages 270 et 271.

1781. On présume que cet ouvrage achevé pourra monter de 60 à 70 volumes.

BRAUN (Placidus). Bibliothécaire de l'abbaye de Saint-Ulric et de Saint-Afre à Ausbourg. Ce bibliographe a publié, en 1788 et 1789, une notice historique et littéraire des livres imprimés dans son monastère et dans d'autres villes d'Allemagne, depuis l'invention de l'imprimerie jusqu'en 1500. On trouve dans cette notice des tables qui contiennent les épreuves des alphabets des imprimeurs dont il parle.

BYZANTINE. C'est ainsi que l'on appelle un corps d'histoire de Constantinople, depuis le temps où Constantin y a transféré le siége de l'empire romain, en 330, jusqu'à la prise de cette ville par les turcs en 1453. Ce corps d'histoire est composé par différens auteurs grecs, tels que Théophilacte Simocatte, S. Nicephore, Procope, Agathias Scholasticus, Georges Syncell, S. Théophane, Georges Cédrene, Constantin Manasses, Michel Glycas, Jean Zonare, Nicetas, Georges Pachymere, Jean Cantacusene, L. Chalcondyle, etc., etc. Ces auteurs grecs ont été traduits en latin, éclaircis, commentés et publiés successivement par différens savans, tels que Phil. Labbe, Dufresne-Ducange, Petau, Goar, Combefisius, Fabrot, Meursius, Lambecius, Hoëschelius, Jérôme Wolphius, etc., etc. Cette belle collection, dont le premier volume a paru en 1645, sort en grande partie des presses du Louvre, et forme un recueil de 36 volumes in-folio, bien précieux lorsqu'ils sont en grand papier. Les volumes les plus rares à trouver en grand papier, sont, 1.° l'*Histoire de Constantinople*, écrite par Geoffroy de Ville-Hardouin; 2.° les *Familles*, par Ducange; 3.° les *Histoires de Procope*, 2 vol., et l'*Histoire byzantine* de Georges Acropolite, 1 vol., imprimés au Louvre; et, 4.° les

2 tomes des histoires écrites par Georges Pachymere, imprimés en pays étranger. Le volume renfermant les œuvres de Joseph Genesius, Georges Phranza et autres écrivains bysantins, n'est pas exécuté en format aussi grand que les autres, quoiqu'en grand papier. La bysantine a été réimprimée à Venise en 1729, etc. (*voyez* la *Bibliographie* de Debure, le *Dictionnaire* d'Osmont, etc.).

EGGESTEYN (Henri). L'un des premiers imprimeurs établis à Strasbourg : on le croit même le disciple et l'associé de Jean Mentel. C'était un homme lettré. On possède à la bibliothèque nationale à Paris, plusieurs de ses éditions, entr'autres celle des *Constitutions du pape Clément V*, in-fol. max. imprimée à quatre colonnes ; les deux du milieu renferment le texte, et les deux d'à côté le commentaire. On voit, par la souscription de ce volume, qu'*Eggesteyn* l'a imprimé en 1471 ; qu'auparavant il avait déjà imprimé une infinité de volumes de droit civil et canon, et qu'il était maistre-ès-arts en philosophie. Il a encore publié, dans la même année : *Decretum gratiani cum glossis*, 2 vol. in-fol. max. caractères gothiques comme le précédent ; les lettres initiales rouges et bleues sont faites au pinceau. Son édition de *Justiniani imperatoris institutiones cum apparatu*, 1472, in-fol. est très-connue. Marc Reinhard, de Strasbourg, et Nic.-Phil. de Benscheym, ont imprimé en société dans cette ville, peu après *Eggesteyn*. Ils ont donné, en 1482, une édition latine de la *Vulgate*, in-fol.

GOES (Mathias). Imprimeur à Anvers, dans le 15e siècle. Il y a division entre les bibliographes au sujet de son édition des *Visions de Tondale*, dont le titre est : *Het boeck van Tondalus visioen*, et à la fin de laquelle on lit : « Ici se termine le livre de la vision de Tondale, et comment son ame fut prise hors de son corps ; il a été imprimé à Anvers chez moi Mathys Vander Goes. » *Ende is gheprent t' Antwerpen bi mi Mathijs Vander Goes*, *anno mccccl.x.xij*...... petit in-4 de 32 pages et demie de 24 lignes dans les pages entières, sans points, sans virgules, sans chiffres, sans réclames, mais avec signatures finissant *E* 3; lettres initiales au pinceau, caractères gothiques. C'est la date de 1472 qui fait un objet de discussion parmi les bibliographes; les uns, tels que Verdussen, Mols, Meerman et Visser regardent cette date comme authentique; alors cette édition est la première exécutée dans la Belgique en caractères mobiles, et Anvers a la palme de la primauté typographique sur toutes les autres villes de cette province; d'autres, tels que Mercier, Lambinet, etc. jugent cette date subreptice, et se fondent sur ce que cette édition n'a ni la forme, ni l'empreinte, ni le coup d'œil de celles qui ont été faites à cette époque, et sur ce qu'il y a interruption de dix ans entre cette édition et celle du *Miroir*, ou règle de la foi chrétienne ou des siècles chrétiens : *Die Spyeghel of reghel der kersten gheloue of der kersten eewe. Gheprent t' Antwerpen bi mi Mathys Vander Goes*, *anno mccccl.x.x.xij*, in-4, exécuté comme celui des visions de Tondale. Le citoyen Lambinet croit que « Mathias *Goes*, jaloux d'acquérir dans son pays les honneurs de la typographie, aura imprimé avec la date de 1472, un livret in-4 de 32 pages, qu'il aura tiré à peu d'exemplaires, et qu'il aura laissé reposer dans son magasin, afin de faire préjuger, après sa mort, sa priorité sur les autres imprimeurs, ses contemporains. Il suppose la même ruse dans les éditions de Martens d'Alost, de 1473. » Ce même auteur entre dans des détails sur les éditions de *Goes*. Il en présente huit avec date, cinq avec souscription seulement, et neuf à dix sans date ni souscription, qu'on attribue à Mathias *Goes*, mais dont plusieurs peuvent être revendiquées par des artistes allemands ou bataves.

DICTIONNAIRE
RAISONNÉ
DE BIBLIOLOGIE.

A.

ABRÉVIATIONS. Comme l'usage des *abréviations* est très-commun dans les anciens manuscrits, ainsi que dans les imprimés du 15e siècle, nous avons cru devoir consacrer un article à ce mot, pris généralement, et y ajouter une table, qui, toute incomplette qu'elle est, peut être utile. Les anciens, dans leurs *abréviations* les plus communes, conservaient une partie des lettres d'un mot, et substituaient certains signes à celles qu'ils supprimaient; ainsi ils écrivaient *Dms* ou *Dns* pour *Dominus* (1). Dans les manuscrits les plus anciens, l'*m* ou l'*n*, à la fin de la ligne, est désignée par une petite barre horisontale ⁓ ou par une *s* couchée ∽, seule ou accompagnée de deux points, l'un supérieur, et l'autre inférieur. Le mot *est* (du verbe *esse*), rendu par ce signe ÷, désigne une antiquité de six à sept cents ans. La lettre *n* servant d'*abréviation* pour nom d'homme inconnu, a lieu, selon Mabillon, dès le 9e siècle (2). C'est dans le même temps qu'on abrégeait *ille* par *ill.* Les *abréviations* étaient déjà communes après le 6e siècle : elles le furent davantage au 8e, encore plus au 9e; elles se

---

(1) Ces *abréviations* étaient en usage dans les 3e et 4e siècles, surtout la première, lorsqu'elle est constante dans un manuscrit.

(2) *Voyez* Act. SS. Bened., *tom.* 5, pag. 291.

multiplièrent à l'infini au 10e : dans le 11e il n'y a pas de ligne où il n'y ait jusqu'à huit et dix *abréviations ;* enfin, dans les 12e, 13e, 14e et 15e siècles, l'usage des *abréviations* fut porté à l'excès ; l'écriture en fut farcie, même dans les ouvrages en langue vulgaire, et dans les premiers exemplaires de l'imprimerie. Dès le 14e siècle, Philippe-le-Bel fut obligé de rendre une ordonnance (en 1304) pour bannir des minutes des notaires, et surtout des actes juridiques, toutes les *abréviations* qui exposaient les actes à être mal entendus, et à être falsifiés. Le parlement, par arrêt de 1552, bannit également des lettres-royaux, les *etcætera* qui avaient jusqu'alors été d'usage, et qui étaient également sujets à de grands abus. A l'article des notes tironiennes (*voyez* TIRON), nous parlons de l'*abréviation* d'*et* par 7, et d'*us* par 9, à la fin des mots ; les *abréviations* de *per*, de *pro* et de *præ* étant sujettes à être confondues, voici comme on les distingue : *Per* est abrégé par *p*, dont la queue est coupée par un trait ; *pro*, par *p*, dont un trait courbe sort de la tête de ce *p* ; et *præ*, par un trait supérieur qui ne touche point à la lettre. Voici une petite table de quelques *abréviations* latines. On peut consulter, pour les *abréviations* hébraïques, Mercerus, David de Pomis, Schindler, Buxtorf et autres ; pour les *abréviations* romaines, la collection de Sertorius Ursatus, qui est à la fin des marbres d'Oxford, sous ce titre : *Sertorii Ursati, de notis Romanorum, commentarius* ; et pour les *abréviations* les plus récentes employées dans les manuscrits et dans les titres, Lacurne de Sainte-Palaye.

Petite Table de quelques Abréviations latines.

AB. *Abdicavit.*

AB. AUGUSTOB. M. P. X. *Ab augustobriga millia passuum decem.*

ABN. *Abnepos.*

AB. U. C. *Ab urbe conditâ.*

A. C. P. VI. *A capite vel ad caput pedes sex.*

A. D. *Ante diem.*

ADJECT. H--S. IX. ∞. *Adjectis sestertiis novem mille.*

ÆD. II. $\overline{\text{II}}$. VIR. II. *Ædilis iterum, duumvir iterum.*

A. K. *Ante kalendas.*

ANN. LIII. H. S. E. *Annorum quinquagesima trium hîc situs est.*

ANN. PL. M. X. *Annos vel annis plus minus decem.*

ANN. Θ XVI. *Anno defunctus decimo sexto.*

ANN. V. XX. *Annos vixit vigenti.*

A. P. M. *Amico posuit monumentum.*

A. RET. P. $\overline{\text{III}}$ S. *Antè retrò pedes tres semis.*

AR. P. *Aram posuit.*

ARG. P. X. *Argenti pondo decem.*

A. R. S. H. *Anno reparatæ salutis humanæ.*

B. A. *Bixit annis, id est vixit annis.*

B. M. P. *Benè merito posuit.*

B. M. P. C. *Benè merito ponendum curavit.*

B. M. S. C. *Benè merito sepulcrum condidit.*

BN. H. I. *Bona hîc invenies.*

B. RP. N. *Bono republicæ natus.*

BX. ANVS. VII. ME. VI. DI. XVII. *Vixit annos septem, menses sex. Dies septem decim.*

C. D. *Comitialibus diebus.*

CC. VV. *Clarissimi viri.*

CERTA. QUINQ. ROM. CO. *Certamen quinquennale romæ conditum.*

COSS. *Consules.*

COST. CUM. LOC. H--S ∞ D. *Custodiam cum loco sestertii mille quingentis.*

C. V. *Centum viri.*

C ∞ IX. *Nongenti novem.*

D. B. I. *Diis benè juvantibus.*

D. D. D. D. *Dignum Deo domum dedicavit.*

D. D. Q. O. H. L. S. E. V. *Diis Deabusque omnibus, hunc locum sacrum esse voluit.*

D. M. S. *Diis manibus sacrum.*

D. O. M. Æ. PP. *Deo optimo maximo æterno perpetuo.*

D. S. P. F. C. *De suâ pecunia faciendum curavit.*

D. V. C. *Dicat, vovet, consecrat.*

EX. A. D. K. *Ex ante diem kalendas.*

EX. H--S. X. P. F. I. *Ex sestertiis decem parvis fieri jussit.*

EX. H--S. N. CC. L. ∞ D. XL. *Ex sestertiis nummorum ducentis quinquaginta millibus quingentis quadraginta.*

F. F. F. *Ferro, flammâ, fame, fortior, fortunâ, fato.*

F. R. *Forum romanum.*

H. M. E. H--S. CCIƆƆ· CCIƆƆ· IƆƆ· M. N. *Hoc monumentum erexit sestertiis vigenti quinque mille nummûm.*

I. D. *Inferis diis, jovi dedicatum, isidi deæ, jussu Dei.*

I. M. CT. *In medio civitatis.*

IN. V. I. S. *Inlustris vir infra scriptus.*

K. *Cæso, Caius, Cœlius, Carolus, Cohors, Carthago,* etc.

L. AP. *Ludi, Apollinares.*

L. L. *Sestertius magnus.*

MES. VII. DIEB. XI. *Mensibus septem, diebus undecim.*

N. V. N. D. N. P. O. *Neque vendetur, neque donabitur, neque pignori obligabitur.*

OB. C. S. *Ob cives servatos.*

O. E. B. Q. C. *Ossa ejus benè quiescant condita.*

P. A. F. A. *Postulo an fias auctor.*

PAT. PAT. *Pater patriæ.*

PED. CXV. S. *Pedes centum quindecim semis.*

P. II. က. L. *Pondo duarum semis librarum.*

P. II. S. : : *Pondo duo semis et triente.*

P. P. P. C. *Propriâ pecuniâ ponendum curavit.*

P. R. V. X. *Populi romani vota decennalia.*

PS. *Passus, plebescitum.*
Q. B. *vel* V. AN-XXX. *Qui vel quœ Bixit, id est, vixit annos trigenta.*
Q. Q. *Quinquennalis.*
Q. R. *Quœstor reipublicœ.*
ROB. *Robigalia, Robigo.*
S. EQ. Q. OD. ET. P. R. *Senatus, equesterque ordo, et pop. Rom.*
S. P. Q. R. *Senatus populusque romanus.*
S. E. T. L. *Sit ei terra levis.*
SSTVP. XVIIII. *Stipendiis novem-decim.*
ST. XXXV. *Stipendiis triginta-quinque.*
TR. PO. *Tribunitia potestas.*
Θ. TH. AN. X_X. III. *Mortuus annis viginti tribus.*
V. B. A. *Viri boni arbitratu.*
VI. V. VII. V. VIII. VIR. *Sextum-vir, septem-vir, octum-vir.*
X. V. *Decemvir.*
XV. V. *Quindecim-vir.*
Xp. *Christus.*
Xpiani. *Christiani.*
Xposor.9 *Christophorus.*

Nous ajouterons à cette petite table un exemple d'autres *abréviations* latines tirées des trois premières lignes d'un monument de la ci-devant église de Saint-Martin de Tours : il est de l'an 1375. Dans les soixante-quatorze mots qui composent ces trois lignes, il n'y en a que treize qui sont écrits tout au long, dont la moitié est composée de monosyllabes ; tout le reste est en abrégé.

In	noie.	dm.	am.	anno	incarnatois.9	eidem.
In	*nomine*	*Domini*	*amen*	*anno*	*incarnationis*	*ejusdem*

dmj.	m.º	ccc	LXX	V	ind.
Domini	*millesimo*	*trecentesimo*	*septuagesimo*	*quinto*	*indictione*

x iij die xx j. mes. apl. horâ ipsi.9
decimâ tertiâ die vigesimâ prima mensis aprilis, horâ ipsius

diei cca. tciam. pont. S. in x° P.
diei circa tertiam ; pontificatus sanctissimi in Christo patris
et d. n. dni. Gre. di. P. ppe.
et Domini nostri Domini Gregorii divinâ Providentiâ pàpæ

xj. anno qnto. in captlo. ecc.e Tur.s
undecimi anno quinto in capitulo ecclesiæ Turonensis,

plibs. can.cis ipi.s ecclie. ymo qi. os. can.ci
pluribus canonicis ipsius ecclesiæ ; ymo qui omnes canonici

tuc. i. Tur. resid. plit.a in ipo. cap.o ad
tunc in Turone residebant pluraliter in ipso capitulo ad

sonu. capan, p. ut mor. est ad capit.m facien.
sonum campanæ pro ut moris est ad capitulum faciendum

cggatx.e vid. Dns. jo.
congregati, videlicet Dominus Johannes..... etc.

Explication d'autres abréviations qui sont très-usitées dans les bulles et autres actes émanés de la chancellerie romaine depuis le quinzième siècle jusqu'à ce jour (1).

Alr. als. auct. cen. effus. exit. fres.
Aliter. alias. auctoritate. censuris. effectus. existit. fratres.

---

(1) Ce qui augmente la difficulté des écritures romaines, c'est que les secrétaires de la chancellerie sont dans l'usage de ne marquer l'*abréviation*, d'aucun signe ou trait qui fasse soupçonner que le mot est abrévié ; en sorte que ces écritures, plus que barbares, demandent une étude particulière, fondée sur d'autres principes que ceux de l'étude du gothique ordinaire. LEMOINE, *Diplom. prat.*

frum. gnli. infraptum intropta. lia.
fratrum. generali. infra scriptum. intro scripta. licentiâ.

liæ. litè. mir. ordio. pp. pr.
litteræ. licite. misericorditer. ordinario. papa. pater.

pontus. ptus. pntium. pror. qmlibet.
pontificatus. prædictus. præsentium. procurator. quomodo-
præfatus.

tm. thia. tli.
libet. tantum. theologia. tituli.
tamen.

On trouvera des tables d'*abréviation* très-détaillées dans le nouveau Traité de diplomatique des bénédictins, 6 vol in-4., tome 3, planches 60 et 61, pag. 448 et 550; dans l'Encyclopédie au mot ABRÉVIATION; dans le Dictionnaire de Devaines au même mot; dans la Diplomatique pratique de Lemoine, etc. etc.

ABRÉVIATION. Terme de librairie. On se sert ordinairement dans les catalogues ou annonces de livres, d'abréviations, pour désigner le format d'un livre, la manière dont il est relié, sur quel papier il est imprimé, etc. Nous allons donner une liste de ces *abréviations*.

pap. d'Hol. . . . . papier d'Hollande.
p. vél. . . . . papier-vélin.
p. imp. . . . . papier impérial.
g. pap. . . . . grand papier.
pap. méd. . . . . papier médian ou moyen.
p. p. . . . . petit papier.
l. r. . . . . lavé, réglé.
m. r. dent. . . . . maroquin rouge avec dentell.
m. c. . . . . *idem*, citron.
m. bl. . . . . *idem*, bleu.

m. viol. . . . . maroquin violet.
m. n. . . . . *idem*, noir.
m. ve. . . . . *idem*, verd.
m. d. l. . . . . *idem*, du levant.
m. doub. d. m. l. r. . . . . . maroquin doublé de maroquin, lavé, réglé.
f. d. . . . . filets dorés.
d. s. t. . . . . doré sur tranche.
f. d. s. l. p. . . . . filets d'or sur le plat.
d. d. t. . . . . doublé de tabis (1).
v. f. . . . . veau fauve ou veau filets.
v. b. . . . . veau brun.
v. r. . . . . veau racine.
v. p. . . . . veau porphire.
v. m. . . . . veau marbré.
v. éc. . . . . veau écaillé.
p. d. t. d. r. . . . . peau de truie de russie.
fig. . . . . figures.
c. f. . . . . *cum figuris.*
pl. enl. . . . . planches enluminées.
f. ob. . . . . format oblong.
c. m. . . . . *charta magna.*
f. at. . . . . format atlantique.
goth. . . . . gothique.
rel. . . . . relié.
br. . . . . broché.
vol. in-fol. ou in-f.o . . . . volume in-folio.
in-4.° . . . . in-quarto.
in-8.° . . . . in-octavo.
in-12. . . . . in-douze.

---

(1) C'est une étoffe de soie ondée, une espèce de gros taffetas, que l'on prend ordinairement de couleur bleue, rouge ou aurore pour doubler les reliures de luxe.

vol. in-16.	volume in-seize.
in-18.	in-dix-huit.
in-24.	in-vingt-quatre.
in-32.	in-trente-deux.
in-36.	in-trente-six.
p. f.	petit format ou papier fin.
rel. en ch.	relié en chagrin.

ACADÉMIE. On entend par ce mot une société d'hommes instruits et d'une capacité distinguée, dont tous les travaux tendent à l'avancement et au perfectionnement des arts et des sciences. Les principales *académies* connues ont été établies avec l'agrément et sous la protection des gouvernemens. Celles qui existaient en France ont été supprimées par un décret du 8 août 1793. Voici les plus célèbres par ordre de date de leur fondation. L'*académie française*, instituée en 1635, par le cardinal de Richelieu : elle avait pour but de perfectionner la langue ; et, en général, elle avait pour objet toutes les matières de grammaire, de poésie et d'éloquence : elle était composée de quarante membres : elle a publié un dictionnaire dont la cinquième édition a paru en l'an 6 (1798). *L'académie des inscriptions et belles-lettres* a été instituée en 1663 : elle s'occupait des inscriptions, des devises, des médailles, et travaillait à répandre, sur tous ces monumens, le bon goût et la noble simplicité qui en font le véritable prix : elle était composée de dix honoraires, dix pensionnaires et vingt associés. *L'académie royale des sciences* a été établie en 1666 par les soins de Colbert : elle s'occupait particulièrement d'objets de physique et de mathématiques : elle était composée de dix honoraires, de vingt pensionnaires, savoir : trois géomètres, trois astronomes, trois mécaniciens, trois anatomistes, trois botanistes, trois chimistes, un trésorier et un secrétaire, l'un et l'autre perpétuels ; vingt associés et douze adjoints. C'est en 1699 que cette *académie* a éte renouvelée. Telles étaient les trois principales académies séantes à Paris. Il y en avait aussi dans les provinces : celle des jeux floraux à Toulouse était la plus ancienne de France. Cette ville possédait, outre cela, une *académie* des sciences et des belles-lettres. La société des sciences de Montpellier était encore célèbre. On voyait de semblables établissemens à Bordeaux, à Soissons, à Marseille, à Lyon, à Pau, à Montauban, à Angers, à Amiens, à Villefranche, à Dijon, à Nîmes, à Besançon, à Châlons-sur-Marne, etc. Les *académies* étrangères les plus renommées, sont celle de Berlin, appelée *académie royale des sciences et des belles-lettres de Prusse*, fondée en 1700, par Frédéric I.er, et présidée d'abord par Leibnitz. Celle de Pétersbourg, connue sous le nom d'*académie impériale de Pétersbourg*, fondée par Catherine en 1726 ; une autre sous le nom d'*académie impériale des beaux-arts*, établie dans la même ville en 1765 par Catherine II. L'*académie royale d'Espagne*, fondée en 1714 pour cultiver la langue castillane : elle a vingt-cinq membres. L'*académie des curieux de la nature*, fondée en Allemagne en 1652, par Bausch, médecin, et confirmée par l'empereur Léopold en 1670. L'*institut* de Bologne, dont l'ouverture se fit en 1714 : on y a réuni l'*académie* clémentine des beaux-arts, érigée à Bologne en 1712, sous le nom et la protection du pape Clément XI. L'*académie de la Crusca*, la plus célèbre de toutes les académies d'Italie, établie à Florence en 1582, par les soins d'Antoine-François Grazzini. L'*académie del Cimento*, etc., etc. L'Italie fourmille d'*académies* dont les noms sont plus bizarres et plus singuliers les uns que les autres : Jarckius en a donné une histoire abrégée, imprimée en 1725 à Leipsick : il n'a écrit que l'histoire des académies du Piémont, de Férarre et de Milan ; cette dernière ville en compte seule vingt-cinq : il a seulement donné la liste des autres, qui se porte à 550. En France, les académies ont été remplacées par l'*institut national des sciences et arts*, fondé par la constitution, qui s'exprime ainsi : *Un institut national est chargé de recueillir les découvertes, de perfectionner les sciences et les arts.* Il est composé de 144 membres résidant à Paris, et d'un égal nombre d'associés répandus dans les différentes parties de la république : il s'associe des savans étrangers, dont le nombre est de vingt-quatre ; huit pour chacune des trois classes : il est divisé en trois classes ; chaque classe en plusieurs sections, et chaque section est composée de six membres. PREMIÈRE CLASSE. *Sciences physiques et mathématiques* : 1. mathématiques ; 2. arts mécaniques ; 3. astronomie ; 4. physique expérimentale ; 5. chimie ; 6. histoire naturelle et minéralogie ; 7. botanique et physique végétale ; 8. anatomie et zoologie ; 9. médecine et chirurgie ; 10. économie rurale et art vétérinaire. SECONDE CLASSE. *Sciences morales et politiques* : 1. analise des sensations et des idées ; 2. morale ; 3. science sociale et législation ; 4. économie politique ; 5. histoire ; 6. géographie. TROISIÈME CLASSE. *Littérature et beaux-arts* : 1. grammaire ; 2. langues anciennes ; 3. poésie ; 4. antiquités et monumens ; 5. peinture ; 6. sculpture ; 7. architecture ; 8. musique et déclamation. Outre les séances particulières de chaque classe, qui ont lieu deux fois par décade, l'institut à quatre séances publiques par an, savoir, les 15 vendémiaire, nivôse, germinal et messidor.

ACROATIQUES (livres). Nom que les savans donnent aux livres qui traitent des matières sublimes ou cachées, qui sont seulement à la portée de ceux qui veulent approfondir les sciences.

ADRENAM. Livre sacré des indiens : on le nomme encore ANDERNAM ou ANDERNAVEDAM. C'est un des quatre Védams ; il se divisait en quatre parties, traitait de la magie et de la manière de se servir des armes, soit naturellement, soit par enchantement : les brames le disent perdu.

AGIOGRAPHE. Ce mot, formé du grec, signifie *écrit pieux, sacré, saint.* Ainsi il se dit des ouvrages qui traitent des choses saintes et qu'on peut lire avec édification ; cependant on donne communément ce nom aux livres sacrés qui sont déclarés apocryphes, mais dont l'église juge, malgré cela, la lecture útile aux fidèles, et propre à leur édification. Ce nom se donne encore en général à tout auteur qui a travaillé sur la vie et les actions des saints ; ainsi nous pouvons dire qu'il n'existe pas de plus volumineux *agiographes* que les Bollandistes. La partie de l'écriture sainte, nommée par les juifs *Chetuvim*, porte aussi le titre d'*agiographe.* Il faut savoir que les juifs divisent l'écriture sainte en trois classes : 1.° la loi qui comprend les cinq livres de Moyse ; 2.° les prophètes qu'ils appellent *Neviim* ; 3.° le *Chetuvim*, nommé par les grecs *Hagiographa*, qui contient les Psaumes, les Proverbes, Job, Daniel, Esdras, les Chroniques, le Cantique des cantiques, Ruth, les Lamentations, l'Ecclésiaste et Esther. Kimchi, dans sa *Préface sur les Psaumes*, Maimonides *in more nevoch*, et Elias Levite, dans son *Thisbi*, distinguent les *agiographes* des prophètes, parce que les agiographes n'ont point reçu la matière de leurs livres par la voie qu'ils appellent *prophétia*, laquelle consiste en songes, visions, souffle, paroles entendues, extase, etc. mais purement et simplement par l'inspiration et la direction du Saint-Esprit.

ALLONYMES. On donne ce nom à ceux qui, en publiant un ouvrage, se cachent sous le nom véritable de quelque auteur de réputation, et cherchent à leur attribuer des ouvrages qu'ils n'ont pas faits : c'est ainsi qu'en a agi plusieurs fois le dominicain Annius de Viterbe ; il a publié *XVII livres d'antiquités*, Rome 1498, in-folio, et 1542 in-8.°. Il a entassé, dans cette inepte et absurde compilation, tous les écrits attribués aux anciens auteurs, comme à Xénophon, à Philon, à Bérose, à Fabius Pictor, etc. etc. (*Voyez* PSEUDONYMES.).

ALOPA. Imprimeur vénitien du 15e siècle. Il possédait très-bien les langues grecque et latine. Le célèbre Jean-André Lascaris, critique et poëte renommé de ce temps, qui avait à cœur de faire revivre ces deux langues, le choisit pour son imprimeur, et corrigea lui-même ses éditions. On a remarqué que toutes les éditions sorties des presses de Laurent-François de *Alopa*, ont par-tout des lettres capitales fort belles ; ce qui était inconnu jusqu'alors ; car on laissait ordinairement en blanc la place où devaient se trouver les capitales, et on les faisait à la main, soit en couleur, soit relevées en or. Maittaire a parlé des éditions de *Alopa* dans ses Annales typographiques, surtout de la première de ses éditions, avec une préface de Lascaris, toute en lettres capitales, mêlée de mots grecs. On a de cet imprimeur cinq éditions toutes grecques : la première est de 1494 ; la seconde est de 1496, et les autres sont sans date.

ALPHABET. C'est ainsi qu'on appelle la table, liste ou disposition des caractères, c'est-à-dire, des signes représentant les sons particuliers qui entrent dans la composition des mots d'une langue. Toute nation qui écrit sa langue, a un *alphabet* qui lui est propre, ou qu'elle a tiré d'une langue plus ancienne. Selon le président Bouhier, l'*alphabet* grec n'avait d'abord que seize lettres qui avaient été apportées aux grecs par les pélasges ; Cadmus, venant de Phénicie, augmenta cet *alphabet*, et les ioniens y ayant mis la dernière main, le communiquèrent à tous les grecs. Ce système a peu de partisans, et on en croit plus volontiers Hérodote et Denis d'Halycarnasse ; ils nous apprennent positivement que c'est Cadmus qui a apporté les lettres phéniciennes en Grèce ;

on lui en doit seize : Palamède en inventa quatre à la guerre de Troie, l'an du monde 2800 ; et Simonides, 650 ans après cette guerre, en inventa quatre autres, ce qui porte maintenant l'*alphabet* grec à 24 caractères (1) ; mais les huit dernières sont moins de nouvelles lettres que des composés de signes simples. Quand à l'*alphabet* latin, différens auteurs ont prétendu que plusieurs lettres de cet *alphabet*, telles que le G, le K, le Q, l'R, l'X et l'F, ont des inventeurs particuliers, plus ou moins postérieurs à la découverte de la totalité de cet *alphabet* ; mais ils ne donnent aucune preuve de leurs allégations ; il est bien plus certain que l'*alphabet* latin a toujours été tel qu'il est, à l'exception de l'Y et du Z, qui sont tirés de l'*alphabet* grec, et dont l'adoption doit remonter à deux siècles avant Auguste : depuis ce temps on n'y a pas touché, ou on l'a fait sans fruit, ainsi qu'on le voit par les vains efforts de l'empereur Claude, pour faire recevoir trois lettres de son invention, dont l'une, avec la forme d'une F renversée, devait servir à distinguer le *v* de l'*u* ; l'autre était un anti-sigma de la forme de deux *c* adossés, avec la valeur de *ps* ou *bs*, et l'on ne connaît ni la forme, ni la valeur de la troisième. On ne se servit de ces trois caractères que pendant la vie de cet empereur. Il en fut de même de l'invention de Chilperic I.er, roi de France, en 580 ; il ajouta quatre lettres à l'*alphabet*, par une loi qu'il fit publier par-tout le royaume ; et l'on ne connaît au juste ni la valeur, ni la forme de ces élémens, ni de quel langage ils ont été tirés. En général, on peut donc dire que

(1) Les vingt-quatre lettres furent reçues d'abord en Ionie. Ce ne fut qu'après la mort d'Euripide, et sous l'archontat d'Euclide, que les attiques se servirent des huit dernières. D'où il suit qu'avant Euripide et d'autres poëtes anciens, on écrivait le grec autrement qu'on ne le voit maintenant dans les imprimés, et que, dans les mots primitifs, on ne doit voir que les seize caractères cadméens. On ignore si Homère connut seize ou vingt lettres.

l'*alphabet* grec a vingt-quatre caracteres, et l'*alphabet* latin, qui tire son origine du grec, en a vingt-trois, y compris l'Y et le Z (1). Le français en a vingt-cinq. L'abbé Dangeau prétend que nous avons trente-quatre sons différens dans notre langue, et que conséquemment notre *alphabet* devrait être composé de trente-quatre caractères différens, en retranchant même nos lettres doubles X et Y, et une superflue qui est le Q; il admet quinze voyelles : Buffier, qui a suivi le même système, n'en admet que quatorze, parce qu'il ne distingue point l'*au* de l'*o*. Tous les *alphabets* n'ont pas le même nombre de lettres, comme nous le verrons à l'article LANGUES; mais quelque petit que soit ce nombre, il produira toujours une quantité de mots innombrable. Un mathématicien nommé Prestet, a fait la supputation des vingt-quatre lettres combinées entr'elles, et il a trouvé que toutes les combinaisons des vingt-quatre lettres prises seules d'abord, ensuite deux à deux, puis trois à trois, et ainsi de suite jusqu'à vingt-quatre, font le nombre suivant : 1,391, 724,288,887,252,999,425,128,493,402,200. On peut exprimer ainsi par paroles, la valeur de ces trente-quatre chiffres : Un million 391 mille milliards de milliards de milliards, 724 milliards de milliards de milliards, 288 millions de milliards de milliards, 887 mille milliards de milliards, 252 milliards de milliards, 999 millions de milliards, 425 mille milliards, 128 milliards, 493 millions, 402 mille 200 mots ou combinaisons de vingt-quatre lettres. Il y a dans la bibliothèque nationale un ouvrage arabe intitulé *Séphat alacham*, qui comprend plusieurs sortes d'*alphabets* imaginaires, que

(1) Les caractères latins, que presque tous les peuples de l'Europe ont adoptés, tirent leur origine des caractères grecs; c'est un fait attesté des modernes ainsi que des anciens; et même il reste encore dans notre *alphabet* au moins une douzaine de lettres capitales qui sont les mêmes que les grecques, A, B, E, H, I, K, M, N, O, T, Y, Z.

l'auteur distingue en prophétiques, mystiques, philosophiques, magiques, talismaniques, etc. Lodwick a donné, dans les Transactions philosophiques, un *alphabet* universel. Fournier jeune a terminé son Manuel typographique par une grande quantité d'*alphabets*, qui sont infiniment curieux et parfaitement imprimés. Voici la notice des caractères qui composent ces alphabets, tant anciens que modernes :

Le Caractère romain, que tout le monde connaît.

L'Italique également très-connu.

La Batarde coulée, dont il a gravé le caractère en 1741.

La Ronde, qui était en usage dans le 17e siècle.

La Batarde brisée, autre caractère du même siècle.

La Batarde ancienne, qui était en usage dans les 14e et 15e siècles (1).

La Cursive française, dont on se servait en France dans le 16e siècle : ce caractère a le nom de *Civilité* depuis qu'il a servi à imprimer la *Civilité puérile et honnête.*

Les Lettres de somme ou écriture allemande du 15e siècle : c'est le premier caractère qui ait été employé dans l'imprimerie par Jean Guttemberg, Faust et Schoiffert, à Mayence. Son nom lui vient de la somme de saint Thomas, qu'il a servi à imprimer.

Les Lettres de forme, ainsi nommées par les anciens imprimeurs, à cause des traits angulaires qui rendent la forme de ces lettres plus composée.

---

(1) On nomme cette écriture bâtarde ancienne, parce qu'elle dérive des lettres de formes, caractère plus figuré, et dont on a retranché les angles et quelques traits. On quitta, pendant quelque temps, en France, le caractère romain, pour se servir de celui-ci dans l'impression des livres, à l'imitation des allemands, qui imprimaient leurs livres avec le caractère qui imitait leur écriture. Un allemand, nommé Heilman, demeurant à Paris, rue Saint-Jean de Latran, en fit les premiers poinçons vers 1490. *Voyez* FOURNIER, *Manuel typographique*, tome 2.

Les LETTRES TOURNEURES, dont la figure est ronde et tournante.

L'ALLEMAND, dit fracture, qui tire son origine des lettres de forme dont on a ôté les angles.

La CURSIVE ALLEMANDE, dite courante, qui est maintenant en usage en Allemagne.

Le SCHWABACHER, caractère qui tire son origine de la ville de Schwabach en Franconie, où il fut inventé en 1500.

Les MAJUSCULES ALLEMANDES, lettres fleuries ou ornées.

Le FLAMAND, c'est le caractère dit *Lettres de forme*, que les flamands ont conservé avec quelques légers changemens.

L'IRLANDAIS et HIBERNOIS, dont on se sert encore en Irlande.

Le LATIN ANCIEN. On le nommait ionique ou attique parce qu'il tirait son origine des lettres grecques : il était en usage chez les romains six à sept cents ans avant Jesus-Christ. Plusieurs nations l'ont adopté, avec des changemens et des corrections, et il est devenu le principe des *alphabets* de l'Europe.

Le FRANÇAIS ANCIEN, en usage dans le 5e siècle sous la première race des rois de France.

Le FRANCISQUE ou CARLOVINGIEN, dont on se servait sous la seconde race des rois de France, pour les titres et souscriptions des patentes.

Le SAXON ou ANGLO-SAXON, d'usage chez les anglais dans le 5e siècle, lorsqu'ils habitaient le pays d'Anglen, près l'ancienne Saxe.

Le LOMBARD, caractère latin dont se sont servis les lombards.

Le FRANCO-GALLE ou MEROVINGIEN, d'usage sous la première race des rois de France, pour les actes publics : on l'a nommé *Franco-galle*, parce que les français firent un mélange de leurs lettres avec celles des gaulois qu'ils avaient vaincus.

Le Runique (1). Les peuples du nord se servaient de ces lettres, dites *Runes*, qui ont été aussi connues sous le nom de *Danoises*, *de Scythes*, *de Gothiques et d'Islandaises*. La figure des lettres runiques a été multipliée par les différens peuples qui s'en sont servis, de façon que l'on a de la peine à les fixer dans l'ordre alphabétique, et quelquefois une même figure a différentes valeurs.

L'Étrusque, l'Étrurien et le Toscan. Les toscans, connus sous ces diverses dénominations, sont les plus anciens peuples de l'Italie ; ils reçurent leurs lettres immédiatement des phéniciens, par le commerce des tyriens ou des sidoniens, qui voyageaient jusqu'en Italie par la Méditerranée, ou par les colonies des pélasges et des arcadiens, peuples errans de la Grèce, qui se retiraient en Italie.

Le Gothique ou Gette, ainsi appelé du nom de certains peuples qui vinrent s'établir dans la Gothie plus de 400 ans avant Jesus-Christ. Cet *alphabet* tient du runique.

Le Mœso-gothique. Cet *alphabet* est attribué à Ulphilas, goth de nation, et évêque des *goths*, dans la Mœsie : il s'en est servi vers la fin du 4e siècle, pour la traduction de la bible en langue des goths.

Les quatre *alphabets* de Charlemagne. Ce monarque, le restaurateur des lettres en Italie, en France et en Allemagne, fit plusieurs ordonnances pour enjoindre aux écrivains de bien former les lettres latines, abâtardies depuis longtemps sous la forme du lombard, du saxon, du franco-galle, etc. Ces lettres prirent une forme plus agréable ; elles furent nommées carolines, gallicanes et françaises. On attribue à Charlemagne les trois *alphabets* que rapporte

(1) On n'est point d'accord sur l'étymologie du mot *runique* ; les uns le font venir de *ren*, qui signifie *canal* ; d'autres de *ryn*, qui veut dire *sillon* ; et enfin, d'autres du mot anglais *ryne* ou *geryne*, qui peut se rendre par *mystère* ou *chose cachée*.

Fournier, ainsi qu'un quatrième nommé impérial. Ils ont été composés vers le commencement du 8e siècle.

L'*alphabet* des HUNS, dont les descendans habitent une partie de la Transilvanie.

L'*alphabet* des FRANCS avant la conquête des Gaules.

L'*alphabet* des TABLES D'EUGUBIO (*voyez ce* MOT).

Le HANSCRET ou BRACHMAN. Cet alphabet sert pour la langue savante des brahmes, espèce de religieux indiens qui ont le dépôt de la loi, dont ils n'enseignent les secrets qu'à leur famille.

L'*alphabet* IONIQUE ou PHÉNICIEN. On ne sait rien de certain sur l'origine de cet *alphabet*.

Les *alphabets* ÉGYPTIENS. L'un est disposé à droite, l'autre à gauche, le troisième concerne la table isiaque (*voyez ce* MOT); le quatrième les lettres sacrées, et le cinquième les hiéroglyphes (*voyez ce* MOT).

Le GREC, dont on se sert aujourd'hui pour l'impression et pour l'écriture.

Le GREC ANCIEN et de première origine.

Le COPHT. *Alphabet* en usage chez les égyptiens modernes, connu sous le nom de coptes : il ne subsiste plus que chez les chrétiens d'Égypte, qui s'en servent pour la traduction de la bible, pour les livres d'église, pour des dictionnaires, des grammaires, etc.

Le COPHT ANCIEN. Caractère dont se sont servis les habitans d'une ville d'Égypte nommée *Coptus*, d'où les cophtites ont tiré leur origine.

Le RUSSE MODERNE. Les russes, en recevant la religion chrétienne des grecs, ont pris la figure de leurs lettres, qu'ils ont un peu altérées, et dont ils ont augmenté le nombre, à cause des lettres doubles utiles à leur langue.

Le SERVIEN. Cet *alphabet* est attribué à Constantin, connu sous le nom de saint Cyrille, apôtre des bulgares, des serves, etc. Il le composa vers 700.

L'Illyrien, Dalmatique ou Esclavon, attribué à saint Jérôme, natif de Dalmatie.

Le Bulgare. Les bulgares sont esclavons ; leur *alphabet* tient de l'illyrien.

Le Géorgien majuscules, le *géorgien* minuscules et le *géorgien* cursive. Le nom de *géorgien* donné à ces trois *alphabets*, qui n'en font qu'un, vient du martyr St. George, qu'une partie des ibériens ont pris pour leur patron.

L'Arménien lapidaire, l'*arménien* imprimé et l'*arménien* cursive. On croit que saint Chrysostôme est l'inventeur des lettres arméniennes.

Le Jacobite n'est point l'*alphabet* d'une nation, mais d'une secte. Il fut inventé par un nommé Jacob, disciple d'un patriarche d'Alexandrie, attaché aux erreurs de Nestorius. Cette secte, qui avait adopté cet *alphabet*, s'est répandue dans l'Asie, l'Égypte, l'Éthiopie, la Nubie, etc.

Le Syriaque moderne.

Le Stranghelo. C'est l'ancien caractère syriaque, chaldéen et babylonien en usage plus de 300 avant Jesus-Christ : de l'*alphabet syriaque* et de l'*alphabet stranghelo* sont dérivés le *nestorien* dont se servaient les syriens-nestoriens qui s'étaient retirés dans la Tartarie, et celui dont se servaient les chrétiens de saint Thomas, aux Indes. Ces deux derniers diffèrent peu des deux autres ; ils n'en sont qu'une imitation libre et souvent littérale.

Le Syro-hébraïque a été en usage parmi les juifs de Syrie.

Le Palmyrénien et le Phénicien sont deux *alphabets* qui ont été recueillis sur des monumens très-anciens, par l'abbé Barthélemy.

L'Éthiopien, ou Abyssin, ou *Amharique*. Cette dernière dénomination vient de la ville d'Amhar, une des principales de l'Abyssinie. Les abyssins ont sept lettres de plus que les éthiopiens.

L'ÉTHIOPIEN ANCIEN est un *alphabet* tiré de la bibliothèque grimanienne, apporté à Rome sous Sixte IV, lorsque les éthiopiens-abyssins vinrent lui prêter serment d'obédience.

Le BABYLONIEN ou CHALDAÏQUE est l'*alphabet* des juifs habitans de Babylone.

L'ARABE est commun aux turcs et aux persans : ces deux peuples ont cinq lettres de plus que les arabes. Le caractère qui compose cet *alphabet*, rapporté par Fournier, est de l'invention du visir Molach, vers l'an 933 de l'ère chrétienne. Il a écrit trois fois l'alcoran d'une main si sure et si égale, que ces exemplaires peuvent servir de modèle de la plus parfaite écriture arabe.

Le CUPHIQUE ou ORIENTAL est l'ancien arabe ; il a été nommé ainsi de la ville de Couphah, bâtie sur l'Euphrate.

Le SAMARITAIN ou PHÉNICIEN est un caractère judaïque, en usage parmi les hébreux jusqu'à la captivité de Babylone, pendant laquelle ils se sont servis des caractères chaldéens, qu'ils ont conservés après leur retour. Le nom de samaritain a été donné à cet *alphabet*, parce que les juifs schismatiques de Samarie l'ont conservé, et qu'ils ont continué de s'en servir pour les livres de la loi.

L'IDUMÉEN ou CHALDAÏQUE a été en usage chez plusieurs nations qui se sont répandues dans l'Asie et dans l'Arabie.

Le MAURITANIQUE ou OCCIDENTAL est un *alphabet* arabe.

Le CANANÉEN ou CHALDAÏQUE a été conservé par une nation de la Mésopotamie, nommé *Bagadot*, qui vit sous la domination des turcs.

L'AFRICAIN, alphabet arabe.

Le JUDAÏQUE ou CHALDAÏQUE était en usage parmi les juifs en captivité à Babylone.

L'HÉBREU, ainsi nommé, parce que les hébreux ou juifs l'ont adopté après leur captivité à Babilone : cet *alphabet* est chaldéen. Esdras, chef de la nation juive, ayant eu la permission de ramener le peuple à Jérusalem, y fit écrire tous les livres en caractères chaldéens, qui ont pris le nom d'hébreux.

Le RABBINIQUE ou CURSIVE HÉBRAÏQUE sert pour l'écriture courante des juifs.

L'HÉBREU ANCIEN est tiré de vieux marbres de la terre sainte.

L'*alphabet* d'ABRAHAM est composé d'un caractère chaldaïque que les rabbins attribuent à ce patriarche.

L'*alphabet* de MOYSE est composé du phénicien, et attribué à ce législateur.

L'*alphabet* de SALOMON est également attribué à ce prince.

Le CHALDAÏQUE ou HÉBREU ANCIEN, que l'on croit être du temps de Moyse, est celui dont les autres alphabets sont dérivés.

Le PHÉNICIEN ANTIQUE est un caractère de première origine. Il a pris le nom de différentes nations qui s'en sont servies, comme samaritain, africain, judaïque, etc.

Les variétés que chaque nation a introduites dans la figure des lettres les ont souvent rendues méconnaissables en général; mais en particulier elles sont devenues la source des nouveaux *alphabets*.

Il eût été bien à souhaiter que l'on eût pu ajouter à cette notice des différens *alphabets* tirés de Fournier, les figures de chaque caractère dont il a enrichi son MANUEL TYPOGRAPHIQUE; mais comme il est impossible de se procurer de tels caractères, et qu'il en coûterait trop pour les faire graver, nous renvoyons à l'ouvrage même de Fournier, ainsi qu'à ceux que nous avons désignés dans une note à l'article LANGUES.

AMARASINHA. Livre classique des brames de la plus haute antiquité. Ce vocabulaire de la langue sanscret contient beaucoup de notions astronomiques et mythologiques, ainsi que les noms et les fonctions des divinités indiennes.

AMERBACH (Jean), imprimeur du 15e siècle, né en Souabe et établi dans la ville de Bâle, où il publia en 1492 les ouvrages de saint Ambroise : on trouve dans cette édition une lettre de Jean de la Pierre, celui dont nous parlons à l'*article* TYPOGRAPHIE, qui loue l'exacte correction des impressions d'*Amerbach*. On croit qu'il est le premier qui ait songé à imprimer les Saints Pères. Il acheva d'imprimer les ouvrages de saint Augustin en 1506, caractères gothiques. Comme il se proposait d'imprimer les œuvres de saint Jérôme, il fit apprendre à ses trois fils les langues grecque et hébraïque; et, sentant sa fin approcher, il fit promettre à ses enfans qu'ils entreprendraient cette impression; ce qu'ils exécutèrent en 1516. Jean *Amerbach* est mort en 1515. On lui doit, dit-on, la perfection des nouveaux caractères d'imprimerie dont on se sert maintenant, et qui sont préférables à l'italique ou au gothique qui étaient alors en usage.

ANBERTKEND. Livre des brachmines, dont le nom signifie *la citerne où se puise l'eau de la vie.* Ce livre, divisé en cinquante beth ou traités, dont chacun a dix chapitres, contient la religion et la philosophie des indiens.

ANISSON (Laurent), imprimeur à Lyon, où il se distingua par son importante édition des Pères, en 27 vol. in-folio, et où il fut échevin en 1670.

ANISSON (Jean), fils du précédent, et également imprimeur. C'est lui qui donna l'édition du Glossaire grec de Ducange en 1688, deux volumes in-folio. Les libraires de Paris avaient refusé d'imprimer cet ouvrage; Ducange dit à ce sujet, dans sa préface : « Dans le temps que je disais » avec Terentianus Morus, mon ouvrage restera caché chez » moi, je trouvai heureusement, dans la personne de Jean » *Anisson*, un lyonnais rempli de zèle pour le progrès des » sciences, qui, marchant sur les traces de son père, et » touché de faire revivre dans Lyon les Gryphes, les De- » tournes, les Rouilles et les autres célèbres imprimeurs, se » chargea de joindre aux belles éditions qu'il a déjà données, » celle de mon Glossaire ». Les imprimeurs et libraires de Paris se lavèrent, par la suite, du reproche d'avoir refusé d'imprimer cet ouvrage (1). Jean Anisson avait beaucoup de goût, d'esprit, de savoir et de générosité : il était connu avantageusement dans les pays étrangers. Il fut nommé, en 1690, directeur de l'imprimerie royale. En 1702, il remit cette place à son beau-frère Rigaut. Il devint député de la ville de Lyon, à la chambre du commerce à Paris, et en fit les fonctions jusqu'en 1721, époque de sa mort.

ANISSON (Louis-Laurent), fils du précédent. Il obtint en 1723 la direction de l'imprimerie royale que Claude Rigaut, son oncle, ne pouvait plus exercer à cause de sa mauvaise santé. Il n'a point laissé de postérité.

ANISSON (Jacques), frère du précédent, obtint en 1733 la survivance de l'imprimerie royale, et remplit avec distinction la même carrière que ses prédécesseurs.

ANSHELMUS (Thomas), imprimeur de Bade. Il s'établit d'abord, en 1503, à Porcheim en Allemagne ; il y publia le livre *Rabani Mauri de laudibus sanctæ crucis*, un volume in-folio. Il passa ensuite à Tübingen, et delà à

(1) Le premier correcteur de ce Glossaire fut le célèbre Jacques Spon, et le dernier fut le P. de Colonia, jésuite.

Haguenau. Toutes ses éditions étaient recherchées par les savans de son temps. Il a beaucoup imprimé pour Jean Knoblouck, libraire; pour Jean Reuchlin de Porcheim, et pour Koberger de Nuremberg.

ANTI-LAMDA. C'est un signe qui, dans les anciens manuscrits, servait à marquer les citations: sa forme a été, dans le principe, celle d'une espèce de V renversé, dont l'ouverture était du côté de la ligne: dans la suite on se servit de petites *s* renversées, ou tronquées par le bas, ou suivies de points, ou surmontées de virgules: on employa aussi des 7, des barres —, des virgules à chaque ligne; et enfin des doubles virgules auxquelles on a donné le nom de guillemets, du nom de leur inventeur (*voyez* GUILLEMETS).

ANTI-SIGMA. Ce mot peut être considéré ou comme lettre, ou comme signe: comme lettre, il est un des quatre caractères inventés par l'empereur Claude, ayant la figure de deux C adossés, et la valeur de *ps* ou *bs*, mais beaucoup plus doux, selon *Priscien*, que le *ps* et le *bs* des romains. Comme signe, l'*anti-sigma* a la figure d'un C renversé, et désigne, dans les anciens manuscrits, les vers dont il faut changer l'ordre: si l'on ajoute un point au milieu, il désigne les endroits où il y a deux vers dont le sens est le même, mais dont on ignore celui auquel on doit donner la préférence.

APOCRYPHE. Ce mot, qui vient du grec, signifie *caché*, et ne s'applique ordinairement qu'à certains ouvrages. On donnait autrefois ce nom, d'après son étymologie, à tout livre que l'on dérobait aux regards du public: ainsi les livres sibyllins, à Rome, et les livres sacrés des juifs étaient *apocryphes*, parce qu'on les renfermait secrètement dans les temples. Mais on a attaché, depuis l'établissement du christianisme, une signification différente au mot *apocryphe*, et on l'emploie pour exprimer tout livre douteux dont l'auteur est incertain, et sur la foi duquel on ne peut compter. Ainsi l'on dit un *livre apocryphe*, un *passage*, une *histoire apocryphe*, etc. : quant aux livres *apocryphes* de la bible, voyez Bible.

ARCHÆOLOGIE. Ce nom, provenant de deux mots grecs qui signifient *ancien* et *discours*, désigne la science des antiquités. Ainsi l'*archæologie* comprend l'étude des monumens antiques, et l'étude des anciens usages. Cependant on donne plus volontiers le titre d'*archæographie* à la partie de cette science qui regarde les monumens ; tandis que l'*archæologie*, proprement dite, embrasse tout ce qui a rapport aux mœurs et aux usages des anciens. Le citoyen Millin, très-versé dans la science des antiques, divise l'*archæologie* en deux branches principales que nous venons d'indiquer, savoir : 1.° la connaissance des mœurs et des usages des anciens ; 2.° celle des monumens de l'antiquité. La première branche se divise en trois classes : les usages religieux, les usages civils, et les usages militaires. On les connait par l'inspection des monumens, et par la lecture attentive des historiens, des orateurs et des poëtes. La seconde branche, qui est l'*archæographie*, se partage en neuf classes, savoir : les édifices, les peintures, les sculptures, les gravures, les mosaïques, les vases, les instrumens, les médailles et les inscriptions. Nous n'entrerons, pour le moment, dans aucun détail sur chacune de ces classes. Le but de l'*archæologie* est d'augmenter les connaissances historiques, et d'éviter ou au moins de rectifier les erreurs (1). Il est de ces erreurs qui sont assez singu-

(1) Elles sont fréquentes, surtout dans les médailles. On connaît la

lières. On a vu Baronius prendre une Isis pour la Vierge Marie ; une Vierge de l'église du Puy-de-Dôme n'était autre chose qu'une Isis de Basalte, tenant son fils Horus sur ses genoux. La plupart des *Vierges noires* étaient des Isis apportées en France, ou par les sarrasins, ou après les croisades. On prenait pour un saint Louis un Valentinien qui ornait le bâton cantoral de la sainte Chapelle. L'apothéose de Germanicus passait aux yeux des dévots pour un enlevement de saint Jean-Baptiste dans le ciel ; le beau Camée, appelé l'Agathe de Tibère, représentant les triomphes de ce prince et l'apothéose d'Auguste, était regardé comme la marche triomphale de Joseph. Neptune et Minerve, donnant aux hommes le cheval et l'olivier, étaient transformés, par la superstition, en Adam et Eve, mangeant le fruit défendu (2). On ne finirait pas si l'on voulait nombrer toutes les erreurs que l'ignorance ou une aveugle dévotion ont produites dans ce genre. Il est donc essentiel d'étudier l'*archæologie* pour ne pas tomber dans de pareils ridicules. On n'a pas beaucoup à dire sur l'histoire de cette science ; il paraît que les anciens la connaissaient, si l'on en juge d'après le voyage de Pausanias, dans lequel il décrit les divers monumens de la Grèce. Dante, Pétrarque et quelques autres restaurateurs des lettres, qui, comme eux, recherchèrent les manuscrits des auteurs classiques ensevelis

---

fabrique de Jean Cauvin de Padoue, qui contrefaisait les médailles de manière à y tromper les plus célèbres antiquaires. Les fabriques de vases étrusques, par P. Fondi, ou par Wedgwood, ne sont pas moins renommées. Joseph Guerra a imité les peintures d'Herculanum : Winckelman lui-même a été trompé en prenant pour une antique une peinture de Casanova, son ami.

(2) Le nom du graveur Solon, sur une pierre antique, a fait penser que la tête gravée était celle du législateur ; un *praefectus viarum* a passé pour un saint Viar ; une tête gravée par Arethon, était celle d'Aréthuse ; une Minerve d'Aspasius était une Aspasie, etc., etc., etc.

dans les cloîtres, ont posé les premières bases de cette science. On a d'abord étudié les anciennes inscriptions. Le goût pour les médailles antiques date du 16e siècle. On commença à raisonner sur la théorie de la peinture, dans le 14e siècle, époque à laquelle on découvrit plusieurs monumens enfouis, tels que des bains, des tombeaux, des thermes, et principalement ces sept voûtes, que les italiens nomment les *Sette-selle* (1), dans l'une desquelles on trouva le Laocoon et plusieurs peintures à Fresque. C'est à la vue de ces débris que Raphael et Michel-Ange sentirent se développer le germe du génie qui les immortalisa. Ensuite, les érudits examinèrent les pierres gravées et les statues, et firent à ce sujet de nombreux ouvrages; mais il était réservé à Caylus d'ouvrir la véritable carrière de l'art; à Winckelman de l'agrandir, et à Mengs, Sulzer, Heyne et Visconti, de marcher sur leurs traces. On comptera toujours au nombre des bons auteurs sur l'*archæologie* (2), Voigt, revu par Jean-Albert Fabricius; Fabricius lui-même, dans sa *Bibliotheca antiquaria*, dont la troisième édition de 1760, donnée par Paul Scaffshausen, est la meilleure; Grævius et Gronovius (3), Olivier Legipont, dans sa dissertation *de rei numariæ et antiquitatum ac lithologiæ studio*; Montfaucon, dont Schatz, professeur à l'université de Strasbourg, a donné un abrégé en allemand, puis en latin, en un seul vol. in-folio; Bandelot de Dairval, dans son livre de l'*Utilité des voyages*; Ernesti, dans son *Archæologia litteraria*, dont Georges-Henri Martini a donné une seconde

(1) Ces voûtes ont été si négligées qu'on ignore même aujourd'hui le lieu de leur existence.

(2) Nous ne parlerons point ici des auteurs qui ont travaillé sur les médailles seulement; nous les citerons suffisamment à l'article MÉDAILLES. *Voyez ce mot.*

(3) Voyez notre *Manuel bibliographique*, page 274.

édition, considérablement augmentée en 1790. Le citoyen Oberlin, célèbre professeur à Strasbourg, dans son *Prodomus* en tête de son *Orbis antiquus*, et dans son Traité général d'archæographie géographique; Heyne, également professeur à Dresde; Winckelman, qui eut pour antagoniste Klotz, en Allemagne; Bracci, en Italie; Falconet, en France, et Howe, en Angleterre; d'Hancarville, dont l'ouvrage, *Recherches sur l'origine, l'esprit et les progrès des arts dans la Grèce*, etc., est très-rare en France; le professeur Christ, à Leipsick; Sulzer, dans sa Théorie générale des Beaux-arts, et les muséographes (1) Gori, pour le musée de Florence; Visconti, pour le museum *Pio Clementinum*; Molinet, pour la description du cabinet de sainte Geneviève, etc.

ARCHIVES. Sous ce nom l'on entend d'anciens titres ou chartres qui contiennent les droits, prétentions, priviléges et prérogatives d'une maison, d'une ville, d'un gouvernement. L'on entend aussi par ce mot le lieu qui contient ces objets. Les latins appelaient ce lieu *tabularium*, *chartularium*, *chartarium*, *graphiarium*, *sanctuarium*, *sacrarium*, *sacratarium*, *scrinium*, *camera*, *cimeliarchum*, *armarium*, *archivum*, etc. Autrefois le nom d'*archives* se donnait également aux dépôts des chartres et aux trésors des reliques, parce que les unes et les autres étaient renfermées dans le même lieu. Il est impossible de fixer au juste l'établissement des premières *archives* chez les différens peuples. Les juifs déposaient dans le temple les lois civiles et les pactes des citoyens : les grecs les déposaient dans les temples de Délos,

(1) On entend par muséographes ceux qui ont donné des descriptions des musées les plus connus. Le citoyen Oberlin, dans son *Museum Schoepflinianum*, a donné la description du cabinet légué à la ville de Strasbourg par le célèbre Schoepflin.

de Delphes (1), et dans celui de Minerve à Athènes : les romains conservaient dans les temples d'Apollon, de Vesta et du Capitole, à Rome, les traités de paix, les délimitations des empires, les alliances, les annales de la république ; enfin tous les actes qui étaient regardés comme les fondemens du repos et de la fortune de leurs compatriotes. Les empereurs romains, outre les *archives* publiques, avaient encore dans leurs palais des *archives* attachées à leur dignité, que l'on désignait par les mots *sacra scrinia* : on les divisait en quatre espèces ; les *mémoriaux*, les *épîtres*, les *libelles* ou requêtes, et les *dispositions* ou concessions, auxquelles on attacha plus spécialement le nom de diplôme. Les premiers chrétiens avaient aussi des *archives* dans chaque ville, dans chaque cité et dans chaque communauté : mais les guerres, les incendies, les ravages des barbares, et les injures du temps, ont tellement ruiné ces dépôts qu'il ne reste aucune pièce originale des quatre premiers siècles. Il y eut en France des *archives* dès le commencement de la monarchie ; les rois s'occupèrent toujours de la collection des chartres et de l'ampliation des *archives* du palais, qui renfermaient les réglemens des conciles, les loix des princes, des actes tant publics que particuliers, et, sous la seconde race surtout, les préceptes (2) accordés par le souverain et les capitu-

(1) Le temple de Délos était dédié à Apollon et à Diane, parce que la fable rapporte que Latone étant poursuivie par Junon, qui ne lui permettait de s'arrêter nulle part pour faire ses couches, elle se retira à Délos, île de la mer Egée ou de l'Archipel, qui apparut subitement pour lui donner asile : c'est là qu'elle mit au monde Apollon et Diane, qu'elle avait eue de Jupiter. Délos vient du grec, et signifie *manifeste*, *apparent*. Le temple et la ville de Delphes étaient consacrés à Apollon. Cette ville, que les uns placent en Bæotie, et que d'autres, avec plus de fondement, mettent dans la Phocide, est très-célèbre par son oracle.

(2) Les préceptes étaient des titres émanés de la puissance royale :

laires. Les rois des deux premières races et d'une partie de la troisième avaient, comme les empereurs romains, deux sortes d'*archives*; les ambulantes (*viatoria*), et les permanentes (*stataria*). Il était difficile que les premières ne souffrissent pas de leur instabilité. Daniel rapporte dans son histoire de France, qu'en 1194 les papiers du roi et les registres publics furent pris par les anglais, qui défirent notre arrière-garde. Le trésor des chartres actuel ne peut donc remonter avant Philippe Auguste; encore en est-on redevable à un nommé Guerin de l'ordre de Saint-Jean de Jérusalem, évêque de Senlis, et chancelier de ce prince, qui forma en 1210, le premier recueil du trésor des chartes, où l'on ne trouve rien que depuis Louis-le-Jeune. Éginhard, secrétaire de Charlemagne, recueillit les *archives* d'Allemagne, qui, étant ambulantes, éprouvèrent le même sort que celles de France. Selon Wageinselius, il reste dans les *archives* impériales peu d'instrumens publics, non-seulement des temps antérieurs à l'empereur Rodolphe, élu en 1273, mais même du siècle qui l'a suivi, et le code des recès de l'empire ne renferme aucune constitution plus ancienne que celles de Frédéric III, au 15e siècle, si l'on en excepte la Bulle-d'or de Charles IV (2). C'est sur la fin du 15 siècle

---

quand on était attaché au service du roi, il fallait, pour être promu à la cléricature, obtenir un précepte, *præceptum de clericatu*; pour sacrer un nouvel évêque, le roi adressait au métropolitain *præceptum de episcopatu*; après avoir prêté serment de fidélité aux rois de la première race, on en recevait *præceptum de regis antrustione*, par lequel le roi prenait sous sa sauve-garde les féaux, etc. Il y avait aussi des préceptes émanés de la puissance pontificale; mais ils sont moins célèbres que les royaux.

(2) Cette bulle a été donnée en 1356. Barthole la composa; le style de cette charte est barbare : on commence par y apostropher les sept péchés mortels; on y prouve la nécessité des sept électeurs par les sept dons

et au commencement du 16e, sous Maximilien Ier, que les *archives* de l'empire ont commencé à reprendre une nouvelle forme, et à être conservées avec soin. Il y a eu des dépôts permanens à Mayence, pour l'archi-chancelier; à Vienne, pour le vice-chancelier, et à Spire, pour la chambre impériale, sous le nom de *Voûtes*: et dès-lors il ne s'est passé aucun fait important qui ne soit consigné et précieusement conservé dans ces dépôts. En France, les *archives* nationales sont confiées aux soins du citoyen Camus. Nous renvoyons les personnes qui désireraient des détails sur la connaissance des *archives*, au livre intitulé: *Diplomatique pratique, ou Traité de l'arrangement des archives et trésors de chartres*, etc., par Lemoine. Metz, 1765, un volume in-4 (1). Cet ouvrage, qui m'a paru très-utile, est divisé en six chapitres principaux, qui renferment un plan d'arrangement d'*archives*: ce plan consiste, 1.° à diviser les titres; 2.° les subdiviser; 3.° les dater et déplier; 4.° les extraire; 5.° en former des inventaires; 6.° terminer ces inventaires par des tables commodes: outre cela l'auteur y traite des

---

du Saint-Esprit, et par le chandelier à sept branches. Cette loi de l'empire, qui est écrite sur du vélin très-malpropre et en très-mauvais latin, avec un grand sceau ou Bulle-d'or au bas, fut presqu'achevée à Nuremberg: on y mit la dernière main à Metz, aux fêtes de Noël; on l'a conservée à Francfort. Par cette loi fondamentale, 1. le nombre des électeurs est fixé à sept. 2. On assigne à chacun d'eux une grande charge de la couronne. 3. On règle le cérémonial de l'élection et du couronnement. 4. On établit deux vicariats. 5. Les électorats sont déclarés indivisibles. 6. On confirme aux électeurs tous les droits de la souveraineté, appelée supériorité territoriale. 7. Le roi de Bohême est placé à la tête des électeurs séculiers.

(1) Cet auteur en a donné une nouvelle édition, augmentée d'un supplément, avec Batteney, 1772, 2 vol. in-4. On doit encore à Batteney, l'*Archiviste français, ou méthode sûre pour apprendre à arranger les archives et déchiffrer les anciennes écritures*, orné de 52 planches, 1775, in-4.

qualités qui constituent l'archiviste ; des précautions qu'il doit prendre pour conserver sa santé au milieu de l'air corrompu qu'il respire ; de la conservation des titres ; de la construction des armoires ; des layettes ; des cotes particulières ; des liasses et des titres ; des commencemens des diverses années ; des différentes espèces d'anciennes chartres ; de l'analise des anciens cartulaires ; du dépouillement des registres de délibérations capitulaires, pour ce qui concerne la police intérieure et la discipline, etc., etc., etc.

ARCHIVISTE. On nomme ainsi la personne à laquelle sont confiés la garde et le soin des archives : ce nom convient également à quiconque s'adonne à l'arrangement des chartriers. La profession d'*archiviste* exige des qualités et des connaissances très-étendues : il doit se familiariser avec l'écriture propre à chaque siècle ; il doit connaître les caractères, les abréviations et les styles employés dans différens temps, de manière à fixer l'époque d'un titre dès le premier coup d'œil, à vingt ou trente ans près. Le style des notaires et les diverses conventions qui font la matière des actes, ne doivent point lui être étrangers : il en déchifrera mieux les titres de cette nature, qui ordinairement abondent dans les chartriers. Il faut aussi qu'il prenne une teinture du droit civil, des différens codes judiciaires, des loix, des formalités, etc. Par-là il se mettra en état, dit le diplomate cité dans l'article précédent, de faire l'analise d'une affaire épineuse ; l'histoire d'un procès commencé depuis nombre d'années, pour faire jour à la vérité perdue dans un labyrinthe de chicanes, ou cachée sous un chaos de procédures inventées dans le 14e siècle, après la découverte du droit romain (1), augmentées dans le 15e siècle, et trop scru-

---

(1) On retrouva le digeste en 1137.

puleusement continuées dans le nôtre. Que dirait cet auteur s'il voyait le désintéressement de nos hommes de loi actuels ? Les frais de justice sont plus que décuplés depuis vingt ans. L'*archiviste* doit encore être recommandable par une grande probité, un secret inviolable, une ardeur infatigable au travail, un esprit d'ordre, de précision et d'analise : il doit bien posséder son latin, pour déchiffrer et traduire fidèlement les titres qui étaient presque tous en cette langue, avant que François Ier, par sa déclaration de 1554, eût ordonné que les actes, les sentences et les arrêts seraient écrits en langue vulgaire. La difficulté que l'on éprouve d'abord à lire les anciennes écritures, ne doit point rebuter : peu à peu l'on s'habitue aux abréviations, aux caractères effacés et aux expressions surannées ; et d'ailleurs les vocabulaires, les tables des abréviations et les formules des anciens actes, qui se trouvent dans les ouvrages que nous indiquons aux articles DIPLOMATIQUE et ARCHIVES, seront de la plus grande utilité à ceux qui débutent dans la carrière. Il ne faut point s'obstiner à vouloir lire un titre tout entier à la première inspection : que l'on en déchiffre quelques mots par ligne la première fois ; qu'ensuite on y revienne une seconde, une troisième et une quatrième fois, toujours en découvrant de nouveaux mots : c'est le seul moyen de réussir. Quand on a une certaine quantité de mots, on les copie, en laissant entr'eux des intervalles pour ceux que l'on n'a pu déchiffrer ; petit à petit on remplit ces lacunes ; le titre entier est copié d'une manière intelligible, et il donne la clef pour toutes les écritures du même temps avec un semblable caractère. Pour que les archives fussent en sûreté, on les plaçait ordinairement dans l'endroit le plus fort d'un château, d'une église, d'un cloître, avec voûte au-dessus et au-dessous ; une porte de fer, de petites fenêtres armées de barreaux, de crampons, et revêtues d'un grillage de fer maillé, rendaient les chartriers inaccessibles au feu et à la cupidité des usurpateurs. Mais ces précautions, très-utiles sous le rapport de la sureté, nuisaient singulièrement à la salubrité de l'air : on ne le faisait circuler dans ces lieux, qu'en ouvrant deux panneaux mobiles, très-étroits ; alors il s'y corrompait : l'humidité y étant une fois entrée, ne s'évaporait plus, et les papiers y contractaient une odeur insupportable, capable de ruiner le tempérament le plus robuste. On a plusieurs exemples des funestes effets du méphitisme occasionné par les vieux papiers, et surtout par les vieux parchemins. Il faut, dans ces cas là, avoir recours à tous les moyens connus de changer et purifier l'air, tels que les ventilateurs, les cribles à vent, etc. On peut aussi brûler de temps en temps dans les chartriers, une mèche souffrée : cette odeur forte est propre à purifier l'air, à dissiper l'humidité et à faire périr les insectes rongeurs qui réduisent les titres en poudre. Il faut se garantir de l'air infect, de l'exhalaison pernicieuse, et de la poussière corrosive qui sortent des vieux titres, des sacs d'anciennes procédures ou des parchemins déposés depuis long-temps sur des tablettes, lorsqu'on est obligé de les déplacer et de les ouvrir ; alors tout en ouvrant la boîte ou layette qui renferme ces vieux papiers, on doit les retirer, les battre, les étendre, les secouer et ouvrir en plusieurs endroits les livres dont les feuillets, presque collés les uns aux autres, annoncent la pourriture. On peut même passer sur la flamme d'un feu clair les papiers amollis par l'humidité. Il n'en est pas de même pour le parchemin, qui ne doit jamais voir le feu de trop près. Quand on est obligé de travailler long-temps dans un chartrier, on doit se munir d'eau de senteur, en verser de temps en temps sur ses mains, pour éloigner le mauvais air : quelques-uns même ont des habits musqués destinés à cet usage. On ne doit jamais travailler à la lumière dans un chartrier ; une étincelle peut causer un incendie. Nous ne prolongerons pas davantage cet article ; nous y avons exposé en peu de mots les qualités et les devoirs de l'*archiviste*, ainsi que les précautions qu'il doit prendre pour la sûreté des archives, et pour sa santé.

ASCÉTIQUE. Épithète que l'on donne aux livres de piété qui renferment des exercices spirituels, tels que les *Ascétiques* ou Traité de dévotion de saint Bazile, évêque de Césarée en Cappadoce. Dans les bibliothèques, on range sous le titre d'ascétiques tous les écrits de théologie mystique. On dit aussi la vie *ascétique* pour exprimer les exercices d'oraison et de mortification que doivent pratiquer les religieux.

ASTÉRISQUE ou ÉTOILE. Signe de renvoi dont on se sert quelquefois dans une page, pour désigner la place à laquelle répond une note qui est ou au bas de la page, ou à la fin d'un chapitre, ou à la fin d'un livre. L'*astérisque* est ainsi figuré *. Dans les livres de chant, il indique les poses, ou marque les renvois brefs de quelque chapitre ; quelquefois il sert de signature dans les premières feuilles d'un ouvrage, comme dans l'avertissement, dans la préface. Il sert aussi à remplacer le nom de quelqu'un que l'on désigne seulement par la première lettre, en ajoutant trois *astérisques*. Chez les anciens (1), l'*astérisque* était tantôt une marque d'omission ou de restitution d'un texte ; tantôt le signe d'un sens tronqué, ou de phrases dérangées ; tantôt un indice des maximes, des sentences les plus remarquables d'un ouvrage, ou celui

(1) Les astériques étaient connus du temps d'Aristophane, d'Origènes, de saint Jérôme, de saint Grégoire, dans les manuscrits grecs et latins. Ils etaient figurés, soit par une petite étoile, soit par un X cantonné de quatre points.

d'addition au texte. C'est dans ce dernier sens qu'il est employé par Jean de Westphalie, dans le *Breviarium Dom. Joa. Fabri super codicem*, afin de distinguer le texte du *codex* d'avec le commentaire.

ATERBABETH. Le premier des quatre traités que Dieu envoya à Brahma, qui les communiqua ensuite aux Brahmines.

AUGEREAU (Jean). Imprimeur du 16e siècle. Les caractères gothiques étaient presque les seuls en usage de son temps. Il fut un des premiers qui tailla des poinçons pour les lettres romaines. On a de lui *Andreæ Naugerii Patricii orationes duæ*, 1533, in-4. *Eusebi pamphili de preparatione Evangelicâ*, 1734, in-4, etc., etc. Il imprimait à Paris.

AUGUSTIN. Imprimeur du 15e siécle, à Ferrare. On a de lui quatre ouvrages imprimés, de 1474 à 1475. On présume que le Bocace, qui est le premier poëte italien imprimé, est de lui, quoiqu'il soit sans date, sans nom de lieu, ni d'imprimeur; mais on y reconnait les caractères d'Augustin.

AURAD. Certaines parties du Koran, que les musulmans récitent à des heures différentes.

AUSSURD (Antoine). Imprimeur qui florissait à Paris au commencement du 16e siècle. On lui doit de belles éditions, et il savait choisir les ouvrages qu'il imprimait. Il donna une édition de *Justin*, *Florus*, *Sextus-Rufus*, qu'il publia in-fol. en 1519, sur un ancien manuscrit tiré de la bibliothèque du collége de Lisieux. Il publia encore *Joannis Raulin sermones de pœnitentiâ*, 1524, in-4, etc.

AUTOGRAPHE. Ce mot signifie *écrit de la main de l'auteur*. Ainsi l'on dit *manuscrit autographe*, *pièce auto-*

graphe, *écrit autographe.* Avant l'invention de l'imprimerie, les livres *autographes* devaient être infiniment précieux, en ce qu'ils n'étaient point défigurés par l'ignorance de la plupart des copistes.

B.

BADIUS-ASCENCIUS (Josse). Imprimeur de Paris au 15e siècle. Le surnom d'*Ascencius* lui vient d'Asch, château situé dans le territoire de Bruxelles, où il est né. Il fut à Lyon professeur en langue grecque et latine, devint correcteur de l'imprimerie de Jean Treschel, dont il épousa la fille, et mit au jour plusieurs ouvrages dont quelques-uns étaient de lui; tels que *Sylva moralis contrà vitia*, epigramm. lib. 1; *Navicula stultarum mulierum; vita Thomæ à Kempis*, etc., etc. Il publia aussi des commentaires sur Horace, Juvenal, Martial, Lucrèce, Senèque, Salluste, Valère-Maxime, Quintilien, Aulugelle, etc. Il imprima lui-même tous ces commentaires *in-fol.*, avec l'élégance et l'exactitude qui ont fait sa réputation. Il vint à Paris après la mort de son beau-père, en 1499 : il y imprima le Philobiblion *seu de amore librorum et institutione* (1), de Richard Bury, évêque de Durham, fondateur de l'université d'Oxford. C'est le premier ouvrage sorti des presses de Josse *Badius.* Il commença à imprimer pour son compte vers l'an 1495. C'est à peu près dans le même temps que Alde Manus s'établissait à Venise. Manus se consacra particulièrement aux éditions grecques, et Josse Badius aux éditions latines. Ce dernier s'appliquait surtout à la correction de ses éditions. Il avait pris pour devise un attirail d'imprimerie, avec ces mots : *Prælium ascensianum.* Il eut trois filles qu'il maria aux trois plus célèbres imprimeurs de Paris,

---

(1) *Voyez* Manuel bibliograph., page 262.

savoir : Robert étienne, Michel Vascosan, et Jean de Roigny. *Josse Badius* mourut en 1535. On prétend qu'il est le premier imprimeur qui ait introduit en France les caractères ronds, vers l'an 1500; cependant Ulric Gering se servait, en 1469 *et* 1470, de ces caractères.

BADIUS (Conrard), fils de Josse Badius, s'acquit, ainsi que son père, beaucoup de réputation, soit comme imprimeur, soit comme homme de lettres. Il exerça d'abord sa profession à Paris, puis se retira à Genève, à cause de la religion prétendue réformée, qu'il avait embrassée. Il joignait à beaucoup d'érudition, une parfaite connaissance des langues. Robert Etienne se retira à Genève, trois ans après *Conrard Badius* : ils y donnèrent ensemble plusieurs éditions. Il traduisit l'alcoran des cordeliers, qui était en un volume; puis y en ajouta un second, et accompagna de notes cet ouvrage, dont voici le titre : *Recueil des plus notables bourdes et blasphêmes impudens de ceux qui ont osé comparer saint François à Jesus-Christ, tiré du Grand livre des conformités, jadis composé par frère Barthelemi de Pise, cordelier en son vivant : parti en deux livres. Nouvellement y a été ajoutée la figure d'un arbre contenant, par branches, la conférence de saint François à Jesus-Christ; le tout nouveau, revu et corrigé.* Outre cet ouvrage, *Conrard Badius* a encore composé *les Vertus de notre maître Nostradamus*, ouvrage en vers français, qu'il a imprimé en 1562. Il a aussi imprimé en 1561 le *Nouveau Testament français*, qui fait la seconde partie de la bible française imprimée à Genève par Rebul. On ignore l'année précise de la mort de Conrard; mais, à en juger par deux épitaphes, l'une grecque, et l'autre de Henri Étienne, son neveu, il n'existait plus en 1566.

BAGOUA-GEETA. Poëme indien, écrit en langue sanskretane ou sanscrit, dont Charles Wilkins a donné une élégante traduction.

BARBOU (Jean). Imprimeur de Lyon, au 16e siècle. On a de lui les œuvres de Clément Marot, 1539, in-8. p. p. L'auteur présida lui-même à cette édition, qui est en lettres italiques, et qu'on regarde comme très-correcte. On y voit en tête cette devise : *Mort ni mord*, ainsi qu'une traduction francaise que la belle Aubella a faite d'une épigramme latine de Barbou.

BARBOU (Hugues), fils du précédent, quitta Lyon pour aller s'établir à Limoges, où il donna, en 1580, la très-belle édition, en caractères italiques, des *épîtres de Cicéron à Atticus*, avec les corrections et les notes de Siméon Dubos, lieutenant-général de Limoges. Cette édition est très-estimée des connaisseurs. La devise des Barbous est *Meta laboris honor*; et leur emblême, une main tenant une plume et un épi d'orge, surmonté d'un croissant. Les descendans des Barbous établis à Limoges et à Paris, exercent encore l'art de l'imprimerie d'une manière distinguée, surtout Barbou de Paris, qui a donné une très-jolie collection des auteurs classiques, qui est en 69 vol. in-12.

BARDES ou Bard. On nommait ainsi chez les celtes, les gaulois, les bretons et les germains, ceux qui faisaient profession de chanter en vers les exploits des guerriers. Ils assistaient aux combats, encourageaient les soldats par leurs chants, et mettaient en vers tout ce qu'ils avaient vu. On ne peut guère se dissimuler que, dans le principe, les poëtes seuls ont fait les fonctions d'historiens; aussi lorsqu'on commença à écrire l'histoire en Suède, en Dannemark, dans la Germanie, dans la Bretagne, dans la Gaule, on recueillit avec soin les chansons des *bardes*, que tout le monde savait par cœur, et qui transmettaient à la postérité les noms des souverains, des généraux, et les événemens remarquables. Sturlesoon cite les *bardes* à chaque page dans sa chronique;

et Saxon, le grammairien, les cite également dans son histoire. Convenons donc que les premiers chapitres des annales de tous les peuples, ont été tirés de ces espèces de poëmes; c'est pourquoi on les voit remplis de fables et de fictions. Eginhard rapporte (1) que Charlemagne fit former un recueil de toutes les œuvres des *bardes* saxons; mais on ne sait pas ce que cette collection peut être devenue, à moins que ce ne soit celle dans laquelle Crantz parait avoir puisé. Les *bardes* jouissaient de la plus grande considération: ils possédaient des terres qui étaient exemptes de toute imposition, et on les comblait d'honneurs (2). Leurs fonctions étaient d'inciter les hommes à combattre pour la liberté, à défendre la patrie, et après la victoire ils célébraient les vainqueurs, et flétrissaient la mémoire des lâches qui avaient fui. On croit qu'en temps de paix leurs chants ont contribué à adoucir un peu les mœurs, à diminuer la barbarie, enfin à ébaucher l'homme social. La poésie des *bardes* était dans le genre de celle de Tyrtée, dont il nous reste quelques fragmens: mais s'ils en avaient la chaleur et la force, ils n'en avaient pas les grâces. On peut s'en convaincre en lisant le *barde* Ossian, fils de Fingal, poëte écossais du 3e siècle, selon les uns, et du 5e selon les autres. Quelques auteurs ont placé ce poëte, qui est maintenant très-à la mode, entre Homère et Virgile. On avait d'abord cru que ses ouvrages avaient été supposés, soit par James

(1) *Vit. Carol.*, *cap.* 29.

(2) En Irlande, les *bardes* avaient, outre la possession des terres, le droit de se faire nourrir pendant six mois aux frais du public, d'aller loger où ils le jugeaient à propos, et de mettre les habitans à contribution. Cet ordre, car c'en était véritablement un dans l'état, se soutint long-temps avec splendeur, et dura jusqu'au règne d'Edouard Ier, qui fit massacrer tout ce qui en restait. Cet événement a fourni à Gray le sujet d'une belle ode. *Voyez* NOEL, dict. de la fable, au mot *Bardes*.

Macpherson qui les a traduits du celtique, soit par quelqu'autre ; mais ces soupçons sont dissipés, et de tous côtés on a témoigné et on témoigne encore de l'empressement pour traduire ses poëmes en différentes langues. Il y en a une traduction allemande de 1769 ; une traduction française de 1777, par le Tourneur ; la version anglaise de Macpherson est de 1765, 2 volumes in-fol. Chenier en a traduit quelques fragmens en vers ; Baour-Lormian vient aussi d'en donner une traduction abrégée en vers français.

BASKERVILLE, imprimeur anglais, mort en 1775 à Birmingham dans le comté de Warwick. Il fut d'abord maître d'école ; puis son goût décidé pour l'art typographique le fit entrer dans cette carrière qu'il parcourut avec le plus grand succès. On prétend qu'il grava, fondit ses caractères, et fit une espèce de papier que l'on a vainement cherché à imiter en France. Ses magnifiques éditions sont recherchées à cause de l'élégance et de la grâce de ses caractères, de la perfection du tirage, de la couleur uniforme de l'encre, et surtout de la beauté du papier, qui est d'un poli si parfait qu'il paraît être de soie plutôt que de chiffon. Les éditions de Baskerville sont d'une élégante simplicité, et n'ont pas besoin du secours de la gravure pour ajouter à leur prix. Dans ses premiers ouvrages, on ne voit ni estampes, ni vignettes, ni cul-de-lampes, ni lettres grises, ni lettres rouges, et ces éditions sont les plus estimées. Cependant on reproche à quelques caractères de Baskerville d'être trop longs et trop maigres. Parmi les éditions qu'a donné ce célèbre imprimeur, on distingue, 1.° *Publii Virgilii maronis Bucolica*, *Georgica et Æneis*, 1757, 1 vol. in-4. On trouve un petit défaut dans le titre courant de cette édition ; les mots lib. I, II, III, etc., sont d'un corps trop gros, et qui n'est pas proportionné à celui des autres livres ; 2.° *idem Virgilius*, 1766, in-8. ; 3.° *Q. Horatii flacci opera*, 1762, in-12 ; 4.° *idem Horatius*, 1770, in-4., avec figures ; 5.° *Juvenalis et Persii Satyræ*, 1761, in-4. ; cette édition est inférieure à celle du Virgile et de l'Horace in-4. ; 6.° *Bible anglaise*, in-fol. : cet ouvrage qui, ainsi que son Virgile, est le plus estimé, a été imprimé aux dépens de l'université de Cambridge ; malheureusement le papier est si mince que l'impression du recto paraît au verso. La dernière production typographique de *Baskerville* est l'*Orlando furioso*, en italien, 4 volumes in-8, maj. imprimés aux dépens des frères Molini. Cette édition est ornée de 47 estampes exécutées par les meilleurs dessinateurs et graveurs de Paris. *Baskerville* a laissé une fortune assez considérable, fruit de ses travaux continuels. Il était né vers 1715.

BÉ (Guillaume le). Graveur et fondeur de caractères d'imprimerie. Il était né à Troyes, département de l'Aube, en 1525. A l'âge de vingt ans, il grava à Venise plusieurs caractères hébraïques et rabbiniques. Il revint à Paris, s'y établit et y commença, en 1552, la plus ancienne de toutes les fonderies particulières qui existent en France. Il l'enrichit de ses travaux et de ceux de ses confrères, ayant acheté la plus grande partie des poinçons et matrices qui provenaient de la fonderie du célèbre Garamond, à l'inventaire de laquelle il fut nommé arbitre en 1561. Guillaume le Bé, son fils, augmenta encore cette fonderie par ses soins et ses recherches. Ces habiles fondeurs ont rassemblé et conservé beaucoup de matrices des anciens caractères dont on faisait usage dans l'origine de l'imprimerie : ces matrices doivent subsister encore, puisque dans le siècle dernier elles ont passé chez Fournier, frère du célèbre Fournier le jeune.

BÉ (Guillaume le), fondeur de caractères digne, de la réputation de ses pères, était, comme eux, imprimeur. Il possédait les langues orientales. Il imprima plusieurs livres, dont les principaux sont : *Spes augusta Ludovici XIII chr. regis Francorum et Navarræ*, in-fol. 1611 ; *les figures de la bible, accompagnées de briefs discours composés par Jean Le Clerc, libraire.* Il avait épousé la fille de ce Clerc, et il en laissa un fils.

BÉ (Guillaume le). Libraire et fondeur de caractères. Il surpassa dans l'art de la fonderie tous ses prédécesseurs du même nom, et il poussa cet art à une grande perfection ; aussi sa fonderie était une des plus belles de son temps. Il fit imprimer un grand nombre d'ouvrages, parmi lesquels on remarque *Abrégé de la bible*, in-fol., avec figures en bois ; le *Dictionnaire historique*, in-4. ; *Traité du dessin*, par Jean Cousin, 1640, etc.

BEAUMARCHAIS (Pierre-Augustin Caron de), né à Paris en 1732, mort dans la même ville en 1799. Nous parlerons de ce littérateur d'abord sous le rapport typographique. Après la mort de Voltaire, il acheta de Panckoucke les manuscrits qui avaient été légués à ce libraire par le célèbre patriarche de la littérature française (1) ; et, pour

(1) Panckoucke, héritier des manuscrits de Voltaire, voulant donner une édition complette des œuvres de ce grand homme, conçut le projet de la dédier à l'impératrice de Russie ; il lui écrivit en conséquence pour la prier d'agréer cet hommage : sept mois s'écoulèrent sans recevoir de réponse : il crut que l'impératrice ne voulait point accepter sa proposition ; et pour répondre à l'impatience avec laquelle le public attendait cette édition, il traita avec Beaumarchais, et lui remit tous les manuscrits de Voltaire. Le lendemain de la signature du traité, il reçut une lettre de l'impératrice, qui acceptait sa proposition, se chargeait de tous les frais de l'édition, à condition que les manuscrits lui seraient envoyés aussitôt après l'édition, et accompagnait sa réponse d'une lettre de change de 150,000 livres. Panckoucke se repentit d'avoir traité si promptement, mais l'affaire était consommée, et Beaumarchais donna sa belle édition de Khell, qui cependant n'est pas tout à fait exempte de défauts.

élever à ce dernier un monument digne de sa gloire, il se procura les caractères de Baskerville, qui étaient alors les plus beaux de l'Europe. Il loua pour dix-huit ans le fort de Khell, sur le Rhin, et y exécuta la plus belle entreprise qui ait honoré la littérature française; je veux dire une édition complette des œuvres de Voltaire: il voulut que le papier répondît à la beauté des caractères; en conséquence, il envoya en Hollande des ouvriers pour étudier les procédés qui font tant d'honneur aux fabriques de cette république; puis il fit reconstruire d'anciennes papeteries dans les Vosges; et ces papeteries rivalisèrent bientôt avec les manufactures les plus renommées de la Hollande. Enfin, on peut dire que les belles éditions sorties de l'imprimerie de Khell, sont aussi recommandables par la netteté et la grâce du caractère, que par la blancheur et la force du papier. La sévérité de la correction ajoute aussi beaucoup à ce double mérite. Voici ce que l'auteur des Derniers Siècles littéraires dit de Beaumarchais: « L'extrême diversité de ses talens et de ses entreprises rendra long-temps son nom célèbre: si on touche une montre, on peut se rappeler qu'il en a perfectionné le travail; si c'est une harpe, qu'il l'a rendue harmonieuse; si on va au théâtre, on y voit non-seulement des pièces qu'il a faites et qui contrastent entre elles par leur gravité et leur gaîté, mais encore un personnage nouveau (Figaro) qu'il a créé, un caractère dont aucun ouvrage ne lui avait offert le modèle. Au barreau, il a donné de grands exemples d'éloquence et de courage. Il a construit des vaisseaux et des édifices dignes de la nation à laquelle il appartenait. Si l'on passe enfin chez les peuples commerçans des deux mondes, on y trouve encore des traces de ses vastes conceptions, et des vestiges des services qu'il a rendus au commerce. On doit à sa plume, aussi variée qu'originale, quatre Mémoires contre Goësman, sa femme et le sieur Bertrand, 1773-74, in-4; Mémoires contre Falcos-Lablache, 1775-78, in-4; Mémoires en réponse à celui signé Kornman, 1787, in-4; Mémoires à Lecointre de Versailles, son dénonciateur, 1793; les Deux Amis, ou le Négociant, drame, 1770; Eugénie, drame, 1767; le Barbier de Séville, comédie, 1775; la Folle journée, ou le Mariage de Figaro, comédie, 1784; Tarare, opéra en 5 actes, 1787, et enfin la Mère coupable, drame en 5 actes, 1792.

BELLER, ou BELIER, ou RAM (Jean). Imprimeur flamand du 16e siècle. Il est, après Plantin, le meilleur imprimeur d'Anvers : s'il ne l'a pas égalé dans l'art typographique, il l'a surpassé pour la littérature; car il a composé un Dictionnaire latin, avec le secours du Dictionnaire de Robert Etienne, et il en a fait un autre, latin et espagnol. On recherche ses éditions pour la beauté du caractère et la bonté du papier. Il mourut en 1595. D'autres imprimeurs de ce nom se sont établis à Douay, et s'y sont fait estimer.

BIBLE. Ce mot vient du grec *Biblos*, et signifie *livre*. On appelle ainsi le recueil des saintes écritures. Les hébreux le nomment *Mikra*, c'est-à-dire *lecture* ou *écriture*. Ils divisent la *Bible* en quatre parties : la loi, les premiers prophètes les derniers prophètes, et les livres sacrés, ou les agiographes. La loi renferme la genèse, l'exode, le lévitique, les nombres et le deutéronome. Les premiers prophètes contiennent Josué, les juges, le premier et le second livre de Samuel, qui n'en font qu'un chez les hébreux; le premier et le second livre des rois, qui n'en font qu'un chez les hébreux. Les derniers prophètes renferment Isaïe, Jérémie et Baruc, Ezéchiel et les douze petits prophètes, qui sont Osée, Joel, Amos, Abdias, Nahum, Jonas, Michée, Abacuc, Sophonie, Aggée, Zacharie, Malachie. Les livres sacrés ou les agiographes contiennent les psaumes, que les hébreux partatagent en cinq livres : les proverbes, Job, le cantique des cantiques (les juifs mettent les lamentations et le livre de Ruth après le cantique des cantiques), l'ecclésiaste, Esther, Daniel, Esdras et Néhémie ; enfin, les deux livres des paralipomènes ou des chroniques. C'est donc en tout vingt-deux livres que les hébreux reconnaissent pour canoniques. Nous allons maintenant présenter l'ordre et la division des livres de la Bible, tant de l'ancien que nouveau Testament, suivant la décision du concile de Trente (1). La genèse, l'exode, le lévitique, les nombres, le deutéronome, Josué, les juges et Ruth, quatre livres des rois, deux livres des paralipomènes, le premier livre d'Esdras, le second livre d'Esdras ou Néhémie, Tobie, Judith, Esther, Job, les psaumes, les proverbes, l'ecclésiaste, le cantique des cantiques, la sagesse, l'ecclésiastique, Isaïe, Jérémie et Baruth, Ezéchiel, Daniel, Ozée, Joel, Amos, Abdias, Nahum, Jonas, Michée, Abacuc, Sophonie, Aggée, Zacharie, Malachie, deux livres des Machabées. Tels sont les livres canoniques de l'ancien Testament. Voici ceux du nouveau : les quatre évangiles de S. Matthieu, de S. Marc, de S. Luc et de S. Jean ; les actes des apôtres ; les épîtres de S. Paul, dont une aux romains, deux aux corinthiens, une aux galates, une aux éphésiens, une aux philippiens, une aux colossiens, deux aux thessaloniciens, deux à Timothée, une à Tite, une à Philémon et une aux Hébreux. Les autres épîtres canoniques sont une de S. Jacques, deux de S. Pierre, trois de S. Jean, et une de S. Jude ; enfin, la *Bible* est terminée par l'apocalypse de S. Jean. Tels sont les livres canoniques du nouveau Testament. Voyons maintenant dans quelle langue ont été écrits les livres de la *Bible*. Ceux de l'ancien Testament ont été

---

(1) Session IV, décret I.

écrits en hébreux pour la plus grande partie. Il y a quelques endroits d'Esdras et de Daniel qui sont écrits en chaldéen. Tobie, Judith, les Machabées et l'ecclésiastique ont aussi été écrits en chaldéen ou en syriaque. Le livre de la sagesse n'a jamais été écrit qu'en grec. Les livres du nouveau Testament ont tous été écrits en grec, excepté l'évangile de S. Matthieu, qui a été écrit en hébreu, c'est-à-dire, en syriaque, qui était la langue que l'on parlait de son temps dans la Judée. On dispute sur la question de savoir si S. Marc a écrit en latin ou en grec, et si l'épître aux hébreux n'a pas d'abord été écrite en hébreu : Calmet a démontré que ces ouvrages ont été écrits originairement en grec. Il y a eu plusieurs livres cités dans l'ancien Testament qui ont été perdus ; ces livres sont le livre des Justes (1), le livre des guerres du Seigneur (2), les annales des rois de Juda et d'Israël, citées dans les livres des rois et des paralipomènes ; une partie des trois mille paraboles de Salomon et de ses mille cinq cantiques (3) ; ses Traités des plantes, des animaux, des oiseaux, des poissons et des reptiles (4) ; l'écrit du prophète Jérémie par lequel il ordonna aux captifs qui allaient à Babilone de prendre le feu sacré et de le cacher (5) ; les préceptes qu'il leur donna pour se garder de l'idolâtrie, etc. On connait des livres apocryphes de la *Bible ;* ceux de l'ancien Testament sont le livre d'Enoch, les 3e et 4e livres d'Esdras ; les 3e et 4e livres des Machabées ; l'oraison de Manassé ; le testament des douze patriarches ; le psautier de Salomon ; l'assomption de Moyse ; l'apocalypse d'Elie ; l'échelle de Jacob, etc. Ceux du nouveau

---

(1) *Josué* X. 13 et 1. *Reg.* XVII. 18.
(2) *Num.* XXI. 14.
(3) 3. *Reg.* IV. 32.
(4) 3. *Reg.* IV. 33.
(5) 2. *Macc.* II. 1.

Testament sont l'épître de saint Barnabé; l'épître prétendue de saint Paul aux Laodicéens; plusieurs faux évangiles; plusieurs faux actes des apôtres et plusieurs fausses apocalypses; le livre d'Hermas intitulé le Pasteur; la lettre de J. C. à Abgare; les épitres de saint Paul à Sénèque, et diverses autres pièces de pareille nature, que l'on peut voir dans le Recueil des pièces apocryphes du nouveau Testament par Fabricius. La *Bible* a été traduite dans toutes les langues (*voyez* POLYGLOTTES). On trouvera dans don Calmet (1) le détail des éditions des *Bibles* polyglottes, hébraïque, samaritaine, syriaque, arabe, éthiopienne, persane, turque, arménienne, cophte ou égyptienne, grecque, latine, française, etc., etc., etc., avec les traités, dissertations et commentaires relatifs à chaque partie de la *Bible*. Nous n'entrons point dans ces détails qui nous meneraient trop loin; nous nous contentons de renvoyer à la source.

BIBLIOGNOSTE. Ce mot, tiré du grec, et que l'on doit à l'abbé Rive (2), signifie un habile bibliographe, qui connaît à fond l'histoire des livres, leurs titres, la date de leurs différentes éditions, le lieu où elles ont été faites, le nom des éditeurs, des imprimeurs, etc.

---

(1) Bibliothèque sacrée.

(2) Jean-Joseph Rive, né à Apt en Provence en 1730, et mort à Paris en 179.., a donné plusieurs opuscules intéressans sur des objets de bibliographie. On lui doit des Notices sur les manuscrits de la bibliothèque de la Vallière; des éclaircissemens historiques et critiques sur l'invention des cartes à jouer; le *prospectus* d'un ouvrage proposé par souscription sous le titre: Essai sur l'art de vérifier l'âge des Miniatures peintes dans les manuscrits depuis le 14e siècle; de la Calligraphie ou second tome des peintures antiques de Pierre Santé Bartoli, etc.; Notices calligraphiques et typographiques, etc. L'abbé Rive a eu quelques altercations assez vives avec Debure.

BIBLIOGRAPHE. On donne ce nom à celui qui fait son étude particulière de la connaissance des livres, de l'histoire littéraire, et de tout ce qui a rapport à l'art typographique. Rien de plus rare que de mériter le titre de *bibliographe*, et rien de plus difficile et de plus pénible que d'y acquérir de vrais droits. La *bibliographie* étant la plus vaste et la plus universelle de toutes les connaissances humaines, tout paraît devoir être du ressort du *bibliographe ;* les langues, la logique, la critique, la philosophie, l'éloquence, les mathématiques, la géographie, la chronologie, l'histoire et la diplomatique ne lui sont point étrangères; l'histoire de l'imprimerie et des célèbres imprimeurs lui est familière, ainsi que toutes les opérations de l'art typographique. Il est sans cesse occupé des ouvrages des anciens et des modernes; il s'applique à connaître les livres utiles, rares et curieux, non-seulement par le titre et par la forme, mais encore par leur contenu; il passe sa vie à les analiser, les classer, les décrire. Il cherche ceux qui sont indiqués par les auteurs intelligens; il parcourt les bibliothèques et les cabinets pour augmenter la somme de ses connaissances; il étudie les auteurs qui ont traité de la science des livres; il relève leurs erreurs; il choisit dans les productions nouvelles celles qui sont marquées au coin du génie et qui doivent vivre dans la mémoire des hommes; il furte les journaux littéraires pour se tenir sans cesse au courant des découvertes de son siècle, et les comparer à celles des siècles passés; il est avide de tous les ouvrages qui traitent des bibliothèques, et surtout des catalogues, lorsqu'ils sont bien faits, bien raisonnés, et que les prix ajoutent encore à leur valeur. Tel est le vrai *bibliographe;* il doit réunir toutes les qualités dont nous venons de parler. Il est certain qu'un seul homme, quelque longue que soit sa carrière, ne pourrait jamais parvenir à devenir un *bibliographe* parfait, parce qu'il faudrait qu'il embrassât toutes les sciences, tous les arts et qu'il connût tous les ouvrages qui en traitent, ou, pour mieux dire, qui existent. Mais s'il est impossible qu'un seul homme acquière l'universalité des connaissances humaines relativement à la *bibliographie*, il en existe beaucoup qui ont parcouru cette carrière avec le plus grand avantage possible, soit comme savans, soit comme bibliothécaires, comme *bibliographes* ou comme amateurs. De ce nombre sont Magliabecchi, Maffeï, Leibnitz, Muratori, Apostolo Zeno, Hyde, Baluze, Lacroze, Bayle, P. Marchand, Maittaire, Méerman, Martin, Placcius, Mylius, Gessner, Lacroix du Maine, Duverdier, Cave, Casimir Oudin, Lelong, Goujet, David Clément, Fontanini, Haym, Photius, Pope-Blount, Baillet, Menage, Sallengre, Dartigny, Montfaucon, Konigius, Bartolocius, Imbonatus, Fabricius, Lipenius, Lambecius, Salden, Beyer, Vogt, Engel, Jacob, Naudé, Schmidt, Maichellus, Mellot, Sallier, Boudot, Asseman, Nessel, Martin, Debure, Osmont, Nyon, Cailleau, Ersch, Desessarts, etc. etc. etc.

BIBLIOMANIE, *bibliomane*. La *bibliomanie* est la fureur de posséder des livres, non pas tant pour s'instruire que pour les avoir et pour en repaître sa vue. Le *bibliomane* ne connaît ordinairement les livres que par leur titre, leur frontispice et leur date; il s'attache aux bonnes éditions et les poursuit à quelque titre que ce soit; la reliure le séduit aussi, soit par son ancienneté, soit par sa beauté. Cette passion est très-dispendieuse et très-ridicule; car à quoi bon amasser un trésor auquel on ne touche pas? L'amour des livres est estimable lorsqu'on sait les apprécier ce qu'ils valent, qu'on sait en tirer la quintessence, et surtout lorsqu'on se fait un plaisir de les communiquer. On peut diviser les *bibliomanes* en deux classes : les généraux et les particuliers. Les généraux sont ceux qui acquièrent des livres dans tous les genres indistinctement; les *bibliomanes* particuliers, sont ceux qui s'attachent à une certaine classe de livres, tels que la médecine, l'astronomie, l'histoire, ou même à un seul ouvrage, dont ils recueillent à grands frais toutes les éditions; c'est ainsi que l'on a vu un fou qui avait conçu une passion extrême pour tous les livres d'astronomie, quoiqu'il ne sût pas un mot de cette science; il les achetait à tout prix, et les enfermait dans une cassette, pour ne plus leur laisser voir le jour. Un prince allemand a formé le projet de réunir toutes les éditions de la Bible : il en a déjà 8000, et il lui en manque encore 2000. Un anglais a 365 belles éditions d'Horace. On connaît encore un autre genre de *bibliomanie*, qui consiste à se procurer des éditions de luxe et à les faire relier avec tant de magnificence que l'on craint d'y toucher, et que l'on va emprunter à d'autres les ouvrages que l'on a chez soi, lorsqu'on veut les lire. On peut mettre au nombre des *bibliomanes*, chez les anciens, un nommé *Epaphrodite* de de Chæronnée, grammairien, qui a vécu à Rome dans l'intervalle du règne de Néron à celui de Nerva, et qui possédait jusqu'à trente mille volumes, et un nommé *Sammonicus Serenus*, qui avait une bibliothèque composée de soixante-deux mille volumes.

BIBLIOPHILE. Ce titre convient à toutes les personnes qui aiment les livres; le bibliographe, le bibliomane et le bibliotaphe paraissent y avoir le même droit; cependant je crois qu'il conviendrait mieux à l'amateur qui ne recherche les livres ni par état ni par passion; à celui qui, dirigé par le seul désir de s'instruire, aime et se procure les bons ouvrages qu'il croit les plus propres à composer une collection intéressante par le nombre et par la variété des articles. La philosophie, guidée par le goût, doit toujours déterminer le choix du *bibliophile* dans ses acquisitions. Entasser des livres sans discernement, n'est pas prouver qu'on les aime; ce n'est donc pas celui qui a le plus de livres, mais celui qui possède les meilleurs, qui mérite le titre de *bibliophile*. Si le bibliomane est précieux relativement au commerce de la librairie, le *bibliophile* l'est bien davantage relativement au progrès des sciences et des arts; parce que, ne s'attachant qu'aux bons ouvrages, il rend nécessairement les auteurs plus circonspects, plus difficiles et plus soignés dans leurs productions. Il nous semble donc que le titre de *bibliophile* ne doit appartenir qu'à celui qui aime les livres comme on doit les aimer, et nullement à ceux qu'une aveugle passion égare dans les recherches qu'ils font des ouvrages qui, par une aveugle fantaisie, centuplent quelquefois de valeur.

BIBLIOPOLE. Celui qui fait le commerce des livres; libraire, colporteur.

BIBLIOTAPHE. Ce nom, composé de deux mots grecs, signifie *enterreur de livres*. Il convient à ces bibliomanes ou bibliophiles qui n'achètent des livres que pour les enfouir et empêcher les autres d'en profiter: ils sont aux livres ce que les avares sont à l'argent; il est impossible de jeter un coup d'œil sur leur trésor sans les alarmer. Malheureusement les *bibliotaphes* ne sont que trop communs; ils font le plus grand tort aux hommes studieux, qui sont privés des ressources qu'ils trouveraient chez ces Harpagons littéraires. On a comparé ces derniers au chien qui empêche le cheval de manger l'orge qu'il ne peut manger lui-même. Lucien, Ambroise Camaldule, Phiselphe et le père Lelong se sont plaints amèrement des *bibliotaphes*. Il est surprenant surtout que le père Lelong, qui était si doux, si honnête et toujours prêt à faire voir la bibliothèque de Sainte-Geneviève, qui lui était confiée, ait été exposé aux durs refus des hommes dont nous parlons dans cet article, et qui sont *la peste des lettres*, selon l'expression d'un savant. Les *bibliotaphes* sont rares en France. Gronovius mandait à Heinsius que Vincent Fabrice lui avait écrit de Paris que rien n'égalait la politesse obligeante avec laquelle les Français lui communiquaient leurs richesses littéraires. Il n'en était pas de même en Italie ; Vossius s'en plaint, et Montfaucon dit qu'un religieux augustin de Naples a été mis en pénitence pour lui avoir ouvert la bibliothèque de son couvent. A Rome, l'entrée des bibliothèques était très-difficile, ainsi que dans les autres villes ; et à Venise la bibliothèque de Saint-Marc était impénétrable. Menchen a déclamé à juste titre contre les *bibliotaphes*, et a donné de très-bons conseils à ceux qui possèdent des bibliothèques, dans sa préface à la tête de de l'édition qu'il a donnée du Traité *de Libris legendis* par Bartholin. Saldière était un vrai *bibliotaphe* ; mais Pinelli, Peiresc, de Cordes, Gaignat, la Vallière, Lamoignon-Malsherbes, etc., etc. étaient des bibliophiles vraiment obligeans.

BIBLIOTHÉCAIRE. On appelle ainsi celui qui est chargé de la classification, du soin et de la conservation d'une bibliothèque. Les fonctions du *bibliothécaire* sont d'autant plus importantes, que ses connaissances devraient être, pour ainsi dire, universelles. Tout ce que nous avons dit du bibliographe s'applique au *bibliothécaire*. Il doit être parfaitement au fait de l'histoire littéraire et du mécanisme de l'art typographique ; cette dernière partie surtout lui est essentielle pour décider du format, du caractère et de l'impression de certaines éditions du 15e siècle et du commencement du 16e (1) : il doit connaître aussi les arts dépen-

(1) Chaque imprimeur avait alors sa fonderie et ses poinçons, qu'il retouchait ou gravait de nouveau lorsqu'il n'en était pas content ; et alors il supprimait son nom et souvent l'année dans les premières édi-

dant de la typographie, tels que le dessin, la peinture et la gravure tant sur bois que sur cuivre, pour bien juger du mérite des miniatures et des figures qui se rencontrent si souvent, soit dans les manuscrits, soit dans les imprimés. Il doit savoir donner une description exacte d'un ouvrage rare et curieux ; en rendre fidèlement le titre, la date, le nom de la ville, de l'imprimeur et de l'auteur, qu'il faut quelquefois chercher à la tête ou à la fin d'une dédicace, dans la préface, dans le privilège, dans des acrostiches, devises, etc. Il doit compter les feuillets qui précèdent le corps de l'ouvrage, en désigner l'emploi ; indiquer si le livre est imprimé à longue lignes ou par colonnes ; si le caractère en est gros ou menu, romain, gothique, demi-gothique ou italique ; annoncer si les chiffres, les réclames et les signatures s'y trouvent ; vérifier et compter les feuillets et les figures ; annoncer les *index*, tables ou répertoires et registres des signatures. Le *bibliothécaire* doit s'appliquer aussi à connaître les écritures des différens siècles, pour apprendre à déchiffrer les manuscrits qui lui sont confiés. L'étude des médailles et celle des manuscrits se prêtent un mutuel secours ; il doit donc les cultiver l'un et l'autre. Les

---

tions dont il était mécontent. La maladresse de quelques ouvriers a fait regarder, comme sortant du berceau de l'art, des éditions sans date, imprimées grossièrement au commencement du 16e siècle. Une date ancienne, placée, par la friponnerie de quelques imprimeurs, sur des éditions bien postérieures à cette date, induit souvent en erreur. Des imprimeurs, aussi inconstans qu'ignorans, passaient d'Allemagne en Italie, d'Italie en Espagne et ailleurs, se fixaient pendant quelques années dans des châteaux ou des monastères à présent inconnus, laissaient par tout des monumens informes de leur art, et, par ce manège, ont singulièrement embarrassé les *bibliographes*. Des noms synonymes de ville, une même date pour différentes éditions, des titres variés de mille manières, des feuillets réimprimés à la fin ou au commencement d'un livre, des chiffres adroitement grattés, n'ont pas peu contribué à mille erreurs qu'il est quelque fois impossible de rectifier.

trésors de la littérature ancienne doivent être son domaine, ainsi que ceux de la littérature moderne ; enfin, après avoir acquis la connaissance des livres, il doit se faire une méthode facile et lumineuse pour leur classification, et il faut que cette méthode découle de l'origine et de la filiation des connaissances humaines, des liaisons et des rapports qu'elles ont entre elles ; il faut qu'elle soit simple, claire, et qu'au premier coup d'œil, elle offre un résultat qui ne fatigue point l'esprit et qui plaise à l'imagination. Le *bibliothécaire* doit être exempt de toute espèce de préjugés religieux et politiques. « Il n'est, selon l'expression d'un auteur moderne, le prêtre d'aucun culte ; le ministre d'aucune secte ; le chef d'aucune faction ; l'initié d'aucune coterie ; l'adepte ou le candidat d'aucune académie ; le partisan idolâtre d'aucun système. » Le même auteur trace ainsi les devoirs du *bibliohtéoaire*. « Il se doit au public, et surtout à la foule des vrais amateurs, qui trouveront en lui une bibliothèque parlante, qui tireront plus de secours de sa vaste et complaisante érudition, que de ses registres d'ordre, de ses tables alphabétiques, de ses séries numérotées. Il se doit à une jeunesse curieuse et avide d'instruction, pour qui il sera un guide sûr et affable, qui les conduira vers les sources les plus pures et les plus abordables. Il doit être pour les professeurs des différentes écoles de son département, un collègue utile, un ami éclairé, un conseil permanent, qui, de concert avec eux, travaillera au succès de l'instruction publique. Il se doit surtout à la prospérité de son département, dont toutes les richesses, toutes les ressources lui seront connues et presque familières (1). » Voyons maintenant quels sont les *bibliothécaires* les plus connus, tant chez les anciens que chez les modernes. Le premier est Demetrius

(1) Le citoyen Parent l'aîné, *Essai sur la Bibliographie et sur les talens du Bibliothécaire*, pag. 51,

de Phalère, qui présida à l'organisation de la fameuse bibliothèque d'Alexandrie sous ptolomée Philadelphe. On ne connaît aucun *bibliothécaire* du temps des grecs, quoique l'histoire ait conservé la mémoire des bibliothèques de Policrate le Samien, de Pysistrate, d'Euclyde d'Athènes, de Nycocrates de Chypre, d'Euripide, d'Aristote, etc. Asinius Pollion est le premier des romains qui ait été chargé d'organiser une bibliothèque publique. Jules-César voulait confier à l'illustre M. Varron l'établissement et l'administration d'une réunion des bibliothèques grecques et latines, lorsque sa mort tragique empêcha l'exécution de ce projet. Melessus, grammairien, fut *bibliothécaire* de la bibltothèque Octavienne; et Lucius Hyginus, autre célèbre grammairien, fut préposé à la bibliothèque Palatine; ensuite on établit un *bibliotécaire* pour les ouvrages latins, tel qu'un nommé Anthiocus dans la bibliothèque du temple d'Apollon; et un autre pour les ouvrages grecs, tel qu'un nommé Julius Falyx dans la bibliothèque Palatine. On ne connaît guère d'autres noms de *bibliothécaires* chez les anciens. Dans le moyen âge, les fonctions de *bibliothécaires* ne furent pas toujours restreintes à l'inspection et à la garde des livres. Comme ces places furent remplies par des personnes habiles, on les admit dans les conciles; ce sont les *bibliothécaires* qui expédiaient les bulles; les actes du temps des premiers rois carolovingiens sont souscrits par leurs *bibliothécaires*, qui étaient en même temps leurs chanceliers ou archi-chapelains. Les *bibliothécaires* des cathédrales, surtout en Italie, délivraient les lettres et les diplômes des évêques. Les anciennes bulles-priviléges énonçaient, en dessous du texte, qu'elles étaient datées ou délivrées par tel *bibliothécaire*; c'est une règle constante depuis le 6e siècle écoulé jusqu'au 12e. On compte depuis la renaissance des lettres un grand nombre de savans *bibliothécaires*, parmi lesquels on distingue Guillaume Budé, premier *bibliothécaire* nommé par

François Ier près sa bibliothèque ; Pierre Duchâtelet ; Pierre de Montdoré, Jacques Amyot, Jacques-Auguste de Thou, Nicolas Rigault, Jerôme Bignon, Sallier, Melot, Mercier de Saint-Léger, Laire qui vient de mourir, Camus, Denys de Vienne, etc., ect., etc.

BIBLIOTHEQUES. Ce mot peut être pris dans trois sens différens : il signifie ou le lieu qui renferme des livres, comme dans cette phrase : *tel professeur donnera ses leçons à la bibliothèque publique* ; ou une collection de livres, comme : *telle bibliothèque est composée de trente mille volumes* ; ou enfin, un ouvrage ayant pour titre : *Bibliothèque*, tel que *la Bibliothèque rabinique*, la *Bibliothèque des auteurs ecclésiastiques*, *des pères*, *de Photius*, etc. Nous entendons parler ici du mot *bibliothèque* pris dans les deux premiers sens. Une *bibliothèque* est donc un lieu où l'on trouve une collection de livres classés et rangés dans un ordre qui flatte et l'esprit et les yeux. L'appartement que l'on choisit pour y déposer des livres, ne doit être ni sujet à l'humidité ni exposé aux ardeurs brûlantes du soleil ; il doit être suffisamment éclairé, bien plafonné et bien parqueté. Les tablettes, soit qu'on les pose sous glace dans des armoires, soit qu'on les laisse à découvert dans toute leur longueur, doivent être à un pied, ou 3 palmes, 2 doigts et 4 traits, de distance du mur, et le rayon du bas, c'est-à-dire, la première tablette qui supporte les *in-folio* doit être à une pareille distance du parquet. On observera, entre chaque tablette, un intervalle proportionné à la hauteur des volumes ; on se souviendra que chaque format étant, ou en petit ou en grand papier, on pourrait, pour chacun d'eux, établir des rayons de différente hauteur ; c'est ce que j'ai fait dans la bibliothèque qui m'est confiée. La première tablette est pour les *in-folio* grand papier, la seconde tablette pour les *in-folio* papier ordinaire, la troisième pour les grands in-4, la quatrième, etc. J'ai eu soin de laisser, entre les volumes et la tablette supérieure, un intervalle suffisant pour pouvoir tirer chaque livre sans difficulté, ayant l'attention de ne point trop les serrer, afin que l'air puisse circuler autour. En disposant ainsi une *bibliothèque*, on est sûr qu'elle présentera un coup d'œil agréable, et que les ouvrages s'y conserveront parfaitement sains et à l'abri de toute espèce d'accidens; mais il faut avoir l'attention d'en enlever souvent la poussière et de battre les volumes de temps en temps. Quant à la manière de les garantir des insectes, *voyez* ce MOT. Après avoir parlé de la disposition du local qui doit recevoir une *bibliothèque*, nous devrions parler de sa classification; nous renvoyons, pour cet objet, à l'article SYSTÈME *bibliographique*; on choisira, parmi les systèmes des principaux bibliographes, celui que l'on croira le meilleur. Nous allons donner la notice, par ordre alphabétique, des plus célèbres *bibliothèques* connues, tant chez les anciens que chez les modernes : nous avons puisé cette notice dans l'Encyclopédie; mais nous y avons changé et augmenté plusieurs articles qui nous ont paru ou surannés ou insuffisans; nous avons quelquefois eu recours au père P. Jacob et à Legallois, qui ont fourni une grande partie de tout ce qui se trouve au mot *bibliothèque* dans l'Encyclopédie. Nous avons encore consulté d'autres ouvrages sur quelques *bibliothèques* nouvellement établies dans le nord de l'Europe.

ALLEMAGNE (*Bibliothèques d'*). L'Allemagne honore et cultive trop les lettres (1) pour n'être pas fort riche en

(1) Ambrosius Archintus de Milan et Antonius Campanus, évêque de Crotone, ne pensaient pas de même sur l'Allemagne dans le 15e siècle; le premier, dans l'édition qu'il a donné des Lettres d'Æneas Silvius Piccolomini en 1496, dit qu'il a pris beaucoup de peines pour corriger les fautes des éditions faites en Allemagne; il ajoute que les germains ignorent le vocabulaire des noms latins, et il finit par... *teneat itaque*

bibliothèques; on compte, parmi les plus considérables, celles de Francfort-sur-l'Oder, de Leipsick, de Dresde, d'Ausbourg; celle du duc de Wolfembutel est composée des *bibliothèques* de Marquardus Freherus, de Joachim Gluten et d'autres collections curieuses : elle est très-considérable par le nombre et la bonté des livres, et par le bon ordre qu'on y a mis : on assure qu'elle contient cent seize mille volumes et deux mille manuscrits latins, grecs et hébraïques. Il y a encore en Allemagne un fort grand nombre d'autres *bibliothèques* très-curieuses, mais dont le détail menerait trop loin; nous finirons par celle de l'empereur à Vienne, qui contient cent mille volumes au moins; il y a un nombre prodigieux de manuscrits grecs, hébraïques, arabes, turcs et latins. Lambecius a publié un catalogue du tout, et a gravé les figures des manuscrits; mais elles ne sont pas fort-intéressantes. Cette *bibliothèque* fut fondée en 1480 par l'empereur Maximilien : elle était composée de plus de 80,000 volumes en 1666, sans y comprendre les feuilles volantes. Elle s'est formée de la réunion de plusieurs autres *bibliothèques*, et entre autres de celle de Matthias Corvinus. On y trouvait à cette époque une collection de 15,940 médailles, dont plusieurs sont très-rares. Cette bibliothèque remplit huit grands appartemens auprès desquels est un neuvième pour les médailles et les curiosités, parmi lesquelles on distingue un grand bassin d'émeraude. La *bibliothèque* du prince Eugene, qui était fort nombreuse fut réunie à

---

barbara Germania codices suos..... Campanus avait si peu bonne idée des lumières de l'Allemagne, et ce pays lui déplut si fort, qu'à son retour de la diète de Ratisbonne en Italie, ce prélat, se trouvant au sommet des Alpes, abaissa ses culottes, et dit, en tournant le derrière à l'Allemagne :

Aspice nudatas, barbara terra, nates.

Ces deux hommes changeraient bien d'opinion, s'ils vivaient dans notre siècle.

celle de l'empereur. Possevin a publié un catalogue des manuscrits grecs qui sont dans cette dernière ; il a commis des fautes grossières. Par exemple, on y voit un livre intitulé : *Georgii Nicetæ epistolæ de creatione hominis*, dont le véritable titre est : *Gregorii Nysseni episcopi de creatione hominis liber.* Cependant cette faute a induit en erreur le savant Leo Allatius, dans son Traité des Auteurs qui ont porté le nom de Georges.

ANGLETERRE(*bibliothèques* d'). L'Angleterre, et encore plus l'Irlande, possédaient déjà, dans le 9e siècle, de savantes et riches *bibliothèques* que les incursions fréquentes des habitans du nord détruisirent dans la suite : on regrette surtout la grande *bibliothèque* fondée à Yorck par Egbert, archevêque de cette ville ; elle fut brûlée avec la cathédrale, le couvent de sainte Marie et plusieurs autres maisons religieuses, sous le roi Etienne. Alcuin parle de cette *bibliothèque* dans son épître à l'église d'Angleterre. Vers ce temps, un nommé Gauthier ne contribua pas peu, par ses soins et par son travail, à fonder la *bibliothèque* du monastère de S. Alban, qui était très-considérable : elle fut pillée également par les pirates danois. La *bibliothèque* formée dans le 12e siècle par Richard de Bury, évêque de Durham, chancelier et trésorier de l'Angleterre, fut aussi fort célèbre. Ce savant n'omit rien pour la rendre aussi complette que le permettait le malheur des temps, et il écrivit lui-même un traité intitulé *Philobiblion*, sur le choix des livres et sur la manière de se former une bibliothèque. Il y représente les livres comme les meilleurs précepteurs, en s'exprimant ainsi : *Hi sunt magistri qui nos instruunt, sine virgis et ferulis, sine cholerâ, sine pecuniâ : si accedis, non dormiunt ; si inquiris, non se abscondunt ; non obmurmurant, si oberres ; cachinnos nesciunt, si ignores.* L'Angleterre possède encore aujourd'hui des *Bibliothèques* très-riches en tout genre de littérature, et en manuscrits fort anciens. La plus célèbre est celle d'Oxford, surnommée Bodléienne du nom de son fondateur et propriétaire, Thomas Bodley, qui la légua à l'université d'Oxford. Hyde en a publié un pompeux catalogue en 1674. Elle commença à être publique en 1602, et a été depuis prodigieusement augmentée par un grand nombre de bienfaiteurs. On assure qu'elle l'emporte sur celles de tous les souverains et de toutes les universités de l'Europe, si on en excepte la *bibliothèque* nationale de France, celle de l'empereur à Vienne, et celle du Vatican.

ARABIE et AFRIQUE (*bibliothèques en*). Les arabes d'aujourd'hui ne connaissent nullement les lettres; mais vers le 10e siècle, et surtout sous le règne d'Al-Manzor, aucun peuple ne les cultivait avec plus de succès qu'eux. Après l'ignorance qui régnait en Arabie, avant le temps de Mahomet, le calife Almamon fut le premier qui fit revivre les sciences chez les arabes : il fit traduire en leur langue un grand nombre des livres, qu'il avait forcé Michel III, empereur de Constantinople, de lui laisser choisir dans sa *bibliothèque* et partout l'empire, après l'avoir vaincu dans une bataille. Le roi Al-Manzor ne fut pas moins assidu à cultiver les lettres; ce grand prince fonda plusieurs écoles et *bibliothèques* publiques à Maroc, où les arabes se vantaient d'avoir la première copie du code de Justinien. Erpenius dit que la *bibliothèque* de Fez est composée de 32 mille volumes, et quelques-uns prétendent que toutes les décades de Tite-Live y sont, avec les ouvrages de Pappus d'Alexandrie, fameux mathématicien; ceux d'Hyppocrate, de Galien et de plusieurs autres auteurs dont les écrits ne nous sont pas parvenus, ou nous sont parvenus imparfaits. Selon quelques voyageurs, il y a à Gaza une autre belle *bibliothèque* d'anciens livres, dans la plupart desquels on voit des figures d'animaux et des chiffres à la manière des égyptiens; ce qui fait présumer que c'est quelque reste de la *bibliothèque* d'Alexandrie. Il y a une *bibliothèque* à Damas, où François Rosa de Ravennes trouva la philosophie mystique d'Aristote, en arabe, qu'il publia dans la suite. La Boulaye Legoux dit que les habitans de Sabea ne se servent que de trois livres, qui sont : Le livre d'Adam, celui du Divan et le Koran. Un jésuite assure aussi avoir vu une *bibliothèque* superbe à Alger. Nous ne parlerons point de la prétendue *bibliothèque* du monastère de Sainte-Croix, sur le mont Amara en Éthiopie (1). On sait que les éthiopiens ne se soucient guère de littérature profane ; ils ne s'appliquent qu'à la littérature sacrée, qui fut d'abord extraite des livres grecs, et ensuite traduite dans leur langue. Ils sont schismatiques et sectateurs d'Eutyches et de Nestorius (2).

BIRMANE (*bibliothèque*). Nous allons prendre dans la relation du major Michel Symes, ce qui est relatif à la *bibliothèque* impériale établie à Ummerapoura, capitale du royaume d'Ava ou empire des birmans. Le bâtiment qui renferme cette bibliothèque est en briques, élevé sur une terrasse et couvert d'une structure très-compliquée. Il est composé d'une chambre carrée qui est entourée d'une gallerie : l'ambassadeur anglais ne put entrer dans la chambre carrée ; mais le bibliothécaire lui assura qu'elle ne contenait rien autre chose que ce qu'on voyait dans la gallerie, où plusieurs grands coffres, curieusement ornés de dorures et de jaspe, étaient régulièrement rangés contre le mur. Il y en avait à-peu-près cent. Les livres étaient classés par ordre,

---

(1) *Voyez* le MANUEL BIBLIOGRAPHIQUE, pag. 42 et 43.

(2) Eutyches, abbé de Constantinople, soutenait que J. C. n'était purement que Dieu, et qu'il n'avait de l'humanité que l'apparence : il fut condamné par un concile de 448, confirmé par le concile général de Calcédoine en 451. Nestorius, évêque de Constantinople, enseigna en 429 qu'il y avait en J. C. la personne humaine et la personne divine; que la divine unissait les deux natures, non pas hypostatiquement, mais d'une façon morale et mystique; et delà il concluait que Marie était la mère du Christ, et non pas mère de Dieu. Il fut condamné par le concile d'Ephèse en 431.

et le contenu de chaque coffre était écrit en lettres d'or sur le couvercle. Le bibliothécaire en ouvrit deux, et en tira de minces planches d'ivoire qui présentaient une très-belle écriture ; les marges étaient ornées de fleurs d'or, et artistement travaillées. Il y a aussi plusieurs livres écrits en ancien pali, langue sacrée des birmans. Tout parut à l'ambassadeur dans le plus grand ordre. On dit qu'il y a des livres sur divers sujets, mais plus sur la théologie que sur aucun autre. L'histoire, la musique, la médecine, la peinture et les romans y tiennent aussi leur place. Les volumes sont bien distribués et numérotés ; et si les autres caisses, qui n'ont point été ouvertes à l'ambassadeur, sont remplies avec autant d'ordre que celles qu'on lui montra, il y a apparence que sa majesté birmane a une bibliothèque plus nombreuse qu'aucun potentat, depuis les rives du Danube jusqu'aux frontières de la Chine. C'est de cette bibliothèque que l'on tira deux superbes ouvrages, dont l'empereur fit présent à l'ambassadeur, savoir, un exemplaire du Razawayn, c'est-à-dire, de l'histoire des rois birmans, et un autre du Dhermasath, c'est-à-dire, du code des lois. Chaque ouvrage forme un gros volume supérieurement écrit, et orné de peintures et de dorures. Sir John Shore, gouverneur général du Bengale, fit présent à l'empereur d'un manuscrit sanscrit, très-bien enluminé et écrit avec une netteté admirable : c'était une copie du Bagouat-Géeta, renfermé dans un étui d'or. Il y a dans chaque Kioum ou monastère, une bibliothèque ou dépôt de livres conservés ordinairement dans des caisses en laque. Les livres en caractère pali sont quelquefois faits de minces filamens de bambou, artistement tressés et vernis de manière à former une feuille solide, unie et aussi grande qu'on le veut. Cette feuille est ensuite dorée, et on y trace les lettres sacrées en noir et en beau vernis du Japon. La marge est ornée de guirlandes et de figures en or, sur un fond rouge, verd ou noir.

Bologne (*bibliothèques de*). Il y a, dans cette ville, trois célèbres bibliothèques; celle du monastère Saint-Michel, remarquable par ses livres et par ses tableaux; celle de l'église Saint-Laurent, remarquable par ses manuscrits; et enfin celle des dominicains, où se voit le Pentateuque, qu'une aveugle crédulité dit être écrit de la main d'Esdras, grand-prêtre des juifs, qui vivait 467 ans avant Jesus-Christ. François Tissard dit, dans sa grammaire hébraïque, qu'il l'a vu plusieurs fois, et qu'il est écrit en très-beau caractère sur une seule peau qui est fort longue. Hottinger prouve, par de bonnes raisons, que ce manuscrit ne fut jamais d'Esdras.

Chaldéens et Phéniciens (*bibliothèques des*). On ne peut douter que les chaldéens et les phéniciens n'aient cultivé les sciences et les arts avec le plus grand succès, et qu'ils n'aient eu de savans ouvrages et de nombreuses collections de livres. Quoique les auteurs ne parlent point des *bibliothèques* de la Chaldée, il est certain qu'il y en existait, et qu'il y avait des savans dans plus d'un genre, surtout en astronomie, comme on en peut juger par la suite des observations de 1900 ans, que Calisthènes envoya à Aristote après la prise de Babylone par Alexandre. Eusèbe (1) rapporte que les phéniciens étaient très-curieux dans leurs collections de livres. On n'a point de détails sur les monumens littéraires de ces deux peuples.

Chine (*bibliothèques de là*). Les chinois passent pour avoir cultivé les sciences de temps immémorial; par conséquent ils doivent avoir une infinité de livres et de *bibliothèques*. Les historiens rapportent qu'environ 200 ans avant Jesus-Christ, un empereur de la Chine, nommé Chingius ou Xius, ordonna que tous les livres du royaume fussent brûlés, à l'exception de ceux qui traitaient de la médecine, de l'agriculture et de la divination, s'imaginant par-là faire

(1) *De praep. evangel.*

oublier le nom de ceux qui l'avaient précédé, et que la postérité ne pourrait plus parler que de lui; ses ordres ne furent pas exécutés avec tant de soin qu'une femme ne pût sauver les ouvrages de Meng-tse, de Confucius et de plusieurs autres, dont elle colla les feuilles contre le mur de sa maison, où elles restèrent jusqu'à la mort du tyran. C'est par cette raison que ces ouvrages passent pour être les plus anciens de la Chine, et surtout ceux de Confucius, pour lesquels ce peuple a une extrême vénération. Ce philosophe laissa, dit-on, neuf livres qui sont, pour ainsi dire, la source de la plupart des ouvrages qui ont paru depuis son temps à la Chine, et qui sont si nombreux qu'un seigneur de ce pays qui s'est fait chrétien, employa (au rapport du père Trigault) quatre jours à brûler ses livres, afin de ne rien garder qui sentît les superstitions chinoises. Spizellus, dans son livre de *re litteraria sinensium*, dit qu'il y a une *bibliothèque* sur le mont Lingumen de plus de 30,000 volumes, tous composés par des auteurs chinois, et qu'il n'y en a guère moins dans le temple de Venchung, proche l'école royale.

Chrétiens (*bibliothèques des premiers*). Les premiers chrétiens, occupés d'abord uniquement de leur salut, brûlèrent tous les livres qui n'avaient point de rapport à la religion. Ils eurent d'ailleurs trop de difficultés à combattre, pour avoir le temps d'écrire et de se former des *bibliothèques*. Ils conservaient seulement, dans leurs églises, les livres de l'ancien et du nouveau Testament, auxquels on joignit, par la suite, les actes des martyrs. Quand un peu plus de repos leur permit de s'adonner aux sciences, il se forma des *bibliothèques*. Les auteurs parlent avec éloge de celles de saint Jérôme et de George, évêque d'Alexandrie (1). On en voyait une célèbre à Césarée, fondée par

(1) Les chrétiens ont souvent cité, en leur faveur, plusieurs passages des philosophes et des poëtes payens; il suffit de lire les écrits des

Jules l'Africain, et augmentée dans la suite par Eusèbe, évêque de cette ville, au nombre de 20,000 volumes. Quelques-uns en attribuent l'honneur à saint Pamphile, prêtre de Laodicée, et ami intime d'Eusèbe, et c'est ce que cet historien semble dire lui-même. Cette *bibliothèque* fut d'un grand secours à saint Jérôme, pour l'aider à corriger les livres de l'ancien Testament; c'est là qu'il trouva l'évangile de saint Mathieu, en hébreu. Quelques auteurs disent que cette *bibliothèque* fut dispersée, et qu'elle fut ensuite rétablie par saint Grégoire de Naziance et Eusèbe. Saint Augustin parle d'une *bibliothèque* d'Hyppone. Celle d'Anthioche était très-célèbre; mais l'empereur Jovien, pour plaire à sa femme, la fit malheureusement détruire. Sans entrer dans un plus grand détail sur les *bibliothèques* des premiers chrétiens, il suffira de dire que chaque église avait sa *bibliothèque* pour l'usage de ceux qui s'appliquaient aux études. Eusèbe nous l'atteste, et il ajoute que presque toutes ces *bibliothèques*, avec les oratoires où elles étaient conservées, furent brûlées et détruites par Dioclétien.

Chrétiens grecs (*bibliothèques des*). Les chrétiens grecs sont actuellement plongés dans la même ignorance que les turcs. Ils ont oublié jusqu'à la langue de leurs pères, l'ancien grec. Leurs évêques leur défendent la lecture des auteurs payens, comme si c'était un crime d'être savant. Toute leur étude est bornée à la lecture des actes des sept synodes de la Grèce, et des Œuvres de saint Bazile, de saint Chrisostôme et de saint Jean de Damas. Ils ont cependant nombre de *bibliothèques*, mais qui ne contiennent que des manuscrits, l'impression n'étant point en usage chez

---

SS. pères, pour être convaincu que les premiers chrétiens avaient conservé d'autres livres que les livres qui avaient rapport à la religion. Pourquoi Julien, surnommé l'Apostat, aurait-il interdit aux écoles des chrétiens l'usage des livres classiques ?

eux : ils ont une *bibliothèque* sur le mont Athos, et plusieurs autres où il y a quantité de manuscrits, mais très-peu de livres imprimés. Si l'on veut savoir quels sont les manuscrits qu'on a apportés de chez les grecs en France, en Italie et en Allemagne, et ceux qui restent encore à Constantinople entre les mains des particuliers, et dans l'île de Patmos et les autres îles de l'Archipel, dans le monastère de saint Bazile, à Caffa, anciennement Théodosia, dans la Tartarie-Crimée et dans les autres états du grand turc, on pourra consulter, avec fruit le traité du père Possevin, intitulé *Apparatus sacer*, ainsi que la relation du voyage de l'abbé Sevin à Constantinople, en 1729 et 1730 ; l'abrégé de cette relation se trouve dans le 8e volume des Mémoires de l'académie des inscriptions et belles-lettres. Cet abrégé est suivi de celui de la relation de l'abbé Fourmont, aussi dans le levant, et fait en même temps. Ces deux relations occupent 24 pages in-4, et sont très-intéressantes.

CONSTANTIN-LE-GRAND (*bibliothèque de*). Cette *bibliothèque* a été fondée, selon Zonaras, l'an 336 de Jesus-Christ. Constantin voulant réparer la perte que le tyran son prédécesseur avait causée aux chrétiens, porta tous ses soins à faire trouver des copies des livres qu'on avait voulu détruire. Il les fit transcrire, y en ajouta d'autres dont il forma, à grands frais, une nombreuse *bibliothèque* à Constantinople. L'empereur Julien voulut la détruire et empêcher les chrétiens d'avoir aucun livre, afin de les plonger dans l'ignorance (1). Il fonda lui-même deux grandes *bibliothèques*, l'une à Constantinople, et l'autre à Antioche, sur les fronstispices desquelles il fit graver ces mots : *Alii quidem equos amant ; alii aves, alii feras ; mihi verò à puerulo*

(1) Cette assertion n'est nullement probable, et paraît avoir été dictée en haine de cet empereur ; d'ailleurs ce qui suit prouve que Julien était bien éloigné d'avoir un goût de destruction en ce genre.

mirandum acquirendi et possidendi libros insedit desiderium. Théodose le jeune ne fut pas moins soigneux à augmenter la *bibliothèque* de Constantin-le-Grand : elle ne contenait d'abord que 6900 volumes ; mais par ses soins et sa magnificence, il s'y en trouva en peu de temps 100,000. Léon l'Isaurien en fit brûler plus de la moitié, pour détruire les monumens qui auraient pu déposer contre son hérésie sur le culte des images. C'est dans cette *bibliothèque* que fut déposée la copie authentique du concile de Nicée. On prétend que les ouvrages d'Homère y étaient aussi écrits en lettres d'or, et qu'ils furent brûlés lorsque les iconoclastes détruisirent cette *bibliothèque* : il y avait aussi une copie des évangiles, selon quelques auteurs, reliée en plaques d'or du poids de quinze livres, et enrichie de pierreries.

CONSTANTINOPLE (*bibliothèque de*). Il semble qu'au IIe siècle les sciences s'étaient réfugiées auprès de Constantin Porphyrogenette, empereur de Constantinople. Ce grand prince était le protecteur des Muses ; et ses sujets, à son exemple, cultivèrent les lettres. Il parut alors en Grèce plusieurs savans ; et l'empereur, toujours porté à chérir les sciences, employa des gens instruits à lui rassembler de bons livres dont il forma une *bibliothèque* publique, à l'arrangement de laquelle il travailla lui-même. Les choses furent en cet état jusqu'à ce que les turcs se rendirent maîtres de Constantinople : aussitôt les sciences, forcées d'abandonner la Grèce, se réfugièrent en Italie, en France et en Allemagne, et bientôt la lumière commença à se répandre sur le reste de l'Europe, qui avait été ensevelie pendant longtemps dans l'ignorance la plus grossière. La *bibliothèque* des empereurs grecs de Constantinople n'avait pourtant pas péri à la prise de cette ville, par Mahomet II ; au contraire, ce sultan avait ordonné très-expressément qu'elle fût conservée, et elle le fut en effet dans quelques appartemens du sérail, jusqu'au règne d'Amurat IV, qui, dans un accès de dévotion, sacrifia tous les livres de la *bibliothèque* à sa haine contre les chrétiens. C'est là tout ce qu'en put apprendre l'abbé Sevin, lorsque, par ordre du gouvernement, il fit, en 1729, le voyage de Constantinople, dans l'espérance de pénétrer jusques dans la *bibliothèque* du grand seigneur, et d'en obtenir des manuscrits. Quant à la *bibliothèque* du sérail, elle fut commencée par le sultan Selim, celui qui conquit l'Égypte, et qui aimait les lettres ; mais elle n'est composée que de trois ou quatre mille volumes, turcs, arabes ou persans, sans nul manuscrit grec. Le prince de Valachie Maurocordato avait beaucoup recueilli de ces derniers, et il s'en trouve de répandus dans les monastères de la Grèce ; mais on ne fait plus guère de cas aujourd'hui de ces morceaux précieux, dans un pays où les sciences et les beaux-arts ont fleuri pendant si long-temps.

DANNEMARCK (*bibliothèques de*). Il y a à Copenhague des *bibliothèques* remarquables. La *bibliothèque* royale est riche de 250,000 volumes. On y trouve beaucoup de manuscrits orientaux recueillis par Niebuhr ; une collection de 6,000 palæotypes, et environ 80,000 gravures et estampes, dont plusieurs très-rares et très-précieuses ; une somme de de 3,000 rixdalers (16,200 francs) est destinée tous les ans à son augmentation. La *bibliothèque* de l'université est composée de 60,000 volumes. On y voit une collection précieuse de manuscrits, parmi lesquels on en distingue en langue islandaise, qui sont très-importans pour l'histoire du Nord. La *bibliothèque* léguée au public par Claesen, est très-riche en ouvrages de mathématiques et des arts. On désirerait plus d'ordre dans la *bibliothèque* de Hielmstjerne, d'après la description de Copenhague par Nyrup. Le département des affaires étrangères a une bonne *bibliothèque* d'histoire et de géographie. A l'arsenal on trouve une *bibliothèque* choisie et destinée pour les officiers du génie et d'artillerie. L'académie de chirurgie a une *bibliothèque* chirurgico-anatomique. Plusieurs particuliers de Copenhague possèdent aussi des collections considérables. De la capitale, passons dans les provinces. L'académie noble de Sora, en Zélande, a une petite *bibliothèque*. Christiania en possède une publique, avec une collection d'histoire naturelle. L'institut militaire a aussi une petite collection; mais la plus remarquable est celle d'Anker, riche négociant. A Bergen, le séminaire frédéricien a une *bibliothèque*. A Drontheim, on voit la *bibliothèque* de la société royale norvégienne des sciences, qui est environ de 15,000 volumes. L'université de Kiel, en Holstein, a une *bibliothèque* de 30,000 volumes. Le Gymnase d'Altona a aussi une collection considérable et bien choisie. Copenhague possède encore un musée royal qui contient, outre des curiosités de la nature et de l'art, plusieurs bons tableaux; la collection numismatique au château de Rosenborg; les cabinets d'histoire naturelle appartenant à l'université et à la société d'histoire naturelle; les cabinets particuliers de Moltke, de Spengler, de Chemnitz, de Holmskcod, et deux jardins botaniques.

ÉGYPTIENS (*bibliothèques des*). Selon Diodore de Sicile, le premier qui fonda une *bibliothèque* en Egypte fut Osymandias, successeur de Prothée, et contemporain de Priam, roi de Troye. Piérius dit que ce prince aimait tant l'étude qu'il fit construire une *bibliothèque* magnifique ornée de tous les Dieux d'Égypte, et sur le frontispice de laquelle il fit écrire ces mots: *Le trésor des remèdes de l'ame*. Mais ni Diodore de Sicile, ni les autres historiens ne disent rien du nombre des volumes qu'elle contenait; elle ne pouvait être très-nombreuse, vu le peu de livres existant alors, et qui étaient tous écrits par les prêtres; car pour ceux de leurs deux Mercures, qu'on regardait comme des ouvrages divins, on ne les connait que de nom; et ceux de Manéthon sont bien postérieurs aux temps dont nous parlons. Il y avait une très-belle *bibliothèque* à Memphis, aujourd'hui le grand Caire, qui était déposée dans le temple de Vulcain. C'est de cette *bibliothèque* que Naucratès (1) accuse Homère d'avoir volé l'Iliade et l'Odissée, et de les avoir ensuite donnés comme étant ses propres productions. Mais la plus grande et la plus magnifique *bibliothèque* de l'Egypte, et peut-être du monde entier, était celle des Ptolomées à Alexandrie : elle fut commencée par Ptolomée Soter, et composée par les soins de Démétrius de Phalère, qui fit rechercher, à grands frais, des livres chez toutes les nations, et en forma, selon saint Epiphane, une collection de 54,800 volumes. Josephe dit qu'il y en avait 200,000, et que Démétrius espérait dans peu en avoir 500,000. Cependant Eusèbe assure qu'à la mort de Philadelphe, successeur de Soter, cette *bibliothèque* n'était composée que de 100,000 volumes. Il est vrai que sous ses successeurs elle s'augmenta par degrés, et qu'enfin on y compta 700,000 volumes : mais par volumes il faut entendre des rouleaux beaucoup moins chargés que nos volumes. Ptolomée Philadelphe acheta de Nélée, à des prix exorbitans, une partie des ouvrages d'Aristote, et un grand nombre d'autres volumes qu'il fit chercher à Rome, à Athenes, en Perse et en Éthiopie. Un des plus précieux morceaux de sa *bibliothèque* était l'écriture sainte qu'il fit déposer dans le principal appartement, après l'avoir fait traduire en grec, par 72 interprètes que le grand-prêtre Éléazar avait envoyés à cet effet à Ptolomée, qui les avait fait demander par Aristée, homme très-savant et capitaine de ses gardes. Un de ses successeurs nommé Ptolomée Phiscon, prince d'ailleurs cruel, ne témoigna pas moins de passion pour enrichir la *bibliothèque* d'Alexandrie. On raconte de lui que, dans un temps de famine, il refusa aux athéniens les bleds qu'ils avaient coutume de tirer de

---

(1) Voyez le MANUEL BIBLIOGRAPHIQUE. *Traité des bibliothèques*, *pag.* 2.

l'Égypte, à moins qu'ils ne lui remissent les originaux des tragédies d'Eschyle, de Sophocle et d'Euripide, et qu'il les garda en leur en renvoyant seulement des copies fidelles, et leur abandonna 15 talens qu'il avait consignés pour sûreté des originaux. Tout le monde sait ce qui obligea Jules-César, assiégé dans un quartier d'Alexandrie, à faire mettre le feu à la flotte qui était dans le port; malheureusement le vent porta les flammes plus loin que César ne voulait, et le feu ayant pris aux maisons voisines du port, se communiqua delà au quartier Bruchion, aux magasins de bled et à la *bibliothèque* qui en faisait partie, et causa l'embrasement de cette fameuse *bibliothèque*. Quelques auteurs croient qu'il n'y eut que quatre cents volumes de brûlés, et, que tant des autres livres qu'on put sauver de l'incendie que des débris de la *bibliothèque* de Pergame, dont 200,000 volumes furent donnés à Cléopatre par Antoine, on forma la nouvelle *bibliothèque* de Sérapion, qui devint en peu de temps fort nombreuse. Mais après diverses révolutions, sous les empereurs romains, dans lesquelles la *bibliothèque* fut tantôt pillée, et tantôt rétablie, elle fut enfin détruite l'an 650 de Jesus-Christ, qu'Amry, général des sarrazins, sur un ordre du calife Omar, commanda que les livres de la *bibliothèque* d'Alexandrie fussent distribués dans les bains publics de cette ville, et ils servirent à les chauffer pendant six mois.

ESPAGNE (*bibliothèques d'*). La première et la plus considérable des *bibliothèques* d'Espagne est celle de l'Escurial, au couvent de Saint-Laurent, fondée par Charles V, et considérablement augmentée par Philippe II. Les ornemens de cette *bibliothèques* sont fort beaux; la porte est d'un travail exquis, mais défectueuse en dedans, en ce qu'elle ne peut s'ouvrir qu'à moitié. Tout le carreau est de marbre poli de deux couleurs, distribué en compartimens qui font un bel effet, et tout le tour est de jaspe, à la hauteur de 8 pouces (2 palmes 16 traits). Les tablettes sont peintes d'une infinité de couleurs, et toutes de bois précieux d'Espagne ou des Indes, comme cèdre, ébenne et térébinthe. Les livres sont supérieurement dorés : il y a cinq rangs d'armoires, les unes au-dessus des autres, où les livres sont gardés ; chaque rang a 100 pieds de long (10 mètres 5 palmes et 52 doigts). On y voit les portraits de Charles V, de Philippe II, Philippe III et Philippe IV. On y voit aussi plusieurs globes, dont l'un représente, avec beaucoup de précision, le cours des astres, eu égard aux différentes positions de la terre. Il y a une infinité de manuscrits, entr'autres l'original du livre de saint Augustin sur le baptême. Quelques auteurs prétendent que les originaux de tous les ouvrages de ce Père sont dans cette *bibliothèque*, Philippe II les ayant achetés de celui qui les eut en partage lors du pillage de la *bibliothèque* de Muley Cydam, roi de Fez et de Maroc, quand les espagnols prirent la forteresse de Carache, où était cette *bibliothèque*. Parmi les différens livres qui composent cette riche collection, on distingue encore un *in-folio* nommé *le Livre d'or*, parce que les lettres sont en or, sur vélin : il a 160 feuillets. A la première page est une peinture représentant Jesus-Christ, et à la seconde une autre peinture représentant la Vierge Marie. Le titre de ce livre est : *Sancta quatuor Evangelia, litteris aureis scripta, jussu regis Henrici Conradi imperatoris filii. Liber vitæ nuncupatur.* Ce titre annonce que ce livre a plus de sept cents ans. On voit encore dans cette *bibliothèque* un rouleau en parchemin, qui contient un manuscrit grec de saint Bazile. Il y a aussi beaucoup de livres enluminés et ornés de miniatures, très-curieux, entre autres l'arbre généalogique de la maison d'Autriche, en vélin roulé sur deux bâtons ; l'Histoire des Animaux et des Plantes de l'Amérique, représentés d'après nature, en 15 vol. grand in-fol., par François Hermandez de Tolède, qui, envoyé par Philippe II, les a dessinés sur les lieux ; et d'autres ouvrages aussi précieux. Il y a dans cette *biblio-*

thèque près de trois mille manuscrits arabes, dont Hottinger a donné le catalogue : il y a aussi nombre de manuscrits grecs et latins. Quelques-uns prétendent qu'elle a été augmentée par les livres du cardinal Sirlet, archevêque de Sarragosse, et d'un ambassadeur espagnol, ce qui l'a rendue plus parfaite; mais la plus grande partie fut brûlée par le tonnerre en 1670. Il y avait anciennement une très-belle *bibliothèque* dans la ville de Cordone, fondée par les maures, avec une célèbre académie où l'on enseignait toutes les sciences en arabe. Elle fut pillée par les espagnols lorsque Ferdinand chassa les maures d'Espagne, où ils avaient régné plus de six cents ans. Ferdinand-Colomb, fils du célèbre Christophe, fonda une très-belle *bibliothèque*, en quoi il fut aidé par le célèbre Clénar. Ferdinand Nonius, qu'on prétend avoir le premier enseigné le grec en Espagne, fonda une grande et curieuse *bibliothèque* dans laquelle il y avait beaucoup de manuscrits grecs, qu'il acheta fort cher en Italie. D'Italie il alla en Espagne, où il enseigna le grec et le latin à Alcala de Henares, et ensuite à Salamanque, et laissa sa *bibliothèque* à l'université de cette ville. L'Espagne fut encore enrichie de la magnifique *bibliothèque* du cardinal Ximénès, à Alcala, où il fonda une université qui est devenue très-célèbre. Il y a aussi en Espagne plusieurs particuliers qui ont de célèbres *bibliothèques*. Autrefois on distinguait celles d'Arias Montanus, d'Antonius Augustinus, archevêque de Tarragone, de Michel Tomasius, etc., etc.

FERRARE (*bibliothèque de*). Elle est magnifique : on y voit grand nombre de manuscrits anciens et d'autres monumens curieux de l'antiquité, comme des statues, des tableaux et des médailles de la collection de Pierre Ligorius, célèbre architecte, et l'un des plus savans de son siecle.

FLORENCE (*bibliothèque de*). Elle contient tout ce qu'il y a de plus brillant, de plus curieux et de plus instructif : elle renferme un nombre prodigieux de livres et de manuscrits les plus rares en toutes sortes de langues ; quelques-uns sont d'un prix inestimable : les statues, les médailles, les bustes et d'autres monumens de l'antiquité, y sont sans nombre. Le *Musæum florentinum* peut seul donner une juste idée de ce magnifique cabinet ; et la description de la *bibliothèque* mériterait seule un volume à part. Il ne faut pas oublier le manuscrit qu'on conserve dans la chapelle de la cour : c'est l'évangile de saint Jean, que la crédulité dit être autographe. Il y a encore deux autres *bibliothèques* à Florence, dont l'une, fondée en l'église de Saint-Laurent, par le pape Clément VII, de la famille des Médicis, est ornée d'un grand nombre de manuscrits hébraïques, grecs et latins ; l'autre, fondée par Côme de Médicis, dans l'église de Saint-Marc, appartient aux jacobins.

France (*bibliothèques de*). La plus riche et la plus considérable des anciennes *bibliothèques* connues en France, était celle qu'avait Tonnance Ferréol, dans sa belle maison de Prusiane, sur les bords de la rivière du Gardon : le choix et l'arrangement de cette *bibliothèque* faisaient voir le bon goût de ce seigneur, et son amour pour le bel ordre : elle était partagée en trois classes avec beaucoup d'art : la première était composée de livres de piété, à l'usage du sexe dévot, rangés aux côtés des siéges destinés aux dames ; la seconde contenait les livres de littérature, et servait aux hommes ; enfin, la troisième classe renfermait les livres communs aux deux sexes. Chaque monastère avait aussi, dans son établissement, une *bibliothèque* et un moine préposé pour en prendre soin : c'est ce que portait la règle de Tarnat et celle de Saint Benoît. Rien, dans la suite des temps, ne devint plus célèbre que les *bibliothèques* des moines : on y conservait les livres de plusieurs siècles, dont on avait soin de renouveler les exemplaires, et sans ces *bibliothèques* il ne nous resterait guère d'ouvrages des anciens. C'est delà, en effet, que sont sortis presque tous ces excellens manuscrits qu'on voit aujourd'hui en Europe, et d'après lesquels on a donné au public, depuis l'invention de l'imprimerie, tant d'excellens ouvrages en tout genre de littérature. Dès le 6e siècle, on commença, dans quelques monastères, à substituer au travail pénible de l'agriculture, l'occupation de copier les anciens livres, et d'en composer de nouveaux. C'était l'emploi le plus ordinaire et même l'unique des premiers cénobites de Marmoutier. On regardait alors un monastère qui n'aurait pas eu de *bibliothèque*, comme un fort ou un camp dépourvu de ce qui lui était le plus nécessaire pour sa défense : *claustrum sine armario, quasi castrum sine armentario.* Il nous restait encore de précieux monumens de cette sage et utile occupation, dans les abbayes de Cîteaux et de Clairvaux, ainsi que dans la plus grande partie des abbayes de l'ordre de Saint Benoît, lorsqu'elles subsistaient. Nous ne parlerons point ici des *bibliothèques* particulières qui ont honoré la France. On trouvera au mot CATALOGUE la liste des catalogues des principales *bibliothèques* particulières. Les *bibliothèques* publiques les plus célèbres étaient, avant la révolution, celle du roi, dont on va donner l'histoire; celles de Saint-Victor, du Collége Mazarin, de la Doctrine Chrétienne, des Avocats et de Saint-Germain-des-Prés; celle-ci était une des plus considérables par le nombre et par le mérite des anciens manuscrits (1). Elle avait été augmentée, en 1718, des livres de M. L. d'Estrées, et, en 1720, de ceux de M. Renaudot. En 1744, M. de Gesvres légua sa *bibliothèque* à cette abbaye, à condition que le public en jouirait une fois la semaine. L'évêque de Metz, duc de Coislin, lui avait aussi légué un

(1) Dans la nuit du 2 au 3 fructidor an 2, le feu a pris à la maison de l'Unité, ci-devant abbaye de Saint-Germain-des-Prés, où l'on faisait du salpêtre, et une grande partie de la *bibliothèque* a été la proie des flammes. Cette perte est irréparable à cause des manuscrits.

nombre considérable de manuscrits qui avaient appartenu ci-devant au chancelier Seguier. Les *bibliothèques* particulières qui jouissaient de quelque réputation avant la révolution, soit pour le nombre, soit pour la qualité des livres, étaient celle de Sainte-Geneviève, à laquelle avait été réuni le riche cabinet de médailles, que feu M. le régent avait formé ; celle de Sorbonne, du Collége de Navarre, des Prêtres de l'Oratoire et des Jacobins (1). Celle de Falconnet, très-précieuse par le nombre et le choix des volumes, pouvait être mise au rang des *bibliothèques* publiques, puisque les gens de lettres avaient la liberté d'y aller faire les recherches dont ils avaient besoin. Celle de De Boze était peut-être la plus riche collection qui ait été faite de livres rares et précieux dans les différentes langues ; elle était encore recommandable par la beauté et la bonté des éditions, ainsi que par la propreté des reliures. Si cette attention est un luxe de l'esprit, au moins c'en est un qui fait autant d'honneur au goût du propriétaire que de plaisir aux yeux des spectateurs. Nous ne devons pas passer sous silence la *bibliothèque* de M. Gaignat, dont le catalogue est en deux volumes, faisant suite à la Bibliographie instructive de Debure. Cette *bibliothèque*, célèbre par la rareté et la beauté des éditions qu'on y trouvait, était composée, à la vente, de trois mille cinq cent quarante-deux articles ; et a rapporté une somme de deux cent vingt-trois mille deux cent cinquante livres trois sous ; la vente s'en est faite en 1769. La *bibliothèque* de M. le duc de la Vallière était bien plus

(1) Les *bibliothèques* des maisons religieuses, des communautés ecclésiastiques et de quelques autres corporations supprimées, dans le département de la Seine seulement, se montent à 800,000 volumes à peu près. Que l'on juge, d'après cela, de l'immense quantité de livres que la révolution a mis à la disposition du gouvernement dans toute l'étendue de la république.

nombreuse : le catalogue a deux parties ; la première, qui renferme les livres rares, a été faite par Debure aîné, en trois forts volumes in-8 : elle contient 5668 articles, qui ont rapporté 454,677 liv. 8 sous. Cette vente a eu lieu depuis le 12 janvier 1784, jusqu'au 5 mai suivant ; la seconde partie, faite par Nyon l'aîné, en 6 gros volumes in-8, renferme 26,537 articles : elle a été vendue entièrement au marquis de Paulmy, qui l'avait réunie à sa superbe *bibliothèque*, qui a été achetée par le comte d'Artois. Passons maintenant à la *bibliothèque* nationale que l'on regarde comme la plus riche et la plus magnifiqne qui ait existé. Son origine est assez obscure ; formée d'abord d'un nombre peu considérable de volumes : il n'est pas aisé de déterminer à quel roi de France elle doit sa fondation. Ce n'est qu'après une longue suite d'années et diverses révolutions, qu'elle est enfin parvenue à ce degré de magnificence, et à cette immensité, qui la placent au premier rang. Quand on supposerait qu'avant le 14e siècle les livres des rois de France ont été en assez grand nombre pour mériter le nom de *bibliothèques*, il n'en serait pas moins vrai que ces *bibliothèques* ne subsistaient que pendant la vie de ces princes : ils en disposaient à leur gré, et, presque toujours dissipées à leur mort, il n'en passait guère à leurs successeurs que ce qui avait été à l'usage de leur chapelle. Saint Louis, qui en avait rassemblé une assez nombreuse, ne la laissa point à ses enfans ; il en fit quatre portions égales, non compris les livres de sa chapelle, et la légua aux jacobins et aux cordeliers de Paris, à l'abbaye de Royaumont et aux jacobins de Compiègne. Philippe-le-Bel et ses trois fils en firent de même. Ce n'est donc qu'aux règnes suivans que l'on peut rapporter l'établissement d'une *bibliothèque royale*, fixe, permanente, destinée à l'usage du public, en un mot, comme inaliénable, et comme une des plus précieuses portions des meubles de la couronne. Charles V, dont les trésors littéraires consistaient en un fort petit nombre de livres qu'avait eu le roi Jean, son prédécesseur, est celui à qui l'on croit devoir les premiers fondemens de la *bibliothèque* nationale d'aujourd'hui. Il était savant, et son goût pour la lecture lui fit chercher tous les moyens d'acquérir des livres; aussi sa *bibliothèque* fut-elle considérablement augmentée en peu de temps. Il la logea dans une des tours du Louvre, qui, pour cette raison, fut appelée la *Tour de la librairie*. Afin que l'on pût y travailler à toute heure, il ordonna qu'on pendît à la voûte trente petits chandeliers et une lampe d'argent. Cette *bibliothèque* (1) était composée d'environ 910 volumes, nombre remarquable dans un temps où les lettres n'avaient fait encore que de médiocres progrès en France, et où, par conséquent, les livres devaient être assez rares. Ce prince tirait quelquefois des livres de sa *bibliothèque* du Louvre, et les faisait porter dans ses différentes maisons royales. Charles VI, son fils et son successeur, tira aussi de sa *bibliothèque* plusieurs livres qui n'y rentrèrent plus; mais ces pertes furent réparées par les

(1) On prétend qu'on y voyait des traductions d'Aristote, de Tite-Live et de Valère-Maxime. La plupart des livres étaient couverts de riches étoffes et enluminés avec soin : on les divisait en trois parties; la première était composée des bibles latines et françaises, des missels, des psautiers et des livres de dévotion; la seconde, des traités d'astrologie, de géomancie et de chiromancie; des livres de médecine, la plupart traduits de l'arabe; des historiens et de quantité de romans en prose et en rimes; enfin, la troisième classe comprenait des chroniques, des histoires générales et particulières, surtout la vie de saint Louis et quelques relations des guerres d'outre-mer. On traduisait beaucoup dans le siècle de Charles V; quantité d'ouvrages grecs, latins, espagnols et italiens furent traduits en français. Parmi les traducteurs de ces temps, on distingue Nicolas Oresme à qui l'on doit la traduction de la politique et de la morale d'Aristote, Evrart de Conty, Jean Goulain, Gilles l'Augustin, Jean de Vignay, Jean du Bagnay, Jean Dandin, Denys Foulechat, Jacques Bauchat, etc.

acquisitions qu'il faisait de temps en temps. Cette *bibliothèque* resta à peu près dans le même état jusqu'au règne de Charles VII, pendant lequel, par une suite des malheurs dont le royaume fut accablé, elle fut totalement dissipée, du moins n'en parut-il aucun vestige. Louis XI, dont le règne fut plus tranquille, donna beaucoup d'attention au bien des lettres : il eut soin de rassembler, autant qu'il le put, les débris de la librairie du Louvre ; il s'en forma une *bibliothèque* (1), qu'il augmenta depuis des livres de Charles de France, son frère, et, selon toute apparence, de ceux des ducs de Bourgogne, dont il réunit le duché à la couronne. Charles VIII, sans être très-instruit, eut du goût pour les livres : il en ajouta beaucoup à ceux que son père avait rassemblés, et surtout une grande partie de la *bibliothèque* de Naples, qu'il fit apporter en France après sa conquête. On distingue encore aujourd'hui, parmi les livres de la *bibliothèque* nationale, ceux des rois de Naples et des seigneurs napolitains, par les armoiries, les souscriptions, les signatures, ou quelques autres marques. Tandis que Louis XI et Charles VIII rassemblaient ainsi le plus de livres qu'il leur était possible, les deux princes de la maison d'Orléans, Charles et Jean, comte d'Angoulême, son frère, revenus d'Angleterre, après plus de 25 ans de prison, jetèrent, le premier à Blois, et le second à Angoulême, les fondemens de deux *bibliothèques*, qui devinrent bientôt royales, et qui firent oublier la perte que l'on avait faite par la dispersion des livres de la tour du Louvre, dont on croit que la plus

(1) En 1471 ce roi, voulant mettre dans cette *bibliothèque* une copie du livre du médecin arabe Rasès, emprunta l'original de la Faculté de médecine de Paris, et donna pour sûreté de ce manuscrit, douze marcs d'argent, vingt livres sterlings et l'obligation d'un bourgeois pour la somme de cent écus d'or. Les temps ne sont plus les mêmes, ni pour les rois, ni pour les livres.

grande partie avait été enlevée par le duc de Betfort. Charles en racheta en Angleterre environ soixante volumes, qui furent apportés au château de Blois, et réunis à ceux qui y étaient déjà en assez grand nombre. Louis XII, fils de Charles, duc d'Orléans, étant parvenu à la couronne, y réunit la *bibliothèque* de Blois, au milieu de laquelle il avait, pour ainsi dire, été élevé; et c'est peut-être par cette considération qu'il ne voulut pas qu'elle changeât de lieu. Il y fit transporter les livres de ses deux prédécesseurs, Louis XI et Charles VIII; et pendant tout le cours de son règne il s'appliqua à augmenter ce trésor, qui devint encore bien plus considérable lorsqu'il y ajouta la *bibliothèque* que les Visconti et les Sforce, ducs de Milan, avaient établie à Pavie, et en outre les livres qui avaient appartenu au célèbre Pétrarque. Rien n'est au-dessus des éloges que les écrivains de ce temps-là font de la *bibliothèque* de Blois : elle était l'admiration, non-seulement de la France, mais encore de l'Italie. François Ier, après l'avoir augmentée, la réunit, en 1544, à celle qu'il avait commencé d'établir au château de Fontainebleau, plusieurs années auparavant. Une augmentation si considérable donna un grand lustre à la *bibliothèque* de Fontainebleau, qui était déjà, par elle-même, assez riche. François Ier avait fait acheter en Italie beaucoup de manuscrits grecs, par Jérome Fondule, homme de lettres en grande réputation dans ce temps-là : il en fit encore acheter depuis par les ambassadeurs à Rome et à Venise. Ces ministres s'acquittèrent de leur commission avec beaucoup de soin et d'intelligence. Cependant ces différentes acquisitions ne formaient pas au-delà de 400 volumes, avec une quarantaine de manuscrits orientaux. On peut juger par là combien les livres étaient peu communs alors. La passion de François Ier pour les manuscrits grecs, lui fit négliger les latins et les ouvrages en langues vulgaires étrangères. A l'égard des livres français qu'il fit mettre dans sa *bibliothèque*, on en peut faire cinq classes différentes : ceux qui ont été écrits avant son règne ; ceux qui lui ont été dédiés ; les livres qui ont été faits pour son usage ou qui lui ont été donnés par les auteurs ; les livres de Louise de Savoie, sa mère ; et enfin ceux de Marguerite de Valois, sa sœur, ce qui ne fait qu'à peu près 70 volumes. Jusqu'alors il n'y avait eu, pour prendre soin de la *bibliothèque* royale, qu'un simple garde en titre. François Ier créa la charge de bibliothécaire en chef, qu'on appela longtemps, et qui, dans les provisions, s'appelait encore avant la révolution, *Maître de la librairie du roi.* Guillaume Budé fut pourvu le premier de cet emploi, et ce choix fit également honneur au prince et à l'homme-de-lettres. Pierre du Chastel ou Chatellain lui succéda : c'était un homme fort versé dans les langues grecque et latine. Il mourut en 1552, et sa place fut remplie, sous Henri II, par Pierre de Montdoré, conseiller au grand conseil, homme très-savant, surtout dans les mathématiques. La *bibliothèque* de Fontainebleau paraît n'avoir reçu que de médiocres accroissemens sous les règnes des trois fils de Henri II, à cause, sans doute, des troubles et des divisions que le prétexte de la religion excita alors dans le royaume. Montdoré, ce savant homme, soupçonné et accusé de donner dans les opinions nouvelles en matière de religion, s'enfuit de Paris en 1567, et se retira à Sancerre en Berry, où il mourut de chagrin trois ans après. Jacques Amyot, qui avait été précepteur de Charles IX et des princes ses frères, fut pourvu, après l'évasion de Montdoré, de la charge de maître de la librairie. Le temps de son exercice ne fut rien moins que favorable aux arts et aux sciences. On ne croit pas que, excepté quelques livres donnés à Henri III, la *bibliothèque* royale ait été augmentée d'autres livres que de ceux de priviléges. Tout ce que put faire Amyot, ce fut d'y donner entrée aux savans, et de leur communiquer, avec facilité, l'usage des manuscrits dont ils avaient besoin. Il mourut en 1593, et sa charge passa au président Jacques-Auguste de Thou, si célèbre par l'histoire de son temps qu'il a écrite. Henri IV ne pouvait faire un choix plus honorable aux lettres ; mais les commencemens de son règne ne furent pas assez paisibles pour lui permettre de leur rendre le lustre qu'elles avaient perdu pendant les guerres civiles. Sa *bibliothèque* souffrit quelques pertes de la part des factieux. Pour prévenir de plus grandes dissipations, Henri IV, en 1595, fit transporter au collége de Clermont, à Paris, la *bibliothèque* de Fontainebleau dont aussi bien le commun des savans n'était pas assez à portée de profiter. Les livres furent à peine arrivés à Paris qu'on y joignit le beau manuscrit de la grande bible de Charles-le-Chauve. Cet exemplaire avait été conservé depuis le règne de cet empereur dans l'abbaye de Saint-Denis. En 1599 on réunit à la *bibliothèque* royale celle de Catherine de Médicis, composée de 800 manuscrits grecs et latins. Quatre ans après, cette *bibliothèque* passa du collége de Clermont chez les cordeliers, où elle demeura quelques années en dépôt. Le président de Thou mourut en 1617, et François de Thou, son fils aîné, qui n'avait que neuf ans, hérita de la charge de maître de la librairie. Pendant la minorité du jeune bibliothécaire, la direction de la *bibliothèque* fut confiée à Nicolas Rigault, connu par divers ouvrages estimés. La *bibliothèque royale* s'enrichit peu sous le règne de Louis XIII ; elle ne fit d'acquisitions un peu considérables que les manuscrits de Philippe Hurault, evêque de Chartres, au nombre d'environ 418 volumes et 110 beaux manuscrits syriaques, arabes, turcs et persans, achetés, aussi bien que des caractères syriaques, arabes et persans, avec les matrices toutes frappées, des héritiers de M. de Brèves, qui avait été ambassadeur à Constantinople. Ce ne fut que sous le règne de Louis XIII que la *bibliothèque royale* fut retirée des cordeliers pour être mise dans une grande maison de la rue de la Harpe appartenant à ces religieux. François de Thou ayant été décapité en

1642, l'illustre Jérôme Bignon lui succéda dans la charge de maître de la librairie. Il obtint, en 1651, pour son fils aîné nommé aussi Jérôme, la survivance de cette charge. Quelques années après, M. Colbert fit donner à son frère Nicolas Colbert la place de garde de la librairie, vacante par la mort de Jacques Dupuy ; celui-ci légua sa *bibliothèque* au roi : Louis XIV l'accepta par lettres-patentes le 16 avril 1657. Hippolyte, comte de Béthune, fit présent au roi, à peu près dans le même temps, d'une collection fort curieuse de manuscrits modernes au nombre de 1923 volumes, dont plus de 950 sont remplis de lettres et de pièces originales sur l'histoire de France. Nous n'entrerons point dans le détail des différentes acquisitions importantes dont la *bibliothèque* est redevable à Colbert, qui avait une passion extraordinaire pour les livres (1). Ceux qui voudront les connaître dans toute leur étendue, peuvent consulter le Mémoire historique qui est à la tête du catalogue de la *bibliothèque du roi*, pag. 26 et suivantes. Une des plus précieuses est celle des manuscrits de Brienne ; c'est un recueil de pièces concernant les affaires de l'état, qu'Antoine de Loménie, secrétaire d'état, avait rassemblées avec beaucoup de soin, en 340 volumes. Colbert, trouvant que la *bibliothèque* du roi était devenue trop nombreuse pour rester commodément dans la maison de la rue de la Harpe, la fit transporter, en 1666, dans deux maisons de la rue Vivienne qui lui appartenaient. L'année suivante le cabinet des médailles, dans lequel était le grand recueil du cabinet des estampes de l'abbé de Marolles, et autres raretés, fut retiré du Louvre et réuni à la *bibliothèque du roi*, dont ils font encore aujourd'hui une des plus brillantes parties. Après la disgrace de Fouquet, sa *bibliothèque* fut saisie et vendue : le roi en fit acheter un peu plus de 1300 volumes,

(1) Comme on en peut juger par la magnifique *bibliothèque* qu'il s'est formée pour lui-même.

outre le recueil de l'Histoire d'Italie. Comme les livres de privilége étaient doubles, on fit des échanges; c'est par ce moyen qu'on se procura, en 16[illegible]8, l'acquisition de tous les manuscrits et d'un grand nombre de livres imprimés qui étaient dans la *bibliothèque* du cardinal Mazarin. Dans le nombre de ces manuscrits, qui était de 2156, il y en avait 102 en langue hébraïque, 343 en arabe, samaritain, persan, turc et autres langues orientales; le reste était en langues grecque, latine, italienne, française, espagnole, etc. Les livres imprimés se montaient à 3678. La *bibliothèque* du roi s'enrichit encore peu après par l'acquisition que l'on fit à Leyde d'une partie des livres du savant Jacques Golius, et par celle de plus de 1200 volumes manuscrits ou imprimés de la *bibliothèque* de Gilbert Gaumin, doyen des maîtres des requêtes, qui s'était particulièrement appliqué à l'étude et à la recherche des livres orientaux. Colbert fit encore demander dans le levant les meilleurs manuscrits en grec, en arabe, en persan, etc. Il établit dans les différentes cours de l'Europe des correspondances, au moyen desquelles ce ministre vigilant procura à la *bibliothèque du roi* des trésors de toute espèce. En 1670, Louis XIV enrichit cette *bibliothèque* d'un fond nouveau, c'est-à-dire, des belles estampes qu'il fit graver lui-même. Colbert mourut en 1683. De Louvois, comme sur-intendant des bâtimens, exerça à cette *bibliothèque* la même autorité que son prédécesseur, et acheta de Bignon la charge de maître de la librairie, à laquelle fut réunie celle de garde de la librairie dont s'étaient démis volontairement les Colbert. Les provisions de ces deux charges réunies furent expédiées en 1684 en faveur de Camille Letellier, qu'on a appelé depuis l'abbé de Louvois. M. de Louvois employa, comme Colbert, nos ministres dans les cours étrangères pour procurer de nouvelles richesses à la *bibliothèque*; et en effet, on en reçut, en 1685, 1686 et 1687, pour des sommes considérables. Le père

Mabillon, qui voyageait en Italie, en rapporta près de 4000 volumes imprimés. La mort de de Louvois, arrivée en 1691, produisit quelque changement à l'administration de la *bibliothèque du roi*. La charge de maître de la librairie avait été exercée jusqu'alors sous l'autorité et la direction du sur-intendant des bâtimens ; mais le roi fit un réglement, en juillet 1691, par lequel il ordonna que l'abbé de Loûvois jouirait et ferait les fonctions de *maître de la librairie, intendant et garde du cabinet, des livres, manuscrits, médailles, etc., et garde de la bibliothèque royale, sous l'autorité de sa majesté seulement*. En 1697, le père Bouvet, jésuite missionnaire, apporta de la Chine 49 volumes chinois que l'empereur envoyait en présent au roi. C'est ce petit nombre de volumes qui a donné lieu au peu de littérature chinoise que l'on a cultivée en France ; mais il s'est depuis considérablement multiplié. A l'avénement de Louis XIV au trône, sa *bibliothèque* était de 5000 volumes ; à sa mort il s'y en trouva plus de 70,000, sans compter le fond des planches gravées et des estampes. Sous Louis XV, cette *bibliothèque* s'est encore accrue singulièrement. Parmi les livres du cabinet de Gaston d'Orléans, légués au roi en 1660, il s'était trouvé quelques volumes de plantes et d'animaux que ce prince avait fait peindre en miniature sur des feuilles détachées de vélin, par Nicolas Robert, dont personne n'a égalé le pinceau pour ces sortes de sujets. Ce travail a été continué sous Colbert, et jusqu'en 1728, temps auquel on a cessé d'augmenter ce magnifique recueil : depuis quelques années il a été repris avec beaucoup de succès, et forme aujourd'hui une suite de 2500 feuilles représentant des fleurs, des oiseaux, des animaux et des papillons. La *bibliothèque* du roi perdit, en 1728, l'abbé de Louvois, et l'abbé Bignon lui succéda ; il se défit alors de sa *bibliothèque* particulière pour ne s'occuper que de celle du roi, à laquelle il donna une collection assez ample et fort curieuse de livres chinois, tartares et indiens qu'il avait. Il fit l'acquisition des manuscrits de M. de la Marre et de ceux de Baluze, au nombre de plus de mille. En 1721, l'abbé Bignon demanda au régent que l'on plaçât la *bibliothèque* royale à l'hôtel de Nevers, rue de Richelieu, où avait été la banque du temps du système : sur les ordres du prince, on y transporta, sans délai, tout ce qu'on pût de livres ; mais les différentes difficultés qui se présentèrent furent cause qu'on ne put obtenir qu'en 1724 des lettres-patentes par lesquelles sa majesté affecta, à perpétuité, cet hôtel au logement de sa *bibliothèque*. Les vastes appartemens qu'occupe encore aujourd'hui cette *bibliothèque*, ont été décorés avec beaucoup de magnificence ; les livres arrangés avec beaucoup d'ordre et de soins, et le catalogue très-bien fait. Tout cela a été l'ouvrage de l'abbé Sallier, professeur en langue hébraïque, de l'académie des inscriptions et belles-lettres, nommé, en 1726, commis à la garde des livres et manuscrits, ainsi que de Melot, aussi membre de l'académie des belles-lettres. Pendant le cours de l'année 1728, il entra dans la *bibliothèque* du roi beaucoup de livres imprimés : il en vint de Lisbonne, donnés par les comtes d'Ericeira ; il en vint aussi des foires de Leipsick et de Francfort pour une somme considérable. La plus importante des acquisitions de cette année fut faite par l'abbé Sallier à la vente de la *bibliothèque* de Colbert ; elle consistait en plus de mille volumes. Mais de quelque mérite que puissent être de telles augmentations, elles n'ont pas l'éclat de celles que le ministère se proposait en 1728. L'établissement d'une imprimerie turque à Constantinople avait fait naître, en 1727, à l'abbé Bignon l'idée de s'adresser, pour avoir les livres qui sortiraient de cette imprimerie, à Zaïb Aga, lequel, disait-on, en avait été nommé le directeur, et pour avoir aussi le catalogue des manuscrits grecs et autres qui pourraient être dans la *bibliothèque* du grand-seigneur. L'abbé Bignon l'avait connu en 1721, pendant qu'il était à Paris à la suite de Mehemet-Effendi, son père, ambassadeur de la Porte. Zaïb Aga promit les livres qui étaient actuellement sous presse; mais il s'excusa sur l'envoi du catalogue, en assurant qu'il n'y avait personne à Constantinople assez habile pour le faire. L'abbé Bignon communiqua cette réponse au comte de Maurepas, qui prenait trop à cœur les intérêts de la *bibliothèque du roi* pour ne pas saisir avec empressement cette occasion de la servir. Il fut arrêté que la difficulté d'envoyer le catalogue demandé n'étant fondée que sur l'impuissance de trouver des sujets capables de le composer, on enverrait à Constantinople des savans qui, en se chargeant de le faire, pourraient voir et examiner de près cette *bibliothèque*. L'abbé Sevin et l'abbé Fourmont, tous deux de l'académie des inscriptions et belles-lettres, furent chargés de cette commission. Ils arrivèrent au mois de décembre 1728 à Constantinople; mais ils ne purent obtenir l'entrée de la *bibliothèque* du grand-seigneur; ils apprirent seulement, par des gens dignes de foi, qu'elle ne renfermait que des livres turcs et arabes, et nuls manuscrits grecs ou latins, et ils se bornèrent à l'autre objet de leur voyage, qui était de recueillir tout ce qui pouvait rester des monumens de l'antiquité, dans le levant, en manuscrits, en médailles, en inscriptions, etc. L'abbé Fourmont parcourut la Grèce pour y déterrer des inscriptions et des médailles; l'abbé Sevin fixa son séjour à Constantinople, et, secondé du pouvoir du marquis de Villeneuve, ambassadeur de France, il parvint à rassembler, en moins de deux ans, plus de six cents manuscrits en langue orientale; mais il perdit l'espérance de rien retrouver des ouvrages des anciens grecs dont on déplore la perte: il revint en France après avoir établi des correspondances nécessaires pour continuer ce qu'il avait commencé; et, en effet, la *bibliothèque du roi* a reçu presque tous les ans, depuis son retour, plusieurs envois de manuscrits, soit grecs, soit orientaux. On est redevable au comte de Maurepas de l'établissement des enfans ou jeunes élèves de langue qu'on instruisait à Constantinople aux dépens du roi : ils avaient ordre de copiér et de traduire les livres turcs, arabes et persans. Ces copies et ces traductions étaient adressées au ministre qui, après s'en être fait rendre compte, les envoyait à la *bibliothèque du roi*. La république des lettres ne peut tirer qu'un grand avantage des traductions ainsi jointes aux textes des originaux. L'abbé Bignon, non content des trésors dont la *bibliothèque du roi* s'enrichissait, prit des mesures pour faire venir des Indes les livres qui pouvaient donner en France plus de connaissances qu'on en a de ces pays éloignés, où les sciences ne laissent pas d'être cultivées. Les directeurs de la compagnie des Indes se prêtèrent avec un tel empressement à ses vues que, depuis 1729, il a été fait des envois assez considérables de livres indiens pour former, dans la *bibliothèque du roi*, un recueil en ce genre, peut-être unique en Europe. Dans les années suivantes, cette *bibliothèque* s'accrut encore par la remise d'un des plus précieux manuscrits qui puisse regarder la monarchie, intitulé : *Registre de Philippe-Auguste*, qu'avait légué au roi Rouillié du Coudray, conseiller d'état. Elle fit encore d'autres acquisitions considérables, comme celles des manuscrits de S. Martial de Limoges; de ceux du président de Mesmes; du cabinet d'estampes du marquis de Béringhen; du fameux recueil des manuscrits anciens et modernes de la *bibliothèque* de Colbert, la plus riche de l'Europe; du cabinet de M. Cangé, etc., etc. (1). Nous n'entrerons point dans d'autres détails sur cette célèbre *bibliothèque* que l'on nomme maintenant *nationale*, et qui doit s'être

---

(1) Nous ne parlerons pas ici des monumens précieux en livres, en gravures, en tableaux, en statues que la victoire nous a procurés dans les pays conquis; le détail en serait trop long. On va transporter la bibliothèque nationale de la ci-devant rue de Richelieu au Louvre.

accrue depuis quelque temps avec une grande rapidité : en 1785 on y comptait 60,000 manuscrits, plus de 200,000 volumes imprimés, 5000 volumes d'estampes et 2000 planches gravées : depuis 1785, notamment depuis la révolution, ce nombre d'ouvrages doit être prodigieusement augmenté. Ceux qui ont le plus contribué à ses progrès, soit par leur puissance, soit par leurs talens, sont les Colbert, les Louvois, les Maurepas, les Bignon, les Sallier, les Melot, les Sevin, les Fourmont, et, en général, tous les savans qui ont eu quelque part soit à l'administration, soit à l'organisation, soit à l'entretien de cet immense et magnifique établissement dont la France doit s'enorgueillir.

Grecs (*bibliothèques des*). On ne sait rien de positif sur l'histoire de la Grèce avant les guerres de Thèbes et de Troye ; il serait donc inutile de chercher des livres en Grèce avant ces époques. Les lacédémoniens n'avaient point de livres ; ils exprimaient tout d'une manière si concise que l'écriture leur paraissait superflue, puisque la mémoire leur suffisait pour se souvenir de tout ce qu'ils avaient besoin de savoir. Les athéniens, au contraire, qui étaient grands parleurs, écrivirent beaucoup ; et dès que les sciences eurent commencé à fleurir à Athènes, la Grèce fut bientôt enrichie d'un grand nombre d'ouvrages de toutes espèces. Valère-Maxime dit que le tyran Pysistrate fut le premier de tous les grecs qui s'avisa de faire un recueil des ouvrages des savans, en quoi la politique n'eut peut-être pas peu de part : il voulait, en fondant une *bibliothèque* pour l'usage du public, gagner l'amitié de ceux que la perte de leur liberté faisait gémir sous son usurpation. Ciceron dit que c'est à Pysistrate que nous avons l'obligation d'avoir rassemblé en un seul volume les ouvrages d'Homère, qui se chantaient auparavant dans toute la Grèce par morceaux détachés et sans aucun ordre. Platon attribue cet honneur à Hipparque, fils de Pysistrate. D'autres prétendent que ce fut Solon, et d'autres rapportent cette précieuse collection à Lycurgue et à Zénodote d'Ephèse. Les athéniens augmentèrent considérablement leur *bibliothèque* après la mort de Pysistrate, et en fondèrent même d'autres; mais Xercès, après s'être rendu maître d'Athènes, emporta tous les livres en Perse : il est vrai que si on en veut croire Aulugelle, Zéleucus Nicanor les fit rapporter en cette ville quelques siècles après. Zuringer dit qu'il y avait alors une *bibliothèque* magnifique dans l'île de Cnidos, une des cyclades; qu'elle fut brûlée par l'ordre d'Hyppocrate le médecin, parce que les habitans refusèrent de suivre sa doctrine : ce fait est plus que douteux. Cléarque, tyran d'Héraclée et disciple de Platon et d'Isocrate, fonda une *bibliothèque* dans sa capitale, ce qui lui attira l'estime de tous ses sujets, malgré toutes les cruautés qu'il exerça contre eux. Camérarius parle de la *bibliothèque* d'Apamée comme une des plus célèbres de l'antiquité : Angelus Rhoca, dans son catalogue de la *bibliothèque* du Vatican, dit qu'elle contenait plus de 20,000 volumes.

Hébreux (*bibliothèque des*). Selon le sentiment des critiques les plus judicieux, il n'y avait point de livres avant le temps de Moyse, et les hébreux ne purent avoir de *bibliothèque* qu'après sa mort; pour lors ses écrits furent recueillis et conservés avec beaucoup d'attention; par la suite on y ajouta plusieurs autres ouvrages.

On peut distinguer les livres des hébreux en livres sacrés et livres profanes : le seul objet des premiers était la religion; les derniers traitaient de la philosophie naturelle et des connaissances civiles ou politiques.

Les livres sacrés étaient conservés ou dans des endroits publics, ou dans des lieux particuliers : par endroits publics, il faut entendre toutes les synagogues et principalement le temple de Jérusalem où l'on gardait, avec un respect infini, les tables de pierre sur lesquelles Moyse prétend que Dieu avait écrit ses dix commandemens, et qu'il lui ordonna de déposer dans l'arche d'alliance.

Outre les tables de la loi, les livres de Moyse et ceux des prophètes furent conservés dans la partie la plus secrète du sanctuaire, où il n'était permis à personne de les lire, ni d'y toucher; le grand-prêtre seul avait le droit d'entrer dans ce lieu sacré, et cela seulement une fois par an; ainsi ces livres sacrés furent à l'abri des corruptions des interprétations; aussi étaient-ils, dans la suite, la pierre de touche de tous les autres, comme Moyse le prédit au 32e chapitre du Deutéronome, où il ordonna aux lévites de placer ses livres au-dedans de l'arche.

Quelques auteurs croient que Moyse, étant prêt à mourir, ordonna que l'on fit douze copies de la loi, qu'il distribua aux douze tribus; mais Maimonides assure qu'il en fit faire treize copies, c'est-à-dire, douze pour les douze tribus, et une pour les lévites, et qu'il leur dit à tous, en les leur donnant: Recevez le livre de la loi que Dieu lui-même nous a donné. Les interprêtes ne sont pas d'accord si ce volume sacré fut déposé dans l'arche avec les tables de pierre, ou bien dans un petit cabinet séparé.

Quoi qu'il en soit, Josué écrivit un livre qu'il ajouta ensuite à ceux de Moyse. (JOSUÉ XIV). Tous les prophètes firent aussi des copies de leurs sermons et de leurs exhortations, comme on peut le voir au chapitre XV de Jérémie, et dans plusieurs autres endroits de l'écriture: ces sermons et ces exhortations furent conservés dans le temple, pour l'instruction de la postérité.

Tous ces ouvrages composaient une *bibliothèque* plus estimable par sa valeur intrinsèque, que par le nombre des volumes.

Voilà tout ce qu'on sait de la *bibliothèque* sacrée qu'on gardait dans le temple; mais il faut remarquer qu'après le retour des juifs de la captivité de Babylone, Néhémie rassembla les livres de Moyse, et ceux des rois et des prophètes, dont il forma une *bibliothèque* : il fut aidé, dans cette entreprise, par Esdras, qui, au sentiment de quelques-uns, rétablit le Pentateuque et toutes les anciennes écritures saintes qui avaient été dispersées lorsque les babyloniens prirent Jérusalem et brûlèrent le temple avec la *bibliothèque* qui y était renfermée ; mais c'est sur quoi les savans ne sont pas d'accord. En effet, c'est un point très-difficile à décider.

Quelques auteurs prétendent que cette *bibliothèque* fut de nouveau rétablie par Judas Macchabée, parce que la plus grande partie en avait été brûlée par Antiochus, comme on le lit dans le premier chapitre du premier livre des Macchabées. Quand même on conviendrait qu'elle eût subsisté jusqu'à la destruction du second temple, on ne saurait cependant déterminer le lieu où elle était déposée ; mais il est probable qu'elle eut le même sort que la ville.

Outre la grande *bibliothèque* qui était conservée religieusement dans le temple, il y en avait encore une dans chaque synagogue. Voy. Act. des apôt. XV. Luc 4, 16, 17. Les auteurs conviennent presque unanimement que l'académie de Jérusalem était composée de quatre cent cinquante synagogues ou colléges, dont chacune avait sa *bibliothèque* où l'on allait publiquement lire les écritures saintes.

Après ces *bibliothèques* publiques qui étaient dans le temple et dans les synagogues, il y avait encore des *bibliothèques* sacrées particulières : chaque juif en avait une, puisqu'ils étaient obligés d'avoir les livres qui regardaient leur religion, et même de transcrire, chacun de sa propre main, une copie de la loi.

On voyait encore des *bibliothèques* dans les célèbres universités ou écoles des juifs. Ils avaient aussi plusieurs villes fameuses par les sciences qu'on y cultivait, entre autres celle que Josué fit bâtir, nommée la Ville des Lettres, et qu'on croit avoir été Cariatsepher, située sur les confins de la tribu de Juda. Dans la suite celle de Tibériade ne fut pas moins fameuse par son école, et il est probable que ces sortes d'académies n'étaient point dépourvues de *bibliothèques*.

Depuis l'entière dispersion des juifs à la ruine de Jérusalem et du temple par Titus, leurs docteurs particuliers ou rabbins ont écrit prodigieusement, et, comme l'on sait, un amas de rêveries et de contes ridicules; mais dans les pays où ils sont tolérés et où ils ont des synagogues, on ne voit point, dans ces lieux d'assemblées, d'autres livres que ceux de la loi; le Talmud et les Paraphrases, non plus que les recueils de traditions rabbiniques, ne forment point de corps de *bibliothèque*.

JAPON (*bibliothèques du*). Il y plusieurs belles *bibliothèques* au Japon, car les voyageurs assurent que dans la ville de Narad, près du temple magnifique dédié à Xaca le sage, le prophète et le législateur du pays, les bonzes ont leurs appartemens dont un est soutenu par vingt-quatre colonnes, et contient une *bibliothèque* remplie de livres du haut en bas.

LISBONNE (*bibliothèques de*). Il y a des *bibliothèques* publiques à Lisbonne; celle de la place du Commerce est remarquable par plusieurs ouvrages sur l'Histoire naturelle. On trouve dans celle des bénédictins de *Nossa senhora de Jesus*, une belle collection d'ouvrages portugais et espagnols, même l'*Encyclopédie par ordre de matières*, et d'autres ouvrages français; quant aux ouvrages imprimés en Allemagne, on y voit les œuvres de Wolf, l'histoire critique de la philosophie de Brucker, etc. La littérature italienne y est bien composée, et beaucoup mieux que l'anglaise, parce que les portugais apprennent rarement l'anglais. La troisième *bibliothèque* publique est celle de *Saint-Vincent de Fora*, qui contient une collection complette des ouvrages portugais. Le cabinet d'histoire naturelle à Ajuda, est curieux : on y voit une mine de cuivre natif du poids de 2616 livres (1280 livres 5 onces 4 gros 6 deniers), de 3 pieds 2 pouces de longueur (1 mètre 2 doigts et 9 traits), de 2 pieds et un demi-pouce (6 palmes 6 doigts 32 traits) dans sa plus grande largeur, et de 10 pouces (2 palmes 7 doigts) d'épaisseur. A côté de ce cabinet se trouve un jardin botanique confié aux soins du docteur Domingo Vandelli, italien connu par quelques ouvrages, et par ses liaisons avec Linnée. Il y a trois observatoires, l'un dans le couvent des nécessidades, l'autre à l'académie de marine, et le troisième dans le fort : on fait peu d'observations. Il y a à Lisbonne plusieurs institutions publiques propres à encourager et à soutenir les sciences et les arts. La reine actuelle fonda une académie des sciences sitôt après son avénement au trône. En 1799, le roi fonda une académie de géographie particulièrement destinée à faire connaître la géographie du Portugal : toutes les cartes portugaises, même celle de Lopez, étant défectueuses, cette académie a déjà exécuté une nouvelle carte du royaume qui n'est pas encore gravée. On voit encore à Lisbonne le *collége des nobles*, fondé en 1761 ; l'*academia réal das guardas marinhas*, fondée en 1782 ; l'*academia real marinha*, fondée en 1779, et l'*academia real da fortificaon*, fondée en 1790. Toutes ces académies ont leurs professeurs ; malgré cela on les dit dans un état de végétation.

MANTOUE (*bibliothèque de*). Elle peut être mise au nombre des *bibliothèques* les plus curieuses du monde ; elle souffrit, à la vérité, beaucoup pendant les guerres d'Italie qui éclatèrent en 1701, et on présume qu'elle a été transportée à Vienne : c'est là qu'on voyait la fameuse table isiaque, dont le savant Pignorius a donné l'explication (*voyez* ISIAQUE).

MILAN (*bibliothèque de*). La *bibliothèque* de S. Ambroise à Milan a été fondée par le cardinal Frédéric Borromée : elle a plus de dix mille manuscrits recueillis par

Antoine Oggiati (1). Quelques-uns prétendent qu'elle fut enrichie aux dépens de celle de Pinelli : elle renfermait, dit-on, au milieu du 17e siècle, 46,000 volumes et quantité de manuscrits, sans compter ce qu'on y a ajouté depuis.

MOYEN AGE (*bibliothèques du*). Les barbares qui inondèrent l'Europe détruisirent les *bibliothèques* et les livres en général ; leur fureur fut presque incroyable, et causa la perte irréparable d'un nombre infini d'excellens ouvrages. Le premier de ces temps-là qui eut du goût pour les lettres, fut Cassiodore, favori et ministre de Théodoric, roi des goths qui s'établirent en Italie, et qu'on nomma communément *ostrogoths*. Cassiodore, fatigué du poids du ministère, se retira dans un couvent qu'il fit bâtir, où il consacra le reste de ses jours à la prière et à l'étude : il y fonda une *bibliothèque* pour l'usage des moines, compagnons de sa solitude. Ce fût à peu près dans le même temps que le pape Hilaire Ier du nom, fonda deux *bibliothèques* dans l'église de Saint-Étienne, et que le pape Zacharie Ier établit celle de Saint-Pierre, selon Platine. Quelque temps après, Charlemagne fonda la sienne à l'île Barbe, près de Lyon. Paradin dit qu'il l'enrichit d'un grand nombre de livres magnifiquement reliés ; et Sabellicus aussi bien que Palmérius, assurent qu'il y mit un manuscrit des œuvres de saint Denys, dont l'empereur de Constantinople lui avait fait présent. Il fonda encore en Allemagne plusieurs colléges avec des *bibliothèques* pour l'instruction de la jeunesse, entr'autres une à Saint-Gall en Suisse, qui était fort estimée. Le roi Pepin en fonda une à Fulde, par le conseil de saint Boniface, l'apôtre de l'Allemagne. Ce fut dans ce célèbre monastère que Raban-Maur et Hildebert vécurent et étudièrent dans

(1) Montfaucon dit que l'on conserve dans cette *bibliothèque* un manuscrit en papier d'Égypte, qui contient quelques livres des antiquités judaïques de Josephe, en latin : il croit ce manuscrit du sixième siècle.

le même temps. Il y avait une autre *bibliothèque* à la Wrissen, près de Worms ; mais celle que Charlemagne fonda dans son palais à Aix-la-Chapelle, surpassa toutes les autres ; cependant il ordonna, avant de mourir, qu'on la vendit pour en distribuer le prix aux pauvres. Louis-le-Débonnaire, son fils, lui succéda à l'empire et à son amour pour les arts et les sciences, qu'il protégea de tout son pouvoir.

MUSICALE de France (*bibliothèque*). Cette *bibliothèque*, attachée au conservatoire de musique établi à Paris par la loi du 18 brumaire an 2, et organisée par celle du 16 thermidor an 3, est composée d'une collection complette de partitions et ouvrages traitant de l'art musical, des instrumens antiques ou étrangers, et de ceux à nos usagés pouvant servir de modèles. Le citoyen Langlé est bibliothécaire du conservatoire : cet établissement, destiné à l'enseignement de la musique, est composé de 115 artistes divisés en trois classes : le citoyen Sarrete est directeur du conservatoire, et les citoyens Gossec, Mehul, Lesueur, Cherubini, Martini et Monsigni sont inspecteurs de l'enseignement ; le citoyen Vinit est secrétaire. Chaque département a droit à quatre places d'élèves au conservatoire. Les examens d'admission des élèves ont lieu dans le cours de vendémiaire, nivôse, germinal et messidor.

PADOUE (*bibliothèques de*). Cette ville, qui a toujours été célèbre par son université et par le grand nombre de savans qui lui doivent naissance, contient plusieurs *bibliothèques*. On y voit celle de S. Justin, celle de S. Antoine, celle de S. Jean-de-Latran. Sixte de Sienne dit qu'il a vu, dans cette dernière, une copie de l'épître de S. Paul aux peuples de Laodicée, et qu'il en fit même un extrait. La *bibliothèque* de Padoue fut fondée par Pignorius. Thomazerius en a donné un catalogue dans sa *Bibliotheca*.

PAYS-BAS (*bibliothèques des*). Il y a deux *bibliothèques* publiques à Leyde ; l'une fondée par Antoine Thisius ;

l'autre, qui est celle de l'université, lui a été donnée par Guillaume Ier, prince d'Orange; elle est fort estimée pour les manuscrits grecs, hébraïques, chaldéens, syriaques, persans, arméniens et russiens que Joseph Scaliger laissa à cette école, où il avait professé plusieurs années. On y voit la bible de Ximénes, que Philippe II avait donnée au prince d'Orange, qui en fit présent à l'université de Leyde. Cette *bibliothèque* a été augmentée de celle de Holmannus, et surtout de celle du célèbre Isaac Vossius. Cette dernière contenait un grand nombre de manuscrits précieux qui venaient, à ce qu'on croit, du cabinet de la reine Christine de Suède. On y a encore ajouté la *bibliothèque* de Ruhnken, remarquable par une collection à peu près complette des auteurs classiques et des antiquaires, et par un recueil de manuscrits unique peut-être, et parmi lesquels on trouve des copies de plusieurs de ceux qui ont été brûlés à l'abbaye de Saint-Germain. On compte dans la *bibliothèque* de Leyde 40,000 volumes. La *bibliothèque* publique d'Amsterdam serait, dit-on, beaucoup plus utile si les livres y étaient arrangés avec plus d'ordre et de méthode. Parmi les autres *bibliothèques* curieuses des Pays-Bas, on distingue encore celles des jésuites et des dominicains à Anvers; celle des moines de Saint-Pierre à Gand; celle de l'abbaye de Gemblours, abondante en anciens manuscrits, auxquels Érasme et plusieurs autres savans ont toujours eu recours; celles d'Harderwick, d'Ypres, de Liège, de Louvain, où l'on voit une bible manuscrite que le cardinal Bessarion donna aux docteurs de cette ville, en reconnaissance de la bonne réception qu'ils lui avaient faite; enfin celle d'Utrecht, de Zutphen, de Middelbourg, etc.

Pergame (*bibliothèque des rois de*). Elle fut fondée par Eumènes et Attalus: animés par un esprit d'émulation, ces princes firent tous leurs efforts pour égaler la grandeur et la magnificence des rois d'Égypte, et surtout en amassant un nombre prodigieux de livres, dont Pline dit que le nombre était de plus de 200,000. Volateran dit qu'ils furent tous brûlés à la prise de Pergame ; mais Pline et plusieurs autres nous assurent que Marc-Antoine les donna à Cléopatre ; ce qui ne s'accorde pourtant pas avec le témoignage de Strabon, qui dit que cette *bibliothèque* était à Pergame de son temps, c'est-à-dire, sous le règne de Tibère. On pourrait concilier les différens historiens en remarquant qu'il est vrai que Marc-Antoine avait fait transporter cette *bibliothèque* de Pergame à Alexandrie, et qu'après la bataille d'Actium, Auguste, qui se plaisait à défaire tout ce qu'Antoine avait fait, la fit reporter à Pergame : mais ceci ne doit être pris que sur le pied d'une conjecture, aussi-bien que le sentiment de quelques auteurs qui prétendent qu'Alexandre-le-Grand en fonda une magnifique à Alexandrie, qui donna lieu par la suite à celle des Ptolomées.

PISE (*bibliothèque de*). Elle est très-belle : on la dit enrichie de 8000 volumes qu'Alde-Manuce légua à l'académie de cette ville.

PRUSSE (*bibliothèques de*). La *bibliothèque* du roi de Prusse à Berlin est recommandable par le nombre des volumes et par la propreté avec laquelle ils sont reliés. Elle fut fondée par Frédéric-Guillaume, électeur de Brandebourg, et elle a été considérablement augmentée par l'accession de celle du célèbre Spanheim. On y trouve, entr'autres raretés, plusieurs manuscrits *in-folio* et *in-quarto* du temps de Charlemagne, qui sont couverts en argent et ornés d'or et de pierreries. On y voit aussi un manuscrit qu'Albert Ier, duc de Prusse, composa et écrivit de sa propre main pour instruire son fils et lui enseigner l'art de bien gouverner ses sujets.

ROI D'ANGLETERRE (*bibliothèque particulière du*). Cette *bibliothèque* est au château de Buckingham ; elle occupe quatre salles et une grande gallerie : elle a été formée sous le règne et par les soins de Georges III, actuellement régnant.

M. Bernard en est bibliothécaire : elle est composée de 80,000 volumes et de beaucoup de dessins précieux. Ce que l'on y voit de plus curieux, est un manuscrit in-folio qui provient des anciens sophis de Perse : il est parfaitement conservé, d'une richesse extraordinaire et recouvert d'une étoffe d'or. Ce livre, envoyé dernièrement des Grandes-Indes au roi, a coûté 1500 livres sterlings (36,000 francs).

ROMAINS (*bibliothèques des*). Dans les premiers temps de Rome, les romains n'avaient point de livres, et par conséquent point de *bibliothèques* ; par la suite ils en eurent de deux sortes ; les unes publiques, les autres particulières : dans les premières, étaient les édits et les lois touchant la police et le gouvernement de l'état ; les autres étaient celles que chaque particulier formait dans sa maison, comme celle que Paul-Émile apporta de Macédoine après la défaite de Persée. Il y avait aussi des *bibliothèques* sacrées qui regardaient la religion des romains, et qui dépendaient entièrement des pontifes des augures : elles étaient ordinairement composées des livres sybillins, des livres pontificaux, des livres rituels, des livres des augures, des aruspices, des livres achérontiques, des livres fulminans et des livres fatals. Voilà à peu près ce que l'on sait des *bibliothèques publiques* des romains. A l'égard des *bibliothèques* particulières, il est certain qu'aucune nation n'a eu plus d'occasions, ni plus d'avantages pour en avoir de considérables, que les romains, puisqu'ils etaient les maîtres de la plus grande partie du monde connu pour lors. L'histoire nous apprend qu'à la prise de Carthage, le sénat fit présent à la famille de Régulus de tous les livres qu'on avait trouvés dans cette ville, et qu'il fit traduire en latin vingt-huit volumes composés par Magon, carthaginois, sur l'agriculture. Plutarque assure que Paul-Émile distribua à ses enfans la *bibliothèque* de Persée, roi de Macédoine, qu'il mena en triomphe à Rome : mais Isidore dit positivement qu'il la donna au public. Asinius Pollion fit plus ; il fonda, exprès pour l'usage du public, une *bibliothèque* qu'il composa des dépouilles de tous les ennemis qu'il avait vaincus, et du grand nombre de livres de toutes espèces qu'il acheta ; il l'orna des portraits des savans, et entr'autres de celui de Varron. Varron avait aussi une magnifique *bibliothèque.* Celle de Cicéron ne devait pas l'être moins, si on fait attention à son érudition, à son goût et à son rang ; mais elle fut considérablement augmentée par celle de son ami Atticus, qu'il préférait à tous les trésors de Crésus. Plutarque parle de la *bibliothèque* de Lucullus comme de l'une des plus considérables du monde, tant par rapport au nombre de volumes, que par rapport aux superbes monumens dont elle était décorée. La *bibliothèque* de César était digne de lui, et rien ne pouvait contribuer davantage à lui donner de la réputation que d'en avoir confié le soin au savant Varron. Auguste fonda une belle *bibliothèque* près du temple d'Apollon, sur le mont Palatin. Horace, Juvénal et Perse en parlent comme d'un endroit où les poëtes avaient coutume de réciter et de déposer leurs ouvrages : on le voit par ce vers d'Horace : *Scripta Palatinus quæ cum que recepit Apollo.* Vespasien fonda une *bibliothèque* près le temple de la Paix, à l'imitation de César et d'Auguste. Mais la plus magnifique de toutes ces anciennes *bibliothèques* était celle de Trajan, qu'il appella de son propre nom la *bibliothèque Ulpienne ;* elle fut fondée pour l'usage du public ; et, selon Raphaël Volateran, l'empereur y avait fait écrire toutes les belles actions des princes et les décrets du sénat, sur des pièces de belle toile qu'il fit couvrir d'ivoire. Quelques auteurs assurent que Trajan fit porter à Rome tous les livres qui se trouvaient dans les villes conquises, pour augmenter sa *bibliothèque* : il est probable qu'il fut engagé à l'enrichir ainsi par Pline le jeune, son favori. Outre celles dont nous venons de parler, il y avait encore à Rome une *bibliothèque* considérable, fondée par Simonicus, précepteur de l'empereur Gordien. Isidore et Boëce en font un éloge extraordinaire : ils disent qu'elle contenait 80,000 volumes choisis, et que l'appartement qui la renfermait était pavé de marbre doré ; les murs lambrissés de glaces et d'ivoire, et les armoires et pupitres de bois d'ébenne et de cèdre.

ROME (*bibliothèques de*). Le pape Nicolas V fonda une *bibliothèque* à Rome, composée de six mille volumes des plus rares. Quelques-uns disent qu'elle fut formée par Sixte-Quint, parce que ce pape ajouta beaucoup à la collection commencée par le pape Nicolas V. Il est vrai que les livres de cette *bibliothèque* furent dispersés sous le pontificat de Calixte III qui succéda au pape Nicolas ; mais elle fut rétablie par Sixte IV, Clément VII et Léon X : elle fut presqu'entièrement détruite par l'armée de Charles V, sous les ordres du connétable de Bourbon et de Philibert, prince d'Orange, qui saccagèrent Rome avant le pontificat de Sixte-Quint. Ce pape, qui aimait les savans et les lettres, non-seulement rétablit la *bibliothèque* dans son ancienne splendeur, mais il l'enrichit encore d'un grand nombre de livres et d'excellens manuscrits. Elle ne fut pas fondée au Vatican par Nicolas V, mais elle y fut transportée par Sixte IV, et ensuite à Avignon, en même temps que le saint-siége, par Clément V ; et de là elle fut rapportée au Vatican, sous le pontificat de Martin V, et elle y est encore aujourd'hui. On convient généralement que le Vatican doit une grande partie de sa belle *bibliothèque* à celle de l'électeur palatin, que le comte de Tilly prit avec Heldeberg en 1622 ; d'autres cependant prétendent que Paul V, alors pape, n'en eut qu'une très-petite et même la plus mauvaise partie, tous les ouvrages les plus estimables ayant été emportés par d'autres, et principalement par le duc de Bavière. La *bibliothèque* du Vatican, que Baronius compare à un filet qui reçoit toutes sortes de poissons tant bons que mauvais, est divisée en trois parties ; la première est publique, et tout le monde peut y avoir recours pendant deux heures de certains jours de la semaine ; la seconde partie est plus secrète ; et la troisième ne s'ouvre jamais que pour certaines personnes, de sorte qu'on pourrait la nommer le sanctuaire du Vatican. Sixte-Quint l'enrichit d'un très-grand nombre d'ouvrages, soit manuscrits, soit imprimés, et la fit orner de peintures à fresque par les plus grands maîtres de son temps. Entr'autres figures emblématiques dont le détail serait ici trop long, on voit toutes les *bibliothèques* célèbres du monde représentées par des livres peints, et au-dessous de chacune une inscription qui marque l'ordre du temps de leur fondation. Cette *bibliothèque* contient un grand nombre d'ouvrages rares et anciens, entr'autres deux copies de Virgile qui ont plus de mille ans : elles sont écrites sur du parchemin, de même qu'une copie de Térence, faite du temps d'Alexandre Sévère, et par son ordre. On y voit les Actes des apôtres en lettres d'or ; ce manuscrit était orné d'une couverture d'or enrichie de pierreries, et fut donné par une reine de Chypre au pape Alexandre VI ; mais les soldats de Charles V le dépouillèrent de ses riches ornemens lorsqu'ils saccagèrent Rome. Il y a aussi une bible grecque très-ancienne ; les sonnets de Pétrarque, écrits de sa propre main ; les ouvrages de saint Thomas d'Aquin traduits en grec par Démétrius Cydonius, de Thessalonique ; une copie du volume que les perses ont fait des fables de Locman, que Huet a prouvé être le même qu'Ésope. On y voit aussi une copie des cinq premiers livres des annales de Tacite, trouvée dans l'abbaye de Corwey. Outre le grand nombre d'excellens livres qui sont l'ornement de la *bibliothèque* du Vatican, il y a encore plus de dix mille manuscrits dont Angelus de Rocca a publié le catalogue. Clément VIII, selon quelques auteurs, augmenta considérablement cette *bibliothèque*, tant en livres imprimés qu'en manuscrits, en quoi il fut aidé par Fulvius

Ursinus. Paul V l'enrichit des manuscrits du cardinal Altems et d'une partie de la *bibliothèque* de l'électeur palatin. Urbain VIII fit apporter, du collége des grecs de Rome, un grand nombre de livres grecs au Vatican, dont il fit Léon Allatius bibliothécaire. Il y avait plusieurs autres belles *bibliothèques* à Rome, particulièrement celle du cardinal François Barberini, qui contenait, à ce qu'on prétend, 25,000 volumes imprimés et 5000 manuscrits. Il y a aussi les *bibliothèques* du palais Farnèse, de Sainte-Marie *in ara cœli*, de Sainte-Marie sur la Minerve, des augustins, des pères de l'Oratoire, des jésuites, du feu cardinal Montalte, du cardinal Sforza; celles des églises de la Sapienza, de la Chieza Nova, de San-Isidore, du Collége romain, du prince Borghese, du prince Pamphili, du connétable Colonna et de plusieurs autres princes, cardinaux, seigneurs et communautés religieuses, dont quelques-unes sont publiques. On prétend que l'on n'a trouvé à Rome, lors des dernières guerres, qu'un seul exemplaire des œuvres de Voltaire.

RUSSIE (*bibliothèques de*). Avant le czar Pierre Ier, qui, au milieu des armes, fit naître les arts et les sciences dans son vaste empire, on ne trouvait en Russie que quelques traités sur la religion en langue esclavonne : il n'y avait aucun livre de sciences ni de littérature. Pierre Ier, après avoir établi des académies en différentes parties de son empire, fit un fonds considérable pour la *bibliothèque* de son académie de Pétersbourg, qui est très-fournie de livres dans tous les genres. L'impératrice Catherine II la augmentée considérablement, et ne la pas médiocrement enrichie en y ajoutant les *bibliothèques* de Diderot et de Voltaire, dont elle avait fait l'acquisition. La *bibliothèque* royale de Petershof est une des plus belles de l'Europe, et le cabinet de bijoux et de cusiosités est inestimable. Le comte de Strogonow est directeur des *bibliothèques* impériales à Pétersbourg.

Suède (*bibliothèques de*). L'une des principales *bibliothèques* de Suede est celle que fonda Christine à Stockolm : on y voit, entr'autres curiosités, une des premières copies de l'alcoran. Quelques-uns veulent même que ce soit l'original qu'un des sultans turcs ait envoyé à l'empereur des romains, ce qui n'est nullement probable. On y voit aussi un livre très-remarquable appelé, selon les uns, *Codex giganteus* (à cause de son énorme grandeur : il a deux aunes de Suède de longueur et une de largeur), et selon les autres, *la Bible du Diable*, parce qu'il est terminé par un livre de magie décoré d'une figure du Diable. C'est une espèce de *bibliothèque* historique : M. Dobrowski, savant hongrois, est allé, en 1792, exprès à Stockolm pour examiner ce *Codex*. On voit dans la *bibliothèque* d'Upsal un livre très-curieux ; ce sont les quatre évangiles traduits en langue des goths et en caractères gothiques, dont la traduction est attribuée à Ulphilas, évêque des goths en Mœsie, vers 370, que l'on regarde comme l'inventeur des caractères gothiques. Ce livre, précieux par son antiquité, est en lettres d'or et d'argent, sur vélin.

Suze en Perse (*bibliothèque de*). Il y avait une *bibliothèque* considérable à Suze, où Métosthènes consulta les annales de la monarchie persane pour écrire l'histoire qu'il nous en a laissée. Diodore de Sicile parle de cette *bibliothèque* ; mais on croit communément qu'elle contenait moins des livres de science qu'une collection de lois, de chartres, etc. Oléarius rapporte, dans son Itinéraire, qu'il y avait anciennement une très-belle *bibliothèque* dans la ville d'Ardwil en Perse, où résidèrent les mages.

Tartares Kalmouks (*bibliothèque des*). Les russes ont trouvé, en 1721, une *bibliothèque* chez les tartares kalmouks, dont les livres étaient d'une forme extraordinaire ; ils étaient extrêmement longs et n'avaient presque point de largeur. Les feuillets étaient fort épais et composés d'une espèce de coton ou d'écorce d'arbre enduite d'un double vernis; l'écriture en était blanche sur un fond noir.

TYPPO-SAÏB (*bibliothèque de*). Cette *bibliothèque*, dont nous avons déjà parlé dans notre MANUEL BIBLIOGRAPHIQUE (1), renferme plusieurs ouvrages en sanskret, dont l'ancienneté remonte jusqu'au XIe siècle. La science des brames se trouve développée dans un grand nombre de volumes qui traitent de toutes sortes de matières : il y a aussi des traductions du Koran dans diverses langues de l'Orient. On y remarque surtout une histoire des principaux royaumes de l'Orient, qui va jusqu'à l'an 1000 : elle est toute entière en drame sanskret, très-lisiblement écrite et parfaitement conservée. On y trouve encore une histoire manuscrite des progrès des tartares-mogols, lors de l'invasion de l'Inde par Tamerlan ou Timour, en 1397 (2), et des Memoires statistiques et historiques sur l'Indostan, surtout à l'époque où le sultan Baber fonda, dans le pays, la domination mogole, à peu près en 1525. Cette *bibliothèque*, qui devait augmenter les richesses littéraires de la capitale de la Grande-Bretagne, restera aux Indes, et sera mise à la disposition de l'académie de Calcutta.

TURIN (*bibliothèque de*). Elle est très-curieuse, surtout par rapport aux manuscrits du célèbre Pierre Ligorius, qui dessina toutes les antiquités d'Italie. Ces manuscrits, qui forment trente volumes in-folio, sont arrivés, en l'an 7, de Turin à la *bibliothèque* nationale. Ils sont intitulés *Antichita de Pirrho Ligorio*. A cet ouvrage étaient joints les suivans : *Annales Genuenses*, manuscrit du 13e siècle, 1 volume in-folio ; *Istoria delle Alpe maritime*, manuscrit, 2 volumes

(1) Page 49.

(2) Et non pas en 1367, comme il est dit dans le MANUEL, c'est une faute d'impression : Tamerlan, né en 1357, ne pouvait pas encore être célèbre à l'âge de dix ans.

in-folio ; *Lactantii epitome institutionum divinarum*, manuscrit ancien, 1 volume in-4 ; *Allionis flora Pedemontana*, imprimé, 3 volumes in-folio ; *Auctarium ad floram Pedemontanam ejusdem auctoris*, imprimé, 1 volume in-4. Le gouvernement a reçu, avec ces livres, la fameuse table isiaque, des tableaux de l'Albane, et les portraits de Luther et de sa femme, par Holbein.

VENISE (*bibliothèque de*). On la nomme communément *bibliothèque* de Saint-Marc. On prétend que l'on y conserve l'évangile de ce saint, écrit de sa propre main (1), et que cet évangile fut porté d'Aquilée à Venise. Il n'y en a que quelques cahiers, et encore d'une écriture si effacée qu'on ne peut distinguer si c'est du grec ou du latin. Cette *bibliothèque* est d'ailleurs fort riche en manuscrits ; celles que le cardinal Bessarion (*voyez le mot* LIVRE *à l'article* ÉLOGE DES LIVRES) et Pétrarque léguèrent à la république, sont aussi dans la même ville, et unie à celle que le sénat à fondée à l'hôtel de la monnaie.

BIBLIUGUIANCIE. Nouveau terme imaginé par les citoyens Vialard et Heudier, pour signifier l'art, inventé par eux, de restaurer les livres précieux qui ont été endommagés, soit par vétusté, soit par accident. Cet art consiste à blanchir le papier, à en enlever toute espèce de taches, à réparer les ravages des vers, à rétablir, dans quelque langue que ce soit, tout ce qui a pu leur servir de pâture,

(1) Montfaucon n'admet point ce sentiment, qui est au moins ridicule ; il croit ce manuscrit du quatrième siècle, et par conséquent le plus ancien de ceux qui existent : il dit que cet évangile est écrit sur des feuilles de papier d'Égypte, qui lui ont paru beaucoup plus délicates qu'aucune autre ; il est tellement pourri que les feuilles étant toutes collées les unes contre les autres, on ne peut essayer de tourner un feuillet sans que tout s'en aille en pièces.

soit lettres, soit vignettes, à redonner au papier la force qu'il a perdue, et même à lui donner celle qu'il n'a jamais eue, etc., etc., etc. Cet art est précieux, et doit être encouragé ; c'est pourquoi le ministre de l'intérieur, après s'être assuré du succès de cette découverte, a invité les conservateurs des bibliothèques nationales du département de la Seine à employer les citoyens Vialard et Heudier à la restauration des livres détériorés. C'est ici le cas de parler de la manière de nettoyer les livres, et de blanchir les estampes. Le Dictionnaire de l'industrie s'exprime ainsi à ce sujet : « Il arrive souvent que l'huile qui entre dans la composition de l'encre des imprimeurs, se sépare à la longue de cette encre, et tache le papier, sur lequel elle s'étend imperceptiblement : la même chose arrive aux estampes. Nous allons indiquer le moyen d'y remédier. On ôte d'abord la couverture du livre qu'on veut nettoyer, ensuite on prépare une lessive avec de la cendre de sarment de vigne ; il ne faut point que la lessive soit trop forte ; pour cet effet on met un boisseau de cendre sur quatre seaux d'eau de rivière ; on la fait bouillir plusieurs heures pour que l'eau se charge des sels de la cendre ; on la laisse reposer l'espace de sept à huit jours ; on la tire ensuite à clair par inclinaison. On peut alors, avec cette lessive, nettoyer toutes sortes de livres et d'estampes, pourvu qu'ils ne soient point écrits ni peints avec encre ou couleurs gommées ; car il n'y a que l'encre d'impression qui résiste à ce blanchissage. On prend le livre que l'on veut lessiver, on le met entre deux cartons que l'on serre légèrement avec une ficelle afin que la lessive puisse pénétrer entre les feuillets ; dans cet état, on met le livre bouillir un quart-d'heure dans la lessive préparée ; on l'en retire ensuite ; on ôte la ficelle, et on le met en presse pour en exprimer toute l'eau qui sera chargée de sa crasse ; on le laisse sous presse un quart-d'heure ; puis on le remet de nouveau dans la lessive bouillante comme auparavant : après l'avoir passé une seconde fois à la presse, on le met dans un chaudron plein d'eau de rivière, bouillante et propre, qui achève de le nettoyer parfaitement, et d'en enlever toutes les taches de graisse et de crasse sans que le papier ni l'impression en souffrent. S'il y avait quelques endroits qui ne fussent pas bien nettoyés, il faudrait recommencer le même procédé. Comme, dans ces opérations réitérées, les lessives détachent une bonne partie de la colle du papier, qui, alors n'ayant presque plus de corps, serait sujet à se déchirer, on y remédie en mettant le livre par deux fois dans de l'eau d'alun, et même alors il pourra souffrir l'écriture sans boire l'encre : on fait ensuite sécher le livre sur des ficelles, en éparpillant un peu les feuillets, dans un endroit qui ne soit point exposé au grand air, ni au grand soleil. Il faut qu'il sèche lentement. On peut, en suivant la même méthode, blanchir les estampes, et lorsqu'on veut les faire sécher, on doit avoir les mêmes précautions, et les suspendre à des ficelles avec des petites fourchettes de bois » (1).

(1) Lorsque les estampes sont couvertes d'une teinte jaune qui provient de ce qu'elles ont été imprimées avec de l'huile qui n'a point été assez brûlée, ou d'une teinte rousse, qui leur vient d'avoir été exposées aux impressions de l'air, on fait disparaître ces couleurs en répandant sur les estampes de l'eau bouillante à plusieurs reprises, et uniformément ; ensuite on les met dans un vase assez grand pour les contenir dans toute leur longueur ; on verse dessus de l'eau bouillante, et on couvre le vaisseau avec un linge pour concentrer la chaleur; au bout de cinq à six heures les estampes reprennent leur blancheur naturelle, c'est-à-dire, celle du papier. Les taches d'encre qui peuvent endommager les estampes s'enlevent en y versant de l'eau-forte ; mais il faut à l'instant verser de l'eau fraiche par dessus, afin que l'eau-forte ne morde pas avec trop d'ardeur : on peut laisser l'eau fraiche cinq à six minutes sur l'estampe ; ensuite on la pompe avec un linge fin, et on la serre entre des feuilles de papier, que l'on charge, pour empêcher qu'elle ne se chiffonne en séchant.

BIENNÉ (Jean). Imprimeur de Paris au 16e siècle. En épousant la veuve de Guillaume Morel, il devint propriétaire des presses de cet imprimeur, dont il conserva la devise. Il acheva l'impression de plusieurs ouvrages commencés par Guillaume Morel, et en imprima beaucoup lui-même, tels que le *Lucrèce* de Lambin, in-4, édition fort estimée; le *Novum Testamentum siriacè, græcè, cum versione interlineari latinâ*, in-4, etc. *Jean Bienné* possédait toutes les connaissances relatives à son art; ses éditions sont exactes et soignées. Il est mort en 1588.

BILLAINE (Louis). Cet imprimeur, du 17e siècle, était très-savant; il possédait le grec, le latin, l'espagnol, l'italien et le flamand. Il était presque aussi érudit que les Étienne. Son commerce de librairie s'étendait dans les pays étrangers, où il avait de grands magasins. On lui doit le *Glossaire* de Ducange, les *Familles bizantines* de Ducange, la *Diplomatique* de Mabillon, etc. Billaine est mort à Paris en 1681, laissant un des plus riches fonds de librairie que l'on ait encore vu.

BISCHOP (Nicolas), en latin *Episcopius*. Imprimeur de Bâle, beau-frère de Froben. Il fut habile dans son art, et cultivait les sciences. Gessner lui dédia le dernier livre de ses Pandectes. Sa devise est une crosse épiscopale surmontée d'une grue, symbole de la vigilance. Il est sorti grand nombre d'ouvrages de ses presses. Il a laissé un fils qui a aussi exercé l'art de l'imprimerie.

BODONI. Célèbre imprimeur de Parme, qui rivalise avec les Didot de Paris. Ces habiles typographes mettent une noble émulation à se surpasser réciproquement dans les magnifiques éditions dont ils enrichissent l'Europe. *Bodoni* est connu surtout par les éditions suivantes :

Le portrait de Bodoni se trouve devant son Specimen in 4°. de 1818, publié par sa veuve. Manuale tipografico —
Specimen de ses Caractères, 1818 — 2 vol. in 4° —
Serie di Caratteri Greci — 1788 . . 8°
Saggio tipografico — 1771 — 8° — (Imitation ... de Fournier)

P. Virgilii Mar. opera. 1793, 2 vol. in-fol. — 1794, 2 vol. in-8. *Quinti Horatii Flacci opera.* 1791, 1 vol. in-fol. --- 1793, 1 vol. in-4. 1794, 1 vol. in-8, très-belles éditions. *Roberti de hampdem britannia lathmon, villa Bromhamensis; poematia, nunc primum, curante filio Joanne trevor, patris et ejusmet amicorum in gratiam edita*, 1793, 1 vol. in-fol. supérieurement exécuté, qui n'a été tiré, dit-on, qu'à 30 exemplaires. *Catullus Tibullus et propertius.* 1794, 1 vol. in-fol. *Callimaco, greco-italiano.* 1792, 1 vol. in-fol. Il y a deux éditions de cette année et de ce format, dont l'une est en caractères majuscules. *Epithalamia exoticis linguis reddita.* 1775, in-fol., fig. *Dionysius longinus de sublimitate*, gr. lat. 1793, in-fol. --- in-4.

Nous ne parlerons point ici des éditions italiennes de format in-4 ou in-8. Nous renvoyons, pour ces objets, aux catalogues des éditions *bodoniennes*, publiés par Renouard; par Molini, etc.; cependant nous ne voulons pas passer une petite note bibliographique essentielle sur l'édition des Œuvres de Condillac, imprimée par *Bodoni* en 1775, et portant au frontispice Deux-Ponts. 1782. Ces Œuvres, qui contiennent le cours d'études, ont été imprimées à Parme en 1775; mais à peine l'édition parut-elle que la cour d'Espagne, mécontente de plusieurs passages où elle trouva des vérités trop hardies, fit demander au prince de Parme la suppression de cet ouvrage. On en defendit aussitôt la publication. Heureusement le libraire avait déjà disposé de deux ou trois exemplaires. C'est l'un de ces exemplaires qui servit à une réimpression de Deux-Ponts, portant *Parme*, 1776, 16 *vol. in-8, de l'imprimerie royale:* ce n'est donc qu'une contrefacon avec le titre de la véritable édition: et comme en 1782 on permit le débit de cette dernière, à la faveur d'un faux titre portant *Deux-Ponts et* 1782, et moyennant encore quelques mutilations qui ont exigé des cartons, il se trouve que la bonne édition de Parme a le faux titre de Deux-Ponts, et est un peu mutilée, et que l'édition portant *Parme*, 1776, *de l'imprimerie royale*, est une contrefaçon de Deux-Ponts. Nous ne croyons pas devoir faire mention des éditions de *Bodoni*, qui ont précédé la fonte des nouveaux caractères qu'il a gravés lui-même, et qui lui font tant d'honneur.

BOMBERG (Daniel). Imprimeur du 16e siècle, né à Anvers, et établi à Venise. Il est célèbre par ses impressions hébraïques. La première édition qu'il donna de la Bible en hébreu, n'eut pas de succès; mais la seconde (4 vol. in-fol. 1549) fut singulièrement recherchée, même par les juifs, tant elle est exacte, complette et d'une belle exécution. *Bomberg* imprima trois fois le Talmud en 11 vol. in-fol., entreprise qui lui coûta, dit-on, 300,000 écus. Il était si passionné pour la langue hébraïque, et il voulait donner tant de perfection à ses éditions, qu'il entretenait et payait libéralement un grand nombre de juifs qu'il faisait travailler à fixer les contestations sur les points-voyelles. Ces frais allèrent si loin qu'il se ruina. Scaliger prétend que *Bomberg* a employé trois millions d'écus à l'impression des éditions qu'il a données. Il a imprimé beaucoup d'ouvrages des rabbins. Il mourut vers l'an 1550.

BOUDOT (Jean). Libraire, imprimeur et bibliographe instruit, né à Paris de Jean Boudot, libraire célèbre, imprimeur du roi et de l'académie des sciences (1). Il s'adonna surtout à la connaissance des livres, et y acquit la réputation

(1) Il a composé plusieurs ouvrages de piété et de morale; mais il est plus connu par son petit dictionnaire latin, qui porte son nom, et qui est extrait d'un grand dictionnaire latin, qu'il avait composé en 14 volumes in-4, et qui se conserve manuscrit. Il mourut en 1706.

de l'homme le plus instruit de son temps dans cette partie. Personne n'avait plus manié de livres et plus examiné de bibliothèques que lui : il s'appliqua surtout à la classification des livres, et contribua beaucoup à établir des règles fixes pour ce genre de compositions, qu'on appelle *Catalogues raisonnés*, et à perfectionner la forme dans laquelle on les voit aujourd'hui. On recherche ses catalogues à cause des notes servant à la connaissance de chaque ouvrage, et de ses différentes éditions. Il avait fait un grand nombre de remarques bibliographiques, et ramassé d'excellens matériaux pour une bibliothèque choisie qu'il comptait donner au public, et qu'il voulait faire précéder d'une méthode pour l'arrangement de toutes bibliothèques. Il est mort en 1754, à Paris, âgé de 69 ans. Il fut, comme son père, imprimeur du roi et de l'académie des sciences.

BOUDOT (Pierre-Jean). Prêtre, censeur royal, mort en 1771, à 56 ans. Il a travaillé au catalogue des livres de la bibliothèque du roi, avec Sallier, 1739 et années suivantes, *in-folio*. On lui doit encore le catalogue de la bibliothèque du grand conseil, 1739, in-8, etc.

BOXHORN (Marc-Zuerius). Professeur d'éloquence à Leyde. Nous le mettons au rang des bibliographes, à cause de son Traité intitulé : *Dissertat. de typographicæ artis inventione et inventoribus. Lug. bat.* 1641, 1 vol. in-4. On lui doit plusieurs ouvrages d'histoire, de littérature et de critique.

BREITKOPF (J.-G.-J.). Célèbre imprimeur de Leipsick, et l'un des bibliographes les plus instruits de l'Allemagne, mort en 1794. Il est l'inventeur de la nouvelle méthode d'imprimer la musique, au lieu de la graver (*voyez le mot* MUSIQUE). Nous ne parlerons point des différentes éditions qu'il a données, n'ayant aucun détail à ce sujet; mais nous savons qu'il a employé la plus grande partie de sa vie à des recherches sur l'origine et l'histoire de l'imprimerie, et des arts qui y ont rapport, comme on en peut juger par un *mémoire sur l'histoire de l'invention de l'imprimerie* (1), qu'il a publié à Leipsick en 1779. Il a d'ailleurs consigné ses travaux de cinquante ans dans un ouvrage intitulé : *Essai sur l'origine des cartes à jouer, de l'emploi du papier de lin, et de la gravure en bois, en Europe.* Le premier volume de cet ouvrage a été publié par l'auteur en 1784; le second, qui vient de paraître, a été recueilli de ses manuscrits, qui, après sa mort, ont passé entre les mains de M. Roch, homme de lettres et libraire à Leipsick. Ce second volume renferme l'histoire de l'art d'écrire, de la calligraphie, de la gravure et sculpture en bois, de la peinture en mosaïque sur plafonds, planchers, croisées, etc., et l'histoire de la peinture sur parchemin ou dans les manuscrits, de celle sur verre, etc. Cet intéressant ouvrage n'est point encore terminé, et l'éditeur, puisant dans les meilleures sources modernes, le portera sans doute à un

---

(1) L'auteur y observe que, depuis quelque temps, on attaque les idées anciennes sur l'invention de l'imprimerie, et que l'on donne la ville de Bamberg pour antagoniste à la ville de Mayence. On est d'autant plus surpris de voir Breitkopf avancer cette opinion, qu'il n'est pas question de Bamberg, mais de Wurtzbourg, dans l'erreur qui y a donné lieu; et voici à quel sujet: Vernazza a publié, en 1778, à Cagliari une *Leçon* sur l'imprimerie, dans laquelle il remarque, d'après le P. Paciaudi, garde de la bibliothèque royale de Parme, que, dès 1453, on avait imprimé un synode de Wurtzbourg. Ce synode n'a point été imprimé dans cette année, puisque Paciaudi, ayant depuis acquis ce livre, et l'ayant bien examiné, a reconnu qu'il renfermait une ordonnance de l'évêque de Wurtzbourg, en date du 29 mars 1470; donc le livre ne peut pas avoir une date antérieure, et on aura pris la date du synode pour celle de l'impression.

grand degré de perfection. Il est bien à souhaiter qu'une bonne traduction en enrichisse la littérature française. L'original est en allemand.

BROCARIO (Arnoult-Guillaume de). Cet imprimeur espagnol, qui travaillait à l'université d'Alcala au commencement du 16e siècle, est principalement connu par l'impression de la fameuse Polyglotte de Ximénès, archevêque de Tolède. Cette bible, appelée *Biblia complutensis* (1), est composée de 6 gros volumes in-folio. Elle a été finie en 1517. Elle ne contient que quatre langues : l'hébreu, le chaldéen, le grec et le latin. Les trois derniers textes sont, dit-on, altérés, et il n'y a que l'hébreu qui soit demeuré dans sa pureté. Chaque page de l'Ancien et du Nouveau Testament est partagée en trois colonnes. Dans l'Ancien, la première colonne contient le texte hébreu ; celle du milieu, la vulgate ; la troisième, le grec des Septante, et le texte chaldéen est placé à la marge intérieure, avec la version latine vis-à-vis. La vulgate est en caractères gothiques. Le cardinal Ximénès à dû dépenser, pour cet ouvrage, des sommes immenses, si l'on en croit Alphonse Zamora, qui assure que sept manuscrits hébreux ont coûté quatre mille écus d'or au cardinal. Malinkrot dit que Ximénès appela autour de lui un grand nombre de savans de toutes les parties de l'Europe et de l'Asie, pour le seconder dans son entreprise. Parmi les grecs, on comptait *Démétrius Cretensis*, *Antonius Nebrissenus*, *Lopez de Astuniga*, *Terdianus Pincianus*. Tous étaient professeurs des langues grecque et latine, et célèbres par leurs ouvrages. Les professeurs de la langue hébraïque étaient *Alphonsius Médicus*, *Paulus Coronellus*,

---

(1) C'est-à-dire, Bible d'Alcala, ville et université d'Espagne, où elle a été imprimée. Alcala, en latin *Complutum*.

Alphonsius Zamorali et *Joannes Vergera*. Ce dernier traduisit plusieurs livres dans lesquels il restitua beaucoup d'endroits au texte, qui étaient absolument inintelligibles dans la version vulgate. Tous ces savans travaillèrent à cette Polyglotte pendant l'espace de 15 ans, c'est-à-dire, depuis 1502, jusqu'en 1517. Peu de temps après, le cardinal mourut.

BRUYSET (Jean-Marie). Imprimeur-libraire à Lyon, membre de l'académie de cette ville, et de plusieurs sociétés littéraires. Nous ne parlerons point ici des nombreuses éditions sorties des presses du citoyen *Bruyset*; elles sont suffisamment connues. Nous ne détaillerons pas non plus les productions de sa plume féconde; elles attestent son goût et la variété de ses connaissances. Nous nous bornerons à citer celles qui tiennent à la bibliographie : de ce nombre sont un Mémoire sur les vices du système bibliographique, et les moyens d'y remédier. --- Plusieurs articles de bibliographie pour le Dictionnaire Historique, par une société de gens de lettres. --- Mémoire, lu à l'académie de Lyon, sur l'application du mécanisme des caractères mobiles à la composition des cartes géographiques, avec des recherches sur l'histoire de l'imprimerie et de la gravure. --- Expérience sur les moyens et la possibilité de faire servir à la fabrication du papier le coton du peuplier, etc.

BRYLINGER (Nicolas). Imprimeur à Bâle, dans le 16e siècle. Il consacra ses presses aux poëtes latins particulièrement. Gessner lui dédia le quatrième livre de ses *Pandectes* sur la poétique. Il l'exhorte, dans cette dédicace, à ne point imprimer les anciens poëtes en entier, crainte de corrompre la jeunesse. Ce savant fut le premier qui purgea les auteurs latins de tout ce qui pouvait blesser les mœurs, comme Maxime Planudes l'avait fait à l'égard de quelques poëtes grecs. Sa devise est un vieux lion entre deux jeunes, dont celui de droite porte une horloge avec sa patte gauche.

BUYER (Barthélemi). On croit qu'il est le premier qui ait exercé l'art de l'imprimerie à Lyon, et que le premier livre imprimé dans cette ville est la *Légende dorée*, par Jean Battalier, docteur en théologie à Paris, de l'ordre des frères prêcheurs de Lyon. Lyon, 18 avril 1476, in-folio à deux colonnes, en caractères gothiques, avec les lettres initiales peintes à la main, et sans aucun chiffre aux pages. M. Deboze ne connaissait point cette Légende dorée quand il a noté le *Speculum vitæ humanæ in quo agitur de quolibet genere statûs hominum, Lugd. Guill. Regis*, 1477, in-4°, comme étant le premier livre imprimé à Lyon. Ce *Guillaume Regis* demeurait chez *Buyer. Gabriël Naudé* a cru que *les Pandectes en médecine de Matheus Sylvaticus*, 1478, étaient le premier livre imprimé à Lyon. On ne sait pas si ce livre sort des presses de *Buyer*. Il a donné, outre les ouvrages énoncés ci-dessus, le *Nouveau Testament* de Guyars des Moulins, revu par Julien Macho et Pierre Farget, dont Gabriël Martin a fixé la date de l'impression à l'an 1477; et *la Pratique en chirurgie de Gui de Chauliac, translaté du latin par Nicolas Panis, médecin, natif de Carentan en Basse-Normandie, et habitant de Lyon*, in-folio, 1478.

C.

CABINET D'HISTOIRE NATURELLE. Comme la loi qui a établi le mode d'instruction publique dans toute la république, a mis l'histoire naturelle au rang des objets dont l'étude doit être utile à la jeunesse, nous avons cru que la description d'un *cabinet d'histoire naturelle* ne serait point déplacée dans un ouvrage que nous destinons à ceux qui veulent se familiariser avec les différentes connaissances dont on enseigne les élémens dans les écoles. Nous ne croyons pas pouvoir trouver un guide plus sûr pour cet article, que le savant et laborieux auteur du *Dictionnaire raisonné universel d'histoire naturelle*. Il a donné une description très-bien faite d'un *cabinet d'histoire naturelle*, en observant une distribution méthodique par classes, par genres, par espèces et par variétés. Nous allons le suivre à la lettre, et quelquefois l'abréger pour ne point sortir du cercle étroit que nous nous sommes tracé. On connaît trois règnes dans la nature : les minéraux, les végétaux et les animaux : un *cabinet* doit donc présenter les objets de ces trois branches, séparés et classés méthodiquement. Prenons chacune de ces branches en particulier, et suivons-en les différens rameaux. Observons, avant tout, que l'appartement doit être disposé de manière à recevoir constamment une lumière égale.

Règne minéral. Ce règne est la base antique de tout ce qui existe ou appartient à notre globe. On le divise en onze parties, pour lesquelles il faut pratiquer onze armoires garnies de tablettes supportées par des tasseaux de bois à dents de crémaillère. Ce nombre d'armoires est destiné à contenir les classes suivantes :

1. Les eaux.
2. Les terres.
3. Les sables.
4. Les pierres.
5. Les sels.
6. Les pyrites.
7. Les demi-métaux.
8. Les métaux.
9. Les bitumes et les soufres.
10. Les productions des volcans.
11. Les pétrifications, les fossiles et les jeux de la nature.

Chaque armoire, à grillage ou vitrée, doit être étiquetée en haut sur sa corniche, par le moyen d'une plaque d'émail qui indique la classe qu'elle renferme : outre cela, chaque gradin, dans l'armoire, annonce sur sa bordure, par une petite étiquette, le genre des matières qu'il supporte dans des bocaux de verre blanc, bien couverts et bien étiquetés.

On met en bocaux, dans ces armoires, les terres, les argiles, les tourbes, les terres bolaires, les ochres, les craies, les marnes, les différens sables, les ardoises ou schistes, les arbestes, les pierres ollaires et micacées, les pierres calcaires ou à chaux, même les spaths, les congélations, les résidus pierreux, les stalactites, les albâtres, les gypses ou pierres à plâtre, les cailloux, les pierres de roche, les cristaux de roche et de mine, les sels et les pyrites sujets à tomber en efflorescence, les charbons et autres bitumes, les laves et scories des volcans. On peut se réserver, dans le bas de chaque armoire, l'espace de deux tablettes, et garnir ce vide d'un bon nombre de petits gradins en amphithéâtre, afin d'y déposer à nu, ou sur de petits piédestaux, des morceaux précieux et bien conservés, tels que du sel gemme transparent, des groupes de pyrites colorées, celle appelée la pierre des incas, de beaux échantillons de cobalt, de bismuth, de zinc, d'antimoine en plumes rouges, de mine de mercure coulant et de cinabre en cristaux : le tout bien étiqueté et rangé selon sa classe. L'armoire des métaux doit offrir, sous un même ordre, les morceaux rares et choisis des mines de plomb blanches, vertes, etc. ; la mine de nikkel, des groupes d'étain cristallisé, ou de grenats d'étain, le *flosferri*, de belles aiguilles d'hématite, un fort aimant brut, avec du platine et des morceaux de fer réfractaire, et de fer spéculaire, la mine d'azur étoilée, le cuivre soyeux de la Chine, un groupe de malachite. Dans les métaux précieux, il est agréable de voir l'argent natif en végétation, et l'argent rouge, de même qu'un groupe de mine d'or. L'armoire des bitumes peut également offrir, sur de petits piédestaux, des échantillons de jayet poli d'un côté, du succin de différentes couleurs, qui, quand il est transparent et contient des insectes, doit être poli par les deux faces opposées ; un bel échantillon de résine maritime, appelée ambre gris, des morceaux de soufre jaune et rouge transparens. Dans l'armoire des pétrifications ou fossiles, on doit également placer, sur un amphithéâtre à gradins, les pièces les plus rares et les mieux conservées, telles que la cunolite, le *lilium lapideum*, les madréporytes, les bélemnites transparentes, les oursins agatisés, le nautile concaméré, les cornes d'ammon sciées et polies, l'hystérolite, la pierre lenticulaire, la gryphite, etc.; les calculs ou bézoards, les turquoises, les crapaudines, les glossopètres; enfin toutes les pierres figurées, même le bois pétrifié. L'armoire aux pierres, avec un semblable appareil de gradins, fait voir différentes quilles de cristaux, et toutes les pierres précieuses dans leur matrice. On met celles qui sont détachées et non taillées dans des capsules ou verres de montre; celles qui sont taillées et montées sont dans un écrin ou baguier ouvert. On en fait de même à l'égard des morceaux, tasses, cuvettes ou plaques d'agate polies, de cornaline, de jade, de sardoine, d'onyx, de calcédoine, de jaspe, de porphyre, de granite, de lapis-lazuli, de marbre, d'albâtre, de spath équilatéral, appelé *cristal d'Irlande*. On y dépose aussi la pierre de Bologne, celle de Labrador, la serpentine, le talc, l'amiante, la zéolite, le basalte, la pierre de touche, les cailloux d'Égypte et d'Angleterre. Quant aux empreintes et aux grandes arborisations, ainsi qu'aux pierres de Florence, si elles sont bien conservées, on les fait encadrer, et on les suspend à des agraffes sur les pilastres qui unissent les armoires du règne minéral. Ces armoires, qui sont uniformes en hauteur, mais partagées par la largeur, selon l'étendue ou le nombre des matériaux qui composent la classe qu'elles doivent renfermer; ces armoires, dis-je, ainsi que celles qui règnent au pourtour, sont posées sur un corps de tiroir, à hauteur d'appui; le dessus de ces studioles, pratiqués dans le bas, sert à poser les tiroirs quand on veut les visiter: ces tiroirs doivent répondre à chacune des armoires qui sont au-dessus, et contenir des matières de la même classe. Dans le règne minéral, ces tiroirs sont très-propres pour renfermer des terres sigillées, des bélemnites, des entroques, des astroïtes et autres fossiles à polypier; des coquilles univalves, bivalves et multivalves; des pierres numismales; des os et des tranches de bois pétrifiés et polis; des suites de marbres et de cailloux polis; des suites du silex; des sables et du succin; des collections suivies de minéraux, d'ardoises, d'empreintes et de geodes; des morceaux provenant de la fonte des mines, tels que mattes, régules, scories, etc. Les minéraux, en général, demandent à être tenus proprement, et de façon qu'ils ne se touchent pas. Il y en a quelques-uns, comme les sels, qui se fondent aisément, ou qui, comme les pyrites, tombent en efflorescence. Il faut donc beaucoup de soins pour conserver certaines pièces sujettes à un prompt dépérissement, surtout dans les végétaux et les animaux.

Règne végétal. Ce règne immense emprunte du règne minéral ou globe terraqué, la substance de son organisation. Les végétaux sont des corps organisés qui n'ont point de mouvement spontané, ni de sentiment comme les animaux. On partage ce règne en dix classes, pour lesquelles il faut avoir dix armoires distribuées comme celle du règne minéral. Ces dix classes sont :

1. Les racines.
2. Les écorces.
3. Les bois et les tiges.
4. Les feuilles.
5. Les fleurs.
6. Les fruits et semences.
7. Les plantes parasites, même les agarics et champignons.
8. Les sucs des végétaux, tels que baumes et résines solides; les baumes proprement dit.
9. Les sucs extraits; sucres et fécules.
10. Les plantes marines et maritimes.

Les gradins du bas sont très-utiles ici pour contenir, dans de petits flacons carrés, le vernis de la Chine, les huiles essentielles et quelques aromates particuliers, soit de l'Arabie, soit de l'Inde, ainsi que les racines de bambou, de mandragore, certains fruits des Indes, monstrueux ou naturels, que les indiens ont fait mûrir dans une ample bouteille à col étroit, et conservés dans de l'eau-de-vie de grain, tels que la pomme d'acajou, etc. On peut y placer aussi nombre de fruits rares et volumineux, comme cocos, calebasses, courbaris, huras, figue-banane, fromager, pommes de pin, coloquinte, apocin-ouate, des tumeurs ou loupe végétales, et une branche de bois de dentelle, où les trois parties de l'écorce, notamment le *liber*, soient distinctement séparées. Comme la collection des végétaux surpasse en nombre les minéraux, on est dans l'usage de ne mettre dans les bocaux que les parties séchées des plantes étangères que l'on emploie tant en médecine que dans les arts, celles mêmes qui ne sont chez nous que de pure curiosité. A l'égard des indigènes, on forme un herbier de plantes terrestres et marines, collées ou placées entre des feuilles de papier, rassemblées sous la forme d'un livre : on les y arrange suivant le système des meilleurs botanistes. On peut donc, pour rendre l'usage de cet herbier plus commode, mettre les plantes desséchées entre deux papiers secs, et les empiler les unes au-dessus des autres, soit à découvert sur des tablettes, soit dans de grands cartons, en les rangeant par familles, genres et espèces, et plaçant, sur le dos des cartons, des étiquettes qui indiquent la famille ; à leur extrémité, une bande qui porte le nom du genre, et, dans chaque feuille, le nom de l'espèce qu'elle contient; le tout sur des papiers volans, pour avoir la liberté de faire des changemens à volonté. Les tiroirs servent, en partie, à mettre les échantillons des bois avec leur écorce, coupés de manière qu'on y distingue la tranche, le fil et le contrefil. On y tient aussi une collection des bois des deux Indes en petites tablettes polies et étiquetées. Une autre partie des tiroirs est intérieurement divisée par cassetins ou compartimens, afin d'y mettre les graines : chaque carré est recouvert d'une petite étiquette. On peut encadrer les fucus, les algues, petites plantes marines de forme élégante, dont le port, la couleur et la variété forment des tableaux agréables, et on les accroche aux pilastres des armoires. Quant aux ravages que les insectes occasionnent dans un *cabinet d'histoire naturelle*, nous indiquons au mot INSECTES les moyens de les détruire.

RÈGNE ANIMAL. Ce règne tire médiatement ou immédiatement du règne végétal la substance alimentaire qui fournit à son existence : les animaux ont le sentiment et la spontanéité des mouvemens. On divise ce règne en dix classes, qui doivent occuper dix armoires différentes. Ces dix classes sont :

1. Les fausses plantes marines.
2. Les zoophytes.
3. Les testacées entiers.
4. Les crustacées.
5. Les insectes.
6. Les poissons.
7. Les amphibies et reptiles, les quadrupèdes ovipares.
8. Les oiseaux avec leurs nids et leurs œufs.
9. Les quadrupèdes vivipares.
10. L'homme.

L'intérieur de l'armoire des fausses plantes marines doit être rangé de manière à présenter, au premier coup d'œil, l'histoire des lithophites, des madrépores et du corail brut ou dépouillé; le tout monté sur des piédouches de bois noirci ou doré. Les corallines à collier peuvent, ainsi que les fucus, être collées sur un papier, encadrées et accrochées au-dehors des pilastres. L'armoire des zoophytes contient les éponges, le jet-d'eau marin, la plume marine, les holothuries et tous ces corps marins qu'on appelle *animaux-plantes*, mollusques, vers, etc. On les doit conserver dans l'esprit-de-vin bien déflegmé. Sur les côtés sont les étoiles marines, tant épineuses qu'unies, à plusieurs rayons, la tête de

Méduse, etc. L'armoire des testacées est garnie de bocaux remplis d'une liqueur spiritueuse, dans laquelle sont les animaux testacées. Sur l'amphithéâtre ou les gradins du bas de cette armoire, on place les grosses coquilles, ainsi que les petites, qui sont recouvertes de leur drap marin : on y place aussi des morceaux de pierres remplies de pholades, et des coquilles qu'on nomme dattes à Toulon ; des groupes de pousse-pieds, de conques anatifères et de glands marins desséchés y tiennent bien leur place. L'armoire des crustacées est presque toute en gradins : elle renferme les cancres, les crabes, les écrevisses : on encadre les petits homards, les squilles et tous les petits crustacées, à l'exception du bernard-l'hermite. Dans l'armoire des insectes, il y en a de deux sortes : les uns, bien séchés, doivent être dans de petits cadres en bois, vernissés et vitrés par les deux grandes surfaces, afin de pouvoir examiner l'insecte des deux côtés ; tels sont les mouches, les mantes, les scarabées, les papillons avec leurs nymphes ou chrysalides, etc. Les autres insectes, tels que les sauterelles, les scolopendres, les scorpions, les salamandres, les araignées, les tarentules, les chenilles, et notamment tous les insectes mous, doivent être dans des bocaux remplis de liqueur, et déposés sur les gradins au-dessous des armoires : on met aussi, dans cette armoire, des gâteaux d'abeilles, des nids de guêpes, des bâtons garnis d'alvéoles, de ces fourmis qui donnent la résine-laque. Dans l'armoire des poissons, on voit les bocaux des petits poissons étrangers, qu'on envoie toujours dans la liqueur. On conserve aussi, de cette manière, les poissons mous de notre pays. On écorche les grands poissons d'eau-douce et de mer, et l'on colle la peau sur un papier. Quelquefois on embauche les deux parties, et on fait revivre les couleurs avec du vernis. Le poisson volant doit être suspendu vers le haut de l'armoire ; les poissons armés et les coffres, sur les gradins d'en bas. L'armoire des amphibies contient, dans des bocaux remplis d'esprit-de-vin affaibli par de l'eau alunée, les serpens, les vipères et couleuvres, les grenouilles, les crapauds, les lézards, les petites tortues terrestres ou aquatiques, un petit carret avec son écaille. Le bas des gradins est garni d'un petit serpent à sonnettes, d'un caméléon; d'un scinc marin, d'un castor, d'un lion marin, du phocas, etc. L'armoire des oiseaux est remplie de ces animaux, tant étrangers que de France, et qui sont écorchés, empaillés et garnis d'yeux d'émail. On conserve parfaitement à sec la peau emplumée et embauchée d'un moule de mousse d'arbre, ou remplie de coton, et saupoudrée intérieurement de poudre de chaux vive, de poivre, de camphre et de sublimé corrosif, afin d'éviter l'attaque des teignes, des bruches, des anthrènes, des poux de bois, des dermestes : ensuite on tient ces oiseaux, dont la cervelle a été vidée, dressés sur leurs pieds : on peut arranger quelques femelles sur leur nid, dans l'état de la couvée; percher sur des arbres factices ceux qui perchent; mettre sur un pied plat en bois et recouvert de mousse, ou de gazon, ou de roseaux, ou de roseaux factices, ceux qui habitent ou recherchent le sol de ces plantes. Les oiseaux nageurs doivent être sur les gradins les plus bas, et ces gradins seront recouverts de morceaux de glaces ou de gaze d'argent pour imiter l'eau. Il faut s'appliquer à donner à chaque animal l'attitude la plus pittoresque : à conserver les proportions, la position des jambes, des ailes, de la tête, du corps, des plumes; observer l'équilibre dans ceux qui se livrent au repos; l'éviter dans ceux qui se battent. On doit caractériser les inclinations de l'animal; peindre son génie, ses grâces, son audace ou sa timidité, etc. Les gradins d'en bas renferment les œufs et les nids des oiseaux. On fait aussi un plumier dans un livre, comme un herbier. L'armoire des quadrupèdes contient, dans des bocaux, de petits animaux, tels que les souris et les rats, le didelphe ou philandre, etc. Les autres animaux sont empaillés, tels que le chat, l'écureuil, le hérisson, le porc-épic, le tatou, le cochon d'Inde, le loup, le renard, le chevreuil, le lièvre, le chien, etc. L'armoire qui contient l'histoire de l'homme est composée d'une myologie entière, d'une tête injectée séparément, d'un cerveau et des parties de la génération de l'un et de l'autre sexe, d'une névrologie, d'une ostéologie, d'embryons de tout âge, avec leurs arrière-faix, de fœtus monstrueux, et d'une momie d'Égypte. On y met aussi de belles pièces d'anatomie représentées en cire, en bois, et des concretions pierreuses tirées du corps humain. Les tiroirs placés sous les armoires du règne animal, renferment de petites parties séparées d'animaux, telles que les dents, les petites cornes, les mâchoires, les pattes, les becs, les ongles, les vertèbres, les poils, les écailles, les égagropiles et une collection d'os remarquables par des coupes, des fractures, des difformités et des maladies.

Pour décorer un *cabinet* d'une manière plus avantageuse, et faire un ensemble qui ne soit point interrompu, il faut meubler les murs dans toute leur hauteur. Aussi est-on dans l'usage de garnir le dessus des corniches des armoires de très-grandes coquilles, de guêpiers étrangers, d'une corne de rhinocéros, d'une dent ou défense d'éléphant, et de celle d'une licorne, d'urnes et bustes d'albâtre, de jaspe, de marbre, de porphyre ou de serpentine, de vases de boucarot. On y met aussi des figures de bronze antique, de grands litophites ou panaches de mer, des animaux faits de coquilles, des bouquets faits d'ailes de scarabées, des couïs ou calebasses peintes, faites en jattes, en plats, en vases, et à l'usage des sauvages, des coffrets d'écorce, des livres faits de feuilles de palmier, etc., des globes et sphères. Quoique les surfaces du pourtour du *cabinet* soient garnies, comme on l'a indiqué, on peut aussi parer le sol des différentes pierres communes et susceptibles de poli. Le plafond bien blanc présente encore une surface que l'on distribue en trois travées garnies de crampons et de fil d'archal. C'est là que l'on peut ranger par ordre différentes productions végétales et animales d'un volume trop considérable pour tenir dans les armoires, telles que, 1.° la canne à sucre, la branche de palmier et celle appelée *éventail des chinois*, les gros cocos simples et ceux à double lobe, la feuille de bananier, les bâtons des Indes et d'Europe, curieux par les nodosités, les tubercules et les spires dont ils sont revêtus dans toute leur longueur, une tige de bambou divisée longitudinalement en deux parties, les espèces de joncs-canes. 2.° Les peaux de gros animaux, même les animaux empaillés, tels que les lézards, soit crocodile, soit caïman, et le pangolin, le requin, l'espadon, la scie de mer, le phocas, la tortue de mer, les grands et longs serpens, les bois de cerf, de bouquetin, de daim, de renne, le priape de la baleine. 3.° La troisième travée est remplie de raquettes, de hamacs, d'habillemens ou ajustemens et plumages des indiens, des calumets ou pipes, de carquois, d'arcs, de flèches, de casse-têtes ou *boutous*, bonnets de plumes, *couyoux* ou tabliers, *pagaras ouarabés* ou colliers, nécessaires chinois, éventails de feuilles de latanier, gargoulette du mogol, *kanchoas* ou fouet polonais, canots indiens, instrumens de musique chinois, *zagaies* ou lances, une lanterne chinoise, les boucliers chinois et d'autres armes, équipages et ustenciles des indiens et des autres peuples anciens et modernes.

On peut ranger dans le pourtour du *cabinet*, et particulièrement aux angles, des scabellons pour porter de grosses vertèbres, une tête de vache marine ou de très-gros madrépores, ou des groupes considérables, soit de cristal de roche ou de minéraux.

Dans le milieu du *cabinet* on met le coquillier, qui est une grande table ou bureau à rebords relevés ; la surface de cette table forme un parterre de vingt-sept cases particulières de différentes grandeurs, et proportionnées aux vingt-sept familles de coquilles marines qu'on y dépose (1). Les séparations sont faites en bois ou en carton peint en bleu : quelquefois ces compartimens sont en gradins ; le fond des carrés est enduit ou recouvert d'un coton bleu ou d'un satin vert, ou encore, et ce qui est le plus simple, d'une étoffe de lin blanche, mais assez rude pour retenir les coquilles dans leur place. Dans certains *cabinets*, ces gradins sont revêtus de glaces sur toutes les surfaces, ce qui rend doubles les objets, et les fait voir des deux côtés opposés. Dans d'autres *cabinets*, les cases de chaque famille offrent quantité de cellules distribuées avec symétrie, pour loger séparément les espèces. Les coquilles de mer doivent être toutes nettoyées quand on les place dans le coquillier. Le dessus de cette table se ferme par un treillage de laiton, recouvert d'une serge, ou mieux encore par des châssis en glaces, afin de préserver les coquilles de la poussière. Au milieu de cette table est un carré long et élevé, qui contient les co-

---

(1) Cette division est d'après le système de d'Argenville : il présente d'abord trois grandes classes, les univalves, les bivalves et les multivalves. La première classe a quinze familles, les *lépas*, l'*oreille de mer*, les *vermisseaux* ou *coquilles en tuyaux*, les *nautiles*, les *limaçons à bouche ronde*, à bouche demi-ronde, à bouche applatie, les *buccins* ou *trompes*, les *vis*, les *cornets* ou *volutes*, les *cylindres* ou *rhombes*, les *murex* ou rochers, les *pourpres*, les *tonnes* et les *porcelaines*. La deuxième classe, qui renferme les bivalves, a six familles ou genres, les *huîtres*, les *cames*, les *moules*, les *cœurs* ou *bucardites*, les *peignes* et *pétoncles*, et les *solen* ou *couteliers*. La troisième classe, qui embrasse les multivalves, a six familles, les *oursins*, les *glands*, les *pousse-pieds*, les *conques anatifères*, les *pholades* et l'*oscabrion*.

Quant aux coquillages fluviatiles, d'Argenville les divise en deux classes, les univalves qui comprennent les *lépas*, les *plan-orbies*, les *limaçons*, les *buccins*, les *tonnes* et les *vis*; et les bivalves, qui sont les *cames*, les *moules* et les *tellines*.

quilles terrestres et fluviatiles. Du milieu de chaque compartiment, ou à chaque famille de coquilles, s'élève un petit pilier pyramidal en bois, portant à son sommet un carton horizontal ou une espèce d'écriteau qui en désigne le genre. Chaque famille est distinguée de celle qui l'avoisine, par ces sortes d'agrémens en soie, qu'on appelle *chenilles;* au moyen des teintes différentes, l'on voit les limites et l'étendue de chaque famille des coquilles, de même que l'on distingue, au moyen des lavis sur les cartes de géographie, les différentes provinces d'un même état. Sous la table du coquillier est, du côté des fenêtres, une cage vitrée assez ample pour contenir les squelettes d'un animal de chaque classe, savoir d'un poisson, d'un amphibie, d'un reptile et d'un lézard, d'un oiseau et d'un quadrupède. Lorsqu'il est possible d'y joindre, pour l'ostéologie comparée, les squelettes des individus intermédiaires de ces animaux, et ceux qui se rapprochent le plus de l'homme, tels que le singe et l'ours, on ajoute à l'agrément et à l'instruction. Dans le dessous de cette table, on place encore les meilleurs livres qui ont rapport aux différentes branches de l'histoire naturelle, surtout ceux qui ont des estampes enluminées. On y peut mettre aussi le plumier et l'herbier arrangés en livres.

Le dessus de la porte est garni d'un grand cadre rempli de peaux de poissons rares, desséchées, vernies et collées sur le papier.

Les trumeaux des croisées sont garnis d'une ou de deux armoires qui contiennent, sur des tablettes, plusieurs instrumens de physique, machine pneumatique, miroir ardent, lunette à longue vue, loupe, microscope, télescope, aimants naturels et artificiels, etc., etc.

On voit, sur les gradins du bas, la pâte du riz de la Chine, ainsi que la pierre du lard ou larre, la pierre qui servait autrefois de hache aux sauvages, quelques morceaux et ouvrages curieux en laque, des pagodes de pâte des Indes, les bijoux des sauvages du Nord, et des chinois, qui sont, ou d'ivoire, ou d'ambre jaune, ou de corail garni d'or ou d'argent, de la pâte de porcelaine, et les *krichs* de Siam et *cangiars* des turcs, qui sont des poignards, les curiosités indiennes, en argent, les *galians*, qui servent aux turcs et aux persans pour fumer le tabac et l'aloës.

Les tiroirs des studioles, sous cette armoire, contiennent un medaillier, de l'encre de la Chine, des phioles lacrymatoires, les soufres et les plus belles pierres gravées de l'Europe, ou leur empreinte en cire d'Espagne, les jetons, les camées, les anneaux antiques, les talismans, les poids et les mesures des anciens, les idoles, les cinéraires, les instrumens des sacrifices, les fausses pierreries.

Enfin, les embrasures des fenêtres doivent être garnies de tableaux de pierre en pièces de rapport. On y peut mettre aussi, de même que dans les embrasures de la porte, et sur les panneaux, des tubes scellés hermétiquement, remplis de reptiles rares, conservés dans des liqueurs convenables.

Telle est la description d'un *cabinet d'histoire naturelle*, donné par Valmont de Bomare; les détails sont immenses, et une collection formée de tous les objets dont nous venons de parler, présenterait un trésor inappréciable et une source inépuisable d'instruction à l'ami de la nature, et au jeune élève impatient de se lancer dans la carrière des Pline, des Buffon, des Linné, etc.

CABINET DE PHYSIQUE. La physique ayant été de tout temps un objet d'instruction publique, et cette science tenant encore un rang distingué dans nos écoles, nous nous proposions de donner la description des différens instrumens qui doivent composer un *cabinet* à peu près complet; mais la nomenclature sèche de ces instrumens eût été d'une utilité plus que médiocre, si l'on n'y eût ajouté la manière de s'en servir ; alors il eût fallu plusieurs volumes pour un article auquel nous ne pourrions consacrer que quelques pages : nous préférons donc renvoyer nos lecteurs à un ouvrage très-bien fait sur cette partie, et qui remplit supérieurement, et en grand, le but que nous aurions désiré atteindre, en abrégé, dans notre ouvrage : nous voulons parler de la *description et usage d'un cabinet de physique expérimentale*, *par Sigaud-Lafond. Seconde édition, revue, corrigée et augmentée par Rouland* (1). Paris, *Gueffier*, 1784, 2 vol. *in-8*, *fig.* Cette édition est préférable à la première. Quant à la chimie, on ne peut consulter qu'avec grand fruit, les Lavoisier, les Chaptal, les Fourcroi, etc.

CAILLE (Jean de la). Ce savant libraire de Paris, mort en 1720, a publié une *Histoire de l'imprimerie*, 1689, in-4, qui lui fait honneur.

CAILLEAU (André-Charles). Imprimeur-libraire, bibliographe, né à Paris en 1731, mort en 1798. Nous ne parlerons point ici de toutes les productions joviales, poissardes et grivoises sorties de sa plume, aussi féconde que gaie. Nous ne le citons que comme auteur du *Dictionnaire bibliographique, historique et critique des livres rares, précieux, singuliers*, etc. 1790, 3 vol. in-8. Il nous a paru qu'on avait mis un peu de précipitation dans l'impression de cet utile ouvrage. Il est terminé par un essai de bibliogra-

---

(1) Le citoyen Rouland, professeur de physique expérimentale, neveu de Sigaud-Lafond, a donné de nouvelles éditions des différens ouvrages de son oncle, et ces nouvelles éditions fort estimées, sont (comme nous le disons de la description du *cabinet*) très-préférables aux premières. Voyez les *Élémens de physique théorique et expérimentale.* 1787, 4 vol. in-8.; l'*Essai sur les différentes espèces d'air, qu'on désigne sous le nom d'air fixe*, etc.

phie, qui aurait été mieux à sa place en tête du premier volume.

CALCOGRAPHIE. C'est l'art de graver sur les métaux, et particulièrement sur l'airain. On appelle généralement *calcographes* tous ceux qui gravent sur métaux: Melan, Edélinck, Nanteuil, Bernard Picard, etc. étaient de fameux *calcographes*. Lelong dit que Remi Capitain avait fait graver plusieurs portraits par Jacques Debie, célèbre *calcographe*, qui prend lui-même ce titre à la tête de ses vrais portraits des rois de France, tirés de leurs monumens, et de ses familles illustres de la France, par les monumens des médailles : Callot doit figurer parmi les grands *calcographes*; et, entre les modernes, on distinguera toujours les Ingouf, les Saint-Aubin, les Gaucher, les Tardieu, les Duflos (1), etc. *Calcographie* vient de deux mots grecs qui signifient *airain* et *gravure*. D'après l'étymologie, on doit écrire *chalcographie*, comme l'académie le fait; mais comme on doit prononcer *calcographie*, j'ai adopté cette dernière orthographe.

CALLIGRAPHIE. Art de bien écrire. Cette expression vient de deux mots grecs qui signifient *beauté* et *j'écris*. On a donc donné le titre de *calligraphe* à un scribe, écrivain ou copiste, qui rédigeait, sans abréviations, ce qui avait été écrit en notes par les notaires. Il est bon d'observer ici qu'autrefois on écrivait la minute d'un acte, le brouillon ou le premier exemplaire d'un ouvrage, en notes, c'est-à-dire,

(1) Le citoyen Duflos publie dans ce moment l'Histoire universelle en figures. Je me suis procuré cet ouvrage, et j'ai trouvé que la pureté du dessin était réunie à la délicatesse du burin, et que rien n'était plus ingénieux que les charmantes vignettes qui se trouvent au bas de chaque gravure.

en abréviations, qui étaient une espèce de chiffres à peu près semblables aux notes de Tiron (*voyez* TIRON). Par ce moyen, on écrivait plus vite, et l'on pouvait suivre celui qui dictait. Ceux qui écrivaient en notes s'appelaient *notaires*, et ceux qui copiaient proprement ces notes ou les actes qu'elles renfermaient, *calligraphes*. Eusèbe (1) et saint Grégoire de Naziance donnent ce nom aux copistes qui commerçaient de leur travail en ce genre. Il est parlé des *calligraphes* dans le second concile de Nicée. Néophyte et Théopempte sont d'anciens *calligraphes* des Xe et XIe siècles. Montfaucon a donné un catalogue alphabétique de tous les *calligraphes* connus (2). On peut encore consulter, à ce sujet, les Glossaires de Fabrot sur Téophilacte, Simocatta, et sur Cédrenus. On a fait dernièrement une découverte qui a rapport à la *calligraphie* : un capitaine suédois a inventé une machine à l'aide de laquelle on fait deux copies à la fois d'un même ouvrage, et, si l'on veut, en formats différens ; l'essai de cette machine a été fait en présence de l'académie de Stockolm, et a parfaitement réussi. Cette opération n'exige que le temps qu'il faut ordinairement pour faire une seule copie. Le mécanisme n'est pas encore connu ; mais il est présumable que c'est une espèce de pantographe. Un de mes amis a vu, à l'abbaye de Salem en Souabe, un instrument inventé par un religieux de cette abbaye : cet instrument est encore plus précieux que celui du capitaine suédois, car on en obtient cinq copies à la fois : il est en acier avec des spirales en cuivre : on ne peut s'en servir que sur une surface parfaitement unie ; l'épaisseur d'une feuille de papier placée mal à propos en dérangerait l'effet ; l'encre est d'une composition particulière, et parait moins fluide que l'encre ordinaire.

---

(1) *Voyez* Histoire ecclés. VIe liv. *Chap.* 17.

(2) *Voyez* Palæographie, liv. Ier. *Chap.* 8.

CAMUS (Armand-Gaston). Membre de l'institut, garde des archives de la république. Cet estimable savant a publié beaucoup d'ouvrages, parmi lesquels je distinguerai ceux qui ont rapport à la bibliographie : *Lettres sur la profession d'avocat, avec un catalogue des livres de droit.* 1777, in-12. Il a eu part à la nouvelle édition de la Bibliothèque historique de la France, par Lelong. *Notice d'un livre imprimé à Bamberg en* 1462 (*voyez au mot* LIVRE). 1799, in-4. *Observations sur la distribution et le classement des livres d'une bibliothèque ;* dans les Mémoires de l'institut. *Mémoire* sur l'écrit imprimé parmi les ouvrages d'Aristote, et dont on peut rendre le titre en latin par *de mirabilibus auscultationibus* ; dans les Mémoires de l'institut. *Rapport sur la continuation des* historiens de France, *et de celle des* Chartres et Diplômes ; dans les Mémoires de l'institut. Ce rapport est très-intéressant ; il présente l'historique de ces grandes collections qui seront le dépôt authentique des matériaux les plus importans à notre histoire, lorqu'elles seront terminées. Ces morceaux précieux sont, 1.° la collection des ordonnances de la troisième race, dont le 14e et dernier volume a paru en 1790, et ne va que jusqu'à la date de 1461. Cette collection fait suite à celle des capitulaires des deux premières races. 2.° La collection des historiens et chroniqueurs (1), composée de treize volumes dont le 13e, qui ne

(1) C'est Pierre Pithou qui, dès la fin du 16e siècle, conçut le dessein de réunir en un corps les principaux historiens de France ; il donna quelques essais de son travail. André Duchêne aggrandit son plan et sa collection publiée tant par lui que par son fils après lui, forme 5 vol. in-fol. Colbert essaya de faire continuer cette collection, ou d'en publier une nouvelle sur un plan plus vaste : il n'y put réussir. Daguesseau fut plus heureux ; il ouvrit des conférences à ce sujet en 1717 ; et Denys de Sainte-Marthe, général de la congrégation de Saint-Maur, obtint que le soin de la nouvelle collection proposée serait confié

va que jusqu'au milieu du 12e siècle, a paru en 1786. 3.° La collection des chartres et diplômes, dont il n'a encore paru que trois volumes, chez Nyon en 1791, sous le titre de *Diplomata, chartæ, epistolæ et alia documenta ad res francicas spectantia, ex diversis regni exterarum que regionum archivis ac bibliothecis, multorum eruditorum curis, plurimum ad id conferente congregatione Sancti-Mauri, eruta. Notis illustrarunt et ediderunt* L. G. O. *Feudrix de Brequigny*, F. J. G. *La porte du Theil* (1). 4.° La collection des actes des assemblées ecclésiastiques et conciles de France. Le premier volume de la nouvelle édition des conciles, donnée par Labat, bénédictin de Saint-Maur, a paru, en 1789, chez Didot, et les 340 premières pages, c'est-à-dire, 680 colonnes du second volume sont imprimées. Il faut joindre aux collections dont nous venons de parler, le *Gallia christiana*, ou Histoire des provinces ecclésiastiques de

---

à ses religieux. Dom Bouquet commença le travail en 1723; il en publia successivement 8 volumes: l'impression du neuvième était avancée lorsqu'il mourut en 1754. Il eut pour successeur Jean-Baptiste Haudiquier, qui s'associa Charles, son frère. Ceux-ci furent remplacés par Germain Poirier et Jacques Précieux, qui furent aidés par Étienne Housseau; ensuite vint Clément, puis Brial qui, ayant survécu à tous les autres, est chargé, par l'institut, de continuer ce précieux travail, aux honoraires de 4000 francs par an.

(1) En 1765, il sortit de l'imprimerie du Louvre le premier volume in-folio d'une *notice des diplômes, des chartres et des actes relatifs à l'histoire de France, qui se trouvent imprimés et indiqués dans les ouvrages de diplomatique, dans les jurisconsultes et dans les historiens, par l'abbé de Foy.* De Brequigny publia (au Louvre), en 1769, le premier volume de la *table chronologique des diplômes, chartres, titres et actes imprimés, concernant l'histoire de France.* Le second volume parut en 1775; le troisième en 1783; mais l'ouvrage n'est point terminé, car les derniers titres qu'il indique sont de 1179. Le citoyen Dutheil est chargé de la continuation de la collection des chartres et diplômes, aux honoraires de 2000 francs par an.

France, qui est par ordre alphabétique de provinces, et qui comprend jusqu'à l'histoire de la province de Trèves, formant en tout 13 volumes in-folio. Il reste à parler des provinces de Tours, Besançon (*Vesontiensis*), Vienne et Utrecht. Quant à l'histoire des provinces civiles, on possède celles de la Bretagne, du Languedoc, du Dauphiné et de la Bourgogne; mais il en est encore un assez grand nombre sur lesquelles il n'y a rien de complet. Nous avons oublié de dire que l'on désirerait bien réunir aux historiens de France, les historiens des croisades; car la France a joué un assez grand rôle dans ces guerres; mais le bénédictin F. G. Bertheraud, spécialement chargé de l'édition des historiens arabes, latins et français des croisades, est mort en 1792, sans avoir rien publié. On s'occupera de ce travail lorsque les circonstances le permettront. Revenons au Cit. Camus; il a encore publié plusieurs mémoires très-intéressans dont le détail serait trop long, et il consacre tous ses instans à la littérature et à la bibliographie.

CAPPERONNIER. Ce nom est depuis long-temps avantageusement connu dans la république des lettres. *Claude Capperonnier*, professeur de langue grecque au collége royal, mort en 1744, a laissé plusieurs ouvrages estimables, parmi lesquels nous distinguons *antiqui rhetores latini è Francisci Pithœi bibliothecâ olim editi*, etc.; ouvrage posthume imprimé à Strasbourg, in-4. --- *Marci Fabii Quintiliani de oratoriâ institutione.* 1725, in-fol., etc. Il avait commencé un grand travail sur la bibliothèque de Photius, qui n'a pas vu le jour. *Jean Capperonnier*, neveu du précédent, également professeur de langue grecque, puis garde des livres imprimés de la bibliothèque du roi, en place de l'abbé Sallier, a procuré à cette bibliothèque des augmentations nombreuses et importantes: il se disposait à en publier le volume du catalogue concernant la jurisprudence, lorsque la mort l'a surpris en 1775. Il avait achevé l'édition de Sire de Joinville, commencée par Melot et Sallier (elle a été imprimée, en 1761, à l'imprimerie royale). On lui doit plusieurs éditions d'auteurs grecs et latins, très-estimées. Le citoyen *Jean-Augustin Capperonnier*, né en 1745, maintenant conservateur des livres imprimés de la bibliothèque nationale, a marché sur les traces de ses oncles, et a publié, comme eux, de très-belles éditions des classiques latins, qui sont sortis des presses de Barbou. Justin, Horace, Virgile, Catulle, Tibulle, Properce, Eutrope, Vaniere, etc., sont les auteurs qui ont fixé son choix. Il a aussi publié les Académiques de Cicéron, et une nouvelle édition du Traité de l'amitié, par de Sacy. Le citoyen *Capperonnier* estime le nombre des volumes qui composent la bibliothèque nationale, à 300,000 volumes imprimés et 80,000 manuscrits. La bibliothèque de l'arsenal, dont le citoyen Saugrain est bibliothécaire-conservateur, contient 75,000 volumes et 6000 manuscrits; et celle du Panthéon, dont le citoyen Daunou est conservateur, renferme 100,000 volumes et 2000 manuscrits. Il n'est point question, dans ce nombre, des bibliothèques d'émigrés qu'on a dû y incorporer peu à peu.

CARACTÈRE (1). Mot qui vient d'un verbe grec, qui

---

(1) Il y a une petite différence entre les anciens caractères de l'imprimerie du Louvre (ci-devant) et les caractères des imprimeries ordinaires. Cette différence consiste en un petit trait horisontal qui borde, par en haut ou par en bas, certaines lettres minuscules, telles que les b, d, h, i, κ, l, m, n, p, q, r. Ce petit trait horisontal va de chaque côté de la lettre, quand la tige est droite et isolée, soit en haut, soit en bas; au lieu que les mêmes lettres, d'usage en Europe, commencent par un petit trait incliné, qui n'occupe que la partie gauche. Les l de l'imprimerie nationale sont aussi remarquables par un petit trait qui sort du côté gauche de cette lettre à la hauteur des autres caractères sans queue, comme l'm, l'n, etc.

signifie *insculpere*, imprimer, graver ; c'est ainsi qu'on appelle une lettre d'un alphabet quelconque. Nous ne pouvons entrer ici dans de longs détails sur tous les caractères connus : nous allons d'abord parler de l'origine et de l'étymologie du *carctère romain* et du *caractère italique*, si usités dans les imprimeries d'Europe. Le CARACTÈRE ROMAIN est dû à Nicolas Jenson, dont nous avons parlé ailleurs. Il forma un *caractère* composé des capitales latines, qui servirent de majuscules : les minuscules furent prises d'autres lettres latines, ainsi que des espagnoles, des lombardes, des saxones, des françaises ou carolines, qui se ressemblaient beaucoup. Il apprécia la figure de ces minuscules en leur donnant une forme simple et gracieuse. Ce *caractère* fut appelé *romain* à cause des capitales romaines qui servaient de majuscules. Le premier livre où l'on en voit, est le fameux *Decor puellarum*, qui porte la date de 1461. Cette date est un grand sujet de discussion parmi les bibliographes. Le CARACTÈRE ITALIQUE tire son origine de l'écriture de la chancellerie romaine, désignée par les mots *cursivetos seu cancellarios*. De-là vient qu'on a appelé cette sorte d'écriture *cursive*. C'est encore sous ce nom que le *caractère italique* est connu en divers pays : il a été aussi connu sous le nom de *lettres vénitiennes*, parce que les premiers poinçons ont été faits à Venise, ou sous celui de *lettres aldines*, parce que Alde Manuce s'en est servi le premier ; enfin, le nom d'*italique* lui a été donné parce qu'il nous vient d'Italie, et ce nom a prévalu. Disons un mot de la dénomination des différens *caractères* employés dans l'imprimerie, et de leur proportion. Fournier jeune a établi une table générale de cette proportion ; en tête de cette table est une échelle fixe et déterminée, qu'il divise en deux pouces, le pouce en douze lignes, et la ligne en six points, qu'il nomme typographiques ; ce qui fait, pour la totalité de l'échelle, 144 points. Prenons maintenant tous les *caractères* les uns après les autres, en commençant par le plus petit, et faisons suivre le nom de chaque *caractère* de la quantité de points qui forme sa hauteur, d'après l'échelle en question : la *parisienne* 5, la *nompareille* 6, la *mignonne* 7, le *petit texte* 8, la *gaillarde* 9, le *petit-romain* 10, la *philosophie* 11, le *cicero* 12, le *saint-augustin* 14, le *gros-texte* 16, le *gros-romain* 18, le *petit-parangon* 20, le *gros-parangon* 22, la *palestine* 24, le *petit-canon* 28, le *trismégiste* 36, le *gros-canon* 44, le *double-canon* 56, le *triple-canon* 72, et la *grosse-nompareille* 96. D'après cette table très-abrégée, on peut se faire une idée de la hauteur de chaque *caractère*, c'est-à-dire de la hauteur de la lettre rendue sur le papier. Il ne faut pas confondre la hauteur du *caractère* avec la hauteur de la figure de la lettre, comme je l'entends ici. La hauteur du *caractère*, dite *hauteur en papier*, est la distance qu'il y a depuis le pied du *caractère*, jusqu'à la superficie qui laisse son empreinte sur le papier : cette hauteur était fixée, par les réglemens de la librairie, à dix lignes et demie géométriques. Ce que nous venons de dire est tiré du Manuel typographique de Fournier jeune. Consultons maintenant un auteur plus moderne, le citoyen Didot père : on compte 22 sortes de *caractères* depuis l'œil le plus fin jusqu'à l'œil le plus gros. Leur dénomination est la même par-tout, comme leurs proportions réciproques ne doivent jamais différer.

NOMS DES CARACTÈRES.	RAPPORT ENTRE EUX.
1. Perle.	
2. Parisienne.	
3. Nompareille.	
4. Mignone.	
5. Petit-texte.	
6. Gaillarde	deux parisienne.
7. Petit-romain. . .	une nompareille et une parisienne.

8. Philosophie. . . . une mignone et une parisienne.
9. Cicero. . . . . . . deux nompareille.
10. Saint-augustin . . un petit-texte et une nompareille.
11. Gros-texte. . . . . deux petit-texte.
12. Gros-romain . . . un petit-romain et un petit-texte.
13. Petit-parangon. . deux petit-romain.
14. Gros-parangon. . une philosophie et un petit-romain.
15. Palestine . . . . . deux cicero.
16. Petit-canon. . . . deux saint-augustin.
17. Deux points de gros-romain . . . . . deux gros-romain.
18. Trismégiste.
19. Gros-canon.
20. Double-canon.
21. Triple-canon.
22. Grosse-nompareille.

La proportion des *caractères* n'a pas toujours été de la plus grande exactitude : les fondeurs ont quelquefois altéré les corps ; mais on n'a plus à craindre ces irrégularités avec les Firmin Didot, les Wafflard, les Gando et plusieurs autres qui, donnant aux *caractères* les proportions les plus exactes, offrent les plus beaux modèles. Nous avons parlé de la table systématique de Fournier et de celle du rapport des *caractères* entre eux, d'après Didot père ; voyons maintenant la gradation des *caractères* que ce dernier établit d'après des mesures fixes et certaines ; il divise la ligne de l'ancien pied en six portions égales (1), et elle lui sert en même temps à graduer et à désigner les différens caractères ; il nomme le plus petit le 6,

(1) Didot se sert du mot *mètre* au lieu de *portion* ; mais comme nous attachons maintenant à mot mètre une idée de longueur qui ne peut cadrer avec celle d'une fraction de ligne, j'ai préféré me servir du terme *portion*.

parce que son corps a six portions ou la ligne juste : il appelle le 7 celui qui le suit immédiatement, parce qu'il est composé d'une ligne et d'une portion de plus, ainsi des autres. Le 12 a deux lignes justes de l'ancien pied ; ce caractère commence la seconde classe dont chaque corps est double de la première. Dans cette classe la gradation procède de deux portions en deux portions, toujours également ; ainsi ceux qui suivent le 12 sont le 14, le 16, le 18, le 20. Les caractères de cette seconde classe sont aussi exactement doubles de ceux de la première, qu'en arithmétique 12 est double de 6, 14 de 7, etc. Il est sans doute très-fâcheux que la force de l'habitude ait empêché d'adopter ce système.

Nous allons présenter différens tableaux aussi curieux qu'intéressans sur le nombre approximatif des caractères qui entrent dans la composition d'une feuille (1). Ces tableaux ne sont point à dédaigner, ni par les jeunes imprimeurs, ni par les hommes de lettres qui désirent se familiariser avec les opérations typographiques sur lesquelles nous donnons quelques détails à l'article TYPOGRAPHIE.

---

(1) En Angleterre on ne paie point les ouvriers compositeurs à raison d'un prix fixe par feuille, mais par lettres. Ainsi un imprimeur anglais au lieu de dire : Je vous donnerai 8 francs pour 16 pages in-8 de cicero, de telle dimension, dira : Je vous donnerai 8 francs pour lever 17408 lettres de cicero, qui est le nombre qui entre dans une feuille in-8.

TABLEAU approximatif du nombre de lettres qui entrent dans la composition d'une feuille.

NOMS des CARACTÈRES.	NOMBRE de lettres à la ligne.	NOMBRE de lignes à la page.	NOMBRE de lettres à la feuille.
GRAND IN-QUARTO. *Justification de 12 centimètres.*			
Gros-romain.	37.	33.	9,768.
Saint-augustin.	45.	39.	14,040.
Cicero.	53.	40.	16,960.
Petit-romain.	65.	58.	30,160.
Gaillarde.	66.	59.	30,952.
Petit-texte.	72.	64.	36,864.
Les deux derniers caractères sont supposés à deux colonnes.			
IN-QUARTO ORDINAIRE. *Justification de 11 centimètres.*			
Gros-romain.	34.	30.	8,160.
Saint-augustin.	41.	36.	11,808.
Cicero.	48.	37.	14,208.
Petit-romain.	60.	54.	25,920.
Gaillarde.	60.	55.	26,400.
Petit-texte.	65.	58.	30,160.
Les trois derniers caractères sont supposés à deux colonnes.			
GRAND IN-OCTAVO. *Justification de 92 millimètres.*			
Gros-romain.	28.	25.	11,200.
Saint-augustin.	34.	32.	17,408.
Cicero.	40.	35.	22,400.

Petit-romain.	48.	46.	36,328.
Gaillarde.	49.	47.	36,848.
Petit-texte.	53.	53.	44,096.

IN-OCTAVO ORDINAIRE. *Justification de 75 millimètres.*

Saint-augustin.	29.	29.	18,456.
Cicero.	34.	32.	17,408.
Petit-romain.	42.	42.	28,224.
Gaillarde.	43.	43.	28,896.
Petit-texte.	45.	49.	35,280.

En faisant servir cette justification au grand in-12, on obtiendra :

Sur le cicero, feuille entière,	20,184.
Petit-romain, *idem*,	26,112.
Gaillarde, *idem*,	42,336.
Petit-texte, *idem*,	52,920.

C'est, après l'in-folio, la manière d'imposer qui produit le plus de matière, et la plus économique.

IN-DOUZE. *Justification de 7 décimètres.*

Cicero.	30.	30.	21,900.
Petit-romain.	36.	36.	31,968.
Gaillarde.	37.	37.	32,856.
Petit-texte.	41.	43.	42,312.

En faisant servir cette justification pour le grand in-16, on obtiendra :

Sur le cicero,	29,200.
Le petit-romain,	42,624.
La gaillarde,	54,760.
Le petit-texte,	56,416.

PETIT IN-DOUZE. *Justification de 63 millimètres.*

Cicero.	27.	26.	16,848.
Petit-romain.	32.	32.	24,576.

Gaillarde.	33.	33.	25,344.
Petit-texte.	35.	37.	31,080.

En employant cette justification pour l'in-18, on aura :

Sur le cicero,	25,272.
Le petit-romain,	36,864.
La gaillarde,	38,016.
Le petit-romain.	46,620.

Il résulte des combinaisons énoncées dans ce tableau, que l'in-18, sur la justification petit in-12, est plus économique que l'in-12 ordinaire; que l'in-16, justification in-12, est plus économique que l'in-8 ordinaire; et qu'enfin le grand in-12, sur justification in-8 ordinaire, est le terme moyen entre ces impositions.

On peut donc déduire de ces comparaisons plusieurs conséquences utiles :

1.° Si une feuille de tel format, tel caractère, coûte tant, combien telle autre du même caractère? Ce qu'on résoudra en comparant le nombre de lettres à lever en plus ou en moins, réduisant ce nombre à tant du cent, du mille, etc.

2.° Si une feuille tel format, tel caractère, coûte tant, combien doit coûter tel autre format et tel autre caractère, ou bien même format, mais autre caractère ?

3.° Si un ouvrage tel format, tel caractère, comporte tant de feuilles, de volumes, etc., combien aura-t-il de feuilles, sous un autre format, avec un autre caractère ?

Ces questions peuvent être facilement résolues par ce tableau.

Police d'un nombre de caractères suffisant pour composer une feuille in-8, soit Cicero, soit Petit-Romain.

BAS DE CASSE.			GROSSES CAPITALES.		
	Cicero.	Petit-rom		Cicero.	Petit-rom.
a.	1000.	1666.	A.	70.	116.
b.	160.	266.	B.	30.	50.
c.	600.	1000.	C.	50.	83.
ç.	20.	33.	Ç.	10.	16.
d.	600.	1000.	D.	60.	100.
e.	2200.	3666.	E.	90.	150.
é.	300.	500.	É.	10.	16.
f.	180.	300.	F.	30.	50.
g.	160.	266.	G.	30.	50.
h.	160.	266.	H.	30.	50.
i.	1080.	1800.	I.	70.	116.
j.	80.	133.	J.	40.	66.
k.	20.	33.	K.	10.	16.
l.	800.	1333.	L.	60.	100.
m.	560.	733.	M.	60.	100.
n.	1000.	1666.	N.	60.	100.
o.	960.	1600.	O.	50.	83.
p.	480.	800.	P.	60.	100.
q.	240.	400.	Q.	30.	50.
r.	1000.	1666.	R.	60.	100.
s.	700.	1166.	S.	70.	116.
t.	920.	1533.	T.	60.	100.
u.	1000.	1666.	U.	60.	100.
v.	300.	500.	V.	50.	83.
x.	80.	133.	X.	10.	16.
y.	60.	100.	Y.	10.	16.
z.	80.	133.	Z.	10.	16.
			Æ.	3.	5.
			Œ.	3.	5.
			W.	3.	5.

PETITES CAPITALES.			ACCENS.		
	Cicero.	Petit-rom.		Cicero.	Petit-rom.
A.	30.	50.	à.	10.	16.
B.	16.	26.	è.	30.	50.
C.	28.	46.	ù.	10.	16.
Ç.	3.	5.	â.	20.	33.
D.	30.	50.	ê.	60.	100.
E.	50.	83.	î.	20.	33.
É.	5.	8.	ô.	20.	33.
È.	5.	8.	û.	20.	33.
Ê.	5.	8.	ë.	20.	33.
F.	16.	26.	ï.	30.	50.
G.	16.	26.	ü.	20.	33.
H.	16.	26.	æ.	20.	33.
I.	36.	60.	œ.	20.	33.
J.	20.	33.	fi.	80.	133.
K.	4.	6.	fl.	20.	33.
L.	30.	50.	ff.	80.	133.
M.	30.	50.	ffi.	20.	33.
N.	30.	50.	ffl.	10.	16.
O.	30.	50.			
P.	24.	40.			
Q.	20.	33.			
R.	30.	50.			
S.	30.	50.			
T.	30.	50.			
U.	30.	50.			
V.	30.	50.			
Y.	10.	16.			
X.	10.	16.			
Z.	10.	16.			
Æ.	3.	5.			
Œ.	3.	5.			
W.	3.	5.			

PONCTUATION.			CHIFFRES.		
	Cicero.	Petit-rom.		Cicero.	Petit-rom.
.	400.	633.	1.	50.	83.
,	440.	766.	2.	50.	83.
:	80.	133.	3.	40.	66.
;	80.	133.	4.	40.	66.
'	200.	333.	5.	40.	66.
-	200.	333.	6.	40.	66.
!	20.	33.	7.	40.	66.
=	80.	133.	8.	40.	66.
?	20.	33.	9.	40.	66.
»	20.	33.	0.	40.	66.
()	20.	33.			
[]	20.	33.			
§.	10.	16.			
*	10.	16.			

Dans le tableau ci-dessus, il se trouve pour le cicero (romain). . . . . 19,092 let.
L'italique étant ordinairement du quart, va à. . 4,773.

Total du cicero et de son italique. . . . 23,865.

Pour le petit-romain (romain) il se trouve. . . 31,610.
Son italique. . . . . 7,902.

Total du petit-romain et de son italique. . . 39,512.

Il faut ajouter à cela les espaces et quadrats à raison de dix livres chacun par cent pesant de caractères ; et les interlignes de quatre au cicero, doivent être au nombre de 700 à peu près pour l'in-8, et de 900 quant au petit-romain. Passons à un troisième tableau.

Du poids d'une feuille composée des caractères les plus usités.

Une feuille de caractères distribuée conformément à la police, y compris l'italique, les espaces et les quadrats, doit peser, savoir :

	Caractères romains,	93.	
GROS-ROMAIN.	Espaces et quadrats,	32.	146 liv.
	Italiques, etc.	21.	
	Caractères romains,	114.	
SAINT-AUGUST.	Espaces et quadrats,	30.	168. liv.
	Italiques, etc.,	24.	
	Caractères romains,	93.	
CICERO.	Espaces et quadrats,	32.	146 liv.
	Italiques, etc.,	21.	
	Caractères romains,	81.	
PETIT-ROMAIN.	Espaces et quadrats,	32.	132 liv.
	Italiques, etc.,	19.	
	Caractères romains,	72.	
GAILLARDE.	Espaces et quadrats,	32.	124 liv.
	Italiques, etc.,	19.	
	Caractères romains,	54.	
PETIT-TEXTE.	Espaces et quadrats,	30.	99 liv.
	Italiques, etc.,	15.	

Dans tous les calculs ci-dessus on a excédé le nombre des caractères qui peuvent constituer une feuille, parce que rien n'est plus incertain que l'évaluation du retour plus ou moins fréquent des mêmes lettres. A cet égard, les fondeurs ont des bases certaines dont ils s'écartent rarement : on peut leur demander une fonte de trois manières différentes, par cent pesant, par feuille ou par casse.

Prix d'une feuille in-8.

Une feuille in-8 coûte de composition.	10 fr.
Tirage à 1000 exemplaires, à raison de 3 francs le 1000, la feuille avec la retiration fait 2000, qui coûtent.	6 fr.
Cela fait déjà 16 francs de déboursés par l'imprimeur.	
Ensuite viennent les étoffes, d'abord moitié. . . .	8 fr.
Puis le quart.	4 fr.
Total du prix ordinaire d'une feuille.	28 fr.

Le papier n'est point compris dans cette note ; et ce prix varie selon la différence des caractères et des formats.

CARDÉ. Mot indien qui signifie *portion*, *division*. On désigne ainsi les parties des livres religieux des gentoux, que l'on récite en différens temps et suivant certaines cérémonies. *Cardé* ou *chapitre* est synonyme.

CARTES A JOUER. Nous parlons des *cartes à jouer*, parce qu'elles ont quelque rapport avec les livres d'images du 14 et du 15e siècles, que l'on regarde comme les premiers essais de l'imprimerie. On n'est nullement d'accord sur l'origine des *cartes à jouer* : les uns en attribuent l'invention aux allemands, et d'autres aux français. Bullet, dans ses recherches historiques sur ce sujet, démontre par une multitude de preuves tirées des chroniques du temps, particulièrement de celle de Petit Jehan de Saintré, page de Charles V, par les édits des princes, par les lois ecclésiastiques, par les figures mêmes des cartes, que ce jeu fut inventé sur la fin du règne de ce prince, vers l'an 1376. Les couronnes, les sceptres fleurdelisés, que l'on voit sur les *cartes*, lui font croire que ce sont les français qui les ont imaginées. Bientôt elles passèrent en Espagne, en Italie, en Allemagne, en Angleterre; puis elles furent défendues par Jean, roi de Castille, par un édit de 1387, par une ordonnance du prévôt de Paris de 1397, par un synode de Langres tenu en 1404, etc. Dans l'origine, on dessinait et l'on peignait les cartes à la main : c'est ce que Ménestrier et Bullet prouvent par le compte de Charles Poupart, trésorier de Charles VI, dans lequel on lit cet article : « Donné à Jacquemin Gringonneur, peintre, pour trois jeux de cartes à or et à différentes couleurs de plusieurs devises, pour porter devers ledit seigneur roi, pour son ébattement, cinquante-six sous Parisis ». C'est vers 1400 que les allemands, les flamands, les hollandais, les italiens firent les premiers moules en bois, pour les fabriquer avec plus de célérité, et en rendre l'usage plus commun et moins cher. On en agit ainsi en France, en Angleterre, etc. Malgré les preuves avancées par Bullet, Heineken prétend que l'invention des *cartes à jouer* et de leur enluminure, appartient aux allemands, et il lui donne une date antérieure à celle de 1376. Gunther Zeiner, dans un ouvrage allemand intitulé le *Jeu d'or*, qu'il imprima en 1472, in-folio, dit que le jeu de cartes a commencé à avoir cours en Allemagne l'an 1300. Il paraît, d'après les opinions des savans que nous venons de citer, que le procès entre la France et l'Allemagne ne sera jamais jugé, et qu'il serait aussi difficile de fixer l'origine des *cartes à jouer*, que d'en abolir maintenant l'usage.

CARTON. En terme d'imprimerie, c'est un ou plusieurs feuillets détachés d'une feuille entière, et imprimés séparément, que l'on ajoute à un ouvrage, soit lorsque la matière qui reste à un imprimeur ne suffit pas pour completter la feuille ou la demi-feuille, soit pour corriger une erreur, en substituant le *carton* à un ou plusieurs feuillets que l'on supprime dans un volume.

CATALOGUE DE LIVRES. Dans tous les temps les bibliographes ont recherché les *catalogues* des grandes bibliothèques mises en vente, surtout lorsqu'ils sont bien faits, et que le prix des livres y est ajouté; alors ces *catalogues* peuvent servir de guide, soit pour classer une bibliothèque, soit pour juger de la rareté ou de la valeur d'un ouvrage, par le prix qu'y ont mis des bibliophiles éclairés, soit enfin pour connaître les différentes éditions d'un même ouvrage, et celles qui sont le plus estimées. Ce n'est que vers le commencement du dernier siècle que des libraires instruits se sont occupés à faire des *catalogues* raisonnés, avec des tables d'auteurs : avant ce temps les bibliothèques ne se vendaient point par *catalogue*, des libraires s'entendaient pour acheter, en commun, ces collections; puis se les distribuant au plus offrant, nécessairement le prix d'acquisition doublait, et il n'y avait ni ordre, ni méthode, ni bonne foi dans ces procédés purement mercantilles; mais depuis que les Pr. Marchand, les Boudot, les Martin, les Barrois, les Piget, les Debure ont formé le goût du public pour les livres, par de bons *catalogues* bien faits et bien raisonnés, le commerce de la librairie a été dégagé de l'ignorance et du vil intérêt qui le cractérisaient; le goût des belles éditions s'est propagé, et l'on a, de tout côté, monté des cabinets et des bibliothèques particulières. Nous allons donner une petite liste des principaux *catalogues* connus : cette liste ne peut être indifférente à celui qui cultive cette branche de la bibliographie. Elle est, d'après celle de Cailleau, par ordre alphabétique; mais on y a ajouté beaucoup d'articles.

A.

Catalogue de la bibliothèque de d'Aguesseau. 1785. 1 vol (1).
de le Bascle d'Argenteuil, 1785, 1 vol.
Bibliotheca orientalis clementico-vaticana, J. S. *Assemani*, 1719, 4 vol. in-fol.
Catalogue d'Amelot, 1797, 1 vol.
d'Askeu, 1775, 1 vol.
d'Astruc, 1766, 1 vol.
du duc d'Aumont, 1782, 1 vol.
du comte d'Autry, 1750, 1 vol.

B.

Catalogue de Bach, 1778, 2 vol.
de Bachelier (en latin), 1725, in-4.
Steph. Baluzii, 1719, 3 vol. in-12.
de Barbe, 1776, 1 vol.
de Barberin (*Romæ*), 1681, in-fol.
de Baron, médecin, 1788, 1 vol.
de Barré, 1743, 2 vol.
de l'abbé Barthelemy, 1800, 1 vol.
de l'université de Francfort, par Jean-Christ. Becman, 1677, in-4 (en latin).
de Belin, 1797, 1 vol.
de Bellanger, 1740, 1 vol.
du duc de Belle-Isle, 1762, 1 vol.
de Bellet, médecin, 1780, 1 vol.
de Bernard, avocat, 1789, 1 vol.
de la Bibliothèque nationale de France, 1753, 10 vol. in-fol.
de Bigot, 1 vol.

---

(1) Toutes les fois que le format n'est point désigné, il est in-8.

Catalogue de Blanchard de Changy, 1742, 1 vol.
de Blouet de Camilly, 1726, 1 vol. (en latin).
de Bluet, avocat, 1757, 1 vol.
de la Bibliothèque bodléyenne, à l'académie d'Oxford, 1674, 1 vol. in-fol. (en latin).
de Boeclere, médecin, 1760, 1 vol.
de Bonardi de Crecy, 1750, in-12.
d'Herman Boërhaave, 1739, 1 vol.
de Bonneau, 1754, 1 vol.
de Bonnier, plénipotentiaire à Rastadt, an 8, 1 vol.
de Bonnier de la Mosson, 1745, in-12.
de M.M. Bossuet, évêque de Meaux et de Troyes, 1742, 1 vol.
de Boucher, avocat, 1749, 1 vol.
de Boucot, 1699, in-12.
de Boullenois, 1778, 1 vol.
de l'abbé de Bourbon, 1787, 1 vol.
de Bourret, 1735, 1 vol.
de Bouret, 1 vol.
de Boze, 1754, 1 vol.
de la Briffe, 1788, 1 vol.
de Brinon de Coligny, 1739, 1 vol.
de Brochart, 1729, 1 vol.
de le Brun, 1743, 1 vol.
de Buch'oz, 1778, 2 vol.
de Ch. Bulteau, 1771, 2 vol. in-12 (latin).
de Burette, médecin, 1748, 4 vol. in-12.

C.

Catalogue de Caillard, avocat, 1777, 1 vol.
Dictionnaire bibliographique de Cailleau, 1790, 3 vol.
Catalogue de Camus de Limare, 1786, 1 vol.
de Charon de Menars, 1720, 1 vol.
de Charost, 1742, 1 vol.

Catalogue du duc de Chaulnes, 1770, 1 vol.
du président Chauvelin, 1754, 1 vol.
du ministre Chauvelin, 1762, 1 vol.
de Chéron, 1778, 1 vol.
de Chrétien, avocat, 1778, 1 vol.
de Chubéré, 1 vol.

Bibliotheca coisliniana olim segueriana opera B. Montfaucon. Paris, 1715, in-fol. fig.

Catalogue de Colbert, 1728, 3 tom. en 1 vol in-12.
de Colbert, évêque de Montpellier, 1740, 1 vol.
de de Cordes, Paris, Vitray, 1643, in-4 (en latin).
de la Coste, 1722, in-12.
de Couet de Montbayeux, 1734, in-12.
de Couet, chanoine, 1737, in-12.
de l'abbé Courbon de Ternay, 1787, 1 vol.
de Courtanvaux, 1782, 1 vol.
de Couvay, 1755, 1 vol.
de Crozat de Tugny, 1761, 1 vol.

D.

Catalogue de Danès, 1738, in-12.
de Danty d'Isnard, médecin, 1744, in-12.
de Davoust, 1772, 1 vol.

Museum typographicum de Debure, 1755, in-12.

Bibliographie instructive du même, 1763 et suivant. 7 vol.

Catalogue de Gaignat, par Debure, 1769, 2 vol.

Table des anonymes, par Née de la Rochelle, pour faire suite à Debure, 1 vol. (Ces trois articles vont ensemble).

Catalogue de Dechalle, 1778, 1 vol.
de Delan, abbé, 1755, 1 vol.
de Deselle, 1761, 1 vol.
de Desessarts, 1775, 1 vol.

Catalogue de Dan. Desmarets, 1716, 1 vol.
de Desmarquets, avocat, 1760, in-12.
de Desain, 1769, 3 vol.
de Didot jeune, 1796, 1 vol.
de Dodart, 1731, 1 vol.
de Georges Draudius (bibliothèque classique), 1625, 3 vol. in-4 (en latin).
du cardinal Dubois, 1725, 4 vol.
de Cisternay Dufay, 1725, 1 vol.
de Dufresne, 1662, in-4.
de Dutot, 1741, in-12.
du maréchal d'Estrées, 1740, 3 vol.
du comte d'Eyck, 1778, 1 vol.

F.

Joa. Alb. Fabricii bibliotheca latina, cum Procli philosophi Platonici vitâ, à Marino neapolitano græcè scriptâ et latinè versâ ab eodem Fabricio. Lond. 1703, in-8.

Jo. Alb. Fabricii bibliotheca græca. Hamburgi, 1707 et seq. 14 vol. in-4.

Jo. Alb. Fabricii bibliotheca latina. Venetiis, 1728, 2 vol. in-4.

Jo. Alb. Fabricii bibliotheca latina mediæ et infimæ ætatis. Hamb., 1734, 4 vol. in-8.

Jo. Alb. Fabricii bibliotheca latina, mediæ et infimæ ætatis. Hamburgi, 1746, 1 vol in-8.

Jo. Alb. Fabricii bibliotheca antiquaria. Editio tertia, cur. P. Schaffchausen. Hamburgi, 1760, 2 vol. in-4.

Catalogue de Fagon, 1744, 1 vol.
de Falconnet, médecin, 1763, 2 vol.
de Faultrier, 1709, 1 vol. (en latin).
de la Faye, 1741, 1 vol.
de Fegueur. 1773, 1 vol.
de Ferrary, avocat, et de D., 1730, 1 vol.

Catalogue de Filheul, 1779, 1 vol.
de Floncel, 1774, 2 vol. (en italien).
de Fontette, 1773, 1 vol.
de Foppens, 1752, 1 vol.
de Fourcy, 1713, in-12 (en latin).
de Fourmont, professeur, 1713, in-12 (1).
Analecta historica de libris rarioribus, edita à Frid. Got. Freytag. Lipsiæ, 1750, in-8.

G.

Catalogue de Jean Galloys, professeur, 1710, in-12 (en latin).
de Court de Gibelin, 1786, 1 vol.
d'Étienne-François Geoffroy, médecin, 1731, 1 vol. (en latin).
des livres et estampes de Geoffroy, 1754, 1 vol.
de Gersaint, 1750, 1 vol.
de Girardot de Préfond, 1757, 1 vol.
de Jean Giraud, 1707, 1 vol. in-12.
de Giraud de Moucy, 1753, 1 vol.
de Gogué et Née de la Rochelle, libraires, 1781, 1 vol.
de Gouttard, 1780, 1 vol.
de Gouvernet, 1775, in-8.
de Jean-Georges Grævius, 1703, in-12 (latin).
de Guettard, 1786, 1 vol.
de Guyot, 1770, 1 vol.

H.

Catalogue de d'Hangard, 1789, 1 vol.
de Fr.-Adolphe Hanson, 1718, 1 vol.

(1) C'est seulement le catalogue de ses ouvrages.

Catalogue de Hecquet, médecin, 1737, 1 vol.
du président Hénault, 1771, 1 vol.
de de la Haye, fermier-général, 1754, 1 vol.
de Henry de Colerane, de Samuel Dunster et du baron Clarke, 1754, 2 vol.
de Nic. Heinsius, 17.. in-12.
du baron d'Heiss, 1782, 1 vol.
de d'Hermand, 1739, 1 vol.
de Hermant, 1759, in-12.
de Hohendorf, 1720, 3 vol.
du baron d'Holbac, 1782, 1 vol.
du comte de Hoym, 1738, 1 vol. (en latin).
de Huguet de Sémonville, 1732, 1 vol.
de Samuel Hulsius, 1730, 3 vol.
du maréchal de Huxelles, 1730, 1 vol.

I.

Catalogue de Imbert, 1763, 1 vol.
du maréchal prince d'Isenghien, 1756, 1 vol.

J.

Catalogue de Jeliot, 1783, 1 vol.
de la maison professe des Jésuites, 1763, 1 vol.
des médailles et autres curiosités de ladite maison, 1763, 1 vol.
des livres du collége de Clermont, 1764, 1 vol.
des manuscrits de la maison professe et du collége de Clermont, 1764, 1 vol.
de Jorre, 1776, 1 vol.

K.

Catalogue de Samuel Konig, 1758, 1 vol.

L.

Specimen historicum typographiæ romanæ sæculi 15, autore Fr. Xav. Laire, 1788, 1 vol.

Index librorum ab inventâ typographiâ ad annum 1500 sive catalogus librorum bibliothecæ cardinalis de Lomenie de Brienne, aut. eod. Laire, *Senonis*, 1791, 3 vol.

Catalogue de Laleu, 1775, 1 vol.
de Lallemant de Betz, 1774, 1 vol.
de Nicolas Lambert, 1730, 1 vol.
de Lambert, chevalier de St.-Louis, 1780, 1 vol.
de Lambon, jurisconsulte, 1784, 1 vol.

Bibliotheca lamoniana, ab Adriano Baillet, ordine materiarum disposita, 35 vol. in-fol. (manuscrit).

Catalogue de Lamoignon, 1784, 1 tom. en 4 vol. in-fol. (1).
de Lamoignon, 1792, 3 vol.
de Lamoignon-Malesherbes, 1797, 1 vol.
de Lamoignon de Montrevault, 1774, 1 vol.
de Lancelot, 1741, 1 vol.
de Laporte, 1742, 1 vol.
du comte de Lauraguais, 1770, 1 vol.
de Laurière, avocat, 1729, in-12 (en latin).
de Leblanc, 1729, 1 vol.

Bibliothèque historique des auteurs de la congrégation de Saint-Maur, par Lecerf, 1726, in-12.

Catalogue de Lecomte, 1730, 1 vol. (en latin).
de J.-F.-P. Lefevre de Caumartin, évêque de Blois, 1734, in-12.
de Leferou, 1739, 1 vol.
de Legendre d'Arminy, 1740, 1 vol.

(1) Ce catalogue a été tiré à petit nombre, et n'était point destiné à la vente.

Bibliothèque historique de la France, par Lelong, etc. revue par Fevret de Fontette (1), 1768, 5 vol. in-fol.

Catalogue de Frédéric Léonard, libraire et imprimeur du roi, 1672, in-12 (en latin).

de Lemarié, 1776, 1 vol.

de Lesage, 1777, 1 vol.

de Logerot, 1757, 1 vol.

de Lorry, 1791, 1 vol.

de Louis, chirurgien, 1793, 1 vol.

de Louis Dufour de Longuerue, 1735, 1 vol.

M.

Catalogue de Maillard, avocat, 1766, 1 vol.

de Léonard de Malpeines, 1768, 1 vol.

de la marquise de Manciny, 1773, 1 vol.

Notice des manuscrits de la Bibliothèque nationale, 1787 et suiv. 5 vol. in-4.

Catalogue de Marbré, 1788, 1 vol.

du comte de la Marck, 1751, 1 vol.

de Mariette, ancien imprimeur, 1775, 1 vol.

de Mackarti, 1779, 1 vol.

de David Martini, 1751, 1 vol.

de Rich. Mead, 1754, 1 vol. (latin).

de Bruzen de la Martinière, 1750, 1 vol.

Bibliotheca menckeniana, Lipsiæ, 1727, 1 vol.

Catalogue de de Meyzieu, 1779, 1 vol.

de de Mézieres, 1735, 1 vol.

de l'abbé Fran.-Phi. de Mesenguy, 1763, 1 vol.

de Mirabeau l'aîné, 1791, 1 vol.

---

(1) On a aussi un catalogue des livres d'histoire de France, de Fevret de Fontette, 1773, in-8.

Bibliotheca anonymiana per Adrian. Mœtjens, 1728, 1 vol.
Catalogue de Millet de Montarby, 1781, 1 vol.
de Goislard de Montsabert, 1734, 1 vol.
de Montredon, 1778, 1 vol.

O.

Catalogue de Olivier, 1778, 1 vol.
Dictionnaire typographique d'Osmont, 1768, 2 vol.
Catalogue de Van-Oudendorp, Leide, 1761, 1 vol. (latin).

P.

Catalogue de Paillet de Brunieres, avocat, 1754, 1 vol.
de Pajot d'Osenbray, 1756, 1 vol.
Codices manuscripti bibliothecæ regiæ Taurinensis recensuit Jos. Pasinus, Taurini, 1749, 2 vol. in-fol.
Catalogue de Patu de Mello, an 8, 1 vol.
de Pellerin, 1783, 1 vol.
de le Pelletier Desforts, 1741, 1 vol.
de Perau et Mansart, 1722, 1 vol.
de Jacques Perizon, 1715, 1 vol.
de Petit, médecin, 1796, 1 vol.
de Perrot, 1776, 1 vol.
de Picart, 1780, 1 vol.
de Piget, libraire, 1739, 1 vol.
autre de Piget (livres rares et singuliers), 1745, 1 vol.
Morelli bibliotheca Maphœi Pinelli, Venitiis, 6 vol.
ejusdem Pinelli, London, 1789, 1 fort vol.
Catalogue de Pontchartrain, 1747, 1 vol.
de Pont de Vesle. 1774, 1 vol.
de Pothouin, avocat, 1785, 1 vol.
de Potier, avocat, 1757, 1 vol.
de Puget, 1 vol.

Q.

Catalogue de Querlon, 1781, 1 vol.

R.

Catalogue de Randon de Boisset, 1777, 1 vol.
de Redmont, 1778, 1 vol.
de Lebœuf de Requiston, 1788, 1 vol.

Bibliotheca græca et latina, seu catalogus bibliothecæ comitis Riviezky, cum supplem. Berolini, 1784, 1 vol.

Catalogue du président de Rieux, 1747, 1 vol.
de Rigoley de Juvigny, 1748, 1 vol.
de Robert, avocat, 1734, in-12.
de l'abbé d'Orléans de Rothelin, 1746, 1 vol.

S.

Catalogue du duc de Saint-Agnan, 1776, 1 vol.
de Saint-Ceran, 1780, 1 vol.
de Gluc de Saint-Port, 1750, 1 vol.
de Sallo, 1 vol.
de Fran. Salmon, docteur et bibliothécaire de Sorbonne, 1737, 1 vol. (en latin).
de Sandras, 1771, 1 vol.
de Sardière, 1759, 1 vol.
de Jean-Théodore de Scalbruch, 1723, 1 vol. (latin).
du baron de Schomberg, 1743, 2 vol.
de Secousse, avocat, 1755, 1 vol.
du chancelier Seguier, 1686, in-12.
de Fran. de Senicourt, 1766, 1 vol. (latin).
de l'abbé Sepher, 1786, 1 vol.
de Sidocre, médecin, 1749, 1 vol.
de Siméon, jurisconsulte, 1801, 1 vol.
de Simpson, 1759, 1 vol.

Catalogue du baron Adam de Sotelet, 1742, 1 vol.
du prince de Soubise, 1789, 1 vol.
de l'abbé Souchay, 1747, 1 vol.
du baron de Stosch, 1759, in-12.

T.

Catalogue du président Talon, 1744, in-12.
de le Tellier, archevêque de Rheims, 1693, 1 vol. in-fol. (1).
de l'abbé Thierry, 1780, 1 vol.
Catalogus librorum bibliothecæ Thuanæ (de Thou), 1679, 2 vol. (2).
Catalogue du comte de Toulouse, 1708 et 1726, 2 vol.
de Louis de la Vergne de Tressan, archevêque de Rouen, 1734, 1 vol.
de Trudaine, 1777, 1 vol.
de Turgot de Saint-Clair, évêque, 1730, 1 vol.
de Turgot, prévôt des marchands, 1744, 1 vol.
de Turgot, ministre, 1782, 1 vol.
de Turgot, 1789, 1 vol.

V.

Catalogue du duc de la Vallière, 1767, 2 vol.
du duc de la Vallière, 1777, 1 vol.
du duc de la Vallière, 1784, 3 vol.
du duc de la Vallière, 1788, 6 vol.

---

(1) Ce catalogue (latin) est attribué, par Debure, à Nicolas Clément, garde des livres imprimés de la bibliothèque du roi; mais on le croit plutôt rédigé par Philippe Dubois, mort en 1703, docteur de Sorbonne et bibliothécaire de M. Letellier.

(2) Il y avait, dit-on, pour vingt mille écus de reliure dans la bibliothèque de M. de Thou.

Catalogue de Valois, 1748, 1 vol. in-12.
de le Vasseur et Dorvilliers, 1752, 1 vol.
de Verdussen, 1776, 1 vol.
de la comtesse de Verrue, 1735, 1 vol,
de Louis-François de Harlay et de Vielbourg, 1735, 1 vol. (latin).
de Villeneuve, comte de Vence, 1760, 1 vol.
de Jean Vogt.

W.

Catalogue de Jean de Witt, hollandais, 1701, 1 vol. (en latin).

ANONYMES.

Catalogue de livres rares et précieux, 1780, 1 vol. in-8.
Bibliotheca selectissima, seu catalogus omnis generis librorum in quavis facultate et in variis linguis, Amstelodami, 1783, 2 vol. in-8.

CATINATI (*libri*). Cette épithète a été donnée à certains manuscrits rapportés dans des anciens catalogues de bibliothèque. On n'est pas d'accord sur le véritable sens de ce mot latin qui signifie *enchaîné*. M. Pingeron pense que ce mot vient de l'usage où l'on était jadis d'enchaîner les livres à une espèce de pupitre sur lequel on les plaçait dans les cabinets. La couverture de ces manuscrits était pour l'ordinaire formée par des ais ou petites planches ferrées, garnies en argent. On voit à Florence, à Rome, dans les parloirs des religieux, de ces manuscrits à la chaîne. Une bulle de 1658 enjoint aux supérieurs des cordeliers de Toulouse, sous peine d'excommunication, d'empêcher qu'on détache et qu'on emporte aucun livre.

CAUSSE (P.) Imprimeur de Dijon qui, sur la fin du 18e siècle, a donné de très-belles éditions, parmi lesquelles on distingue : *Décrets des assemblées constituante et législative*, *rangés par ordre de matières, avec des tables détaillées à la fin de chaque volume.* Dijon, 1792 --- 93, 7 vol. in-4. *Aventures de Télémaque*, 1795, 2 vol. in-4. *Fables de la Fontaine*, 1795, 2 vol. in-8. *Entretiens sur la pluralité des Mondes, par Fontenelle*, 1794, in-8. *Histoire de la conjuration des Espagnols, contre la République de Venise*, etc. 1795, petit in-fol. *Considérations sur les causes de la grandeur des Romains*, etc., *par Montesquieu*, 2 vol. in-8. *Réflexions sur les divers génies du peuple romain, par Saint-Évremond*, 1795, 1 vol. in-8. *Histoire des révolutions arrivées dans le gouvernement de la République romaine, par Vertot*, 1796, 4 vol. in-8. *Histoire des révolutions de Suède, par Vertot*, 1795, 2 vol. in-8. *Histoire des révolutions de Portugal, par Vertot*, 1795, 1 vol. in-8. *Notice sur la vie et les ouvrages de Vertot*, 1795, 1 vol. in-8, etc., etc. Le citoyen *Causse* a remis son imprimerie au citoyen J. P. Moroge en 1795. Ce dernier a donné trois des éditions que nous venons de citer, ainsi que d'autres que nous ne rapportons pas. Cette imprimerie a passé au citoyen Frantin de Dijon, qui l'occupe maintenant.

CENSORII (*libri*). Livres des censeurs. On nommait ainsi, chez les romains, les tables ou registres qui contenaient les noms des citoyens dont on avait fait le dénombrement, et particulièrement sous Auguste. Tertullien (*contrà Marcion. Lib. IV.*) nous apprend que, dans le *Livre censorial* d'Auguste, on trouvait le nom de Jesus-Christ.

CERAUNION. C'est un signe composé d'une espèce de croix de Saint-André, traversée par une ligne perpendiculaire. Le *céraunion* désignait chez les anciens, plusieurs vers improuvés de suite, afin de n'être pas obligé de mettre à tous des obeles (*voyez ce* MOT). Le signe que les grecs appellent *kryphia* et qui est figuré par un demi-cercle inférieur orné d'un point au milieu, marque les endroits d'un ouvrage où les questions douteuses et obscures n'ont pû être éclaircies. L'*ancre* supérieure marque une sentence, quelque chose d'important; l'inférieure signifie quelque chose de bas ou d'incongru. Le *chrisme*, composé d'un P sur la queue duquel est une croix de Saint-André, est le monograme abrégé de Jesus-Christ, le symbole du christianisme. Constantin a fait mettre ce signe sur ses étendards et ses boucliers. Le *phi* et le *rho* grecs en conjonction, annoncent qu'il faut corriger le vers et l'examiner avec attention. Le *coronis* marque la fin des livres; il est figuré en trois manières, dont l'une est un 7, les deux autres peuvent se voir dans la Nouvelle Diplomatique, tome 3, qui nous fournit cet article.

CHALCONDYLE (Démétrius). Selon l'abbé de Fontenai, *Chalcondyle*, né à Candie, était imprimeur au 15e siècle. Il possédait très-bien les langues grecque et latine. Il fut d'abord correcteur d'imprimerie; il devint ensuite imprimeur, d'abord à Florence, puis à Milan, en 1499. Le seul ouvrage, continue l'abbé de Fontenai, que l'on connaisse avoir été imprimé par lui à Florence, est un Homère, in-fol. qui passe pour un chef-d'œuvre typographique, très-curieux et fort cher, soit parce qu'il est imprimé en beaux caractères et avec de belles marges, soit parce qu'on le croit le premier livre grec imprimé. Le titre de cet Homère précieux, rapporté en entier par Debure, ne prouve pas que *Chalcondyle* fut ni imprimeur, ni de Candie. Il y est dit au milieu du titre: *Labore et industriâ Demetrii Chalcondylæ atheniensis*, etc., et à la fin, *Florentiæ typis Bernardi et Nerii Tanaïdis Nerlii florentinorum: nona decembris, anno* 1488, 2 vol. in-fol. Chaudon, dans son Dictionnaire historique, ne donne point la qualité d'imprimeur à *Chalcondyle*;

il le dit grec de Constantinople, réfugié en Italie après la prise de cette ville par Mahomet II, et mort à Rome en 1513, après avoir publié une *Grammaire grecque* qui est très-rare. Il y a donc apparence que l'abbé de Fontenai a été dans l'erreur en faisant *Chalcondyle* imprimeur. Il a été éditeur de plusieurs ouvrages grecs très-recherchés, qui ont été imprimés dans différens endroits, et par différens typographes, comme on peut s'en convaincre en consultant les numéros 2217, 2220, 2237, 2343 et 2493 de la bibliographie de Debure.

CHAN-HAI-KING. Livre chinois très-ancien. Les uns l'attribuent à l'empereur Yu, d'autres à Pe-y. Il contient une description du monde, qui paraît imaginaire. On y place au milieu de la terre, le mont Kouen-lun : on y parle de monstres, de plantes extraordinaires; il fournit aux poëtes chinois toutes leurs expressions poétiques.

CHARTES (1). C'est ainsi que l'on désigne les anciens titres : ce terme est générique comme *instrument*, *monument*, *enseignement*, *pages*, *diplômes*, *écritures*, etc. qui signifient la même chose. Les latins se servaient du mot *evidentiæ* pour entendre des *chartes* qui renferment des donations : le nom *apices* était donné aux *chartes* en général, par les latins du moyen âge : *titulus* eut la même

(1) On dit aussi *chartres* par corruption. On trouve en tête de *l'Art de vérifier les dates*, une dissertation très-utile sur la difficulté de fixer les dates des chartes et des chroniques. Les difficultés viennent de plusieurs causes, 1. de la manière de compter les années, qui a fort varié, ainsi que les divers jours où l'on a fait commencer l'année. 2. de l'ère d'Espagne, qui commence 38 ans avant notre ère chrétienne, et dont on s'est servi long-temps dans plusieurs pays. 3. Des différentes sortes d'indictions. 4. Des différens cycles dont on a fait usage, etc., etc., *voyez* DATES.

signification : les preuves de cette expression ne sont pas rares depuis le 6e siècle jusqu'au 12e. Dans les neuf premiers siècles, on se servait plutôt du mot *chartula* que de *charta*; et dans les 11e, 12e et 13 siècles, ce mot s'écrivait souvent *quarta* et *quartula*. Si l'on voulait parler de tous les titres anciens connus sous le nom générique de *chartes*, on ne finirait pas; nous nous contenterons d'indiquer ici quelle est la nature de ceux qui portent en titre ou dans le corps de la pièce, le mot *charte*. Le détail abrégé que nous allons donner est puisé dans dom de Vaines.

Chartes de fidélité, d'obéissance, d'hommage. Cette espèce se nommait *charta sacramentalis*, parce que la religion du serment y était interposée. Les romains et les chrétiens, depuis Constantin, juraient par la vie et le salut des empereurs; cela a eu lieu jusqu'à la défense expresse qui en a été faite par Charlemagne.

Chartes d'abjuration. Elles consistaient dans une formule de foi présentée à un hérétique qui voulait rentrer dans le sein de l'église : il signait simplement.

Chartes de mundeburde. Les *chartes* royaux de défense ou de protection s'appelèrent *chartæ de mundeburde*; mais dans le 11e siècle celles du même genre, accordées par un évêque ou un seigneur pour mettre à l'abri du pillage quelque territoire d'une église, étaient appelées *salvitates*.

Chartes apennes. Lorsque l'on avait perdu ses titres par suite d'un désastre public, le magistrat ou gouverneur du lieu faisait expédier deux *chartes* dites *apennes*, dont l'une était affichée en public, et l'autre délivrée à celui qui avait perdu ses titres; celui-ci présentait au prince cette relation par une adresse dite *notitia suggestionis*, et le roi y répondait par une *charte* dite *panchartæ* (1) : par cet acte le

---

(1) Ces chartes sont connues depuis le 9e siècle.

prince confirmait les biens et les priviléges dont on avait perdu les titres, mais sans rien spécifier. Les pancartes de Charles-le-Chauve sont les premières qui entrent dans le détail des biens ou des terres.

CHARTES BÉNÉFICIAIRES. Ce sont des donations faites par les empereurs ou nos rois des deux premières races, aux guerriers, aux nobles, et, dans la suite, aux ecclésiastiques mêmes, à condition de vasselage ou de service militaire. L'objet de ces donations passa, par la suite, aux descendans des uns et aux successeurs des autres, du consentement des princes; et bientôt après, les terres regardées comme des héritages propres par les particuliers, changèrent leur nom de bénéfice en celui de fief.

CHARTES DE DONATION. Ces *chartes* portaient souvent en tête le nom d'épître ou lettres, parce qu'elles en avaient la forme, c'est-à-dire, l'adresse et le salut. Outre le nom *charta*, et plus souvent *chartula donationis*, elles avaient encore une infinité de dénominations, telles que *charta transfusionis*.

Charta cessionis, *charte* de cession.

Charta usufructuaria, *charte* de cession à usufruit.

Charta semi-plantaria, *charte* de métayer. C'était la cession d'un terrein pour y planter soit une vigne, soit autre chose; au bout de cinq ans le propriétaire partageait avec le cultivateur qui avait fait tous les frais du plant.

Charta legataria, donation légataire d'usage au 10e siècle.

Charta institutionis: c'était le titre d'une fondation ou d'un établissement; elle était en vogue dès le 10e siècle.

Charta eleemosinaria, donation à titre d'aumône (du terme *alimonia*, entretien, subsistance).

Charta solutionis, quittance d'une redevance quelconque. Les *chartes* de donation et de dotation sont innombrable au 10e siècle. C'est, au jugement des savans, la seule ressource d'où l'on puisse tirer quelques lumières sur les événemens de ce siècle ignorant.

Chartes de tradition : elles ne doivent point être confondues avec les *chartes* de donation ; elles avaient lieu lorsque l'on mettait en possession du bien que l'on avait donné.

Chartes de confirmation : elles servaient à confirmer les donations faites précédemment, soit par le bienfaiteur lui-même, soit par ses successeurs.

Chartes de vente : elles portent ordinairement des titres analogues à leur contenu. *Charta obnoxiationis* était une vente de soi-même ou de sa famille ; ce qui arrivait où dans un temps de famine, ou pour satisfaire des créanciers, ou pour solder une amende, ou pour restitution d'un bien mal acquis.

Chartes prestaires et précaires. La *charte* prestaire était celle par laquelle une église ou un monastère abandonnait à un particulier l'usufruit de quelques terres, à certaines conditions, et la *charte* précaire était celle par laquelle on demandait ou on acceptait : ces deux *chartes* étaient fréquentes dans les 8e et 9e siecles.

Charte d'obligation. La *charte* d'obligation et de caution obligeait à terme le débiteur devant le créancier.

Chartes de garantie. Les *chartes* d'engagement et de garantie contenaient ordinairement une cession de terre, jusqu'au remboursement de certaine somme.

Chartes d'héritage : c'était celles que donnait un père en faveur de ses filles, qui, étant exclues par la loi salique de l'héritage de tout bien en franc-aleu, y étaient admises par ces sortes de *chartes :* elles avaient aussi lieu pour tout enfant inhabile à succéder suivant les loix. L'acte de partage d'une succession s'appelait *charta divisionis.*

Charte de citation. Pour citer quelqu'un à un tribunal, on lui envoyait *chartam audientialem.*

CHARTE ANDELANE : elle s'appelait ainsi de deux mots allemands, parce qu'elle était mise de la main du donateur dans celle du donataire.

CHARTE DE DÉFI. Le cartel de défi ou manifeste cassait les engagemens contractés, et déclarait la guerre. On l'appelait *littera differentiæ*, plutôt que *charta*.

CHARTE NORMANDE : c'est le titre ou la loi qui contient les priviléges accordés aux normands par Louis X ou le Hutin, en 1315 (1).

Outre les *chartes* que nous venons de citer, on connait encore la *charte de paix* entre Philippe-Auguste, l'évêque et le chapitre de Paris, donnée à Melun en 1222; la *charte au roi Philippe*, donnée par Philippe-Auguste en 1208 ou 1209, pour régler les formalités nouvelles que l'on devait observer en Normandie, dans les contestations qui survenaient pour raison de patronages d'église, entre des patrons laïques et des patrons ecclésiastiques; la *charte à deux visages*, qui est la même que la *charte apennes* dont nous avons parlé plus haut; la *grande charte d'Angleterre*, qui est une ancienne patente contenant les priviléges de la nation, accordée par le roi Henri III, la neuvième année de son règne, et confirmée par Edouard Ier (2).

---

(1) Cette *charte* dont parle dom de Vaines, n'est que la seconde accordée par Louis X; elle contient 24 articles : la première était de 1314, et ne contenait que 14 articles; la seconde a été confirmée par Philippe de Valois, en 1339; par Charles VI, en 1380; par Charles VII, en 1458; par Louis XI, en 1461; par Charles VIII, en 1485, et par Henri III, en 1579.

(2) Ce que l'on nomme aujourd'hui *grande charte d'Angleterre*, en est une nouvelle donnée par Henri III. Ce roi, après l'avoir enfreinte et confirmée plusieurs fois, jura, en présence de la noblesse et des évêques, qui tenaient chacun une bougie allumée, d'en observer le contenu avec une fidélité inviolable, en qualité d'homme, de chrétien, de soldat et de roi. Alors les évêques éteignirent leurs bougies, les jettèrent à terre

Après avoir parlé des différentes *chartes*, disons un mot de leur forme. On entend par *chartes paricles* celles dont on délivrait autant d'exemplaires ou de copies qu'il y avait de personnes intéressées; ce sont les contrats en général, et ceux d'échange en particulier, qui, dans le 9ᵉ siècle, ont donné lieu à ces sortes de *chartes*. Peu après elles se sont transformées en *chartes-parties*, en *chartes* ondulées, en *chartes* dentelées, en cyrographes, etc.

Les chartes-parties, chartæ partitæ, sont ainsi appelées, parce qu'on copiait sur une même feuille un acte autant de fois qu'il y avait de contractans, et ensuite on découpait chaque copie pour la donner à chaque intéressé. Nous expliquons au mot CHIROGRAPHE comment se faisaient ces copies, et comment on les découpait. Si la découpure ou séparation des copies était par un trait ondulé, la *charte-partie* se nommait ondulée, *undulata;* si elle était en zig-zag ou en forme de scie, la *charte* se nommait dentelée ou endenture, etc. On agissait ainsi afin que l'on ne pût pas remplacer un acte véritable par un faux : il était impossible d'imiter ces dentelures et ces différentes découpures; la fraude se découvrait aisément en rapprochant les deux copies.

Les *chartes* ont des caractères intrinsèques et extrinsèques dont il faut dire un mot : les caractères intrinsèques ou internes sont tellement inhérens aux *chartes*, qu'ils se retrouvent même dans leurs copies. Ces caractères sont le style propre aux *chartes*, les différentes manières d'orthographier, le langage employé dans les *chartes*, les différentes époques de l'usage des pluriels et des singuliers, les titres d'honneur

---

en criant : Qu'ainsi soit éteint et confondu dans les enfers quiconque violera cette charte. Ce fait arriva l'an 37 du règne d'Henri III, en 1254. Cette grande charte est la base du droit et des libertés du peuple anglais.

pris et donnés dans les souscriptions des *chartes*, les noms et surnoms, et le nombre distinctif des princes de même nom, les diverses invocations, tant explicites que cachées, les adresses, les débuts, les préambules avec leurs causes, tant dérogatoires que comminatoires, les salutations ou l'adieu final, les formules générales, les annonces de précaution, les dates, les signatures, etc. Les caractères extrinsèques ou externes sont tellement attachés aux originaux qu'ils ne se reproduisent nulle part, pas même dans les copies. Ces caractères sont les figures des lettres qui y sont employées, la forme et la matière des sceaux qui y sont apposés, et les matières sur lesquelles et avec lesquelles on a écrit les diplômes ou actes quelconques, ce qui comprend l'instrument dont on s'est servi pour écrire, la liqueur qu'on a employée pour faire sortir les lettres, et la matière subjective de l'écriture.

CHEVALON (Claude). Cet imprimeur tient un rang distingué parmi ceux qui ont exercé avec succès l'art typographique. On lui doit des éditions précieuses exécutées avec le plus grand soin, telles que *Saint Jérôme*, *Saint Augustin*, le *Droit civil avec des Commentaires* en 4 ou 5 vol. in-fol., entreprises supérieures à tout ce qui avait été fait jusqu'alors.

CHEVILLIER (André). Bibliothécaire de Sorbonne, mort en 1700. Il est auteur d'un ouvrage estimé : *l'Origine de l'imprimerie, Dissertation historique et critique*, 1694, in-4. Cet ouvrage, souvent cité par Maittaire, est plein d'érudition.

CHIFFRES. On ignore quel est celui qui a inventé les *chiffres*. Il est présumable que l'on commença à compter sur ses doigts, puis avec des petits cailloux, d'où sont venus les termes de *calcul, calculer;* ensuite on donna aux lettres de l'alphabet une valeur de convention : c'est ainsi qu'en agirent les hébreux, les grecs, les romains et les étrusques. Quant aux *chiffres* arabes, on ne connait ni leur origine, ni l'époque précise de leur introduction parmi nous. Nous parlerons ici des *chiffres* romains et arabes seulement. Quand l'écriture était encore rare chez les romains, ils comptaient les années avec des clous, et la manière de les attacher devint par la suite une cérémonie religieuse à Rome ; mais l'écriture étant devenue plus commune, les lettres I, V, X, L, C, D et M furent les seuls caractères qu'ils destinèrent à marquer des nombres, au lieu que dans les autres langues orientales, toutes les lettres étaient numérales. Ces sept lettres combinées dans leur plus forte valeur, donnent, en les plaçant ainsi DCLXVIM, six cent soixante-six mille. Ensuite les romains ajoutèrent une petite barre posée horisontalement sur quelqu'un de leurs leurs *chiffres*, pour en augmenter mille fois la valeur ; ainsi une petite ligne sur I valait un mille, sur X valait dix mille, etc.

Les chiffres romains ont été d'un usage presque universel dans les premières éditions, soit pour numéroter les pages en haut du recto ou à la marge, soit pour marquer l'an, le mois, le jour où elles ont été achevées. On croit que le numéro des pages a paru pour la première fois en 1469, dans l'édition de Tacite, faite à Venise par Jean de Spire.

Les *chiffres* arabes étaient connus en Europe avant le milieu du 13e siècle ; d'abord on n'en fit usage que dans les livres de mathématiques, d'astronomie, d'arithmétique et de géométrie ; ensuite on s'en servit pour les chroniques, les calendriers et les dates des manuscrits seulement. Ils n'ont jamais été admis dans les diplômes ou chartes avant le 16e siècle ; ils ne parurent sur les monnaies que depuis l'ordonnance de Henri II, en 1549. La figure de ces *chiffres* n'était pas encore uniforme parmi nous en 1534, et ce n'était que depuis 1500 que l'usage en était ordinaire en France, encore les entremêlait-on souvent de *chiffres* romains : on prétend même que ce n'est que depuis le règne de Henri III que l'on commença à se servir, en écrivant, de ces *chiffres* arabes (1). Les russes ne s'en servent que depuis les voyages du czar Pierre-le-Grand, au commencement du 18e siècle : ils avaient été introduits en Angleterre vers le milieu du 13e, en 1223 (2), et portés en Italie vers le même temps. L'Allemagne ne les reçut qu'au commencement du 14e siècle, vers 1306 ; mais en général la figure de ces *chiffres* n'est devenue uniforme que depuis 1534. On en trouve quelquefois dans les imprimés du 15e siècle, qui servent pour marquer leurs dates, soit dans les souscriptions, soit dans la première lettre grise de l'ouvrage ; mais ils sont rares. Les figures de ces *chiffres* ont subi le sort de l'écriture ; elles ont varié comme elle ; il y en a de particulières au 15e siècle, dont les diplomatistes ont donné la forme (3). Nous terminerons cet article par une table des *chiffres* romains rapportés aux *chiffres* arabes, que l'on nomme maintenant vulgaires.

Table des chiffres romains rapportés aux chiffres arabes.

Romains.	Vulgaires.	Romains.	Vulgaires.
I.	1.	V.	5.
II.	2.	VI.	6.
III.	3.	VII.	7.
IIII ou IV.	4.	VIII.	8.

(1) *Voyez* Lobineau. *Préface du 2e tome de l'hist. de Bret.*

(2) *Voyez* Ward. *Observations sur les écrits des mod.* Tom. 18. Pag. 232.

(3) *Voyez* Devaines. *Dict. de dipl.* Tom. 2. Pag. 270.

ROMAINS.	VULGAIRES.	ROMAINS.	VULGAIRES.
VIIII ou IX.	9.	XLI.	41.
X.	10.	XLII.	42.
XI.	11.	XLIII.	43.
XII.	12.	XLIV.	44.
XIII.	13.	XLV.	45.
XIIII ou XIV.	14.	XLVI.	46.
XV.	15.	XLVII.	47.
XVI.	16.	XLVIII.	48.
XVII.	17.	XLIX.	49.
XVIII.	18.	L.	50.
XVIIII ou XIX.	19.	LI.	51.
XX.	20.	LII.	52.
XXI.	21.	LIII.	53.
XXII.	22.	LIV.	54.
XXIII.	23.	LV.	55.
XXIIII ou XXIV.	24.	LVI.	56.
XXV.	25.	LVII.	57.
XXVI.	26.	LVIII.	58.
XXVII.	27.	LIX.	59.
XXVIII.	28.	LX.	60.
XXIX.	29.	LXI.	61.
XXX.	30.	LXII.	62.
XXXI.	31.	LXIII.	63.
XXXII.	32.	LXIV.	64.
XXXIII.	33.	LXV.	65.
XXXIV.	34.	LXVI.	66.
XXXV.	35.	LXVII.	67.
XXXVI.	36.	LXVIII.	68.
XXXVII.	37.	LXIX.	69.
XXXVIII.	38.	LXX.	70.
XXXIX.	39.	LXXI.	71.
XL ou XXXX.	40.	LXXII.	72.

Romains.	Vulgaires.
LXXIII.	73.
LXXIV.	74.
LXXV.	75.
LXXVI.	76.
LXXVII.	77.
LXXVIII.	78.
LXXIX.	79.
LXXX.	80.
LXXXI.	81.
LXXXII.	82.
LXXXIII.	83.
LXXXIV.	84.
LXXXV.	85.
LXXXVI.	86.
LXXXVII.	87.
LXXXVIII.	88.
LXXXIX.	89.
XC.	90.
XCI.	91.
XCII.	92.
XCIII.	93.
XCIV.	94.
XCV.	95.
XCVI.	96.
XCVII.	97.
XCVIII.	98.
XCIX.	99.
C.	100.
CL.	150.
CC.	200.
CCL.	250.
CCC.	300.

Romains.	Vulgaires.
CCCL.	350.
CCCC ou CD.	400.
CCCCL.	450.
Iↄ ou D.	500.
IↄL ou DL.	550.
IↄC ou DC.	600.
IↄCL ou DCL.	650.
IↄCC ou DCC.	700.
IↄCCL ou DCCL.	750.
IↄCCC ou DCCC.	800.
IↄCCCL ou DCCCL.	850.
IↄCCCC ou DCCCC.	900.
IↄCCCCL ou DCCCCL.	950.
M ou CIↄ ou ∞ ou ⋈.	1000.
MM ou CIↄ CIↄ ou ∞∞.	2000.
MMM ou CIↄ CIↄ CIↄ ou ∞∞∞.	3000.
MMMM ou CIↄ CIↄ CIↄ CIↄ ou ∞∞∞∞.	4000.
MMMMM ou Iↄↄ ou V∞.	5000.
Iↄↄ ∞ ou VI ∞.	6000.
Iↄↄ ∞∞ ou VII ∞.	7000.
Iↄↄ ∞∞∞ ou VIII ∞.	8000.
Iↄↄ ∞∞∞∞ ou IX ∞ ou ∞ CCIↄↄ.	9000.
CCIↄↄ ou ↄMC ou ĪMĪ ou X ∞ ou XM.	10000
CCIↄↄCCIↄↄ ou XX ∞.	20000.
CCIↄↄCCIↄↄCCIↄↄ ou XXX ∞.	30000.

ROMAINS.	VULGAIRES.	ROMAINS.	VULGAIRES.
ccIↃↃIↃↃↃ ou ccIↃↃ ccIↃↃccIↃↃccIↃↃ ou xxxx ∞.	40000.	IↃↃↃccIↃↃccIↃↃccIↃↃ ou LXXX ∞.	80000.
IↃↃↃ ou L ∞.	50000.	ccIↃↃcccIↃↃↃ ou IↃↃↃ ccIↃↃccIↃↃccIↃↃ ccIↃↃ ou LXXXX ∞ ou XC ∞.	90000.
IↃↃↃccIↃↃ ou LX ∞.	60000.	cccIↃↃↃ ou cM ou c ∞.	100000.
IↃↃↃccIↃↃccIↃↃ ou LXX ∞.	70000.		

Après le nombre cent mille, les latins se servent des adverbes marqués dans la table suivante pour multiplier leurs supputations presqu'à l'infini.

TABLE

Des nombres ordinaux latins.		*Des adverbes des nombres latins.*
Primus.	1.	*Semel.*
Secundus.	2.	*Bis.*
Tertius.	3.	*Ter.*
Quartus.	4.	*Quater.*
Quintus.	5.	*Quinquies.*
Sextus.	6.	*Sexies.*
Septimus.	7.	*Septies.*
Octavus.	8.	*Octies.*
Nonus.	9.	*Novies.*
Decimus.	10.	*Decies.*
Undecimus.	11.	*Undecies.*
Duodecimus.	12.	*Duodecies.*
Decimus-tertius.	13.	*Tredecies.*
Decimus-quartus.	14.	*Quaterdecies.*
Decimus-quintus.	15.	*Quindecies.*
Decimus-sextus.	16.	*Sedecies.*

Decimus-septimus.	17.	*Decies-septies.*
Decimus-octavus.	18.	*Decies-octies.*
Decimus-nonus.	19.	*Decies-novies.*
Vigesimus vel vicesimus.	20.	*Vigecies vel vicies.*
Trigesimus vel tricesimus.	30.	*Trigecies vel tricies.*
Quadragesimus.	40.	*Quadragies.*
Quinquagesimus.	50.	*Quinquagies.*
Sexagesimus.	60.	*Sexagies.*
Septuagesimus.	70.	*Septuagies.*
Octogesimus.	80.	*Octogies.*
Nonagesimus.	90.	*Nonagies.*
Centesimus.	100.	*Centies.*
Ducentesimus vel ducesimus.	200.	*Ducenties.*
Trecentesimus vel trecesimus.	300.	*Trecenties.*
Quadringentesimus vel quadringesimus, etc.	400.	*Quadringenties*, etc.
Millesimus.	1000.	*Millies.*
Bis millesimus.	2000.	*Bis millies.*
Decies millesimus.	10,000.	*Decies millies.*
Vicies millesimus, etc.	20,000.	*Vicies millies*, etc.

CHI-KING. C'est un recueil de vers qui forme le deuxième livre canonique des chinois. Il renferme beaucoup de pièces mauvaises et extravagantes ; ce sont des espèces d'odes : on en voit une surtout qui est bizarre : on y attribue la perte du genre humain à une femme, et l'on y annonce la destruction du monde comme prochaine. Cet ouvrage est regardé comme très-suspect ; il passe même pour une interpolation rabbinique.

CHINOIS (écriture des). Anciennement les chinois écrivaient avec un pinceau de fer sur des tablettes de bambou; sans doute que ce pinceau, ou pour mieux dire cette pointe, avait succédé aux cordelettes et aux koua (*voyez ces* Mots).

Ensuite ils se servirent du pinceau pour écrire sur le satin ; et enfin, sous la dynastie des hans, ils firent la découverte du papier, 160 ans avant Jesus-Christ, suivant le père Martini. Cette invention se perfectionna insensiblement, et leur procura différentes sortes de papier (*voyez à l'article* PAPIER PAPIER DE LA CHINE). Les chinois se servent encore du pinceau pour écrire, et ils font leur papier extrêmement uni, parce que le pinceau ne pourrait couler facilement sur un fond un peu raboteux, et y fixer certains traits délicats. Ils écrivent du haut en bas, en commençant par la droite. Leurs caractères, suivant quelques auteurs, ressemblent aux hiéroglyphes égyptiens : Kircher, Mairan, Néedham sont de cet avis : de Guignes lui-même s'occupait d'un ouvrage dans lequel il se proposait de prouver que chacun des 214 caractères élémentaires des *chinois* répond aux hiéroglyphes égyptiens, et que tous les deux ont la même signification (1). L'anglais Hager combat l'opinion de ces savans dans un ouvrage qu'il vient de publier sur les caractères élémentaires des Chinois.

CHYROGRAPHE. On entend par ce mot, qui était très en usage dans les 11e et 12e siècles, un acte passé double entre plusieurs parties. Voici comment s'écrivait cet acte : on le commençait au milieu d'une page, ou, pour mieux dire, la première ligne de l'acte se trouvait un peu au-dessous du milieu, et on continuait jusqu'au bas de cette page ; ensuite on retournait le papier du haut en bas, et on recommençait le même acte, en laissant un intervalle entre les deux lignes

---

(1) De Guignes, ainsi que les auteurs que nous venons de citer, ne voient dans les chinois qu'une colonie d'égyptiens qui sont allé s'établir à l'extrémité de l'Asie. Ce systême n'est pas généralement adopté. De Guignes vient de mourir.

qui commençaient chaque copie; en sorte que les deux personnes en face pouvaient écrire et lire en même-temps le même acte : dans l'intervalle qui se trouvait entre les deux copies, il y avait une ligne écrite en gros caractère, ou le plus souvent c'était le mot *cyrographum* ou *chyrographum* (ce qui a fait appeler cette forme d'expédition *chyrographe*); et cette ligne étant coupée par le milieu, on donnait une copie à chacune des deux parties (*voyez* CHARTES et SYNGRAPHE).

CHOU-KING. C'est le troisième livre canonique des chinois. On le regarde comme un recueil imparfait de traits de morale et de différentes superstitions. On suspecte beaucoup son authenticité, parce qu'il a été brûlé et rétabli depuis. Cependant M. de Guignes, dans la traduction de cet ouvrage (par le père Gaubil), qu'il a publiée, l'a ainsi intitulé : Le *Chou-king*, *un des livres sacrés des chinois*, *qui renferme les fondemens de leur ancienne histoire*, *les principes de leur gouvernement et de leur morale*, *ouvrage recueilli par Confucius*, *traduit et enrichi de notes par Gaubil*, *revu et corrigé par de Guignes*, etc. Voici comme il s'explique dans la préface de ce livre : « Cet ouvrage est le livre sacré d'une nation sage, éclairée; il est la base de son gouvernement, l'origine de sa législation, le livre dans la lecture duquel ses souverains et ses ministres doivent se former, la source la plus pure et la moins équivoque de son histoire, le livre le plus important des livres sacrés des chinois, pour lequel ils ont un respect si singulier, qu'ils n'oseraient en changer un seul de ses caractères, qui sont tous comptés (1)........ Ce livre renferme une morale austère; il prescrit par-tout la vertu, l'attachement au souverain, la

(1) Ils sont au nombre de vingt-cinq mille sept cents.

respect pour le culte religieux, la soumission aux lois, une entière obéissance aux magistrats : il contient de plus les devoirs de ces magistrats et de tous les officiers, à l'égard des peuples, regardés comme les enfans du souverain, et les obligations du souverain lui-même, auquel on accorde à peine quelques délassemens. Un trône, dit le *chou-king*, est le siége de l'embarras et des difficultés. »

CHRONOGRAMME ou CHRONOGRAPHE. C'est la réunion de plusieurs mots qui forment un sens, dans lesquels les lettres numérales désignent la date d'un événement. On sait que les lettres numérales ou chiffres romains sont M, C, L, D, X, V et I : on les écrit ordinairement dans les *chronogrammes* en caractères plus gros que le reste du texte, et on classe les lettres selon l'ordre du nombre qu'elles signifient ; ainsi dans ce vers phaleuque (1) :

stVLtVM est DIffICILes habere nVgas,

On trouve VLVMDIICILV, qui, mis par ordre de nombre, donne MDCLLVVVIII, c'est-à-dire, M mille, D cinq cents, C cent, L cinquante, L cinquante, ce qui fait cent pour les deux, V cinq, qui répété trois fois fait quinze, I un, qui répété trois fois fait trois. On a donc dans *stultum est difficiles habere nugas*, 1718. Desaccords a fait des recherches sur les *chronogrammes* : on les a employés, dit-il, de deux manières ; la première consistait à se servir simplement des

---

(1) Le vers phaleuque, en usage chez les grecs et les latins, est composé, comme le saphique, de cinq pieds dont le spondée est le premier, le dactyle le second, et les trois autres sont ordinairement trochées, comme dans celui-ci :

Numquam divitias Deos rogavi.

Ces sortes de vers conviennent ordinairement à l'épigramme. Phaleucus les inventa, et Catulle s'en est servi avec succès.

lettres numérales pour marquer l'année d'un événement, après quoi chacun donnait à ces lettres le sens qu'il voulait, comme dans l'interprétation de ce nombre MCCCCLX, inscrit sur une table d'attente par Léon X, pour marquer l'année de son pontificat (1). La seconde est celle qui est renfermée dans une sentence dont les lettres numérales marquent une année. Desaccords ne fait remonter les *chronogrammes* qu'aux derniers ducs de Bourgogne; mais dans l'église de Saint-Pierre à Aire, on lisait sur une vitre : *BIs septeM præbendas, WbaLdVIne, dedisti;* ce qui marque l'année 1062. Le D n'était point encore lettre numérale; il ne l'était point encore en 1465, ni même en 1485. Le mot *chronogramme* vient de *chronos*, qui signifie *temps*, et *gramma*, qui veut dire *caractère*, c'est-à-dire, *caractère qui indique le temps.* La première fois que l'on s'est servi du mot *chronographe* employé dans ce sens, ce fut lors de l'élection d'Étienne, roi de Pologne, en 1574. Avant ce temps-là et même après, on appelait les *chronogrammes* ou *chronographes* vers numéraux ou numéraires. Il y a une dissertation analitique sur les *chronographes*, imprimée à Bruxelles en 1718. Le mot *chronographe* pris adjectivement se donne à tout auteur qui a écrit sur la chronologie : Eratosthenes, Julien l'Africain, Eusèbe, Syncelle, sont d'anciens *chronographes;* Scaliger, Petau, etc., sont de savans *chronographes.*

CHRYSOGRAPHES. C'est ainsi que s'appelaient les écrivains en lettres d'or. Il paraît que cette sorte d'écriture

---

(1) *Multi Cardinales Cæci Crearunt Cæcum Leonem Decimum* : interprétation peu flatteuse et que ne méritait point ce célèbre pontife, dont le nom est attaché à l'un des quatre beaux siècles littéraires. Il se fit donner la thiare en 1513, à l'âge de 36 ans.

tient à des temps très-reculés, ainsi qu'on le voit par les plus anciens manuscrits : il paraît aussi que la profession de *chrysographe* était très-honorable, car Siméon Logothète dit, en parlant de l'empereur Arthémius, qu'avant de parvenir à l'empire, il avait été *chrysographe.* L'usage des lettres d'or était commun dans les 4e et 5e siècles; mais il s'est insensiblement perdu, et l'on ne sait plus attacher l'or au papier, comme on le voit dans la Bible de la bibliothèque de l'empereur, dans le Virgile du Vatican, qui a autrefois appartenu au monastère de Saint-Denys en France, et dans les manuscrits de *Dioscoride*, de l'empereur, de la bibliothèque nationale, et de celle des augustins de Naples.

CLÉMENT (Claude). Jésuite francomtois, professeur de belles-lettres à Madrid, et bibliographe. Il est auteur d'un ouvrage ayant pour titre : *Musei sive bibliothecæ tam privatæ quam publicæ extructio, instructio, curâ, usus. Libri IV. Accessit accurata descriptio regiæ bibliothecæ S. Laurentii escurialis, insuper parænesis allegorica ad amorem litterarum*, etc. Lugduni, 1635, in-4. Nous parlons de cet ouvrage à l'article système bibliographique (*voyez ce* Mot).

CLÉMENT (David). Savant bibliographe qui a publié une *Bibliothèque curieuse*, ou *Catalogue raisonné des livres rares et difficiles à trouver.* Gottingen, 1750 et années suivantes, 9 vol. in-4. C'est dommage que cet ouvrage, qui est rangé par ordre alphabétique, ne soit pas terminé : la mort de l'auteur est cause qu'il est resté au 9e volume. Ce qui existe comprend A=HI. Debure critique quelques articles de cette Bibliothèque, tout en rendant justice au mérite de l'ouvrage pris en général.

COIGNARD (Jean). Imprimeur de l'académie française au 17e siècle. On lui doit le *Saint Ambroise* des bénédictins, 1686 et 1690, 2 vol. in-fol., ainsi que beaucoup d'autres belles éditions. Il savait très-bien choisir les livres qu'il imprimait, revoyait lui-même les épreuves, et ne se servait que de beaux caractères.

COLINES (Simon de). Imprimeur français du 16e siècle. Il succéda à Henri-Etienne, dont il épousa la veuve: il est un des plus habiles imprimeurs anciens dont la France s'honore; ne négligeant rien de ce qui pouvait contribuer à la beauté de ses éditions, il choisissait avec soin ses caractères, comme on le voit par la netteté des éditions françaises, latines, grecques et hébraïques qu'il a données (1). Il passe pour avoir introduit en France l'usage du caractère italique dont Alde-Manuce est l'inventeur. On se servait auparavant de caractères assez approchans de la forme gothique, tels que ceux de plusieurs livres imprimés par Vérard, et de quelques préfaces de *Colines* lui-même. C'est dans ce temps-là qu'on laissait entre les lignes (des ouvrages de théologie et de droit surtout) un espace assez grand pour que les élèves pussent écrire les explications de leurs maîtres. Cette manière d'imprimer était déjà en usage avant 1500: son utilité fut cause que l'on s'en servit dans l'impression des ouvrages classiques. Groninger imprima ainsi Horace en 1496, et Térence en 1498; mais on a, depuis le 16e siècle, abandonné cette manière de disposer les lignes. *Colines* a imprimé un grand nombre d'ouvrages sur lesquels on peut consulter les Annales typographiques de Maittaire. Il corrigeait avec grand soin ses épreuves. C'est à Meaux qu'il

---

(1) Cependant les premières éditions grecques qu'il publia en 1521, ne sont ni belles ni correctes; mais bientôt il répara cette négligence en se procurant les caractères qui lui manquaient.

exerça d'abord son art; et, en 1521, il y donna les Commentaires latins de Jacques Lefevre, sur les quatre évangiles. Il paraît que cette même année, il s'établit à Paris; car on connaît l'ouvrage latin des *Femmes illustres et mémorables*, imprimé par lui, sous la date de 1521, et sous l'indication de Paris. Il composa, en 1533, un livre intitulé: *Grammatographia*, ouvrage rare aujourd'hui, dans lequel il y a des tables ou des cartes sur lesquelles sont des lettres en très-gros caractères, pour faciliter aux enfans les élémens de la lecture. Il a donné à Paris, en 1541, la Bible latine in-folio, pour Galiot Dupré. Il mourut en 1547. Les derniers ouvrages sortis de ses presses portent la date de 1546.

CONTRE-FAÇON, on dit aussi contrefaction. On appelle ainsi toute impression faite en fraude et sans le consentement de l'auteur, du libraire ou imprimeur, seuls autorisés à publier un ouvrage. La *contrefaçon* est un vol manifeste, contre lequel les lois ont porté des peines peut-être trop douces. Ce brigandage typographique est si commun en France, qu'un imprimeur ou un libraire qui entreprend un ouvrage fait entrer dans ses calculs les *contrefaçons* qu'on fera circuler dans le commerce. Avant la révolution, il n'y avait guère en France que Rouen et Lyon où l'on vît des *contrefaçons*, encore le faisait-on très-secrettement: à Bruxelles, à Liège et en Suisse, ont imprimait ouvertement des ouvrages dont le manuscrit avait souvent coûté fort cher aux imprimeurs de Paris. Maintenant, en France comme chez l'étranger, on ne se fait nul scrupule de se livrer à ces spéculations frauduleuses, et le nombre des *contrefaçons* va à l'infini. M. Vetterlein, dans un ouvrage qu'il vient de publier sous le titre de *Manuel de la littérature poétique des allemands*, voue à l'indignation publique les contrefacteurs, ces corsaires de la littérature, qui défigurent les ouvrages dont ils volent le produit, et trompent la bonne foi des acheteurs séduits par l'amorce illusoire du bon marché ; il signale surtout Trattner, à Vienne ; Schmieder, à Carlsruhe ; Kegel, à Frankental ; Tennefeger, à Reutlingen ; Gasel, à Brünn, etc. Ensuite il fait voir combien les éditions contrefaites sont négligées, pleines de fautes et d'omissions. Pour tromper l'espoir des contrefacteurs, dit Bertrand-Quinquet (1), il faut imprimer bien et correctement, employer de beaux caractères, du beau papier, se contenter d'un gain honnête et médiocre ; alors il n'y a plus de bénéfice pour le contrefacteur ; alors plus de *contrefaçons.* Si un auteur ou un éditeur veulent avoir le droit de poursuivre un contrefacteur, ils doivent, conformément à la loi du 19 juillet 1793 (an 2 de la république), déposer à la bibliothèque nationale deux exemplaires de leur ouvrage, et en prendre un reçu signé par le bibliothécaire ; alors les contrefacteurs poursuivis et convaincus seront tenus de payer au véritable propriétaire une somme équivalente du prix de trois mille exemplaires de l'édition originale, et les débitans non-contrefacteurs seront condamnés à une somme équivalente au prix de cinq cents exemplaires. Si cette loi s'exécutait ponctuellement, le nombre des contrefacteurs diminuerait.

CORDELETTES. Dans le temps où l'écriture était encore inconnue à la Chine, on employait des *cordelettes* dont les nœuds différens servaient, par leur distance et leurs divers assemblages, à marquer les événemens dont on voulait conserver le souvenir. On peut les comparer au *quipos* des péruviens. Les écrivains chinois attribuent l'invention de ces *cordelettes* à Soui-Gin-Chi, prince antérieur à Fo-Hi. Confucius en a parlé dans le traité *Hi-tsé*, ou

---

(1) Traité de l'imprimerie, page 258.

supplément au Commentaire sur l'*Y-king*, *chap. XIII. Art.* 13 de la traduction manuscrite de Mailla : *Antiquiores chordarum nodis...... Utebantur ad danda mandata. Qui successere...... His litteras substituerunt.* Aux *cordelettes* succédèrent les *koua*, qui sont de l'invention de Fo-Hi, et avec lesquels il composa l'*Y-king* (*voyez* KOUA).

CORNILLEAU (Jean). Imprimeur de Paris au 16e siècle. Il était singulièrement attaché à son art, et se faisait gloire d'y exceller ; aussi mettait-il en tête de ses éditions : *Impressoriæ artis diligentissimus optimusque opifex.* S'il y a peu de modestie dans ce titre que se donnait *Cornilleau*, il prouve au moins les efforts qu'il faisait pour le mériter. On a de lui de belles éditions, entr'autres : *De rebus gestis francorum*, par Robert Gaguin, 1521, 1 vol. in-4 ; *Concilia generalia ex editione Jacobi Merlini*, 1524, 2 vol. in-folio. Cette édition des conciles généraux est la première imprimée à Paris : on en voyait un exemplaire sur vélin dans la bibliothèque du collége de Navarre. *Cornilleau* imprima encore le *Dictionnaire de Calepin*, 1525, in-folio.

CORPOROLOGIE. Ce mot indique une des subdivisions du systême bibliographique de l'abbé Girard, et s'applique aux sociétés particulières, religieuses, civiles, littéraires qui se forment dans l'état : Girard divise ces sociétés en cénobitiques (1) et en associations.

CORROZET (Gilles). Imprimeur et littérateur du 16e siècle, né en 1510. Il possédait plusieurs langues vivantes,

---

(1) *Cénobitique* vient de deux mots grecs qui signifient *communis*, commun, et *vita*, vie : les cénobites sont donc ceux qui vivent en communauté.

telles que l'espagnol et l'italien, outre le latin et le français qu'il connaissait à fond. Il a composé beaucoup d'ouvrages, parmi lesquels on distingue : *La fleur des antiquités et singularités de Paris*, imprimée à Paris par Guil. Bossozel, en 1533 ; des épitaphes *sur le trépas de Robert de la Marche, maréchal de France*, imprimées en 1536. *Catalogue des villes et cités de France*, imprimé chez Janot en 1538. *Hécatongraphie*, ou *cent figures contenant plusieurs sentences et proverbes, tant des anciens que des modernes. A Paris, chez Denys Janot*, 1543. *Le Tableau de Cébes, traduit par Corrozet en vers français. A Paris, chez Denys Janot*, 1543 (1). *Le Conte du rossignol. A Paris, Corrozet lui-même*, 1546 ; *et à Lyon, Jean de Tournes*, 1547, *deuxième édition. Le premier et le second livre des Fables d'Ésope en vers français, avec leurs argumens. Paris, Groulleau*, 1548, *in*-16. *Le Conseil des sept sages, tant en prose qu'en vers. Lyon, Jean de Tournes*, 1540. *Les Exemples des œuvres de Dieu et des hommes, prises du livre de la Genèse, avec la Doctrine de la vérité extraite de Salomon.* Des vers moraux, in-8, chez *Corrozet* lui-même. *Les Autorités de plusieurs princes et philosophes grecs et latins, en italien et français, recueillies én latin par Nicolo Libraïro, et mises d'italien en prose française par Gilles Corrozet. Lyon, Jean Temporal*, 1551, 1 *vol. in*-16. *Épitôme des histoires des rois d'Espagne, Castille, Arragon, Bohême, Hongrie*, etc. in-8, chez *Corrozet à Paris. Les divers et mémorables propos des nobles hommes de la chrétienté.* Lyon, 1558, in-16. Cet ouvrage est rare, quoiqu'il ait eu cinq éditions, tant à Paris qu'à Lyon. *Le Parnasse des poëtes français*,

---

(1) Lacroix du Maine et du Verdier ne sont pas d'accord sur le nom de l'imprimeur de ce livre : Lacroix du Maine le nomme Loys Janot, du Verdier le nomme Denys Janot.

1572, in-8. Tels sont la plupart des ouvrages composés par *Corrozet* (1). On distingue dans ceux qui sont sortis de ses presses, sans être de lui, *Petri Bellonii de operum et rerum suscipiendarum prestantiâ, lib. tres, et de arboribus coniferis, liber unus*, 1567, in-4. Sa devise était une main étendue tenant un cœur au milieu duquel était une rose épanouie avec ces mots: *In corde prudentis revirescit sapientia* (2). On voit que cette devise est parlante. Il mourut à Paris en 1568.

CORROZET (Jean). Petit fils de Gilles. Il se fit, comme son ayeul, un nom dans l'art typographique et dans la littérature. Il publia, en 1628, le *Trésor des histoires de France*, composé par Gilles Corrozet, et il l'augmenta considérablement : c'est lui-même qui l'imprima avec ses additions. Il a fait imprimer le Traité des anges et des démons, par Maldonat, en 1615; et le Traité de l'apparition des esprits, par François Taillepied, en 1627, etc.

CORRECTION D'ÉPREUVE. C'est l'opération la plus importante de l'art de l'imprimerie, comme nous le disons à l'article IMPRESSION (*voyez ce* MOT). Nous parlerons seulement ici des signes usités pour indiquer les *corrections* (1) ou les changemens de caractères. Lorsqu'on livre

---

(1) On peut consulter sur les ouvrages de *Corrozet* la bibliothèque de Lacroix du Maine, où l'on en trouvera la liste exacte.

(2) Prov. Chap. XIV.

(3) Les *corrections* se marquent toujours en marge sur le même côté de la même page, c'est-à-dire, sur la marge gauche pour les pages paires, et sur la marge droite pour les pages impaires. Toute *correction* se désigne par un petit trait perpendiculaire dans l'endroit de la ligne où elle doit se faire, et par un semblable trait en marge, à côté duquel est le signe indicatif de la *correction*.

un manuscrit à l'impression et que l'on veut désigner quel est le caractère que l'on destine à certaines lettres ou à certains mots, on indique les grandes capitales par trois barres tirées sous la lettre ou sous le mot; les petites capitales par deux barres ; et si on veut des capitales italiques, on ajoute une barre sur le mot, outre celles qui sont en dessous. Toute lettre ou tout mot ayant une seule barre en dessous, doit être en italique bas de casse. Pour marquer un *alinea*, on fait précéder d'un crochet le mot où il doit commencer, et pour le supprimer, on trace avant le mot qui le commence, deux espèces de parenthèses horisontales, l'une dessus la ligne, et l'autre dessous : ce signe indique aussi qu'il faut rapprocher des lettres ou des mots qu'on a trop espacés. Dans le cas contraire, c'est-à-dire, lorsque des mots sont trop rapprochés, le signe de séparation est un double trait de plume en croix. On appelle *bourdon* un ou plusieurs mots oubliés dans la composition; et l'on donne le nom de *doublon* à ceux qui se trouvent répétés deux fois. Le bourdon s'indique par une barre entre le mot qui précède et celui qui suit, et l'on écrit en marge vis-à-vis ce qui a été omis. Le doublon se corrige en l'effaçant et en mettant en marge *del* ou *d*, ce qui signifie *deleatur*. Pour substituer une lettre à une autre, on fait un trait perpendiculaire sur la lettre à remplacer, et on écrit en marge, à côté d'un semblable trait, la lettre qu'on veut mettre à la place. Lorsqu'une ou plusieurs lettres sont renversées, on les barre et on fait en marge un signe qui équivaut à une espèce de 3. Quand une espace ou un quadratin lève et tache le papier, on le barre et on indique la *correction* par une simple croix. Lorsque des lettres ou des mots ne sont pas en ligne, ce qu'on appelle *chevaucher*, on fait une barre au-dessus et au-dessous, et l'on répète ces deux barres en marge. S'il se trouve des lettres sales et qu'il faille nettoyer, on fait en marge, vis-à-vis deux traits pararelles un peu tremblés, et l'on met des points entre les deux. Pour transposer des lettres ou des mots qui ne sont pas à leur place, on figure une espèce d'*s* couchée ∽ qui embrasse dans l'une de ses branches le mot à transposer, et dans l'autre le mot qui doit le suivre. Pour rapprocher deux lignes séparées par trop de blanc, on figure aux extrémités de l'une et de l'autre une parenthese dans laquelle il semble qu'on enferme ces deux lignes. Quand un mot qui ne peut pas entrer tout entier dans une même ligne, est mal divisé, comme *pat- er*, on tire un trait perpendiculaire sur le *t*, et on met avant l'*e* qui recommence l'autre ligne, un trait également perpendiculaire, mais surmonté d'un autre petit trait horizontal. Les lettres supérieures trop basses se rehaussent par une grande *S* dont la branche inférieure enveloppe les lettres à rehausser. L'apostrophe oubliée se marque à la marge par le trait perpendiculaire ordinaire, et à côté un petit trait surmonté de l'apostrophe. S'il se trouve du blanc au commencement d'une ligne, on le marque par un trait horizontal de la longueur du blanc, etc. Nous n'entrerons pas dans de plus longs détails sur cet objet ; ce que nous disons suffit aux auteurs qui ne sont pas familiarisés avec les corrections ; d'ailleurs ils peuvent consulter le 3e tome de la *Bibliothèque des artistes ;* le 2e tome du *Dictionnaire des arts et métiers ;* le *Manuel de l'imprimeur* de Momoro ; le *Traité de l'imprimerie* de Bertrand-Quinquet, etc., etc.

COSTE (Nicolas de la). Imprimeur du 17e siècle. Il travailla en société avec Jean la *Coste*, son frère. Il avait deux devises différentes : tantôt il prenait deux cœurs avec ces mots : *Nos connectit amor* ; tantôt le roi Janus avec ces mots : *Ditat concordia fratrum.* Nicolas de la *Coste* possédait très-bien le latin et l'espagnol, ainsi que l'art typographique. Il a traduit de l'espagnol en français les Voyages d'Herrera, et les a imprimés lui-même en 3 volumes in-4. *Nicolas* et *Jean* ont imprimé ensemble plusieurs livres, entr'autres l'*Histoire des papes*, par Duchesne, 2 vol. in-fol. *Jean* laissa un fils qui alla s'établir à Lisbonne; il le rejoignit et mourut dans cette ville en 1671.

COSTER (Laurent-Jean). Il est regardé par les hollandais comme l'inventeur de l'art typographique Il demeurait à Harlem vers 1440. Nous avons rapporté à l'article ART TYPOGRAPHIQUE, l'histoire de *Coster*, et nous avons démontré que les titres que Harlem présente ne sont point suffisans pour détruire les prétentions de Mayence à cette précieuse découverte; malgré Adrien Junius, Schreverius et Maittaire, on regardera toujours Guttemberg, Fust et Schoiffert comme les inventeurs de l'imprimerie. Cependant on a gravé sur la porte de la maison où demeurait *Coster*, quatre vers latins de Schreverius, lesquels signifient que Mayence ne peut disputer à Harlem la découverte en question, et que nier que *Coster* en est l'inventeur, c'est nier l'existence de Dieu même.

Vana quid archetypos et prœla, Moguntia, jactas?
Harlemi archetypos prœlaque nata scias.
Extulit hic, monstrante Deo, Laurentius artem;
Dissimulare virum hunc, dissimulare Deum est.

On a de plus placé la statue de *Coster* à l'hôtel-de-ville de Harlem, et l'on y conserve, sous une enveloppe de soie dans un coffret d'argent, le premier livre qui a été imprimé, suivant le sentiment des hollandais, et qu'on appelle communément *Speculum salutis*. Mais quand les hollandais en feraient encore mille fois plus pour éterniser la mémoire de *Laurent Coster*, ils ne prouveraient pas davantage qu'il a imprimé le *Speculum*, ni qu'il est l'inventeur de l'imprimerie.

COTTON (Robert). Chevalier anglais, né en 1570,

mort en 1631. Il fut célèbre par son amour pour les livres : littérateur érudit, il composa une bibliothèque précieuse par les manuscrits excellens qu'il y réunit ; manuscrits d'autant plus précieux qu'ils sont les restes échappés à la fureur brutale de ceux qui pillèrent les monastères sous Henri VIII. Un héritier de la famille de ce savant fit présent à la couronne d'Angleterre de cette collection et de la maison où elle était placée. Smith publia, en 1696, le catalogue de ce recueil sous le titre de *Catalogus librorum MSS. bibliothecæ cottonianæ*. Elle fut réunie ensuite à celle du roi ; mais le feu ayant pris en 1731 à la cheminée d'une chambre placée sous la salle qui renfermait ce trésor d'érudition, il fit tant de ravages en peu de temps, que la plupart des manuscrits de la bibliothèque *cottonienne*, très-riche en ce genre, fut la proie des flammes : l'eau des pompes dont on se servit pour éteindre l'incendie, gâta tellement ceux que le feu avait épargnés, qu'il n'est plus possible de les lire. C'est à *Cotton* que les anglais doivent le rétablissement du titre de *chevalier baronnet*, qu'il déterra dans d'anciennes écritures : ce titre, comme on sait, donne le premier rang après les barons qui sont pairs du royaume. Nous devons parler ici d'un célèbre manuscrit qui se trouve dans la bibliothèque *cottonienne*, et qu'on a cru jusqu'à ce jour être unique : c'est un manuscrit des évangiles, sur lequel le roi Athelstan ordonna que ses successeurs prêteraient serment à leur sacre : les deux premiers feuillets de saint Mathieu sont teints en pourpre, et les deux ou trois premières pages de chaque évangile sont en lettres d'or capitales. Le titre de cet ouvrage est *Harmonia evangelica*. Hikes en a donné quelques extraits dans sa *Grammaire des langues du Nord*. On présumait qu'un autre manuscrit de cet ouvrage devait se trouver en Allemagne ; mais personne ne pouvait l'indiquer : on vient enfin de le découvrir dans une bibliothèque à Bamberg. Le manuscrit parait être du 8e ou 9e siècle, et contient en 75 pages in-4, une Histoire de Jesus-Christ, en style poëtique, tirée des quatre évangélistes. Le texte continue sans aucune division de chapitres ou de vers, sans ponctuation ; on trouve seulement par-ci, par-là, et assez rarement, une interruption indiquée par un point.

COUSTELIER (Ant.-Urbain). Célèbre libraire de Paris, mort en 1763. Il a donné quelques brochures frivoles, étrangères à notre sujet, et qui lui ont fait bien moins de réputation que ses élégantes éditions de quelques poëtes et historiens latins, format in-12, dont les principales sont celles de *Virgile*, 3 vol. ; d'*Horace*, 2 vol. ; de *Catulle*, *Tibulle* et *Properce*, 1 vol. ; de *Lucrèce*, 1 vol. ; de *Phèdre*, 1 vol. ; de *Martial*, 1 vol. ; de *Perse* et *Juvenal*, 1 vol. ; de *Jules-César*, 2 vol. ; de *Cornelius-Nepos*, 1 vol. ; de *Salluste*, 1 vol. ; de *Velleius-Paterculus*, 1 vol. ; d'*Eutrope*, 1 vol. Toutes ces jolies éditions sont enrichies de figures, à l'exception de *Perse* et *Juvenal*; Jules-César a des cartes. Barbou continue cette collection avec beaucoup de succès.

CRAMOISY (Sébastien). Imprimeur de Paris dans le 17e siècle. Quoique *Cramoisy* soit au-dessous des Étienne, des Manuce et des Froben, tant pour la beauté des caractères que pour l'exactitude, il ne s'est pas moins fait un nom parmi les célèbres imprimeurs. Sa probité et ses talens, développés par un travail assidu, firent pleuvoir sur lui les dignités et les récompenses. Il fut échevin ; il eut la première place de la jurisdiction consulaire, l'administration des hôpitaux, et fut nommé directeur de l'imprimerie royale, établie au Louvre par le cardinal de Richelieu. Il a imprimé beaucoup de livres avant d'être directeur de l'imprimerie du Louvre, et entr'autres l'*Histoire ecclésiastique grecque et latine de Nicephore*, 2 vol. in-fol. *Saint Chrisostôme*, 1636, 9 vol. in-fol. grec et latin. *Historiæ francorum scriptores*

And. Duchesne, 5 vol. in-fol. *Caroli à sancto Paulo geographia sacra, sive notitia episcopatium ecclesiæ universæ*, 1641, in-fol. livre rare et estimé. Les *OEuvres de Sirmond et de Pétau*, etc. Sébastien *Cramoisy* eut deux frères, l'un nommé *Claude*, qui a beaucoup imprimé, et qui a été directeur en second de l'imprimerie royale, sous son frère; et l'autre nommé *Gabriel*, qui a aussi beaucoup imprimé. Le *Traité des droits des libertés de l'église gallicane et des preuves des libertés de cette même église*, qu'il imprima en 4 vol. in-fol., faillit lui susciter des affaires de la part de quelques évêques, qui dressèrent un écrit contre lui; mais il se mit à couvert en réimprimant les preuves à part, avec privilége du roi, après qu'elles eurent été augmentées. Il divisa cette réimpression, qui est de 1651, en deux volumes in-4. Il imprima encore, et toujours de société avec son frère, *Theodoreti opera græc. lat.*, 1642, 4 vol. in-fol., et le *Commentaire de M. Dupuis sur le Traité des libertés de l'église gallicane, par P. Pithou*. Le catalogue des ouvrages imprimés par Sébastien *Cramoisy*, a été publié plus d'une fois par lui et par son petit fils, qui lui succéda dans la direction de l'imprimerie du Louvre, mais qui, n'ayant ni les talens, ni l'exactitude de son ayeul, fut remplacé par Jean Anisson, que Louis XIV fit venir de Lyon en 1691. Sébastien *Cramoisy* mourut à Paris en 1669, à 84 ans.

CRANTZ (Martin). Imprimeur du 15e siècle, ainsi que *Ulric* GERING et *Michel* FRIBURGER. Ces trois allemands furent appelés de Mayence à Paris, par les docteurs de Sorbonne, vers l'an 1470. Ils s'établirent dans la maison de Sorbonne : ce sont eux qui, les premiers, ont apporté l'art typographique à Paris. Il parait que *Gering* resta le maître des imprimeries de la Sorbonne. Il employa les grandes richesses que lui avaient procurées sa profession, à des fondations en faveur des colléges de Sorbonne et de Montaigu. S'il était bon imprimeur, il n'était pas littérateur de goût. Le premier livre qui sortit de la presse de Sorbonne est intitulé : *Les Épîtres de Gasparinus Pergamensis* : ce choix seul prouve la barbarie dans laquelle nous étions alors plongés. Tous les livres que *Crantz*, *Gering et Friburger* imprimèrent d'abord, le furent avec des mêmes caractères fondus dans les mêmes matrices : c'est un caractère rond de gros-romain. Comme l'impression était encore au berceau, et que ces premiers livres n'étaient pour ainsi dire que des essais de l'art, il s'y rencontre souvent des lettres à demi-formées et des mots à moitié imprimés, qu'on achevait à la main. Quelquefois les inscriptions étaient manuscrites, ainsi que les lettres qui commençaient les livres et les chapitres, et dont on laissait la place en blanc, pour les y peindre en or ou azur. Les abréviations y sont très-communes : le papier n'est pas bien blanc ; mais il est fort et collé : l'encre en est très-noire, et certaines lignes sont en lettres rouges. Il y a quelques ouvrages qui commencent par le *folio-verso*, comme le *Florus*. Ils sont tous sans titres, sans chiffres et sans signatures. *Crantz*, *Gering et Friburger* ne commencèrent à mettre des signatures, c'est-à-dire, des lettres alphabétiques au bas des feuillets, qu'en l'année 1476, au *Platea de usuris*. Ils mirent des titres et des chiffres en 1477 aux *Sermons de Léonard de Udine*. Ils placèrent ces chiffres au haut des pages, et non point au bas, comme s'avisa de le faire Thomas Anselme, imprimeur d'Haguenau, dans l'édition du *Dictionnaire grec d'Hesychius*, 1514, in-folio. Il n'y a point de réclames dans ces premières éditions. Les imprimeurs de Paris ne les ont employées que vers 1520. L'Italie avait commencé à les mettre en usage vers 1468 ; car on en voit dans le *Corneille Tacite* imprimé à Venise par Jean de Spire, à peu près dans ce temps. C'est en 1473 que les trois associés quittèrent la maison de Sorbonne pour transporter leurs presses dans la rue Saint-Jacques, à l'enseigne du Soleil d'or. Ils y donnèrent un grand nombre d'éditions ; mais les caractères de ces éditions ne paraissent pas les mêmes que ceux employés à la Sorbonne. Il est probable que Martin *Crantz* et Michel *Friburger* quittèrent Ulric *Gering* en 1477, pour retourner en Allemagne, car depuis cette année, et après l'impression des *Sermons du carême de Léonard de Udine*, publiés dans ce temps, il n'est plus question d'eux. *Gering* resta à Paris ; il changea encore de logement en 1483, et revint de la rue Saint-Jacques dans la rue de Sorbonne ; enfin il mourut en 1510. On peut regarder Ulric *Gering* comme le premier imprimeur de Paris, quoique dans quelques souscriptions des éditions qu'il a publiées en société, il ne soit quelquefois nommé que le second, et d'autres fois le troisième.

CRISPIN (Jean). Imprimeur, natif d'Arras, vivait dans le 16e siècle. Il fit ses études à Louvain, et professa les belles-lettres en France avec succès ; il s'adonna à l'art typographique, et s'y distingua non-seulement par des éditions très-correctes, mais encore par des additions, des notes ou des préfaces de sa façon, qu'il ajoutait à presque tous les ouvrages qui sortaient de ses presses. Il a imprimé l'*Iliade* et l'*Odyssée d'Homère*, en 1570, et *Théocrite* en grec et en latin, dans la même année. Entraîné dans la réforme, par son ami Théodore de Bèze, il se retira à Genève où il composa son Lexicon grec, connu sous le titre de *Lexicon Crispini*, in-folio et in-4. Il imprima aussi, en société avec son fils Samuel, les notes qu'il avait faites sur les quatre livres de Justinien, et plusieurs ouvrages de Casaubon, avec qui il était en commerce d'amitié. *Crispin* avait pour devise deux mains tenant une ancre autour de laquelle est un serpent replié. Il mourut de la peste en 1572, et Vignon, son gendre, lui succéda.

CRYPTOGRAPHIE. C'est l'art d'écrire d'une manière cachée, inconnue à tout autre que celui à qui l'on écrit. Il signifie aussi l'art des chiffres, l'art d'écrire en chiffres, et il a cela de commun avec la polygraphie et la stéganographie (*voyez ces* MOTS). La *cryptographie* est nécessaire dans les bureaux du gouvernement : c'est là qu'on fait usage de mémoires *cryptographiques*, de lettres *cryptograghiques*.

CRYPTONYMES. Cette dénomination appartient aux auteurs qui déguisent leur nom, mais plus particulièrement à ceux qui le déguisent en transposant seulement les lettres, de manière à former un autre nom, qui est l'anagramme du véritable ; ainsi *Telliamed* est l'anagramme de *Demaillet*, auteur d'un système sur la nature du globe et sur l'origine de l'homme, dont l'abbé Lemascrier a été éditeur, et qu'il a mis en forme d'entretiens. Demaillet est donc un auteur *cryptonyme*. Ce mot vient du grec je *cache* et *nom* (*voyez* PSEUDONYMES).

CUL-DE-LAMPE. Terme d'imprimerie qui désigne un ornement ou vignette que l'on mettait au bas des pages à demi-vides : on a remplacé ces *cul-de-lampes* par un simple filet qui ordinairement a cette forme ——. On donne encore le nom de *cul-de-lampe* aux dernières lignes d'un chapitre, qui aboutissent en pointe, mais qui ne vont pas jusqu'au bas de la page. Ces ornemens gothiques ne se trouvent que dans les anciennes éditions; depuis long-temps le bon goût en a fait justice.

CUSSON (Jean). Imprimeur dans le 17e siècle. Il avait d'abord suivi le barreau, étant avocat au parlement ; mais il embrassa la profession de son père, qui était imprimeur, et se fit recevoir comme tel en 1659. Il avait beaucoup de zèle et d'ardeur pour son nouvel état. Il a dirigé les Mémoires de Nevers et les a rangés dans l'ordre où on les voit aujourd'hui. Il revoyait lui-même ses épreuves sans vouloir s'en rapporter à des correcteurs négligens, pour la plupart. Il a traduit l'*Imitation de Jesus-Christ*. Il possédait assez bien le grec et le latin.

D.

DAIRE (Louis-François). Bibliothécaire des célestins de Paris, né à Amiens en 1713, mort à Chartres en 1792. Il a composé *Tableau historique des sciences, belles-lettres et arts de la province de Picardie, depuis le commencement de la monarchie jusqu'en* 1752 — 1768, in-12. *Histoire littéraire de la ville d'Amiens*, 1782, in-4. *Histoire civile, ecclésiastique et littéraire de la ville et du doyenné de Doulens-d'Encre, aujourd'hui Albert, et du bourg de Grainvilliers.* Paris, 1785, 3 vol. in-12. *Idem, de la ville et du doyenné de Montdidier.* Amiens, 1765, in-12, etc. Il avait commencé la traduction française de l'*Alexandreidos* de Philippe Gauthier, qui est en dix chants. Il devait mettre le français vis-à-vis le texte original, qu'il avait revu sur les manuscrits de la bibliothèque nationale : cet ouvrage se sera sans doute trouvé dans les papiers de l'auteur.

DATES. Nous consacrons un article à ce mot, parce qu'il intéresse les archivistes et les bibliographes : son étymologie vient du latin *data* ou *datum*, en sous-entendant *epistola*, ou *chartá*, ou *edictum*, ou *diploma*. Les diplomatistes divisent les *dates* en quatre classes : *dates* de temps, *dates* de lieu, *dates* des personnes, *dates* des faits.

DATES DE TEMPS : elles sont ou vagues et indéterminées, ou spéciales. Les premières n'annoncent qu'une suite indéfinie d'années, comme : *Regnante Domino nostro Jesu-Christo*, pour désigner que c'est depuis l'établissement du christianisme. Cette formule avait lieu dans les actes des martyrs au 3e siècle ; elle était aussi d'un usage commun depuis le 7e siècle jusqu'au 12e. Les *dates* spéciales déterminaient l'année, le mois, la semaine, le jour, et quelquefois même l'heure et le moment de la confection des actes. La *date* du monde ou de la création de l'univers fut toujours la *date* favorite des grecs, qui l'employèrent universellement ; mais ils ont toujours commencé invariablement leurs années au premier septembre, ainsi que l'indiction, quand ils en usèrent. Il y a, dans les *dates*, plusieurs mots qui demandent quelques explications que nous allons donner en abrégé. Ces mots sont : année, indiction, épactes, cycle, lettres dominicales, concurrens, réguliers, etc.

Année. Personne n'ignore que l'année est la mesure du temps que le soleil ou la lune emploie pour revenir au même point du zodiaque : l'année solaire est de 365 jours 5 heures 49 minutes 16 secondes ; et l'année lunaire est de 354 jours 49 minutes. Passons aux différentes manières de commencer l'année : les juifs distinguaient deux sortes d'années : la sacrée ou ecclésiastique qui commençait à la nouvelle lune la plus proche de l'équinoxe du printemps, c'est-à-dire, en mars, et l'année civile ou sabbatique qui commençait à la nouvelle lune la plus proche de l'équinoxe de l'automne, c'est-à-dire, en septembre. Les latins ont eu différentes manières de commencer l'année : les uns la commençaient avec le mois de mars, comme les premiers romains sous Romulus ; les autres avec le mois de janvier depuis la réformation faite par Numa, qui distribua l'année en 12 mois, en commençant par janvier ; quelques-uns le 25 décembre, jour de la naissance de Jesus-Chtist ; d'autres remontaient jusqu'au 25 mars, jour de la conception ou de l'annonciation ; d'autres prenant aussi le 25 mars pour le premier de l'année, différaient dans leur manière de compter d'un an entier : ceux-là devançaient le commencement de l'année de neuf mois sept jours : ceux-ci au contraire le retardaient de trois mois moins sept jours ; d'autres enfin commençaient l'année à pâque et en avançaient ou reculaient le premier jour, selon que le dimanche de pâque tombait en mars ou en avril, et ce comput a été plus universellement suivi dans les derniers siècles. Depuis le concile de Nicée, tenu l'an 325, l'année civile et ordinaire commençait en France au jour de pâque ; ce qui a duré jusqu'à l'an 1564, après lequel l'année a commencé au mois de janvier ; ce qui a été suivi en France jusqu'à l'établissement de la république française. C'est Charles IX qui a opéré ce changement en France, par l'ordonnance de Roussillon de 1563, art. 39 ; et le duc Charles III en a fait de même en Lorraine par édit du 15 novembre 1579. Sous le pontificat de Grégoire XIII l'équinoxe du printemps, au lieu de tomber au 21 mars, se trouva le 10 ; ce qui l'engagea, sur l'avis des astronomes, à prescrire le retranchement des dix jours d'erreur et d'augmentation. La bulle est datée du 6 des kalendes de mars 1581 (1). Henri III, roi de France, en exécution de

---

(1) Il est bon de savoir, pour l'explication du mot Kalendes, que les romains divisaient les mois en trois parties : Kalendes, nones et ides. Le premier de chaque mois s'appelait Kalendes ; le cinquième nones, et le treizième ides. Il y avait cependant quatre mois, savoir, mars, mai, juillet et octobre, où les nones étaient le 7, et les ides le 15. Le jour devant les Kalendes s'appelait en latin, *pridiè Kalendas*, et le lendemain *postridiè Kalendas*. Les autres jours qui précédaient les Kalendes, en rétrogradant exclusivement jusqu'aux ides, s'appelaient *tertio Kalendas*, *quarto Kalendas*, etc. Ils observaient la même chose pour les nones et pour les ides. Pour trouver le rapport entre la manière de compter en Europe et les époques indiquées par Kalendes, nones ou ides, il faut diminuer sur le mois qui précède autant de jours qu'en donne le quatrième des Kalendes, et ajouter à ce qui reste deux jours ; ainsi le 15 des Kalendes de janvier 1598 revient au 18 décembre 1597, parce qu'on ôte 15 jours du mois de décembre, reste 16 (décembre ayant 31 jours), ajoutez 2, total 18. Le 6 des Kalendes de mai revient au 26 avril, etc., etc.

cette bulle, ordonna, par sa déclaration du 3 novembre 1582, que, le 9 décembre expiré, l'on compterait le lendemain 20, au lieu de 10; de sorte que noël qui, suivant l'ancien calendrier, aurait été le 15, tomberait le 25 du mois.

Indiction. On entend par indiction une révolution de 15 ans, que l'on recommence toujours par l'unité lorsque le nombre 15 est terminé. On ne sait pas au juste quand les indictions ont été établies; les savans auteurs de l'art de vérifier les dates, placent, suivant l'opinion la plus commune, la première indiction à l'an 313 (1), de manière que la seconde révolution recommence à l'an 328. On compte plusieurs sortes d'indictions: la première est celle de Constantinople dont se servaient les empereurs grecs; elle commence avec le mois de septembre; la seconde est l'impériale ou constantinienne, parce qu'on en attribue l'établissement à Constantin; elle commence au 24 septembre; la troisième est la romaine ou pontificale, parce que les papes l'ont souvent employée dans leurs bulles, surtout depuis Grégoire VII; elle commence au 25 décembre. On a trouvé une quatrième indiction dans les registres du parlement de Paris; le commencement en est fixé au mois d'octobre. Dans le nouveau Traité de diplomatique (2) on observe que le pape Gregoire VII introduisit une nouvelle sorte d'indiction qu'il faisait commencer au 25 mars. On prétend de plus (3) appercevoir une sixième espèce d'indiction dont on place le commencement à pâque. Pour trouver l'indiction de quelle

(1) La difficulté d'accorder les indictions avec les fastes consulaires et le code théodosien, a obligé les chronologistes de leur assigner quatre époques différentes, savoir, les années 312, 313, 314, 315; mais la plus suivie est l'année 313.

(2) Tom. V. Pag. 238. N. 1.

(3) *Ibid.* Pag. 266. N. 3.

année de Jesus-Christ que ce soit, on doit diviser par 15 toutes les années de notre ère, et ajouter 4 au restant, car Jesus-Christ est né dans la quatrième indiction, et le surplus de 15 donnera l'indiction cherchée : ou bien il faut, 1.° ôter de l'année connue tous les nombres 300 ; 2.° ôter de ce qui reste tous les nombres 15 ; 3.° ajouter au dernier reste le nombre 3. *Exemple :* On demande l'indiction de l'année 1182 : 1.° ôtez les 300 de 1182, c'est à-dire, 900, reste 282 ; 2.° ôtez de ce reste tous les nombres 15, reste 12 ; 3.° ajoutez 3 à 12, cela donne 15, qui est exactement le nombre de l'indiction cherchée.

Épacte : c'est le nombre de 11 jours dont l'année solaire excède l'année lunaire ; ainsi l'épacte de la première est 11, celle de la seconde est de 22, celle de la troisième est 33 qui valent un mois lunaire et trois jours ; alors vous laissez de côté les 30 jours qui forment une lunaison entière, et il vous reste 3 pour l'épacte de la troisième année. Dans la quatrième vous ajoutez 11 à 3, qui font 14 d'épacte ; dans la cinquième, 11 à 14, qui font 25 d'épacte ; dans la sixième, 11 à 25, qui font 36, et en omettant toujours le nombre 30, il reste 6 d'épacte, ainsi de suite. Lorsque l'épacte était 8, deux ans après elle se trouvait être de 30 ; alors les anciens la notaient souvent par ces mots : *Epactâ nullâ.* Les épactes servent à trouver le jour de la lune ; et pour ce faire on additionne le nombre de l'épacte, celui des jours du mois courant et celui des mois écoulés, en commençant à les compter au mois de mars ; si tous ces nombres assemblés sont au-dessous de 30, le nombre qui en resulte est celui des jours de la lune ; mais si ces nombres passent celui de 30, en ôtant ce même nombre de 30, le surplus est le jour de la lune.

Cycle : c'est une période ou une révolution d'un certain nombre d'années après lesquelles le soleil et la lune sont censés revenus au même point du ciel d'où ils étaient partis.

On connaít trois cycles principaux : le cycle solaire ou des lettres dominicales, le cycle lunaire et le cycle de l'indiction dont nous avons déjà parlé. Le cycle solaire, qui est de 28 années, n'a été inventé que pour marquer les sept jours de la semaine, au moyen des sept premières lettres de l'alphabet. L'ordre de ces dernières se change d'année en année en rétrogradant ; de sorte que si la première année a G pour lettre dominicale, la seconde doit avoir F, la troisième E, la quatrième en qualité de bissextile D C ; alors la première de ces deux lettres n'est d'usage que jusqu'au 24 février, et l'autre prend sa place pendant le reste de l'année. Si l'année était composée de 52 semaines justes, la révolution serait fixe et invariable ; ensorte que la lettre qui aurait servi à marquer le dimanche, par exemple, le marquerait toujours ; mais il reste un jour et six heures moins onze minutes pour parler correctement. Ce jour occasionne la rétrogradation des lettres, et les six heures qui, au bout de quatre ans, forment un jour, donnent lieu à ce qu'on appelle année bissextile, c'est-à-dire, que chaque quatrième année est composée de 366 jours, au lieu que les trois autres ne le sont que de 365 : c'est ce qui empêche que tout les sept ans le même ordre de féries et de lettres dominicales ne se renouvelle : il faut sept révolutions complettes de quatre années pour remettre les unes et les autres dans le même rang et la même disposition qu'elles avaient entre elles : delà cette révolution de 28 ans, nommée cycle solaire. Le cycle lunaire ou de 19 ans, appelé nombre d'or, parce qu'on l'écrivait en caractères d'or dans les calendriers, fut inventé par Méton, athénien (1), 431 ans avant Jesus-Christ. Ce nombre de 19 servait à marquer la première lune, et par conséquent toutes les autres de chaque année. Ce cycle était fondé sur ce

(1) On le nomme *Ennéadécaétéride*.

qu'on croyait qu'au bout de 19 ans la lune se trouvait précisément au même point de l'année solaire ; de sorte que s'il y avait eu nouvelle lune le 1er janvier à 6 heures du soir juste, 19 ans après elle ne devait pas manquer au même jour et à la même heure ; cependant, après bien des années, l'expérience fit reconnaître clairement qu'il s'en fallait d'une heure 27 minutes et quelques secondes que 19 années solaires ne fussent d'accord avec 19 années lunaires, malgré les sept mois intercalés répartis sur le tout ; de façon que, depuis le concile de Nicée jusqu'à 1582, il y avait quatre jours de mécompte. Pour remédier à cet inconvénient, les épactes furent substituées à ce cycle ou au nombre d'or, et il n'eut plus d'autre usage dans le calendrier réformé, que de servir à les trouver. Il ne faut pas confondre le cycle lunaire avec le cycle de 19 ans, quoiqu'ils aient plusieurs points de ressemblance. Le cycle de la lune commence trois ans plus tard que celui de 19 ans : cette différence vient des romains et des hébreux. Ceux-là se servaient du cycle que nous appelons de la lune, et ils le commençaient avec le mois de janvier : ceux-ci faisaient usage du cycle de 19 ans, qu'ils commençaient avec le mois de mars. Les chrétiens se sont servi de l'un et de l'autre cycles dans les premiers temps ; mais enfin celui de 19 ans a prévalu. Il y a aussi une différence dans la manière de trouver ces deux cycles : pour trouver le nombre d'or, il faut ajouter 1 et retrancher tous les 19 ans de l'ère de Jesus-Christ, le surplus sera l'année du nombre d'or, ou s'il n'y a point de surplus, ce sera la 19e année de ce cycle ; au lieu que, pour trouver l'année du cycle lunaire, il faut faire la même opération en retranchant deux ; la raison en est qne Jesus-Christ est né dans la 2e année du nombre d'or, et la 18e du cycle lunaire. Qu'entend-on par le cycle pascal ? C'est un troisième cycle composé des deux cycles solaires de 28 ans, et lunaire de 19 ans, multipliés l'un par l'autre, et qui sert à trouver la pâque. Ce cycle est donc une révolution de 532 années, à la fin desquelles les deux cycles de la lune, les réguliers, les clefs des fêtes mobiles, le cycle du soleil, les concurrens, les lettres dominicales, le terme pascal, la pâque, les épactes avec les nouvelles lunes, recommencent, se trouvant comme ils étaient 532 années auparavant, et continuent le même espace d'années; ensorte que la seconde révolution est en tout semblable à la première, et la troisième aux deux autres.

Les juifs ont un cycle de 84 ans ou une ogdoécontatessaraétéride, de laquelle a parlé saint Épiphane dans l'hérésie 51, celle des alogiens : le père Petau et le père Boucher en ont aussi donné des traités.

Concurrens. Les années communes sont composées de 52 semaines et un jour, et les années bissextiles sont composées de 52 semaines et deux jours : ce jour ou ces deux jours surnuméraires sont appelés concurrens, parce qu'ils concourent avec le cycle solaire ou qu'ils en suivent le cours.

Réguliers. On distingue deux sortes de réguliers, les solaires et les lunaires. Les réguliers solaires sont un nombre invariable attaché à chaque mois dont on se sert avec les concurrens pour trouver quel jour de la semaine tombait le premier de chaque mois : pour cela il faut ajouter les réguliers du mois aux concurrens de l'année. Ces deux nombres réunis en font un troisième qui est le total. Si ce total ne surpasse point celui de sept, il marque le jour de la semaine que l'on cherche; s'il surpasse le nombre sept, il faut retrancher sept, et ce retranchement fait, le nombre restant marque quel jour de la semaine tombait le premier de chaque mois de l'année en question. Les réguliers lunaires sont aussi un nombre invariable attaché à chaque mois de l'année : ajoutés aux épactes, ils faisaient connaître quel était le jour de la lune le premier de chaque mois.

Après avoir donné l'explication des termes relatifs aux *dates*, il serait sans doute à propos de parcourir les différentes *dates de temps* dont on s'est servi ; mais cela nous conduirait beaucoup trop loin ; nous renvoyons donc au *Dictionnaire diplomatique* au mot DATES. On y trouvera des détails sur l'an de grâce, l'an de la nativité, de la circoncision, de l'incarnation, de la trabéation (*trabeâ carnis indutus*), de la passion, du règne de Jesus-Christ, sur les *dates* du mois, des semaines, des jours, de l'heure, des féries, dimanches, fêtes, etc.

DATES DE LIEU. La *date* du lieu apprend dans quelle ville, dans quelle place, dans quel château un diplôme a été dressé. Avant le 12e siècle, il était rare qu'après avoir daté d'une ville on spécifiât le palais où la pièce avait été donnée ; mais dans ce siècle on détermina le lieu précis de la confection de l'acte. Au 13e siècle, on porta l'exactitude jusqu'à marquer la salle dans laquelle on l'avait passé. Au reste cette *date* du lieu n'était point exigée par les lois romaines, et n'est requise que depuis l'ordonnance de 1462, confirmée par celle de Blois, qui ordonne que les notaires mettront le lieu et la maison où les contrats seront passés.

DATES DES PERSONNES. On comprend sous ce nom toutes les *dates* qui ont assigné l'époque de l'élévation de quelqu'un à une dignité, ou qui partent de ce point ; ainsi les *dates* des personnes sont celles des consuls ou du consulat, qui étaient prescrites par les lois romaines ; celles des empereurs ou de leur élévation à l'empire ; celles des papes ou des évêques, ou de leur exaltation au pontificat ; celles des rois ou de leur règne, etc. Voyez, pour les détails, le *Dictionnaire diplomatique*.

DATES DES FAITS ou *dates* historiques. Ces sortes de *dates* avaient l'avantage de rappeler des faits intéressans. A Milan, on voit dans l'église de Sainte-Léonide un monument du 5e siècle, daté de l'an 104 de l'église catholique.

Muratori (1) croit que c'est l'époque du jour où les ariens rendirent cette église aux catholiques : c'est une des plus anciennes *dates historiques* que l'on ait rencontrées. Au 11e siècle, cette sorte de *date* n'était point rare dans les actes ecclésiastiques, non plus qu'au 12e et aux suivans : on s'en servait aussi dans les chartes laïques. On connaît une charte de 1105, qui date de l'apparition d'une comète (2). Dom Vaissette, dans son Histoire du Languedoc, en fournit une plus ancienne ; elle est conçue en ces termes : *Anno quo infideles Franci regem suum Carolum inhonestaverunt.* Elle marque l'époque de la déposition de Charles-le-Simple, et fait voir que le Languedoc n'obéissait point à la France, et que les colons de la Septimanie ne se regardaient point comme français. C'était vers 920.

Observons en dernier lieu que les *dates* étaient et sont encore presque toujours exprimées en chiffres romains ou arabes. Urbain VIII ordonna que désormais les lettres apostoliques énonceraient le jour du mois tout au long et non par chiffres. Depuis le 9e siècle on omit quelquefois dans la *date*, le millième et les centièmes, et cela jusqu'au 16e siècle inclusivement. Dans les lettres indiférentes on voit encore à présent des exemples de cette omission.

Comme dans ce que nous venons de dire sur les *dates* nous n'avons point parlé des différentes ères qu'il est indispensable de connaître, nous allons terminer cet article par des tableaux très-intéressans sur ce sujet ; nous les avons puisés dans l'*Histoire des hommes* (3). Nous faisons précéder le tableau des ères, de celui des différens systêmes sur l'âge du

---

(1) *Thes. nov.* Tom. 4, pag. 1954.

(2) *Annal. bened.* Tom. 5, pag. 478.

(3) Par l'auteur de la Philosophie de la nature, Delisle de Sales, membre de l'institut.

monde ; ce dernier est curieux, et nous y ajoutons les systêmes sur le calcul des années depuis la création du monde jusqu'à la naissance de Jesus-Christ. Nous prenons pour poiut fixe l'an 1800, et nous y rapportons chaque systême.

Tableau des différens systêmes sur l'âge du monde, calculé jusqu'à l'époque de 1800 (1).

Nota. On a fait évanouir de tous les calculs suivans les fractions de mois, et on a ajouté quatre ans à l'ère vulgaire, parce qu'il est démontré par les ouvrages de Dion et de Josephe, par les fastes consulaires et par les dissertations de tous les savans de l'Europe moderne, que la naissance de Jesus-Christ est antérieure de quatre ans à l'époque où on l'a place ; ainsi l'année 1800 est vraiment l'année 1804. On fera de ce principe la base de toutes les supputations suivantes. Cette table est raisonnée jusqu'aux interprètes de la Bible ; delà on a suivi l'ordre alphabétique.

CHALDÉENS. . . . . Les mages de Babylone regardaient le monde comme éternel.	o.
CELTES. . . . . Ceux qui habitaient les Gaules adoptaient la même opinion.	o.
OCELLUS LUCANUS.	o.
PHÉRÉCYDE.	o.
XENOPHANE	o.
ARISTOTE.	o.

(1) Fabricius (Bibliograph. antiq.) compte 140 opinions différentes des interprètes de la Bible sur l'âge du monde ; et Desvignolles, dans sa Chronologie de l'Histoire sainte, en compte 200.

Plotin. . . . . 0.

Épicure. 0.

Ce philosophe, en admettant l'éternité de la matière, pensait que ses formes se modifiaient à l'infini.

Phéniciens. . . . . 0.

Ils admettaient aussi la matière éternelle et une forme variable.

Égyptiens. . . . . 0.

Stoïciens. . . . . 0.

Ils pensaient que l'âge de la terre, avant son renouvellement, se mesurait par la marche des astres dans le ciel, jusqu'à ce qu'ils revinssent au même point d'où ils étaient partis : c'est ce qu'ils appelaient la période de la grande année.

Platon. . . . . 0.

Macrobe. 0.

Il fixe la durée de la grande année de notre planète à 15,000 ans.

Spinosa. 0.

Les brames de l'Indostan. . . . . 15,115,220 ans.

Ils admettent jusqu'à ce moment quatre âges : le 1er de 1,728,000.
Le 2e de. . . . . 1,296,000.
Le 3e de. . . . . 8,064,000.
Et le 4e actuel. . . . . 4,027,220.

Astronomes de Babylone. . . . . 15,002,112.

Prêtres de l'Égypte. . . . . 2,014,780.

Buffon. . . . . 38,873.

Ce naturaliste, dans son Système

sur la théorie de la terre, croit qu'il y a 74,856 ans que notre globe a été détaché du soleil; qu'il lui a fallu 2,936 ans pour se consolider jusqu'au centre, et ensuite 33,047 ans pour se refroidir et être en état de produire. L'époque précise de la naissance de la nature organisée date donc de 38,873 ans.

LA BIBLE, suivant une copie du texte hébreu, fixe l'âge du monde à	5,744 ans.
LA BIBLE, suivant une autre copie du texte hébreu.	5,911.
LA BIBLE, suivant une copie du texte samaritain.	6,105.
LA BIBLE, suivant une autre copie du texte samaritain.	6,224.
LA BIBLE, suivant une copie du texte des Septante.	7,070.
LA BIBLE, suivant une autre copie du texte des Septante.	7,308.
ALPHONSE, roi de Castille, interpréte de la Bible.	8,784.
ARIAS MONTANUS.	5,649.
AUGUSTIN (saint).	7,151.
BEDE (le vénérable).	6,999.
CEDRENE.	7,306.
CLÉMENT d'Alexandrie.	7,424.
CLUVIER.	5,768.
CORNELIUS *à Lapide*.	5,751.
EPIPHANES (saint).	6,849.
ETHIOPIENS.	7,299.
EUSEBE.	7,000.

GENEBRARD.	5,890 ans.
GRABE (le docteur).	7,308.
JÉRÔME (saint).	5,741.
JOSEPHE dans son état naturel.	6,458.
JOSEPHE corrigé.	6,498.
ISIDORE de Péluse.	7,136.
ISIDORE de Séville.	7,010.
JUIFS modernes.	5,560.
JULE - AFRICAIN.	7,300.
KEPLER.	5,784.
LACTANCE.	5,601.
MAIMONIDE (le rabbin).	5,858.
MELANCHTHON.	5,743.
OROSE.	6,978.
PETAU.	5,783.
PEZRON.	7,652.
PIC de la Mirandole.	5,759.
PHILON.	6,896.
SCALIGER.	5,749.
SIMPSON.	5,803.
SUIDAS.	7,800.
SULPICE-SÉVÈRE.	7,269.
TALMUDISTES.	5,584.
VOSSIUS.	7,398.
USSERIUS.	5,804.

NOTICE des différens systêmes sur le nombre des années qui se sont écoulées depuis la création jusqu'à Jesus-Christ.

Il existe soixante et dix opinions différentes touchant le calcul des années depuis la création du monde jusqu'à la naissance de Jesus-Christ. Voici les plus remarquables.

Selon la Vulgate :

Usserius compte.	4,004 ans.
Rabbi Nahasson.	4.740.
Scaliger.	3,950.
Le père Petau.	3,984.
Le père Torniel.	4,052.
Le père Labbe.	4,053.
Riccioli.	4,184.

Selon les Septante :

Eusebe et le Martyrologe romain. . . .	5,200.
Vossius.	5,590.
Riccioli.	3,634.
Les Tables alphonsines.	6,984.

Tous les autres calculs y sont renfermés entre 3,740 et 6,984 ans. Cette diversité fait que quand on lit un historien, il faut savoir quel systême il adopte pour connaître au juste la valeur des *dates* qu'il emploie. Selon le systême de Newton, le monde est moins vieux de 500 ans que ne le croient les chronologistes.

Il existe trois textes ou trois exemplaires copiés du premier original de la Bible. Ces trois textes sont, 1.° l'hébreu de la Massore, qui abrège les temps : il ne compte qu'environ 4,000 ans depuis Adam jusqu'à Jesus-Christ ; 2.° le texte samaritain qui donne plus d'étendue à l'intervalle de ces époques ; et 3.° les Septante qui font remonter la création du monde jusqu'à 6,000 ans avant Jesus-Christ. Il y a depuis Adam jusqu'au déluge :

Selon le texte hébreu.	1,656.
Selon le samaritain.	1,307.
Selon les Septante et Eusèbe.	2,242.
Selon les Septante et Josephe.	2,256.
Selon Jule-Africain, saint Epiphane, le père Petau et les Septante.	2,262.

Quant aux temps postérieurs au déluge, les chronologistes ne sont pas plus d'accord sur les intervalles des époques de ces temps : pour en donner un exemple, il suffit de citer les systêmes de Marsham et de Pezron.

	Marsham.	Pezron.
Du déluge à la vocation d'Abraham.	426 ans. . .	1,257 ans.
De la vocation d'Abraham à la sortie d'Egypte.	430.	430.
De l'exode ou sortie d'Egypte, à la fondation du temple. .	480.	873.
La durée du temple. . . .	400.	470.
La captivité.	70.	70.

L'année de la naissance de Jesus-Christ est également très-disputée entre les chronologistes. Voici les opinions les plus célèbres, en prenant pour point de départ la fondation de Rome.

Usserius, Cappel et Kepler la mettent au 25 décembre de l'an de Rome.	748.
Deker et le père Petau.	749.
Sulpice-Sévère.	750.
Baronius, Torniel et Scaliger.	751.
Salian et Pererius.	752.
Le père Labbe.	753.
Hérouart.	754.
Paul de Middelbourg.	755.

De tous les systêmes chronologiques, c'est celui d'Usserius (qui place 4,004 ans entre la création et Jesus-Christ) que l'on suit le plus.

TABLEAU des époques et des ères chronologiques qui servent de fondement à l'histoire, et qui sont intéressantes pour la connaissance des dates, toujours à compter jusqu'à l'an 1800.

Ère de Brama : les indiens s'imaginent que ce dieu nacquit au commencement du premier âge du monde, c'est-à-dire, il y a. .	15,115,220 ans.
Epoque de la nature organisée, selon le système de Buffon, il y a juste. . . .	38,873.
Epoque de la création du monde,	
Suivant la Bible { texte hébreu.	5,744.
Suivant la Bible { texte samaritain. . . .	6,105.
Suivant la Bible { les Septante.	7,070.
Ere des juifs, celle qu'ils suivent encore aujourd'hui.	5,615.
Epoque du déluge de Noé suivant la Bible. Moyse a fait entendre qu'il arriva 1,656 ans après la création du monde ; ainsi on peut compter,	
Suivant { le texte hébreu.	4,088.
Suivant { le texte samaritain.	4,449.
Suivant { la version des Septante. . . .	5,414.
Epoque des observations astronomiques de Calisthène. Ce philosophe envoya de Babylone à Aristote un recueil d'observations chaldéennes qui remontaient à 1904 ans, c'est-à-dire, à 2230 ans avant l'ère vulgaire. Cette époque est une des plus authentiques de l'astronomie et de l'histoire ; elle se fixe à.	4,030.
Ere des patriarches ou des pélérinages : elle commence au temps où Abraham quitta	

Haran : on rapporte à cette époque plusieurs faits particuliers de la Bible. . . 3,781 ans.

Epoque de l'établissement du royaume d'Athènes, ou ère des marbres de Paros : c'est une des bases les plus sûres de l'histoire : suivant ce monument, Cecrops commença à régner dans Athènes, il y a 3,382.

Epoque de la fondation de Thèbes, par Cadmus. . . . . 3,319.

Epoque du déluge d'Ogygès (1) : c'est le temps de la civilisation de la Grèce : elle remonte,

Suivant	Varron à.	3,176.
	le père Petau à.	3,569.
	Simpson à.	4,044.

Epoque de la prise de Troye, suivant les marbres de Paros. . . . . 3,009.

Epoque de la fondation du temple de Salomon. . . . . 2,815.

Epoque d'Homère. . . . . 2,707.

Ere des olympiades. . . . . 2,576.

Nota. Chaque olympiade était composée de quatre ans ; elles ont fini à la 294e, c'est-à-dire, il y a 1400 ans.

Ere de la fondation de Rome, il y a,

Suivant	Varron.	2,553.
	les fastes du Capitole.	2,552.

(1) L'histoire fait mention de plusieurs déluges ; le plus ancien est celui de Xisuthrus, qui fut particulier à la Chaldée, et très-postérieur à Saturne, et celui de Peyrun, à la Chine. Les déluges particuliers à la Grèce sont celui de Samothrace, sans date ; celui d'Ogygès, qui dévasta l'Attique ; celui de Deucalion, en Thessalie, 1503 ans avant Jesus-Christ. Il en est encore arrivé un en Syrie l'an 1095 de l'ère vulgaire.

Ere de Nabonassar, roi de Babylone. . .	2,547 ans.
Ere de l'établissement des archontes annuels d'Athènes.	2,484.
Ere de la captivité des juifs.	2,455.
Epoque de la fondation de l'empire des perses, par Cyrus, il y a.	2,336.
Epoque de Rome république, ou des fastes consulaires, il y a.	2,309.
Epoque de la guerre du Peloponèse; elle dura 28 ans, et commença, il y a. . .	2,231.
Ere chaldaïque: Ptolomée en a fait mention; elle commença au 26 septembre, il y a.	2,165.
Ere du règne d'Alexandre.	2,136.
Ere des seleucides : elle commençait à l'époque des premières conquêtes de Seleucus Nicanor, dans cette partie de l'orient qui forma depuis le vaste empire de Syrie. Les juifs appelaient cette ère, l'*ère des contrats*, parce qu'on s'en servait dans les actes civils.	2,112.
Epoque de la première guerre punique. .	2,064.
Epoque de la seconde guerre punique. .	2,018.
Ere des hasmonéens : elle commence au temps où Simon délivra entièrement Jérusalem de la domination des syriens, il y a.	1,996.
Epoque de la troisième guerre punique. .	1,949.
Epoque de la ruine de Carthage. . . .	1,946.
Ere de Tyr : époque de reconnaissance des tyriens envers un roi de Syrie qui leur accorda la liberté de se gouverner par leurs propres lois, il y a.	1,925.
Ere d'Antioche : elle commence à la pre-	

mière année de la dictature de Jules César, et de la liberté de la ville d'Antioche. . . . . 1,849 ans.

Ere julienne ou de Jules César : c'est l'époque de la réformation du calendrier, faite par Jules César : on la doit à l'astronome Sosigene, il y a. . . . . . 1,845.

Ere d'Espagne : elle a commencé à la conquête de l'Espagne par les romains, 39 ans avant l'ère vulgaire ; on en fit usage long-temps en Espagne, en Afrique et dans une partie des Gaules. . . . . 1,839.

Epoque de la bataille d'Actium, ou ère actiaque : c'est l'époque de la fondation de l'empire romain. . . . . 1,831.

Ere vulgaire : c'est l'époque de la naissance de Jesus-Christ : on ne commença à s'en servir que dans le 6e siècle. C'est Denys-le-Petit qui l'introduisit en Europe, encore se trompa-t-il de quatre ans, comme il est démontré par le monument des fastes consulaires. Quoique cette erreur de Denys-lePetit ait été accréditée par une croyance de plus de neuf siècles, il faut la réparer en comptant exactement depuis la première année de l'ère vulgaire, ce qui donne au lieu de 1,800. . . . 1,804.

Ere de Dioclétien ou des martyrs. . . . 1,520.

Ere arménienne, qui est encore en usage parmi les arméniens. . . . . 1,248.

Ere de l'hégire ou de la fuite de Mahomet de la Mecque pour se rendre à Médine. 1,182.

Ere d'Isdegerde : l'avénement d'un Isdegerde III, roi de Perse, concourt avec une réforme faite par les astronomes de l'orient dans leur calendrier : elle a été suivie pendant plus de quatre siècles par les persans : elle commence il y a. . . 1,172 ans.

Ere de Charlemagne ; elle commence au couronnement de ce prince, qui se fit à Rome, et paraît d'autant plus intéressante pour les modernes, que c'est à-peu-près l'époque de l'origine de leurs monarchies. Charlemagne fut couronné il y a 1,004.

Ere galaléenne : comme les années de l'ère d'Isdegerde étaient aussi vagues que celles de l'ère de Nabonassar, un sultan du Khorasan, nommé Gelaleddin, forma un conseil de huit astronomes, et la réforma : l'ère galaléenne a commencé il y a. . . . . 725.

Epoque du règne de Rodolphe d'Hapsbourg : c'est alors que tous les trônes de l'Europe moderne s'affermirent, et surtout celui des empereurs d'Allemagne : Rodolphe, chef de la maison d'Autriche, commença à régner il y a. . . . . 531.

Epoque de la prise de Constantinople par les turcs, il y a. . . . . 347.

Epoque de la découverte du Nouveau-monde par Christophe Colomb, il y a 312.

Réforme du calendrier de Jules César par Grégoire XIII. . . . . 218.

Epoques intéressantes pour le renouvellement des sciences en Europe : Bacon de Verulam mort il y a. . . . . 174.

Descartes mort il y a. . . . . 150.

Newton mort il y a. . . . . 73.

Ere française a commencé le 21 septembre 1792, il y a par conséquent jusqu'au 21 septembre 1800. . . . . 8 ans.

DEBURE (Guillaume-François). Libraire et bibliographe, mort à Paris le 15 juillet 1782, âgé de 50 ans. Sa *Bibliographie instructive, ou Traité des livres rares et singuliers*, 1763, 7 vol. in-8, lui a acquis beaucoup de réputation, quoiqu'elle ait été vivement et quelquefois amèrement critiquée, surtout par Mercier de Saint-Leger (1); elle n'en est pas moins un bon ouvrage que l'on peut perfectionner en y ajoutant, en notes, les corrections justes et impartiales que plusieurs bibliographes très-éclairés y ont faites (2). Guillaume-François *Debure* a donné, outre sa Bibliographie, le *Catalogue des livres de Gaignat*, 1769, 2 vol. in-8, qui y fait suite. Il s'est fait aussi connaître par son *Musœum typographicum*, 1755, 1 vol. in-12, qui a été tiré à douze exemplaires seulement; ce qui le rend très-rare aujourd'hui. Il a publié le *Catalogue des livres de M. de la Valliere*, 1767, 2 vol. in-8; celui de la *Bibliothèque de Girardot de Prefond*, 1757, 1 vol. in-8, etc.

DEBURE (Guillaume). Cousin du précédent, également libraire et bibliographe. Il a publié le *Catalogue des livres de Lemarié*, 1770, in-8; *celui de la Valliere, pour les livres rares*, 1781, 3 vol. in-8; *celui d'Amelot*, ancien ministre

(1) Debure a répondu à ces critiques par un appel aux savans et aux gens de lettres, au sujet de sa Bibliographie instructive, 1763, brochure in-8.

(2) On trouve dans le catalogue de Gaignat des corrections faites par l'auteur lui-même sur plusieurs erreurs qu'il a reconnues dans sa Bibliographie.

d'état, 1797, in-8; *celui du citoyen* ****, an 9, in-8; *celui de M. de Ceran*, 1780, in-8; *celui de Merigot*, an 9 (1800); *celui de Bonnier*, plénipotentiaire à Rastadt, an 8, etc., etc.

DELANDINE (François-Antoine). Autrefois bibliothécaire de l'académie de Lyon, et maintenant professeur de législation dans cette ville. Nous ne citerons des nombreux ouvrages de cet estimable et savant littérateur, que ce qui a rapport à la bibliographie, savoir, ses *Notices historiques sur la vie et les écrits de madame de la Fayette, de madame de Tencin et de Jean-Ambroise Marini* (1). — *Bibliothèque historique et raisonnée des historiens de Lyon, et des ouvrages manuscrits et imprimés qui ont rapport à cette ville*, 1787, in-8.

DENIS (Michel). Conseiller aulique et bibliothécaire de l'empereur à Vienne, mort à l'âge de 71 ans, en 1800. Ce savant est connu comme littérateur par des poésies et par une traduction des Chants d'Ossian; et comme bibliographe, il a publié une *Introduction à la connaissance des livres (en allemand)*. Vienne, 1795 — 96. Seconde édition, 2 vol. in-4. Un *Supplément aux Annales de Maittaire*. — *Codices manuscripti theologici bibliothecæ palatinæ vindobonensis latini aliarum que occidentis linguarum*, etc., 2 vol. in-fol. dont le premier a paru en 1793, et le second en 1801, etc. etc. Cet estimable bibliographe est mort à Vienne en septembre; et le célèbre mathématicien Jean-Albr. Euler est mort à Pétersbourg la même année et dans le même mois.

---

(1) Ces notices sont en tête des Œuvres respectives de madame la Fayette, imprimées chez Cuchet, 8 vol. in-12; de madame de Tencin, imprimées chez Cuchet en 1786, 7 vol. in-12; et du recueil des romans de Marini, publiés chez Bruyset, 1787, 4 vol. in-12.

DESCHAMPS (Gerard - Morrhy). Imprimeur du 16e siècle, à Paris. C'est au collége de Sorbonne qu'il commença à exercer l'art de l'imprimerie, en 1530. Il imprima, cette même année, un dictionnaire grec et latin plus ample et plus correct que tous ceux qui avaient paru jusqu'alors. Il était intime ami d'Erasme, et soutenait ses intérêts contre les docteurs de Sorbonne. Sa devise était un sphynx avec ces paroles : *Nocet empta dolore voluptas.*

DESESSARTS (N.-L.-M.). Homme de lettres aussi laborieux qu'estimable, et bibliographe éclairé. Il est né à Coutances en 1744. Je ne citerai point ici les nombreux ouvrages sortis de sa plume, aussi intéressante que féconde, et qui appartiennent à la jurisprudence, aux belles-lettres ou à l'histoire. Je le considérerai seulement comme bibliographe : on lui doit en cette qualité une nouvelle édition augmentée de la *Bibliothèque d'un homme de goût*, 1798 — 1799, 4 vol. in-8; un *Dictionnaire bibliographe portatif*, 1800, 1 vol. in-8; les *Siècles littéraires de la France*, 1800, 6 vol. in-8. Il a, outre cela, une infinité d'ouvrages, tous estimés et trop connus pour que nous en placions ici la nomenclature.

DESHOUSSAIES (Jean-Baptiste Cotton). Bibliothécaire de la Sorbonne. Nous le rangeons dans la classe des bibliographes, parce qu'il a travaillé à des *Élémens d'histoire littéraire universelle, ou Bibliothèque raisonnée, choisie et méthodique des meilleurs livres en ce genre, et surtout des livres latins et français.* Malheureusement on ne connaît que le prospectus de cet intéressant ouvrage (1). L'abbé *Cotton Deshoussaies* divise son ouvrage en neuf livres : le PREMIER traite de l'*Histoire littéraire en général* ; il le divise

(1) *Voyez Journal des savans.* Juillet 1781.

en deux parties : la première comprend tous les *auteurs généraux d'introduction*, *de prolégomènes* ou autres ; et la seconde les *mélanges*, tels que les *Ana et livres semblables* ; les *Épistolaires anciens et modernes* ; les *Voyages relatifs aux lettres*, *aux sciences et aux arts*, etc. Le SECOND LIVRE est destiné aux *écrivains de l'histoire littéraire en particulier*, dans l'ordre des sciences, des lettres et des arts : la *religion* occupe la première partie de ce livre, et la première classe générale des sciences ; la seconde partie est consacrée aux *sciences naturelles*. Le TROISIÈME LIVRE est une *Géographie littéraire* : dans la première partie se trouve l'*Histoire littéraire des nations anciennes*, et dans la seconde celle *des nations modernes*. Dans le QUATRIÈME LIVRE, il parle des *auteurs consacrés au service de la religion*, et ensuite des *auteurs séculiers*, qui, par état, sont livrés aux fonctions civiles de quelque espèce qu'elles soient. Le CINQUIÈME LIVRE, destiné aux *savans en général*, est divisé en trois parties : la première traite de *ceux qui ont écrit sur les savans en général*, *critiquement et historiquement* ; la seconde de *ceux qui ont donné des recueils généraux des vies des savans* ; et la troisième de *ceux qui ont écrit l'Histoire des femmes illustres et savantes*. Le SIXIÈME LIVRE, distribué en quatre parties, fait connaître les ouvrages qu'on peut regarder comme causes auxiliaires morales dans la connaissance des sciences, des lettres et des arts ; et ici se rapportent les livres sur l'*éducation*, *sur la mémoire artificielle*, *sur le rapport des sciences entre elles*, *sur les modes d'étudier générales et particulières*. Le SEPTIÈME LIVRE traite des *causes auxiliaires physiques*, qui se réduisent à l'art de l'*écriture* et à celui de l'*imprimerie*. Dans le HUITIÈME LIVRE, divisé en trois parties, on traite des savans en corps, c'est-à-dire, des *colléges*, des *universités* et des *académies*, suivant l'ordre géographique. A cet ordre, plus difficile, mais plus utile, l'auteur devait ajouter l'exécution d'une *mappemonde littéraire* qui présentera géographiquement tous les endroits de l'Univers où il y a des colléges, des universités et des académies, avec des marques particulières sur ces différentes espèces de corps. Le NEUVIÈME LIVRE traite des *dépôts des sciences, des lettres et des arts*, et comprend quatre parties. Ces dépôts sont les bibliothèques et les cabinets : on en traite suivant l'ordre des lieux et des temps : la première partie offre les *auteurs qui ont écrit sur les bibliothèques en général* ; la seconde, *ceux qui ont écrit sur les bibliothèques anciennes qui ont péri* ; la troisième parle des *bibliothèques modernes, publiques ou particulières* ; enfin la quatrième fait connaître les *Histoires ou Catalogues des curiosités de la nature et de l'art*. On doit regretter que cet ouvrage n'ait point été publié ; il aurait été du plus grand secours aux bibliographes, et aurait évité bien des recherches. L'abbé *Cotton Deshoussaies*, né en 1727, est mort en 1783. Il est éditeur des *OEuvres de Chamousset* (citoyen vertueux, bienfaisant et passionné pour le bien public). Paris, 1783, 2 vol. in-8. Il a travaillé sur la botanique, sur la physique, et a laissé plusieurs éloges ou discours imprimés.

DIDOT. Célèbres imprimeurs de Paris, qui s'immortalisent par les magnifiques éditions qu'ils publient. Pierre *Didot* l'aîné et Firmin *Didot* rivalisent de célébrité, tant pour la beauté, la netteté et l'élégance de l'impression, que pour la délicatesse, la grâce et la perfection des caractères. Les ouvrages les plus remarquables sortis des presses des citoyens *Didot*, sont :

Télémaque, 1783, 2 vol. in-4, — 1784, 2 vol. in-8 — et 1783, 4 vol. in-18.

Racine, 1783, 3 vol. in 4, — 1784, 3 vol. in-8 et 5 vol. in-18.

Discours sur l'Histoire universelle de Bossuet, 1784, 1 vol. in-4, — 1786, 2 vol. in-8, — et 1784, 4 vol. in-18.

Bible latine, 1785, 2 vol. in-4, — 1785, 8 vol. in-8.

Fables de la Fontaine, 1788, 1 vol. in-4, — 1789, 2 vol. in-8, — 1787, 2 vol. in-18.

Petit carême de Massillon, 1789, 1 vol. in-4.

Boileau, 1789, 2 vol. in-4, — 1788, 3 vol. in-18.

La Henriade, 1 vol. in-4.

Œuvres de Jean-Baptiste Rousseau, 1790, 1 vol. in-4.

Molière, 1791, 6 vol. in-4.

Corneille (Pierre), 1796, 10 vol. in-4.

Malherbe, 1797, 1 vol. in-4.

Amours de Psyché et Cupidon, 1796, 1 vol. in-4, avec 5 fig.

Œuvres de Bernard, 1797, 1 vol. in-4, avec 4 fig.

Le Temple de Gnide, suivi d'Arsace et d'Isménie, 1796, 1 vol. in-4, avec 7 fig.

Contes de la Fontaine, 1795, 2 vol. in-4, avec 80 fig.

Les Saisons, par Saint-Lambert, 1796, 1 vol. in-4, avec 4 fig. — 1795, 2 vol. in-18.

Pensées et Maximes de la Rochefoucauld, 1796, 1 vol. in-4.

L'Iliade d'Homère, 1786, 4 vol. in 4.

La Gerusalemme liberata di Torquato Tasso, stampata d'ordine di Monsieur, 1784, 2 vol. in-4.

Isocratis opera omnia græcè latinè, cum versione novâ, triplici indice, variantibus lectionibus et notis; Edid. athan. auger, 3 vol. in-4.

Lysiæ opera omnia, etc., 2 vol. in-4.

Œuvres complettes de Fénélon, 1787, 9 vol. in-4.

Dans le format in-18, on distingue les éditions suivantes:

Œuvres complettes de Montesquieu, 1795, 12 vol.

Œuvres complettes d'Helvétius, 1795, 14 vol.

Le Temple de Gnide, 1795, 1 vol.

Les Lettres persanes, 1795, 2 vol.

Les Maximes de la Rochefoucauld, 1796, 1 vol.

Télémaque, 1796, 4 vol.

Primerose, 1797, 1 vol.
Manon l'Escaut, 1797, 2 vol.
Voyages de Gulliver, 1797, 2 vol.
Les Lettres péruviennes, 1798, 2 vol.
Ollivier de Cazotte, 1798, 2 vol.
Don Quichotte de Florian, 6 vol.
Collection des moralistes, 1782 et 1783, 12 vol.
Apophthegmes des lacédémoniens, 1794, 1 vol.
Morale de Jesus-Christ, 1790, 2 vol., etc., etc., etc.

Toutes les éditions que nous venons de citer le cèdent en magnificence, 1.° au superbe Virgile publié en 1798, grand in-folio, orné de 23 estampes : le prix en est de 600 francs et 900 francs avant la lettre (1) ; 2.° à l'Horace qui a paru en 1800, de même format que le Virgile, et orné de vignettes : le prix en est de 240 francs ; 3.° au Racine, en 3 vol. in-fol. dont le premier volume vient de paraître (thermidor an 9). Il y a autant de gravures que d'actes dans toutes les tragédies de Racine, c'est-à-dire, cinquante-sept : le prix est de 1200 francs et 1800 francs avant la lettre pour les souscripteurs, et de 1800 francs et 2700 francs avant la lettre pour les non-souscripteurs. Nous ne parlerons point ici des éditions stéréotypes (*voyez* STÉRÉOTYPAGE). Le citoyen Pierre *Didot* l'aîné, a aussi publié différens ouvrages littéraires de sa composition, parmi lesquels nous distinguerons son *Epître sur les progrès de l'imprimerie*, qui est à la suite de ses fables, 1786, in-12.

DIPLOMATIE. C'est une branche de la politique (2),

---

(1) L'exécution typographique de cet ouvrage est telle et la correction du texte a été si sévère, qu'il n'y a pas d'autres fautes qu'un *j* dont le point manque. Les citoyens Gerard et Girodet, peintres célèbres, ont donné les dessins des estampes.

(2) La politique est l'art de gouverner un état : cet art suppose une connaissance approfondie du droit public, des intérêts des princes, etc.

qu'on appelle science des rapports, des intérêts de puissance à puissance. Le corps *diplomatique* est la réunion des ambassadeurs ou ministres étrangers qui résident auprès d'une puissance.

DIPLOMATIQUE. C'est la science et l'art de connaître les différentes écritures et la date des diplômes (1), et par conséquent de vérifier la vérité ou la fausseté de ceux qui pourraient avoir été altérés, contrefaits et imités, pour les substituer quelquefois à des titres certains et à de véritables diplômes. Cette science exige une profonde érudition et une grande familiarité avec les écritures des différens peuples et des différens siècles : les vrais *diplomatistes* sont rares. Les ouvrages les plus estimés dans cette partie, sont : 1.° le *De re diplomaticâ* de Mabillon, dont la première édition est de 1681, en 1 vol. in-fol. ; mais la meilleure est celle 1709, donnée par Ruinart qui l'a augmentée de nouveaux titres, en 2 vol. in-fol. ; 2°. le *Nouveau Traité de diplomatique, par deux religieux bénédictins de Saint-Maur* (dom Toustain et dom Tassin). Paris, 1750 et années suivantes, 6 vol. in-4 ; 3.° la *Diplomatique pratique ou Traité de l'arrangement des archives, par Lemoine.* Metz, 1763, 1 vol in-4 ; 4.° le *Dictionnaire raisonné de diplomatique de Devaines*, 1773, 2 vol. in-8, qui n'est qu'un abrégé des précédens, avec quelques augmentations puisées dans la chronique de Godwic, et dans d'autres

(1) Les diplômes sont des actes émanés ordinairement de l'autorité des rois, et quelquefois des personnes d'un grade inférieur, tels que des ducs, des comtes, etc. Les diplômes étaient ce que nous appelions avant la révolution, des *lettres-patentes*. On croit que l'étymologie de *diplôme* vient du mot *duplicata*, parce qu'on avait la coutume de tirer une copie double de ces sortes d'actes. On donne encore aux *diplômes* le nom de *titres* et de *chartes*.

auteurs. On peut mettre encore au rang des *diplomatistes* recommandables, les Dupuy, les Ducange, les Godefroi, les Blondel, les Baluze, les Labbe, les Martenne, etc. Il y a différentes règles pour distinguer les vrais diplômes des faux : la première est de comparer les douteux avec les authentiques ; la seconde d'examiner la conformité ou la différence du style d'une pièce à l'autre ; la troisième est de faire attention à la date et à la chronologie des actes ou des lettres ; la quatrième de regarder les signatures du diplôme, et voir si les signataires n'étaient pas morts au temps de la date marquée dans le diplôme ; la cinquième consiste à examiner l'histoire certaine de la nation et de ses rois, aussi-bien que les mœurs du temps, les coutumes, les usages du peuple, au siècle où l'on prétend que la charte a été donnée ; la sixième est d'examiner les monogrammes et les signatures des rois, aussi-bien que celles de leurs chanceliers ou référendaires ; la septième règle regarde les sceaux : il faut examiner s'ils sont sains et entiers, sans aucune fracture, sans altération et sans défauts ; s'ils n'ont point été transportés d'un acte véritable pour l'appliquer à un acte faux et supposé ; enfin la huitième règle a rapport à la matière subjective de l'écriture (1) et à l'encre qu'on employait : malgré toutes ces précautions, on peut encore être la dupe d'un faussaire.

DIPTYQUE. Ce mot signifie livre ou livret plié en deux feuillets. Les *diptyques* n'étaient donc composés que de deux tablettes en bois ou en ivoire, sur lesquelles on écrivait

(1) Le *papyrus* ou papier d'Égypte subsistait encore en France au 11e siècle ; le parchemin, qui a beaucoup plus de consistance, est très-ancien ; et le papier remonte à 600 ans à peu près. *Voyez* PAPIER et PARCHEMIN.

des choses dignes de mémoire, tel que les noms des consuls et des magistrats, chez les anciens; et les noms des évêques et des morts, chez les chrétiens. On distingue les *diptyques* en profanes et en sacrés : les profanes étaient la matricule ou registre renfermant les noms des magistrats, dans l'empire grec; alors ce mot est un terme de la chancellerie de l'empire grec : les sacrés étaient un double catalogue qu'on devait réciter à la messe; l'un de ces catalogues contenait le nom des vivans, et l'autre le nom des morts pour lesquels on devait prier. En ce sens, *diptyque* est un terme de liturgie. Les *diptyques* profanes s'envoyaient souvent en présent; ils étaient ordinairement d'ivoire, et on les fesait dorer, surtout lorsqu'on les donnait aux princes. On a trouvé, à Dijon, une moitié de *diptyque*, sur lequel on voit la figure d'un consul tenant d'une main le *scipio* (bâton de commandement ou sceptre d'ivoire), surmonté d'un aigle, et terminé par un buste qui représente l'empereur régnant; et de l'autre un rouleau nommé *mappa circensis*, espèce de signal avec lequel on annonçait le commencement des jeux du cirque. Il existait à Sens des *diptyques* contenant l'office de la fête des fous : ces *diptyques* sont bordés de feuilles d'argent, et garnis de deux planches d'ivoire, jaunies par la vétusté : l'on y voit des bacchanales, la déesse Cérès dans son char, et Cybèle, la mère des dieux. Cet ancien manuscrit de l'église de Sens, est un monument de l'ignorance des bas siècles. J.-B. Cardonna, évêque de Tortose, a fait un petit Traité sur les *diptyques*. Ce mot a eu encore beaucoup d'autres significations sur lesquelles on peut consulter Rosweid, dans son Onomasticon, et Ducange, dans son Glossaire. Lorsqu'un *diptyque* a plus de deux feuilles, il prend le nom de *polyptique*.

DOCTEURS. Nous ne voulons point parler ici des

docteurs modernes qui ont acquis ce titre (1) en passant par tous les degrés d'une faculté dans une université ; nous dirons seulement quels sont les quatre *docteurs* de l'église grecque et les quatre de l'église latine, reconnus pour tels, en indiquant la meilleure édition de leurs ouvrages. Ceux de l'église grecque sont :

1.° S. Athanase : *opera omnia, gr. et lat. ex editione Bernardi de Montfaucon, benedictini. Parisiis*, Anisson, 1698, 3 vol. in-fol. (Edition rare).

2.° S. Basile-le-Grand : *opera omnia, gr. lat. ex editione Juliani Garnier, benedictini. Parisiis*, Coignard, 1721, 3 vol. in-fol.

3.° S. Grégoire de Nazianze : *opera omnia, gr. lat. ex editione Jacobi Billii. Parisiis*, Morellus, 1609 et 1611, 2 vol. in-fol.

4.° S. Jean Chrysostôme : *opera omnia, gr. lat. ex novâ Bernardi de Montfaucon, benedictini, editione. Parisiis*, Guerin, 1718, 13 vol. in-fol.

Les *docteurs* de l'église latine sont :

1.° S. Ambroise : *opera, ex editione Jacobi du Frische et Nicolai le Nourry, benedictinorum. Parisiis*, Coignard, 1686, 1690, 2 vol. in-fol.

---

(1) Le titre de *docteur* a été créé vers le milieu du 12e. siècle, pour succéder à celui de maître, qui était devenu trop commun. On attribue l'établissement des degrés de doctorat, tels qu'on les voit encore aujourd'hui dans les universités, à Irnerius, qui en dressa lui-même le formulaire. La première cérémonie se fit à Boulogne, en la personne de Bulgarus, qui commença à professer le droit romain, et qui fut promu solennellement au doctorat. Cette coutume passa de la faculté de droit à celle de théologie, et l'université de Paris la pratiqua pour la première fois en créant *docteurs* en théologie, Pierre Lombard et Gilbert de la Porrée, qui étaient les principaux théologiens de l'université de Paris, en ce temps-là.

2.º S. Jérôme : *opera omnia, ex editione Antonii Pouget et Joannis Martianay, benedictinorum. Parisiis*, Roulland, 1693. 5 vol. in-fol.

3.º S. Augustin ; *opera omnia, cum vitâ et incidibus, per Franciscum Delfau, Thomam Blampin, Petrum Constant et Claudium Guesnié, benedictinos, edita. Parisiis*, Muguet, 1679, XI tom. en 8 vol. in-fol.

4.º S. Grégoire-le-Grand, pape : *opera omnia, ex novâ Dionysii Sammarthani et Guillelmi Bessin, benedictinorum, editione. Parisiis*, Rigaud, 1705, 4 vol. in-fol.

Ordinairement on ne donne le nom de pères de l'église qu'à ceux qui ont vécu dans les douze premiers siècles de l'ère vulgaire ; et ceux qui ont vécu depuis le 12e siècle, sont appelés *docteurs* ; mais il y a exception pour les huit dont nous avons parlé plus haut ; on les nomme *docteurs*, parce qu'ils ont plus écrit, et que leur doctrine a été plus autorisée dans l'église et plus généralement suivie.

Les SS. pères grecs et latins des six premiers siècles de l'église, sont : S. Denys Aréopagite, S. Justin, martyr, S. Polycarpe, S. Irénée, S. Clément d'Alexandrie, S. Hippolyte, S. Grégoire Thaumaturge, S. Cyprien, S. Hilaire, S. Optat, S. Cyrille de Jérusalem, S. Grégoire de Nysse, S. Ephrem, S. Basile-le-Grand, S. Grégoire de Nazianze, S. Amphiloque, S. Ambroise, S. Epiphane, S. Jean Chrisostôme, S. Jérôme, S. Paulin, S. Augustin, S. Isidore de Peluse, S. Cyrille d'Alexandrie, S. Proclus, S. Léon-le-Grand, S. Prosper, S. Vincent de Lerins, S. Fulgence, S. Grégoire de Tours, S. Jean Climaque, S. Grégoire-le-Grand.

On ajoute à ces SS. pères, Philon le juif, Tatien, Athenagore, Tertullien, Minutius Félix, Origènes, Arnobe, Lactance, Eusèbe, Rufin, Synesius, Marius Mercator, l'empereur Julien, Théodoret, Salvien, Cassiodore.

Les SS. pères grecs et latins des 7e et 8e siècles, sont :

S. Isidore de Séville, S. Maxime, S. Jean Damascene : on y ajoute le vénérable Bede et Alcuin.

Dans les 9e et 10e siècles, on trouve Agobard, Raban-Maur, Paschase-Ratbert, Hincmar, Œcumenius et Aretas.

Les SS. pères grecs et latins sont, S. Anselme, S. Ives de Chartes, S. Bernard, S. Bonaventure : on leur ajoute Ste. Hildegarde, Pierre-Damiens, Lanfranc, Hildebert, Marbodius, Guibert, Hugues de Saint-Victor, Rupert, Abeilard, Robert Pullus ou Pulleinus, Richard de Saint-Victor, Pierre de Blois, Jean Gerson.

Les théologiens scholastiques les plus célèbres sont: Pierre Lombard, S. Thomas d'Aquin, Guillaume Okam, Albert-le-Grand, Jean Duns Scot, Théophile Raynaud, etc. Ce sont à ceux-là que l'on donne vraiment le nom de *docteurs*. Quelquefois on ajoutait au mot *docteur* une épithète spécifique pour marquer particulièrement en quoi consistait le mérite de ceux que l'école voulait honorer comme ses maîtres; ainsi on donnait le nom de

Docteur irréfragable à Alexandre de Hales.

Docteur angélique à S. Thomas.

Docteur séraphique à S. Bonaventure.

Docteur subtil à Jean Duns ou Scot.

Docteur illuminé à Raimond Lulle et Jean Thaulere.

Docteur admirable à Roger Bacon, cordelier anglais.

Docteur singulier à Guillaume Ockam.

Docteur très-chrétien à Jean Gerson et au cardinal de Cusa.

Docteur extatique à Denys le Chartreux.

On peut consulter à ce sujet plusieurs auteurs ecclésiastiques, et entre autres, Willot, Waddingue et Baillet.

DOLET (Etienne). Imprimeur du 16e siècle, né à Orléans en 1509. On le croit fils de François Ier et d'une orléanoise nommée Cureau ou Careau. Il commença ses études à Paris, et delà passa en Italie, à Padoue, où il se lia d'amitié avec Simon de Villeneuve, qui fut un guide éclairé pour *Dolet* dans la carrière des belles-lettres où il brûlait d'avancer. Après la mort de son ami, il alla à Venise, et y fut secrétaire de Jean de Langiac, ambassadeur de France près cette république. Revenu en France, il alla à Toulouse pour apprendre le droit; mais il se fit chasser de cette ville pour quelques querelles. Il se retira à Lyon chez son ami Sébastien Gryphe : il revint à Paris, puis retourna à Lyon pour y faire imprimer un de ses ouvrages. Il eut quantité d'amis et d'ennemis qui agitèrent continuellement sa vie. Plein d'ardeur pour les belles-lettres, il se fit imprimeur à Lyon : il prit pour devise une main qui taillait et polissait avec une doloire un tronc noueux et informe, avec ces paroles à l'entour : *Scabra et impolita adamussim dolo atque perpolio.* Il se servit de caractères romains et italiens, mais plus souvent de ces derniers. Son début dans la carrière typographique fut marqué, en 1528, par l'impression de ses poésies latines, divisées en quatre livres. Il a imprimé un grand nombre de livres, tant de sa composition que de celle des autres. « Il était, dit Chaudon, imprimeur, poëte, orateur, humaniste et outré en tout; comblant les uns de louanges, déchirant les autres sans mesure, toujours attaquant, toujours attaqué; extrêmement aimé des uns, haï des autres jusqu'à la fureur; savant au-delà de son âge; s'appliquant sans relâche au travail; d'ailleurs orgueilleux, méprisant, vindicatif et inquiet. Avec un tel caractère il ne pouvait que se faire des ennemis. » Son irréligion le fit mettre en prison; on le conduisit au Châtelet : il y composa un ouvrage intitulé le *Second enfer d'Étienne Dolet.* L'évêque de Tulle lui fit rendre sa liberté; mais ayant commis de nouvelles fautes, il fut de nouveau traduit en justice, et condamné a être brûlé, comme athée, à Paris; ce qui eut lieu le 3 août 1546; il avait alors 37 ans. On prétend qu'allant au supplice, il dit, en jettant les yeux sur le peuple qui paraissait touché de son supplice :

Non dolet ipse Dolet ; *sed pia turba dolet* ,

Et que le docteur qui l'accompagnait lui répondit :

Non pia turba dolet ; sed dolet ipse Dolet.

On fit sur sa mort l'épigramme suivante :

Mortales animas gaudebas dicere pridem ;
Nunc immortales esse , Dolete , *doles.*

On a de cet auteur-imprimeur, *Commentarii linguæ latinæ.* Lyon, Gryphe, 1536 — 38, 2 vol. in-fol. qui devaient être suivis d'un troisième, ouvrage très-bien imprimé et devenu rare. *Carminum libri IV*, 1538, in-4, poësies pitoyables. *Formulæ latinarum locutionum*, 1539, in-fol. *De officio legati.* Lyon, 1538, in-4. *Francisci primi fata*, 1529, in-4. *De re navali.* Lyon, 1537, in-4. *Second enfer de Dolet*, 1541, in-8. *Des lettres.* Le crime que l'on reprochait à *Dolet*, lors de son premier emprisonnement, était d'avoir envoyé à Paris un ballot de livres hérétiques.

DROUARD (Jérôme). Imprimeur du 17ᵉ siècle. On lui doit un grand nombre, non-seulement de bonnes, mais de grandes éditions. Il avait un frère nommé Ambroise, avec lequel il a imprimé quelques ouvrages en société. On distingue les éditions de société par la devise, qui est une tige de chardons avec ces mots : *Patere aut abstine* ; au lieu que les éditions qu'il a données seul ont pour devise un diamant avec l'inscription *nil me durius.* Il a imprimé *Polybe grec et latin avec les notes de Casaubon*, 1609, in-fol. *Suetonius*, 1610, in-fol. *Eucharisticon Jacobi Sirmondi de regionibus et ecclesiis suburbicariis*, 1621, ouvrage recherché des savans. *Cyrilli hierosolimitani opera quæ reperiuntur græcè et latinè* ; R. C. *interpret. Dionisio Petavio*, 1631, in-fol., etc., etc.

DUPIN (Louis-Ellies). Laborieux écrivain, né en 1657, mort en 1719. Ce savant bibliographe a publié :

Bibliothèque des auteurs ecclésiastiques jusques et compris le 18ᵉ *siècle, avec la continuation par Goujet* (1). Paris, 1688 et années suivantes, 50 vol. in-8. Les uns forment une collection de 58 volumes in-8, qui a été réimprimée en Hollande en 19 volumes in-4; les autres une collection de 62 volumes in-8; mais ils comprennent alors d'autres ouvrages de *Dupin*. On a encore de cet auteur une *Bibliothèque universelle des historiens*, 2 vol. in-8, qui n'a pas été achevée. Remy Ceillier a donné un ouvrage dans le genre de la Bibliothèque ecclésiastique de *Dupin*. Cet ouvrage a pour titre : *Histoire générale des auteurs sacrés et ecclésiastiques*. Paris, 1729 et années suivantes, 23 vol. in-4.

DUVERDIER de Vauprivas (Antoine). Littérateur mort en 1600. On peut le mettre au rang des premiers bibliographes français. Il est connu par sa *Bibliothèque française*, qui péchait par l'exactitude et même par la critique, avant qu'un éditeur vraiment instruit se chargeât de relever ses erreurs. C'est à Rigoley de Juvigny que l'on doit une bonne édition des *Bibliothèques de Duverdier et de Lacroix du Maine*, 1772 — 1773, 6 vol. in-4. Ces deux bibliothèques r unies sont nécessaires à ceux qui veulent se familiariser avec l'ancienne littérature française. La première édition de la bibliothèque de *Duverdier* est de 1585, in-fol.

---

(1) Elle est en 3 volumes; la Bibliothèque des auteurs séparés de la communion romaine est en 4 volumes; les Remarques sur la bibliothèque de Dupin, 1791, sont en 5 volumes; et la critique de Dupin, par Simon, 1730, est en 4 volumes; le tout in-8.

E.

ECHARD (Jacques). Dominicain, né à Rouen en 1644, mort à Paris en 1724. Nous le plaçons au rang des bibliographes, parce qu'il a publié *Scriptores ordinis prœdicatorum recensiti, notisque historicis et criticis illustrati. Parisiis*, 1719 — 1721, 2 vol. in-fol. Cet ouvrage, dont le père Quétif avait fait à peu près le quart avant qu'*Echard* y travaillât, est très-estimé : on y trouve un catalogue bien détaillé et bien raisonné des ouvrages des écrivains dominicains, de leurs différentes éditions et des bibliothèques où on les garde en manuscrit : tout est appuyé sur de bonnes preuves.

ECRITURE. C'est, comme le dit madame de Graffigny, l'art de donner une sorte d'existence aux pensées, en traçant avec une plume de petites figures qu'on appelle *lettres*, sur une matière blanche et mince que l'on nomme *papier*. Devaines (1) distingue deux sortes d'*écritures*, 2.° l'*écriture de pensées*, qui est la plus ancienne : elle ne pouvait pas se rendre par des sons ; mais elle exprimait une totalité de choses, une action, un événement avec toutes ses circonstances, et quelquefois même, au moyen de certaines nuances, le jugement qu'on devait en porter. Il trouve cinq sortes d'*écritures de pensées* : la première est l'*hyéroglyphique représentative*, qui représentait les objets ; la seconde est l'*hiéroglyphique imitative* ; ainsi un cercle signifiait le soleil, et un croissant la lune ; la troisième était l'*hiéroglyphique caractéristique* ; ainsi l'hippopotame signifiait l'impudence et la cruauté ; la quatrième était

(1) Dictionnaire raisonné de diplomatique. Tom. I, pag. 413.

symbolique et emblématique ou allégorique ; ainsi un soleil annonçait la divinité ; l'œil peignait un monarque ; une sauterelle, animal que l'on croyait alors sans bouche, représentait un initié dans les mystères ; enfin la cinquième était *énigmatique* : cette *écriture de pensées* a été fort en vogue chez les égyptiens et chez les chinois, qui s'en servent encore. 2.° L'*écriture des sons* qui succéda à la précédente, et qui, par le moyen de deux douzaines de signes, ou à peu près, auxquels on donna un son de convention, remplaça cette infinité de traits qui, étant isolés, avaient un sens propre et fort étendu, et qui d'ailleurs ne pouvaient rendre toutes les pensées intellectuelles et métaphysiques. C'est par les divers assemblages et les différentes combinaisons de ces signes sonores rapprochés, qu'on forma premièrement des mots univoques, expressifs pourtant, qui furent les racines de plusieurs autres mots composés de ces monosyllabes qui servirent les uns et les autres à rendre les pensées et à les différencier selon leur degré d'approximation ou de disparité. Telle est la marche graduelle de l'esprit humain dans l'invention de l'*écriture* (1). Mais quelle est l'*écriture* la plus ancienne ? et quel est le peuple à qui l'on en doit l'invention ? De toutes les *écritures* alphabétiques, la chaldaïque, l'égyptienne et la samaritaine ou phénicienne, sont les seules qui puissent entrer en lice pour disputer d'antiquité. On tombe assez d'accord sur ce fait général ; mais on ne l'est pas ainsi pour décider laquelle de ces *écritures* est la primordiale. Ciceron, Jamblique, Tertullien et Plutarque défèrent la gloire de l'invention au fameux Taaut, fils et secrétaire de Misraïm, en Egypte ; mais ils ne disent pas si cette *écriture* était hiéroglyphique ou épistolographique. Pline et Diodore de

(1) Voyez l'article LANGUES. Section *de l'écriture des différens peuples.*

Sicile regardent les phéniciens comme les pères de l'*écriture* : Kircher s'est déclaré pour les égyptiens ; toutefois il a été vivement combattu par Renaudot : Buxtorf, Conringius, Spanheim, Meier, Morin et Bourguet se sont déclarés ouvertement pour l'*écriture* chaldaïque, qu'ils regardent comme la langue primordiale d'où sortent toutes les autres ; mais, au rapport de Génebrard, de Bellarmin, de Huet, de Montfaucon, de Calmet, de Renaudot, de Joseph Scaliger, de Grotius, de Casaubon, de Walton, de Bochard, de Vossius, de Prideaux, de Capelle, de Simon et de beaucoup d'autres, tout dépose exclusivement en faveur de l'antiquité de la langue phénicienne. Par la Phénicie, on n'entend pas seulement les villes de la côte maritime de la Palestine, mais encore la Judée et les pays des chananéens et des hébreux. Par *écriture phénicienne*, on entend donc la samaritaine, c'est-à-dire, l'ancien hébreu, différent de l'hébreu quarré ou chaldaïque, qui est le moderne que les juifs ont adopté depuis la captivité de Babylone, suivant l'opinion de S. Jérôme, de S. Irénée et de S. Clément d'Alexandrie. Ce qui prouve encore que la langue phénicienne, c'est-à-dire, la samaritaine, est la plus ancienne : c'est l'analogie des caractères samaritains avec les caractères grecs, ressemblance nécessaire pour obtenir la gloire de l'antiquité, puisque les derniers se perdent dans la nuit des temps, et que cependant ce ne sont point les grecs qui les ont inventés : ils les ont reçus de Cadmus qui, selon Bouhier, quoiqu'égyptien d'origine, était né en Phénicie, et y apprit les lettres qu'il communiqua aux grecs. Les caractères grecs, parfaitement semblables aux phéniciens dans l'origine, se sont à la vérité écartés un peu, avec le temps, de leur figure primitive ; mais ils laissent voir encore nombre de traits de ressemblance, et les monumens des grecs les plus antiques, comparés aux monnaies et médailles des samaritains les plus anciennes, présentent des caractères absolument semblables. L'*écriture* la plus ancienne de l'Europe nous vient donc du samaritain et non du chaldaïque, avec lequel elle n'a aucun trait de conformité, ni de l'égyptienne, avec laquelle elle n'a pas plus de rapport. Les pélasges, premier peuple de la Grèce, soit par la voie de la navigation, soit par les colonies grecques qui passèrent en Italie, portèrent premièrement leur forme d'*écriture* chez les étrusques; aussi depuis les lumières jettées sur la littérature étrusque, on voit que de dix-huit lettres qui composaient l'alphabet de ces derniers, huit sont exactement semblables à autant de caractères samaritains, et six autres ont, avec un pareil nombre de samaritains, des traits apparens de conformité : mais dix des lettres étrusques sont évidemment les mêmes que les nôtres, et les huit autres en approchent fort; donc nos lettres, par l'entremise des latins et des grecs, nous viennent des samaritains. Les peuples ayant reçu successivement la théorie de l'*écriture*, varièrent considérablement dans la forme de l'exécution, et surtout dans la disposition des lignes. Le père Hugues (1) a fait représenter vingt-quatre manières d'écrire; mais la plupart sont restées dans l'état de pure possibilité, sans qu'aucune nation les ait jamais adoptées. On peut réduire à trois espèces celles qui ont été d'usage : l'*écriture perpendiculaire*, l'*écriture horizontale* et l'*écriture orbiculaire*. Les chinois et les japonais écrivent du haut en bas; mais ils n'observent pas la même manière de tracer leurs lignes; les chinois commencent leurs pages à l'angle supérieur à droite, et les terminent à l'angle inférieur à gauche; les japonais, au contraire, tracent leurs lignes perpendiculaires en allant de gauche à droite; les mexicains écrivent du bas en haut. On ne connaît guère que ces trois peuples

(1) *De primâ scribendi orig. Chap. 8, pag. 83.*

qui emploient l'*écriture* perpendiculaire. On peut distinguer trois sortes d'*écritures* horizontales : celle qui va de droite à gauche, comme l'hébreu, le chaldéen, le samaritain, le syrien, le turc, le persan, l'arabe, le tartare, etc., etc. ; celle de gauche à droite, comme le grec, le romain, l'arménien, l'éthiopien, le georgien, le servien, l'esclavon et toutes les écritures pratiquées en Europe ; enfin celle qui va de droite à gauche pour la première ligne, et de gauche à droite pour la seconde, ainsi de suite : elle était en usage chez les anciens grecs, et se nommait *boustrophédon*. Quant à l'*écriture* orbiculaire, elle ne fut peut-être jamais d'un usage suivi chez aucun peuple. Il y en eut cependant selon Pausanias (1) et selon Maffei ; mais la forme des vases, des monnaies, des boucliers y donna lieu quelquefois, sans que le gros de la nation en ait usé. On a découvert sur des roches, des *écritures* d'anciens peuples septentrionaux, avec cette forme à peu près ; mais comme ces lettres runes sont disposées de façon qu'elles suivent les replis et les spirales d'un serpent qu'on avait figuré d'abord, il est encore assez douteux que cette *écriture* ait été commune à tout un peuple. Nous ne nous étendrons pas davantage sur les différens genres d'*écritures* ; nous renvoyons à l'auteur qui nous a fourni la majeure partie de cet article (2) ; d'ailleurs on peut consulter dans notre ouvrage, les mots ALPHABET, LANGUES, etc.

EDDA. Livre qui contient les dogmes, la religion des scandinaves et autres peuples du nord, ou plutôt c'est un recueil de mythologie écrit en Islande peu après l'abolition du paganisme. Cet ouvrage avait d'abord été composé par Sœmund-Sigfusson, surnommé le Savant, né en Islande en

(1) Liv. V, chap. XX.
(2) Devaines.

1057 ; mais cette première *edda* étant trop diffuse, Snorron-Sturheson en fit une seconde, environ 120 ans après. Resenius, professeur à Copenhague, a donné une édition de l'*edda* en 1665 ; un prêtre islandais nommé Stephanus-Osaï, ajouta une version latine à cette édition ; Mallet, professeur de belles-lettres françaises à Copenhague, publia, en 1756, une traduction française de l'*edda*, avec des corrections puisées dans un ancien manuscrit authentique qui se trouve dans la bibliothèque d'Upsal.

EDITEUR. Ce nom appartient à celui qui publie, fait imprimer et dirige l'impression d'un ouvrage dont il n'est point l'auteur. Pour être un bon *éditeur*, il faut réunir à beaucoup de goût des connaissances très-étendues ; bien choisir un ouvrage, le présenter dans son jour le plus favorable, le perfectionner, l'enrichir de bonnes réflexions et de savans commentaires, s'il en a besoin ; tel est le devoir d'un bon *éditeur* ; tel est le mérite des illustres écrivains des 16e et 17e siècles, qui ont ressuscité les ouvrages des grecs et des latins. Erasme est un de nos plus grands *éditeurs* ; critique éclairé, il joignait à une étude approfondie des anciens auteurs, beaucoup de justesse. On lui doit une infinité d'éditions d'auteurs grecs et latins qui seraient imparfaites sans lui. On mettra encore au nombre des savans *éditeurs* Scaliger, les docteurs de Louvain, Petau, Fronton, Duduc, Vigier, Sirmond, Dolivet, Brotier, etc., ainsi que les célèbres bénédictins de la congrégation de S. Maur. *Voyez* le MANUEL BIBLIOGRAPHIQUE, pag. 63.

EDITION. On entend par ce mot l'impression et la publication d'un manuscrit ; et la totalité des exemplaires que l'on tire avec les mêmes planches, se nomme première *édition*. Lorsque tous les exemplaires d'une première *édition* sont épuisés, on les réimprime soit avec des changemens, soit sans changemens : cette réimpression se nomme seconde *édition.* On peut multiplier les *éditions* à l'infini, soit à raison du débit rapide, soit à raison de la perfection dont on croit l'ouvrage susceptible. On doit considérer dans les *éditions* le nombre, la qualité typographique et le mérite intérieur de l'ouvrage, qui a pu être augmenté ou corrigé. Il y a des *éditions* clandestines et des *éditions* dont la rareté n'est que relative. Les *éditions* clandestines sont celles qui se font dans le secret et sans la participation de l'auteur (autrefois c'était sans la permission du magistrat chargé de veiller sur l'imprimerie). Ces sortes d'*éditions*, que l'on nomme *contrefactions* ou *contrefaçons* (1), sont ordinairement mauvaises ou du moins présumées telles, parce qu'elles sont toujours faites à la hâte, et à peu de frais, pour satisfaire la cupidité du libraire qui les donne à bas prix. Les *éditions* dont la rareté est relative, sont, d'après Cailleau, 1.° *les éditions faites sur des manuscrits anciens*, parce qu'elles représentent en quelque sorte les manuscrits qui leur ont servi de modèle; 2.° *la première édition de chaque ville :* on recherche ces sortes d'*éditions*, parce qu'elles peuvent servir à éclaircir différens points de l'histoire littéraire; 3.° *les éditions faites chez les plus célèbres imprimeurs des* 16e, 17e *et* 18e *siècles*, à cause de la beauté du type, de l'exécution typographique et de l'exactitude de l'ouvrage, qui les fait rechercher avec empressement; telles que celles de l'impression des Aldes, des Juntes, des Gryphes, des Rouilles, des Étiennes, des Vascosan, des Turnèbes, des Dolet, des Elzéviers, des Plantin, des Blaeu, des Coustelier, des Barbou, des Baskerville, des Bodoni, des Ibarra, des Didot, des Crapelet, etc., etc.; 4.° *les éditions imprimées avec des lettres ou des caractères particuliers et extraor-*

---

(1) *Voyez* ce Mot.

dinaires, telles que les *éditions* grecques imprimées en lettres capitales, comme l'Anthologie, Callimaque, Apollonius de Rhodes, Euripide, etc.; les deux *éditions* des aventures du chevalier Dbeurdonck, imprimées en Allemagne, 1517 et 1516, in-folio, dont les caractères, ornés de traits, font croire qu'ils ont été taillés en relief sur des planches, etc., etc.; 5.° *les éditions imprimées dans les pays étrangers*, en Italie, en Espagne, en Portugal, en Suède, en Dannemarck, et surtout en Irlande, en Ecosse, en Bohême, en Pologne, en Hongrie, en Transilvanie, en Russie, etc.; 6.° *les éditions que l'on n'a jamais mises en vente*, tels que les ouvrages secrets qui sortaient des presses royales et de celles particulières, comme les *Écrits du cardinal Quirini*, imprimés à ses dépens, qui n'ont point été vendus, et l'*édition des amours de Daphnis et de Chloé* (gravures d'après les dessins du régent) 1718, in-12, qui n'a jamais été dans le commerce; 7.° *les éditions qui ont été débitées sous différens titres*, pour hâter la vente d'un ouvrage, qui serait trop lente s'il paraissait sous un seul titre (1). On appelle *édition princeps*, celle qui paraît la première d'un ouvrage, et *incunables*, celles qui ont paru dans le 15e siècle, c'est-à-dire, celles qui touchent au berceau de l'imprimerie (2). On peut

---

(1) *Voyez* Dictionnaire bibliograph. hist. et crit. Tom. III, pag. 500.

(2) Tels que les ouvrages sortis des presses de Guttemberg, de Faust, de Schoiffer, ainsi que le *Speculum humanae salvationis*, qui est d'une excessive rareté, et dont le docteur Chevillier, bibliothécaire de Sorbonne, acheta un exemplaire pour quelques pièces de monnaie, en passant sur le quai de la Tournelle, devant une boutique où ce livre précieux était exposé en vente avec des livres de rebut. Ce volume a passé de la bibliothèque de Sorbonne dans la grande bibliothèque nationale. Il n'en existe, dit-on, que quatre exemplaires à Paris. Ajoutons à cet ouvrage rare, qui forme un petit in-folio composé de 63 feuillets imprimés seulement d'un côté, les *Histoires de l'ancien et du nouveau Testament en*

les diviser en deux classes : celles imprimées avec indication d'année, de ville et d'imprimeur, et celles qui n'ont aucune de ces indications. On trouvera une notice des *éditions* de ce genre les plus précieuses, dans le 7e volume de la Bibliographie de Debure, *pag.* 583, ainsi que dans l'*Index librorum ab inventâ typographiâ ad annum* 1500, de Laire.

EGYPTIENNE (table). Il ne faut point confondre cette table avec la table ISIAQUE (*voyez ce* MOT). Celle qui fait l'objet de cet article a été trouvée au mont Aventin à Rome, l'an 1709. On l'a fait graver; elle est de marbre égyptien, et a quatre palmes (3 pieds (1) à peu près) de long : elle est chargée d'hiéroglyphes, parmi lesquels sont des divinités égyptiennes. Auprès des hiéroglyphes, on voit trois autels, devant chacun desquels est un prêtre à genoux : chaque autel supporte une monstrueuse idole : de chaque idole sort une espèce de grand poignard. Deux de ces idoles ont une tête d'animal, et la troisième a trois têtes de serpent. On a cherché envain l'explication de cette table.

ELEPHANTINI (*libri*). Livres en ivoire. Selon Turnèbe, ces livres étaient écrits sur des bandes ou feuilles d'ivoire ; selon Scaliger, ils étaient faits d'intestins d'éléphans ; selon d'autres, ces livres étaient ceux sur lesquels on inscrivait les actes du sénat, que les empereurs faisaient conserver; enfin, selon d'autres, on appelait ainsi certaines collections volumineuses en 35 volumes qui contenaient les

---

figures, avec sentences latines, sculptées sur planches de bois, petit in-folio; l'*Histoire de saint Jean l'évangéliste*, petit in-folio, sculptée de même; l'*Ars moriendi*, petit in-folio, etc. Tous ces ouvrages sont sans date et très-rares, surtout le dernier.

(1) Ou 9 palmes 7 doigts et 5 traits.

noms de tous les citoyens des trente-cinq tribus romaines (*voyez Fabricius*, *Donat et Pitiscus*).

ELZEVIER ou ELZÉVIR (Louis). Célèbre imprimeur de Hollande. Il commença à imprimer à Leyde en 1595. Ses descendans ont immortalisé son nom par la beauté et l'élégance de leurs éditions, que l'on a toujours regardées comme inimitables. L'agrément de ces éditions consiste dans la clarté, la finesse et la parfaite égalité des caractères, et dans leur position très-proche les uns des autres sur un papier solide et très-blanc. Louis *Elzévier* est le premier imprimeur qui ait distingué l'*v* consonne de l'*u* voyelle. Lazare Zetner, imprimeur à Strasbourg, est le premier qui introduisit, en 1619, l'U rond et l'J consonne à queue dans les lettres capitales. Louis *Elzévir* a imprimé beaucoup d'ouvrages qui sont très-recherchés des curieux.

ELZEVIER (Isaac). Imprimeur. Il prit d'abord pour devise un aigle portant un paquet de flèches, avec ces mots : *Concordiâ res parvæ crescunt.* Il la changea dans la suite, et mit au frontispice de ses livres, un arbre au-dessus duquel est un homme debout, avec ces mots : *Non solus ;* devise qui s'est conservée dans la famille des *Elzévirs.* Isaac *Elzévier* est moins célèbre que Louis et que ceux dont nous allons parler.

ELZEVIER (Abraham et Bonaventure). Imprimeurs associés. C'est à eux que l'on doit ces jolies éditions des auteurs classiques, in-12 et in-16, qui sont tant recherchées des bibliophiles.

ELZEVIER (Louis et Daniel). Imprimeurs dont les jolies éditions sont également très-recherchées et que l'on achète à grand prix. Louis est le plus célèbre de cette famille industrieuse. Il a quelquefois imprimé seul pour son compte ; mais il a travaillé plus ordinairement en société avec Daniel, dont la mort, arrivée à Amsterdam en 1680, a mis fin à cette fameuse imprimerie.

Quoique les *Elzéviers* jouissent de la plus haute réputation dans l'art typographique, ils sont cependant inférieurs aux Etiennes, pour l'érudition et pour les éditions grecques et hébraïques ; mais ils ont été au-dessus d'eux pour l'élégance et la délicatesse des petits caractères. Leur *Virgile*, leur *Térence*, leur *Nouveau Testament grec*, 1633, in-12 ; le *Psautier*, 1653 ; l'*Imitation de Jesus-Christ*, le *Corps du droit* et quelques autres livres ornés de caractères rouges, vrais chefs-d'œuvre de typographie, se font autant admirer par l'agrément que par la correction. Les *Elzéviers* ont publié plusieurs fois le catalogue de leurs éditions ; le dernier, mis au jour par Daniel *Elzévier*, en 7 parties, 1674, in-12, est grossi de beaucoup d'éditions étrangères qu'il voulait vendre à la faveur de la réputation dont jouissaient les excellentes éditions sorties des presses de ses parens.

ENCRE. On entend par ce mot toute matière apparente de l'écriture. L'*encre* des anciens avait pour base le noir de fumée ou le noir d'ivoire, et se faisait au soleil et sans feu : la noix de galle, la couperose verte et la gomme arabique composent celle des modernes (1). L'*encre* d'imprimerie

---

(1) On prétend que, dans le principe, l'*encre* était composée de charbon pilé et de suie. Montfauçon dit que les grecs et les latins la faisaient du suc de calmar et de seche, sorte de poissons de mer dont le sang est noir. Il rapproche ensuite toutes les manières de faire de l'*encre*, dont parle Pline. Chacun sait comment se fait l'*encre* moderne, maintenant en usage en Europe. Nous n'entrons pas dans le détail des différentes recettes; on les trouvera non-seulement pour l'*encre* noire,

n'est autre chose qu'un mélange de noir de fumée et d'huile de noix ou de lin, réduite en vernis par la cuisson : l'huile de noix est surtout préférable. Lorsqu'on veut faire des *encres* de couleur, au lieu de noir de fumée, on met, pour le rouge, du vermillon en poudre bien sec, auquel on ajoute un peu de carmin; pour le verd, du verd de gris calciné et préparé; pour le bleu, du bleu de Prusse; pour le jaune, de l'orpin; pour le violet, de la laque fine calcinée, ainsi des autres couleurs, en y mêlant du blanc de ceruse selon la teinte qu'on y veut donner. On voit dans beaucoup de bibliothèques, des manuscrits écrits en lettres d'or. Voici comment se préparait cette *encre*. On pulvérisait l'or que l'on mêlait avec l'argent : on l'appliquait au feu, et on y jettait du soufre; le tout réduit en poudre sur le marbre, se mettait dans un vase de terre vernissé : on l'exposait à un feu lent jusqu'à ce que la matière devint rouge : on la rebroyait après; on la lavait dans plusieurs eaux pour en détacher toutes les parties hétérogènes; et la veille du jour qu'on devait s'en servir, on jettait de la gomme dans l'eau, et on la faisait chauffer avec l'or préparé; puis on en formait les lettres, et on les recouvrait d'eau gommée, mêlée d'ochre ou de cinnabre. D'anciens manuscrits attestent aussi qu'on se servait d'*encre* d'argent. Il arrive souvent que la qualité de l'*encre*, le temps et d'autres accidens ont rendu des manuscrits indéchiffrables. Le secret le plus simple pour raviver une écriture éteinte, consiste à prendre une demi-cuillerée

---

mais pour la grise, pour l'*encre* à parchemin, pour l'*encre* de communication, qui ne sert que pour les écritures que l'on veut faire graver, pour l'*encre* blanche, pour l'*encre* d'impression, noire, rouge, verte, bleue, pour l'*encre* de la Chine, pour l'*encre* de sympathie, etc.; on trouvera, dis-je, des recettes pour composer toutes ces sortes d'*encres*, dans l'Encyclopédie, in-4. Tom. XII, pag. 353; et tom. XIX, pag. 919, dans le Dictionnaire de l'industrie, etc.

d'eau commune, et autant de bonne eau-de-vie, dans laquelle on rapera un peu de noix de galle qu'on y laissera infuser quelques instans. Il faut, avec un petit morceau d'éponge fine, en frotter légèrement le parchemin effacé, et les traits reparaîtront. Ce secret opère difficilement sur des papiers depuis long-temps imbibés et imprégnés d'humidité et de moisissure. Il existait autrefois une *encre* rouge ou de pourpre, nommée *encaustum*, qui était une *encre* distinguée, puisque les empereurs d'orient en avaient fait choix, et s'en servaient exclusivement pour souscrire leurs lettres et les diplômes dressés en leur nom. L'empereur Léon, par la loi VI de l'an 470, statua que le décret impérial ne serait point estimé authentique, s'il n'était signé de la main de l'empereur avec le cinnabre. Les empereurs grecs en ont usé ainsi jusqu'à la fin de cet empire; mais ils communiquèrent, dans le 12e siècle, ce droit dont ils avaient été si jaloux, à leurs proches parens, puis à leurs grands officiers, comme une marque distinctive; ils se réservèrent seulement la date du mois et de l'indiction en caractères rouges. Cet usage n'eut pas lieu en occident.

EPIMÉTRIQUE. Ce mot, selon l'abbé Girard qui l'emploie dans son Systême bibliographique, désigne toute poésie qui ne se chante pas, et *lyrique* signifie toute poésie qui se chante.

ESCLAVONS (caractères). Les caractères *esclavons* ont été inventés en 898 par Methodius de Tessalonique. Il a traduit la Bible en esclavon, pour les bulgares. Les russes se servent de cette bible.

ETHICOLOGIE. Ce mot est employé par l'abbé Girard à la tête de l'une des subdivisions de son Systême bibliographique. Il équivaut à *science des mœurs*. Il entend par-là le *commerce ordinaire de la vie*, c'est-à-dire, cette espèce de loi libre et naturelle que l'humanité inspire, que la raison approuve, et qui contribue autant et peut-être plus à l'ordre social, que les lois authentiques qui servent d'égide au faible contre le fort. Les mœurs, dit Girard, font le bien de la société, et sont l'objet de l'*éthicologie*. Il distingue les livres qui appartiennent à cette classe, en *traités de morale* et en *caractères*, qui ne sont que les mœurs en tableau.

ETIENNE (Henri Ier). Imprimeur de Paris. Il a commencé à imprimer en 1502. Il est connu par l'édition de quelques livres, et plus connu comme étant la souche de ces célèbres *Etiennes* qui se sont fait un si grand nom dans l'art typographique. Il mourut à Lyon sur la fin de 1520. Sa veuve épousa Simon de Colines. Il laissa trois enfans, François Ier, Robert Ier et Charles. On lui doit l'édition d'un Psautier à cinq colonnes, publié en 1509, et dans lequel Lefèvre d'Étapes, qui dirigea cette édition, distingua les versets par des chiffres. C'est le premier livre de l'écriture où l'on ait suivi cet usage. Robert *Etienne* en fit de même dans la Bible qu'il donna deux ans avant sa mort (*voyez* STICHOMÉTRIE).

ETIENNE (François Ier). Il s'associa avec son beau-père. Il se fit connaître de 1537, jusqu'en 1547. Dès-lors on ne parle plus de lui, et on ignore s'il a laissé de la postérité.

ETIENNE (Robert Ier). C'est le plus célèbre de tous les *Etiennes*. Des auteurs l'ont regardé comme le premier imprimeur du monde entier. Il travailla d'abord sous Simon de Colines, son beau-père, et épousa la fille de Badius-Ascensius. Il joignit à son art une connaissance parfaite des langues et des belles-lettres. Il s'adonna particulièrement à donner des Bibles hébraïques et latines. Il est le premier qui a imprimé les Bibles par versets. François Ier lui donna l'imprimerie royale pour l'hébreu et pour le latin. Il publia une Bible avec une version et des notes que la Sorbonne n'approuva pas. Il attribua ces notes à Vatable, qui s'en défendit comme d'un crime, parce qu'elles avaient été altérées par Calvin, et que la version était d'un certain Léon de Juda. Robert ayant été persécuté à ce sujet, se retira à Genève, où il embrassa le calvinisme. Il y publia une Apologie pleine d'invectives contre la religion catholique et contre les docteurs de Sorbonne. On a encore cette Apologie en latin et en français. Robert, par son testament, laissa tous ses biens à celui de ses enfans qui resterait à Genève. On a accusé Robert d'avoir volé et emporté de Paris à Genève, les caractères grecs de l'imprimerie royale. Ce ne sont point ces caractères, mais les matrices de ces caractères. Elles tombèrent par la suite à Paul *Etienne*, son petit-fils, qui les vendit ou engagea à la seigneurie de Genève, pour la somme de mille écus. Cependant, dans l'arrêt du conseil d'état rendu le 27 mars 1619, sur les remontrances du clergé de France, qui les réclama, Louis XIII ne fait point mention ni de vol, ni d'aucun terme qui en approche. Ces matrices, rapportées en France, furent remises à la chambre des comptes, où elles ont été conservées précieusement. Parmi les belles éditions de Robert *Etienne*, on distingue sa *Bible hébraïque*, 1544, 8 vol. in-16, l'in-4 est moins estimée, et les *nouveaux Testamens grecs* de 1546, 1549 et 1551, qui sont sans tache; celui de 1546, 2 vol. in-16, connu sous le nom *O mirificam!* parce que la préface commence par ce mot, n'a, dit-on, qu'une seule faute d'impression, qui se trouve dans cette préface, composée par Robert; c'est le mot *pulres* pour *plures* (1). Cette faute est

(1) Pour donner à ses ouvrages la pureté qu'on y admire, Robert, après avoir relu plusieurs fois et avec soin ses épreuves, les exposait sur sa boutique et donnait un sou aux écoliers pour chaque faute qu'ils y découvraient.

la marque de la bonne édition. On doit à ce célèbre imprimeur un dictionnaire latin, sous le titre de *Thesaurus linguæ latinæ*, qui passe pour un chef-d'œuvre. Il a été publié en 1536 et 1543, 2 vol. in-fol. Il a été réimprimé plusieurs fois à Lyon, à Leipsick, à Bâle et à Londres. L'édition de Londres, 1734, 4 vol. in-fol., est magnifique; celle de Bâle, 1740, 4 vol. in-fol, a quelques augmentations. Robert *Etienne* mourut à Genève en 1559, âgé de 56 ans.

ETIENNE (Charles). Frère du précédent, fut médecin et imprimeur du roi. Il s'adonna à l'imprimerie en 1551. Il était très-instruit. On lui doit beaucoup de bons ouvrages, entr'autres *De re rusticâ*, in-8, maintenant 2 vol. in-4; *De vasculis*, in-8; une *Maison rustique*, in-4; un *Dictionnaire historique, géographique et poëtique*. Londres, 1686, in-fol. corrigé et augmenté par Nicolas Lloyd, etc. Charles *Etienne* laissa une fille très-savante et qui fut mariée à Jean Liebaut, docteur en médecine.

ETIENNE (Henri II). Fils de Robert Ier, commença à imprimer en 1554. Il fit plusieurs éditions avec Robert, son cadet. Un savant hollandais le met au-dessus de tous les imprimeurs qui ont jamais existé. On croit qu'il était plus savant que son père. Il était très-versé dans la langue grecque, et publia *Thesaurus linguæ græcæ*, 1572, en 4 vol. in-fol. (1), qui n'eut pas d'abord beaucoup de débit, parce que Jean Scapula, son correcteur, en fit imprimer secrètement un abrégé. Henri *Etienne* s'établit à Genève pour pouvoir mieux suivre la religion prétendue réformée. Il a fait une *Version d'Anacréon* en vers latins, qui est fort

(1) On doit joindre au *Trésor de la langue grecque*, deux *Glossaires* imprimés en 1573, et un *Appendix*, par Daniel Schott. Londres, 1745, 2 vol. in-fol.

estimée ; des *Corrections* sur Ciceron ; *De origine mundorum ; juris civilis fontes et rivi*, in-8 ; l'*Apologie pour Hérodote*, publiée par le Duchat, 1735, 3 vol. in-8 (1); *Poetæ græci principes*, 1566, in-fol. ; *Medicœ artis principes, post Hyppocratem et Galenum.* Paris, 1577, 2 vol. in-fol., collection rare et chère : la version qu'il fit de ces auteurs et qu'il joignit au texte, est estimée ; *Traité de la prééminence des rois de France ; Narrationes cœdis Ludovici Borbonii*, 1569, in-8 ; les *Prémices*, etc. L'Apologie pour Hérodote fit condamner Henri *Etienne* à être brûlé en effigie ; ce qui le fit passer à Genève, et delà à Lyon (2), où il mourut à l'hôpital en 1598, à 70 ans, presqu'imbécille. Il laissa un fils nommé Paul, et deux filles dont l'une épousa Isaac Casaubon.

ETIENNE (Paul). Fils du précédent, commença à imprimer en 1599. Il ne répondit point à la réputation de ses pères ; cependant il était versé dans les langues grecque et latine. Ses caractères n'étaient plus aussi beaux que ceux de l'imprimerie de Paris. Il vendit les siens à Chouet, et mourut à Genève en 1627, laissant deux fils ; l'un, Joseph, qui fut imprimeur du roi à la Rochelle ; et l'autre, Antoine, dont nous allons parler.

ETIENNE (Antoine). Né en 1594, se fit catholique,

---

(1) Cette Apologie est un recueil d'invectives contre la religion catholique, et de contes sur les prêtres et sur les moines, dont le but est de justifier les fables d'Hérodote, par celles que les catholiques ont débitées sur les saints.

(2) Pour éviter les poursuites, il errait dans les montagnes de l'Auvergne, au milieu des neiges. On rapporte qu'il dit alors très-plaisamment que jamais il n'avait eu plus froid que pendant qu'on le brûlait.

quitta Genève et revint à Paris. Quoiqu'il ait imprimé beaucoup de savans ouvrages, il se ruina et mourut aveugle à l'Hôtel-Dieu de Paris, en 1674. Il avait eu un fils nommé Henri, né en 1631, qui fut imprimeur du roi en 1651, et qui laissa un fils et deux filles ; mais tous les enfans mâles moururent avant Antoine, qu'on regarde comme le dernier de l'illustre famille des *Etiennes.*

ETIENNE (Robert II). Fut deshérité par Robert Ier, son père, parce qu'il ne voulut pas embrasser la religion prétendue réformée. Il commença à imprimer en 1556, et fit plusieurs éditions avec Henri II, son aîné. Il fut directeur de l'imprimerie royale. Ses éditions sont très-estimées, et vont presque de pair avec celles de son père. Il mourut à Paris en 1571, laissant trois fils, Robert III, François III, dont on ne sait rien, et Henri III, dont nous parlerons.

ETIENNE (Robert III). Il commença à imprimer en 1572, fut imprimeur du roi en 1574, et continua jusqu'en 1629. Il était instruit et faisait très-bien les vers grecs, latins et français. Il prenait le titre de poëte et interprête du roi ès langues grecque et latine ; et, pour se distinguer de son père, il signait *Robertus Stephanus*, R. F. R. N. *Roberti filius, Roberti nepos.* On lui doit la traduction des deux premiers livres de la *Réthorique d'Aristote*, imprimés à Paris, chez lui, en 1624, in-4 ; l'*Epître de S. Grégoire de Nisse*, touchant les pélérinages à Jérusalem ; *Epigrammata ex libris Græcæ antologiæ selecta, et musœi prœmatium, A. Q. S. florente christiano latinè versa*, imprimées à Paris, chez lui-même, en 1608, in-8, avec cette espèce de dédicace : *Viro eruditissimo Petro Martellio D. D. D. C. Robertus Stephanus, R. F. R. N.* On ne connaît pas l'époque de la mort de cet imprimeur.

ETIENNE (Henri III). Troisième fils de Robert II, fut imprimeur du roi en 1615. Il eut une fille et deux fils, Henri IV et Robert IV.

ETIENNE (Henri IV). Sieur des Fossés, fils du précédent, fut interprête du roi pour les langues grecque et latine. On ne sait pas s'il exerça l'imprimerie. Il mourut sans postérité.

ETIENNE (Robert IV). Frère cadet du précédent, débuta dans l'art typographique par la *Réthorique d'Aristote, les deux premiers livres traduits du grec par le feu sieur Robert Etienne, poëte et interprête du roi ès langues grecque et latine, et le troisième par Robert Etienne, son neveu, avocat en parlement* (celui dont il est ici question). Paris, chez Robert (IV) *Etienne*, 1630, in-8. Toutes les éditions postérieures avec ce nom, sont de Robert IV, et non de Robert III, son oncle, comme l'ont assuré quelques auteurs. Il n'a laissé qu'un fils et une fille, dont on ne connaît que la naissance.

ETIENNE (François II). Troisième fils de Robert Ier, commença à imprimer en 1562, et cessa en 1582. Il laissa une fille nommée Adrienne et mariée à Jacques Palfart, libraire, et deux fils, Gervais et Adrien.

ETIENNE (Gervais). L'aîné des fils de François II, se maria en 1610, et exerça l'imprimerie en 1616. Il n'eut qu'une fille.

ETIENNE (Adrien). Imprimait en 1616. Il se maria en 1617, et eut de son mariage une fille et deux fils, dont l'un, nommé Jérôme, né en 1630, était imprimeur en 1657.

ETYMOLOGIE. Quoique cette expression vienne de deux mots grecs qui signifient *vrai* et *discours*, on ne le prend que dans ce sens, *origine d'un mot*, *dérivation d'un mot formé d'un seul ou de plusieurs autres.* Celui dont un autre est tiré se nomme primitif, et l'on donne le nom de dérivé à celui qui vient du primitif. La connaissance des *étymologies* n'est ni superficielle, ni à négliger, comme quelques auteurs l'ont prétendu : elle est utile, soit pour juger de l'antiquité d'une langue, soit pour la connaître à fond. Il est certain qu'on explique les termes avec plus de précision, qu'on en comprend mieux la force et la signification quand on en sait l'origine et l'*étymologie* (1). Si la science *étymologique* a eu des contradicteurs, c'est que la plupart des *étymologistes* ont donné dans l'arbitraire, et se sont couverts de ridicules par des *étymologies* monstrueuses dénuées de tout fondement et de toute vraisemblance ; mais il n'en est pas moins vrai que cette science est réelle, aussi régulière que les autres, et qu'elle a ses principes et sa méthode (2).

---

(1) Le résultat de la science étymologique, dit Diderot, est une partie essentielle de l'analyse d'une langue, c'est-à-dire, la connaissance complette du système de cette langue, de ses élémens radicaux, de la combinaison dont ils sont susceptibles, etc. Le fruit de cette analyse est la facilité de comparer les langues entre elles sous toutes sortes de rapports, grammatical, philosophique, historique, etc. On sent aisément combien ces préliminaires sont indispensables pour saisir en grand et sous son vrai point de vue la théorie générale de la parole et la marche de l'esprit humain dans la formation et les progrès du langage ; théorie qui, comme toute autre, a besoin, pour n'être pas un roman, d'être continuellement rapprochée des faits. Cette théorie est la source d'où découlent les règles de cette grammaire générale qui gouverne toutes les langues, à laquelle toutes les nations s'assujettissent, en croyant ne suivre que les caprices de l'usage, et dont enfin les grammaires de toutes nos langues ne sont que des applications partielles et incomplettes.

(2) Diderot appelle l'analogie et l'*étymologie* les ailes de l'art de parler, comme on appelle la chronologie et la géographie les yeux de l'histoire.

Cependant on peut dire, en parlant de notre langue, qu'il est difficile de retourner dans les siècles gaulois pour suivre ensuite, comme à la piste, les altérations imperceptibles qu'elle a souffertes de siècle en siècle. Un habile *étymologiste*, dit un savant, a besoin d'appeler à son secours toutes les lumières qui lui peuvent servir de guides pour conduire sûrement les mots qui se sont déguisés sur leur route, et pour marquer les changemens qui y sont arrivés. Comme ces altérations sont quelquefois arrivées par caprice ou par hasard, il est aisé de prendre une conjecture bizarre et imaginaire pour une analogie régulière ; ainsi il ne faut pas s'étonner de voir des personnes combattre une science qui a des règles, en apparence, si chancelantes et si indéterminées. Les *étymologies* ont incontestablement trois sources, qui sont la dérivation, l'onomatopée et la réunion de deux mots pour n'en former qu'un. On juge ordinairement de la dérivation d'un mot par le rapport qu'il a avec son primitif, soit dans la manière dont il s'écrit, soit dans la manière dont il se prononce, et par le sens qui doit être le même ou à peu près dans les deux mots ; ainsi *etymologia*, qui se prononce ainsi en grec et en latin, est le primitif d'*étymologie ;* mais tous les mots modernes sont bien loin d'avoir une pareille identité avec les mots anciens dont on les fait dériver ; et c'est ce qui a fait donner les *étymologistes* dans l'arbitraire. Les *étymologies* par onomatopée (1) sont d'autant plus aisées à saisir, qu'elles se trouvent dans la plupart des langues. Le mot *trictrac* ex-

(1) L'onomatopée est une figure par laquelle un mot étant prononcé, imite le son de la chose qu'il signifie ; ainsi *trot*, *trotter*, *frit*, *friture*, *cliquetis*, *éclat*, etc. tiennent à l'onomatopée. Ce terme vient de deux mots grecs qui se rendent en latin par *nomen* et *fingo*, nom et je fais, c'est-à-dire, *formation de nom.*

prime suffisamment son origine en rendant le bruit que les dés et les dames que l'on remue font à ce jeu, de même dans les mots suivans on saisit facilement l'*étymologie*.

Pour les oiseaux, *sibilare*, siffler.
Les moutons, *balare*, bêler.
Les pourceaux, *grunire*, grogner.
Les chevaux, *hinnire*, hennir.
Les loups, *ululare*, hurler.
Les bœufs, *mugire*, meugler ou beugler, etc.

L'*étymologie* est encore plus sensible dans la réunion de deux ou plusieurs mots; Théophile, antropophage, inconstant, survenir, parvenir, etc. font assez sentir leur double *étymologie*. Ceux qui désireront des détails philosophiques et bien raisonnés sur ce qui fait l'objet de cet article, les trouveront dans l'Encyclopédie, au même mot ETYMOLOGIE.

ETYMOLOGISTE. Un bon *étymologiste* doit connaître la plupart des langues anciennes, surtout le grec et le latin, que l'on retrouve dans une grande partie des langues modernes; il doit aussi connaître ces dernières, qui, chaque jour, s'empruntent et se passent réciproquement des termes, qui sont d'abord nouveaux, et qui finissent par se naturaliser dans le pays étranger à la langue qui les a fournis. Les *étymologistes* les plus connus sont Varron, qui a écrit de l'*étymologie* des mots latins; Ménage, qui a écrit de celle des mots français et italiens; ce qu'il appelle *origines* (1);

(1) Huet a fait des additions à l'*étymologie* de la langue française de Ménage; elles ont été imprimées dans le second tome des dissertations recueillies par l'abbé de Tilladet. On trouve en tête du *Dictionnaire* de Ménage un *Vocabulaire hagiologique* de l'abbé Chatelain, dans lequel on voit les prodigieux changemens qu'ont subi les noms des saints depuis un

Henri Étienne, Léon Trippault, Jac. Perionius, etc. qui ont travaillé sur les *étymologies* françaises. Guichard et Thomassin ont prétendu faire remonter les *étymologies* de la langue française, l'origine de plusieurs de nos mots, jusqu'à l'hébreu : Postel y avait pensé avant eux. Il y a un *étymologicon* grec, imprimé in-folio, dont l'auteur s'appelle Nicetas. Il y en a aussi un latin de Gerard Vossius, dont la meilleure édition est celle des Elzévirs, 1662, in-fol.; un autre de Matthias Martinius, etc. Labbe a fait aussi un traité des *étymologies* françaises. Lancelot a mis à la fin de son Jardin des racines grecques, un recueil des mots dérivés du grec ; Octave Ferrari en a fait un de la langue italienne; Bernard d'Aldrette en a fait un de la langue castillane; Bullet a fait un Dictionnaire celtique très-estimé, surtout en Angleterre ; Paul Pezron a publié, en 1703, un livre de l'origine et de la langue des celtes, in-12, dans lequel il traite des *étymologies* de plusieurs mots grecs, allemands et latins, qui sont tirés du celtique, et dont Platon même, Servius, Donat et autres auteurs latins n'ont pas vu la véritable *étymologie*, ni l'origine, faute de savoir les racines de la langue celtique, qui a fourni un grand nombre de mots au grec, au latin, à l'allemand et au français. Il faut avouer que plusieurs *étymologies* de Pezron ne sont nullement fondées. Court de Gibelin, dans son Monde primitif, a consacré une partie de ce volumineux ouvrage à la science *étymologique*. Pour les *étymologies* anglaises, on a Etienne Skinner et Junius. Le citoyen Pougens annonce un *Dic-*

---

petit nombre de siècles. Les titres des ouvrages *étymologiques* de Ménage, sont : *Origines de la langue françaisc*. Paris, 1660 ; in-4 ; *Dictionnaire étymologique*. Paris, 1696, in-fol. Le même ouvrage, édition de Jault. Paris, 1750, 2 vol. in-fol. *Origini della lingua italiana, dal signor Menagio*. Geneva, 1685, in-fol.

tionnaire étymologique et raisonné de la langue française, qui sera du plus grand intérêt, si l'on en juge par le *prospectus* qui se trouve dans les siècles littéraires du citoyen Desessarts. Depuis 1776 l'auteur s'occupe de ce bel ouvrage, et y a travaillé tant à Paris qu'à Rome et à Londres, où il a fait de très-longs séjours. « On trouvera en tête du premier volume, 1.° une introduction à l'histoire philosophique des langues anciennes et modernes ; 2.° une dissertation sur la science *étymologique* ; 3.° une syntaxe philosophique ; 4.° des tables comparatives des identités qu'il a observées entre les mots homogènes d'un grand nombre d'idiomes très-différens en apparence ; 5.° enfin un tableau synoptique, ou espèce d'alphabet universel composé de tous les véritables sons simples, tant voyelles que consonnes. Voici l'ordre qu'il a suivi dans la composition de ce dictionnaire : 1.° la qualification grammaticale du mot, la prosodie, la distinction des termes poétiques, les temps des verbes réguliers et anomaux, quelques recherches sur cette anomalie (1), l'indication de la préposition dont chaque verbe, chaque adjectif doit être suivi, les changemens que le genre et le nombre font subir aux adjectifs, les variations orthographiques, c'est-à-dire, les diverses modifications, les mutations, les altérations successives et l'orthographe temporaire des mots, d'après les manuscrits de Lacurne de Sainte-Palaie ; 2.° l'*étymologie* du mot, tirée d'après sa nature ou son usage le plus fréquent, et en suivant toujours avec soin la ligne ascendante, soit des langues de

---

(1) On entend par anomalie l'irrégularité dans la conjugaison des verbes ou dans la déclinaison des cas ; ainsi tout verbe qui, dans sa conjugaison, ne suit pas la règle des autres, est anomal ; ainsi les verbes *aller*, *voir*, *être*, etc. sont des verbes anomaux, dont les inflexions sont anomales. Ce mot est composé de l'*a* privatif et d'un mot grec qui signifie *uni*, *égal* ; c'est-à-dire, qui n'est pas égal, qui ne suit pas la règle des autres.

l'orient, soit des anciens idiomes du nord, tels que le celtique, l'islandais, le suio-gothique, le scito-scandinave, etc.; 3.o les définitions; 4.o les acceptions différentes, ces nuances délicates et fugitives qu'on assigne moins encore qu'on ne les indique à l'homme de génie, à l'homme de goût, etc.; 5.o ces acceptions sont accompagnées de diverses phrases, ou pensées tirées des classiques français morts ou vivans; 6.o chaque mot ainsi completté dans ses diverses parties, est suivi d'une synonimie exacte, plus abrégée, plus précise que celle de Girard et Roubaud; 7.o Le dernier volume renfermera plusieurs parties essentielles à une histoire philosophique et complette du langage, dans laquelle l'auteur s'est attaché à retrouver et à établir le vocabulaire polyglotte des objets de première nécessité, des notions primitives, et des affections de l'homme physique et de l'homme moral. A la suite de cette polyglotte, il a placé une série assez nombreuse de remarques philosophiques sur la langue, ainsi que le répertoire de quelques mots nouveaux, choisis avec une exactitude sévère. A cette courte liste, il a également joint le glossaire de quelques mots anciens qu'un faux bon goût a souvent proscrits du langage récent, celui des mots que nous pourrions, éclairés par une sage néologie, emprunter des langues étrangères et des grands écrivains des autres nations. On y trouvera aussi les substantifs et les adjectifs, respectivement complémentaires, qui nous manquent; les contraires, les privatifs, les négatifs omis dans le Dictionnaire de l'académie; les augmentatifs, les diminutifs, les péjoratifs que nous avons perdus, et que les étrangers ont eu le bon esprit de conserver; enfin les mots qui, soit dans l'ancien français, soit dans les langues dont le génie a quelque rapport avec la nôtre, complettent ce qu'on appelle les différentes familles grammaticales. » *Desessarts*, *Siéc. litt.* tom. V. Un anglais nommé Walter Whiter vient de publier, dans sa langue, le premier volume in-4 d'un Dictionnaire étymologique universel, d'après un plan nouveau, avec des explications et des exemples tirés des langues anglaise, gothique, saxonne, allemande, danoise, grecque, latine, française, italienne, espagnole, gallique, irlandaise, bretonne, etc., et les dialectes de l'esclavon et des langues orientales, comme hébreu, arabe, persan, sanscrit, cophte, etc. L'auteur, en cherchant un principe général applicable à toutes les langues, avait dabord commencé par les mots les plus usités, et croyait trouver dans la conformité des mots une preuve de la conformité générale des langues. En poursuivant ses recherches, il a reconnu que la conformité des mots de plusieurs langues n'était pas fondée sur l'identité des voyelles, mais sur celle des consonnes, et que ces dernières offraient toujours quelqu'affinité ou quelque ressemblance, quoiqu'elles ne fussent pas les mêmes. Il en conclut que toutes les recherches étymologiques doivent être dirigées sur les consonnes des mots, jamais sur les voyelles; aussi dans le premier volume qui paraît, l'auteur traite des mots qui prennent leur origine dans les élémens CB, CF, CP et CV, auxquels appartiennent encore GB, GF, GP, GV et KF, KB, KP, KV. Il cite un très-grand nombre de mots de différentes langues, qu'il compare entre eux, et dont il explique l'origine et la signification.

EUGUBINES (tables). Ces tables ont été trouvées à Eugubio, ville de l'Ombrie, appelée anciennement *Iguvium*, située à environ une journée de Rome. C'est en 1444 qu'on les découvrit dans une petite chambre des voûtes intérieures de l'ancien théâtre. On les mit en dépôt, quelques années après, dans les archives de la ville. Elles sont de bronze, et au nombre de sept. On les nomme encore étrusques et pélasgiennes, d'après les caractères qui les composent. On prétend qu'elles ont été écrites deux générations avant la guerre de Troye, lorsque les pélasges, habitués en Italie, commencèrent à ressentir la colère des dieux, et leur adressèrent des prières pour faire cesser la sécheresse qui avait brûlé leurs blés, leurs fruits et leurs pâturages. La découverte de ces tables ouvrit aux savans une nouvelle carrière qui fut infructueuse pendant l'espace de deux siècles. Scaliger, Saumaise, Peyresc, etc. renoncèrent à cette recherche. Mais, dans le 18e siècle, Buonarruoti mit les savans sur les voies, et Bourguet, professeur à Neufchâtel, fraya le premier un chemin sûr à la connaissance des lettres étrusques et pélasgiennes, et y pénétra. Il forma un alphabet étrusque composé de vingt-quatre lettres, dont il désigna la figure et la valeur, et publia à ce sujet de savantes dissertations. Gori présenta un alphabet différent de celui de Bourguet, composé de seize lettres, dont douze simples, trois composées, et l'aspiré H. Cette incertitude d'opinions prouve que l'on est encore bien peu avancé dans la connaissance de ces langues. Le marquis Maffei distingue deux langages différens sur les *tables eugubines* : l'un est le latin ou la langue des pélasges, dont les romains tiraient leur origine ; les deux grandes *tables eugubines* qui comprennent le traité de *Clavernius* et le vœu de *Lerpirius*, sont écrites dans cette langue pélasge, c'est-à-dire, en lettres latines ; l'autre est une langue en caractères étrusques, qui ne diffère du premier que comme des dialectes d'une même langue ; les cinq autres *tables eugubines* sont écrites en caractères étrusques. Ces fameuses tables concernent un événement qui intéressait les *tarsinates*, les *tusques*, les *naharques* et les *jabusques*, quatre des peuples principaux de l'ancienne Italie. Outre la sécheresse dont nous avons parlé plus haut, ces peuples virent leurs troupeaux victimes d'une peste terrible ; et, pour surcroît de malheur, les africains leur enlevèrent quantité de jeunesse, et leur firent d'autres insultes. On peut voir ces détails dans Denys d'Halycarnasse.

Quant aux élémens de l'écriture étrusque, ils ressemblent parfaitement à ceux du grec des premiers âges. Cette écriture était, dans le principe, ainsi que le grec, de droite à gauche. On a insensiblement abandonné cette coutume pour écrire de gauche à droite.

EXOTERIQUES (livres). C'est ainsi que les savans appellent les ouvrages destinés à l'usage des lecteurs ordinaires ou du peuple, et qui sont à leur portée.

F.

FABRICIUS (Jean-Albert). Célèbre bibliographe, professeur de théologie à Hambourg, mort en 1736, âgé de 68 ans. On ne peut faire un plus bel éloge de *Fabricius*, que de citer ses nombreux ouvrages. En voici les titres : *Bibliotheca græca, sive notitia scriptorum veterum græcorum quorumcumque monumenta integra aut fragmenta edita extant, tum plerorumque è MSS. ac deperditis, editio tertia : cui accedit empedoclis sphæra, et Marcelli sidetæ carmen de medicamentis et piscibus, gr. et lat. cum brevibus notis.* Hamburgi, 1718 et *seq.* 14 vol. in-4 (1). *Bibliotheca latina, sive notitia auctorum veterum latinorum quorum scripta ad nos pervenerunt, in libros IV distributa, cum supplementis in suis quibusque locis insertis.* Venetiis, 1728, 2 vol. in-4. *Bibliotheca latina mediæ et infimæ latinitatis*

---

(1) Le célèbre G.-Chr. Harles donne une nouvelle édition complette et soignée de cette bibliothèque. On y a ajouté les supplémens inédits de Chr.-A. Heumann. Le 7e volume a paru à Hambourg en 1801, gr. in-4. Nous avons déjà parlé des ouvrages de *Fabricius* à l'article CATALOGUES, mais quelques éditions sont différentes de celles que nous citons ici.

cum supplemento christiani Schoettgenii, ex editione et cum notis Joa. Dominici Mansi. Patavii, 1754, 6 vol. in-4. *Bibliotheca antiquaria*, Hamburgi, 1760, 2 vol. in-4. *Vincentii Placcii theatrum anonymorum et pseudonymorum, ex editione Fabricii.* Hamburgi, 1708, 2 vol. in-fol. *Bibliotheca ecclesiastica in quâ continentur antiqui scriptores varii ecclesiastici.* Hamburgi, 1718, in-fol., et plusieurs autres ouvrages très-estimés. Cependant sa bibliothèque latine est inférieure à sa bibliothèque grecque.

FERTEL (Martin-Dominique). Cet imprimeur-libraire est auteur de la *Science-pratique de l'imprimerie, contenant des instructions très-faciles pour se perfectionner dans cet art, avec la description d'une presse, une méthode nouvelle et facile pour toutes sortes d'impositions*, etc. Saint-Omer, 1723, in-4. Momoro a publié en 1796 un *Traité élémentaire de l'imprimerie*, ou *Manuel de l'imprimeur*, avec 36 planches, 1 vol. in-8, qui n'efface point la réputation de *Fertel*. Il nous a paru bien inférieur, surtout pour la rédaction, au *Traité de l'imprimerie du citoyen Bertrand-Quinquet*, an 7, in-4.

FONTANINI (Juste). Célèbre bibliographe italien, archevêque d'Ancyre, mort à Rome en 1736, âgé de 70 ans. Ses principaux ouvrages sont *Bibliotheca della eloquenza italiana*. La meilleure édition de ce catalogue raisonné des bons livres italiens, est celle de Venise, 2 vol. in-4, avec les notes d'Apostolo-Zeno. *Histoire littéraire d'Aquilée*. Rome, 1742, in-4 (en latin), etc.

FOPPENS (Jean-François). Professeur de théologie à Louvain, mort en 1761. Il peut être mis au rang des bons bibliographes, quand on ne considérerait que son ouvrage intitulé *Bibliotheca belgica*. Bruxelles, 1739, 2 vol. in-4. Il a fait entrer dans ce recueil les ouvrages d'Aubert Lemire, de François Swertius et de Valère André, sur les auteurs belgiques. Il a fait de grandes additions à ces auteurs, et continué la bibliothèque belgique depuis 1640, où finit celle de Valère André, jusqu'à l'an 1680. On désirerait dans cette bibliothèque un peu plus de critique et d'exactitude. On doit encore à cet auteur une édition du *Recueil diplomatique d'Aubert Lemire*. Bruxelles, 1728, 2 vol. in-fol., enrichie de nouvelles notes et de tables, augmentée d'un grand nombre de diplômes inconnus à Aubert Lemire. Il ajouta ensuite 2 volumes in-folio à cette collection, l'un en 1734, l'autre en 1748.

FORMAT. Nous ne parlerons point ici du *format* des livres des anciens, qui, comme nous l'avons dit ailleurs, dépendait souvent de l'étendue et de la forme de la matière subjective de l'écriture. Nous n'entendons parler que du *format* des livres depuis l'invention du papier ou plutôt de l'imprimerie. Il existe différentes sortes de *formats* dont la plupart se connaissent à la simple vue. Chacun sait qu'un *format* dépend de la manière dont la feuille est pliée; ainsi la feuille pliée en deux désigne l'in-folio, en quatre, l'in-4, en huit, l'in-8, etc.; mais comme dans les petits *formats* il y a quelquefois du doute, il faut avoir recours aux pontusceaux et aux vergeures (1) dont la direction indique le format. Les éditions en papier vélin n'ayant pas de pontusceaux, on prend garde aux réclames et aux signatures (*voyez* ces

(1) Les pontusceaux sont des rayes transparentes qui traversent le papier entièrement dans la distance de 12 à 15 lignes, ou de 27 à 33 traits, selon la grandeur de la feuille : elles coupent, à angle droit, d'autres rayes extrêmement rapprochées et moins sensibles, que l'on nomme vergeures.

MOTS.) Nous avons exposé dans notre MANUEL BIBLIOGRAPHIQUE (1) une table des dénominations des différens *formats* et la manière de les connaître; nous la répéterons ici, parce qu'elle est d'une très-grande utilité pour tout bibliophile : on y voit comment la feuille est pliée dans chaque *format*, combien elle contient de pages, et comment sont disposés les pontusceaux.

L'in-folio a la feuille pliée en deux, contient quatre pages, et ses pontusceaux sont. . . . . . . perpendiculaires.
L'in-4 a la feuille pliée en quatre, contient huit pages, et ses pontusceaux sont. . . . . horisontaux.

L'in-8. . . .	8.	16. . .	perpendiculaires.
L'in-12. . . .	12. . . .	24. . .	horisontaux.
L'in-16. . . .	16. . . .	32. . .	horisontaux.
L'in-18. . . .	18. . . .	36. . .	perpendiculaires.
L'in-24 (2) . .	24. . . .	48. . .	perpendiculaires. / horisontaux.
L'in-32. . . .	32. . . .	64. . .	perpendiculaires.
L'in-36. . . .	36. . . .	72. . .	horisontaux.
L'in-48. . . .	48. . . .	96. . .	horisontaux.
L'in-64. . . .	64. . . .	128. . .	horisontaux.
L'in-72. . . .	72. . . .	144. . .	perpendiculaires.
L'in-96. . . .	96. . . .	192. . .	perpendiculaires.
L'in-128 . . .	128. . . .	256. . .	perpendiculaires.

J'ai dit plus haut que la plupart des *formats* se distinguaient à la simple vue ; cependant il arrive souvent que

(1) Pag. 60.

(2) Comme l'in-24 est quelquefois incertain, il faut, pour savoir au juste sa détermination, ouvrir le livre entre les pages 48 et 49; si la réclame se trouve au bas de la page 48, et la signature au bas de la 49, alors le *format* est in-24 ; mais si la réclame est au bas de la page 64, et la signature au bas de la 65, le *format* est in-32.

l'on se trompe à cause de la différente grandeur du papier. Chaque *format* est ou en grand papier, ou en papier ordinaire, ou en petit papier. L'in-8, par exemple, étant en petit papier, se confond aisément avec l'in-12 posé sur la même tablette; le grand in-8 se confond avec le petit in-4. Ces confusions ne sont point préjudiciables dans l'arrangement des livres sur des tablettes; mais il en résulterait des erreurs bibliographiques graves, si, dans un catalogue, on désignait un petit in-8 sous le nom d'un in-12. C'est alors créer des éditions qui n'ont jamais existé.

FOURNIER LE JEUNE (Pierre-Simon). Graveur et fondeur de caractères d'imprimerie. Il peut passer, à juste titre, pour l'un des premiers typographes de France. Il a fait révolution dans l'art de l'imprimerie. D'abord il travaillait chez son frère, *Fournier* l'aîné, qui avait acheté des demoiselles Lebé leur fonderie, si renommée par la beauté des caractères; puis il se fit connaître par des vignettes en bois assez bien faites. Il abandonna cette partie pour graver en acier de grosses lettres connues dans l'imprimerie sous le nom de *grosses et moyennes de fonte*. Tous ses essais furent autant de chefs-d'œuvre : il les poursuivit avec le plus grand succès pour les autres caractères, et surtout pour les vignettes de fonte. En 1737, il publia une savante table des proportions qu'il faut observer entre les caractères, pour déterminer leur hauteur et fixer leurs rapports. En 1742, il publia le premier modèle de ses caractères, qui reçut l'accueil le plus favorable en France et chez l'étranger. Ensuite il s'occupa à rédiger différens ouvrages relatifs à son art, pleins de recherches savantes, et écrits de ce style simple et sans apprêt qui sied à un artiste. On a recueilli en un volume in-8°, bien imprimé, ses différens Traités historiques et critiques sur l'origine des progrès de l'imprimerie. La première dissertation de ce recueil, qui parut en 1758, est divisée en trois parties, dont la première traite de l'usage ancien de la sculpture et de la gravure en bois; la seconde, de ses premiers progrès en Allemagne, et la troisième, de sa perfection et da sa décadence. Cette dissertation tend à prouver que Guttemberg n'était point artiste dans cette partie, et qu'il n'est point l'inventeur de l'imprimerie, quoiqu'il soit à la vérité le premier qui ait fait exécuter un livre, mais par un procédé connu et pratiqué avant lui; procédé que l'on doit aux peintres, sculpteurs et dessinateurs qui, les premiers, en ont fait usage pour conserver et multiplier leurs dessins. Dans la troisième partie, Fournier donne l'histoire des graveurs en bois, parmi lesquels se trouve la fameuse Marie de Médicis, femme de Henri IV. Dans la dissertation suivante, qui parut en 1759, l'auteur rapporte les erreurs plus ou moins accréditées sur l'imprimerie en général, le droit que différentes villes ont ou prétendent avoir à cette belle invention, et il en examine les premières productions. D'abord il passe en revue tous ceux qui ont écrit avant lui sur cette matière; il réfute leurs opinions, ainsi que les prétentions de la ville de Harlem. Il regarde Strasbourg comme le berceau de l'imprimerie, dont l'idée y a été conçue et essayée; mais c'est, à proprement parler, la ville de Mayence qui lui a donné l'être; c'est elle qui a vu paraître les premiers fruits de cette typographie naissante, qui a été spectatrice de ses progrès, et enfin de sa perfection entière, par l'invention du véritable art typographique, en caractères de fonte, tel qu'on l'exerce aujourd'hui. Fournier donne des détails très-curieux sur les essais typographiques, en taille de bois, de Guttemberg et de Faust, et entre autres sur le livre intitulé: *Speculum humanæ salvationis*, dont nous parlerons ailleurs, et sur la fameuse Bible en 2 vol. in-fol., qui ne se trouve à Paris en entier qu'à la bibliothèque nationale. C'est en 1760 que parurent les observations de Fournier sur le *Vindiciæ typographicæ*, 1 vol. in-4., de Schœpflin. Le savant professeur voulait attribuer à Strasbourg la gloire de l'invention de l'imprimerie, mais il fut réfuté par Fournier, avec la supériorité d'un homme qui connait à fond les différens mécanismes de l'art, et qui est plus à même d'en débrouiller l'histoire. Les observations de Fournier tendent à prouver que Guttemberg a imaginé, le premier, à Strasbourg, de faire des livres par le procédé de la gravure en bois, qui lui est beaucoup antérieur; qu'il a fait ses premiers essais dans cette ville vers 1440, avec des caractères taillés sur des planches de bois; qu'il a quitté Strasbourg peu après cette invention, pour aller l'exercer en secret à Mayence, sa patrie, où cet art s'est perfectionné d'abord par la mobilité des lettres de bois, et enfin par la découverte des poinçons, des moules et des matrices propres à faire des caractères de fonte; et qui lui a donné un nouvel être et lui a mérité le titre de véritable art typographique. Outre les ouvrages aussi curieux qu'utiles dont nous venons de parler, Fournier en a encore publié un qui est du plus grand intérêt pour ceux qui se vouent à l'art de l'imprimerie : c'est son *Manuel typographique*, dont le premier volume contient la description de la gravure ou taille des caractères, et la fonte des mêmes caractères, ainsi que l'histoire et le détail des nouveaux caractères pour la musique, inventés et exécutés par lui-même, approuvés par l'académie des sciences et par Rameau (*voyez* MUSIQUE). Le second volume (1)

---

(1) On trouve dans l'avertissement préliminaire de ce volume, un état des principales fonderies de l'Europe : il parle d'abord de celles de France, et cite, à Paris, la fonderie du roi commencée sous François Ier, par Garamond; la fonderie particulière de Guillaume Lebé commencée en 1552; celle de Jacques de Sanleque commencée en 1596; celle de Jean

renferme un exemple des caractères, tant romains qu'italiques, dont on se sert ordinairement dans l'imprimerie, avec les différentes nuances de grosseur qui les font distinguer; on y trouve aussi des alphabets des langues orientales et des langues étrangères dont les caractères diffèrent des nôtres. Il n'a paru de cet excellent ouvrage que deux volumes, il devait en avoir quatre; le troisième devait traiter du mécanisme particulier de l'imprimerie, et le quatrième de l'histoire des meilleurs typographes. Mais la mort de l'auteur, arrivée en 1768, empêcha l'exécution de ces deux derniers volumes. Il a laissé deux fils, dont l'un a suivi les traces de son père.

FRELLONS (Jean et François). Imprimeurs à Lyon dans le 15e siècle. Ils sont célèbres dans l'art typographique.

Cot, vers 1670; celle de Loyson; celle de Pierre Moreau; celle de Pierre Esclassant, et enfin la sienne; à Lyon, celle de la Colonge; à Vienne, celle de Trattener; à Francfort-sur-le-Mein, celle de Luther, descendant du fameux Martin Luther; à Leipsick, celle de Breitkopf et celle de Echardt; à Bâle, celle de Jean Pistorius, qui est ancienne, et celle de Haas; à Amsterdam, celle de Dirkvoskins, celle de Christophe Vandick, qui a passé à Jean Bus, et celle d'Isaac Vander Putte; à Harlem, celle d'Isaac et Jean Enschede; à la Haye, celle des sieurs Alberts et Vytwerf; à Anvers, celle de Christophe Plantin érigée vers 1561, qui appartient à M. Moretus; à Leyde, celle de Blokmar; à Oxford, celle de Thomas Cottrell; à Edimbourg, celle de Jacques Walson; à Londres, celle de Guillaume Caslon et fils; à Birmingham, celle de Jean Baskerville; à Rome, celle du Vatican, commencée en 1578 par Robert Granjon, graveur français, etc. Nous ne parlons dans cette note que des fonderies les plus intéressantes dont fait mention *Fournier* : il en cite beaucoup d'autres d'un mérite inférieur. Depuis la publication de l'ouvrage de *Fournier*, l'Europe s'est enrichie de plusieurs fonderies qui surpassent tout ce qui existait de plus précieux à l'époque où écrivait ce célèbre typographe.

ils doivent leur réputation à leur exactitude dans l'impression, à la beauté du papier et à la correction qui était très-soignée; c'est un nommé Louis Saurius, homme savant et habile correcteur, qui était attaché à leur imprimerie. Les *Frellons* imprimèrent beaucoup de bons ouvrages : on remarque parmi leurs éditions un *Nouveau Testament* enrichi de gravures, où l'on voit le Diable en habit monacal, avec des pieds fourchus et un chapelet d'où pend une croix, qui tente Jésus-Christ. On prétend qu'ils ont imprimé les Œuvres de saint Ambroise, et que cette édition a été supprimée, parce que (au rapport de François Junius, qui dit le tenir de Saurius) elle avait été altérée par deux cordeliers autorisés à en agir ainsi. D'autres auteurs prétendent que cette édition n'a jamais eu lieu. Ce qu'il y a de certain, c'est qu'on n'en connait pas un exemplaire. Maittaire a donné, dans ses Annales, le catalogue des éditions publiées par les *Frellons*.

FRISNER (André). Imprimeur de Nuremberg dans le 15e siècle. Il a étudié dans l'université de Leipsick avec un dominicain de ses parens, nommé Erasme *Frisner*, qui composa plusieurs ouvrages qu'André *Frisner* imprima. Il commença à imprimer en 1473, à Nuremberg; puis il retourna à Leipsick, où il fut professeur de théologie, et parvint même à la dignité de *rector magnificus*. Alors il fit transporter ses presses dans cette ville. De Leipsick il passa à Rome, et devint, sous Jules II, *primus ordinarius papæ, et sedis apostolicæ*. En 1504, il fit son testament, par lequel il fonda un collége à Wonsiedel, lieu de sa naissance, pour l'éducation et l'entretien de plusieurs jeunes écoliers de la famille des *Frisners*. Il leur laissa aussi son *Historia Lombardicæ*, qu'il avait imprimée à Leipsick. Il légua son imprimerie aux dominicains de cette ville. Voici les termes de cette disposition du testament : *Item, je lègue mon coffre de fer, mes presses, mes instrumens et mes autres ustensiles et meubles d'imprimerie, avec vingt florins pour prier Dieu pour mon ame, et pour procurer aux religieux, le jour qu'ils feront la cérémonie de mes obsèques, un meilleur dîner qu'ils n'ont coutume d'avoir dans le réfectoire du prieur.*

FROBEN (Jean). Imprimeur de Bâle, à la fin du 15e et au commencement du 16e siècle. Il fit ses études à Hamelburgh en Franconie, sa ville natale, et delà passa à l'université de Bâle. Il possédait très-bien les langues grecque et latine. Associé avec Jean Amerbach pour l'exécution des anciens pères, il rivalisa avec lui, et se fit une réputation étonnante. Il est un des premiers qui aient fait connaître en Allemagne le caractère romain, et il l'y a perfectionné. Il choisissait très-bien ses manuscrits. Il fut intime ami du célèbre Erasme, ainsi que d'Œcolampade. Son désintéressement était extrême : il ne mettait point de bornes à sa générosité envers les savans. Sa devise est un pigeon perché sur le bout d'un bâton situé perpendiculairement et entortillé de deux bazilics ; quelquefois il y met les premières lettres de son nom, Jo. Fro., et quelquefois des versets du Nouveau Testament. Il a imprimé une *Bible latine* in-8, en petits caractères, 1491 ; une autre *Bible* en lettres gothiques, in-8, 1495 ; la *Concordance de la Bible*, 1496, in-fol., et le *Speculum decem præceptorum*, de Henri Harp. Telles sont ses éditions du 15e siècle. On lui doit encore celles des ouvrages de saint Jérôme, de saint Augustin et d'Erasme, qui passent pour les meilleures. Il se proposait de mettre au jour les pères grecs, lorsque la mort l'enleva en 1527. Jérôme et Jean *Froben* succédèrent à la réputation de Jean, leur père, par les belles éditions des pères grecs et latins, qui sont très-estimées, surtout pour la correction. Les épreuves étaient revues par Erasme et par Gelenius, habile correcteur, déjà employé par *Froben* père. Ils publièrent S. Basile en 1532, et en donnèrent une seconde édition en 1551 ; S. Augustin parut en 1529, 8 vol. in-fol. ; S. Chrysostôme en 1530, 6 vol. in-fol. ; S. Jérôme en 1540, in-fol., et Erasme en 9 vol. in-fol. Jérôme *Froben* a imprimé beaucoup de livres en société avec Bischop ou Episcopius, son beau-frère, sans qu'il y soit question de Jean ; ce qui fait présumer que Jérôme a survécu à son frère.

FUST ou FAUST (Jean). Imprimeur associé de Guttemberg. Ce sont eux qui ont fait les premiers essais dans l'art typographique, et c'est Schoiffer, domestique de *Fust*, qui a perfectionné ces essais, et qui doit être regardé comme le véritable inventeur de l'imprimerie. Ce que nous disons à l'article TYPOGRAPHIE (*voyez* ce MOT) suffit pour faire connaître *Fust*, et pour détruire l'inculpation injurieuse dont on le charge dans l'histoire, ou plutôt la fable de Coster. Quelques auteurs doutent que *Fust* ait enseigné son art à Jean Mentel à Strasbourg, en fuyant de Paris, lorsqu'il y fut poursuivi comme ayant vendu des exemplaires de la Bible, qu'il donnait pour copies, à différens prix, et étant accusé de sortilége pour pouvoir les donner à tel prix (1). Si *Fust* a découvert ce secret à Jean Mentel, ce ne peut être qu'après sa brouillerie avec Guttemberg, c'est-à-dire, après l'impression de la Bible, dont les frais considérables avaient ruiné la société. *Fust* fut accusé par Guttemberg d'avoir détourné les deniers communs

(1) Quelques bibliographes n'ajoutent point foi à ce voyage de *Fust*, et regardent cette fuite comme une fable. Cependant l'opinion de magie prévalut si fort qu'on joue encore en Allemagne une espèce de farce sous le titre de *Docteur Faust*, faite depuis très-long-temps, et dans laquelle on représente cet homme célèbre sous les traits les plus odieux.

pour des usages étrangers ; mais ayant pris à serment son adversaire, il le fit condamner à le satisfaire. Ce fut alors que, persuadé que Guttemberg divulguerait le secret, il en fit peut-être part lui-même à Jean Mentel, qui s'en servit à Strasbourg. C'est sans doute ce qui a donné lieu à l'opinion que Strasbourg pouvait être le berceau de l'imprimerie. *Fust* resta en société avec Schoiffer, et imprima des ouvrages importans. Il mourut en 1466, selon l'opinion la plus commune.

G.

GALLOTIUS (Ange). Imprimeur à Rome, dans le 16e siècle. Il a donné beaucoup de belles éditions, dont les plus estimées sont celles qui ont été revues par le savant Constantin Lascaris. C'est à cet imprimeur que Léon X a consacré la belle imprimerie qu'il établit dans le collége Quirinal à Rome. On distingue parmi les éditions de *Gallotius* : *Porphiri questiones homericæ*, et *De nympharum antro*, etc. ; une ancienne traduction d'Homère, imprimée en 1517 ; le Scholiaste de Sophocle, en 1518, etc., etc.

GANDO (N...). Fondeur de caractères. Il a publié : *Epreuve des caractères de sa fonderie*, 1745, in-4, et des *Observations sur le traité historique de M. Fournier, sur l'origine des caractères de fonte pour l'impression de la musique*, 1766, in-4.

GARAMOND (Claude). Graveur et fondeur de caractères d'imprimerie à Paris, dans le 16e siècle. On lui doit la perfection des caractères romains : il les purgea de tout ce qu'ils avaient de gothiques. Aussi tout ce qui sortait de sa fonderie était très-recherché en Italie, en Allemagne, en

Angleterre ainsi qu'en Hollande, et on ajoutait toujours au nom du caractère celui de *Garamond*, pour le distinguer de tous les autres, et même le petit-romain portait, chez l'étranger, le seul nom de *Garamond*. C'est lui qui grava les trois sortes de caractères grecs dont Robert Etienne a fait usage dans ses belles éditions. Fournier l'aîné avait dans sa fonderie la plupart des beaux caractères de *Garamond*.

GAULOIS (*les lettres ont eté cultivées dès les premiers temps par les*). On lit non-seulement dans les auteurs modernes, mais même dans les anciens, que les *gaulois* aimaient et cultivaient les sciences dans les temps les plus reculés, et que c'est chez eux que les autres nations allaient chercher des maitres.

Diodore de Sicile, Strabon et Ammien Marcellin distinguent parmi les *gaulois* trois sortes de savans, les bardes, les devins et les druides (1).

Les bardes étaient les poëtes de la nation : ils se nommaient ainsi du mot celtique *bard*, qui signifie *chantre*. Ils habitaient l'Auvergne et la Bourgogne, et y avaient un collége. Ils s'occupaient à célébrer les actions de leurs héros, et

---

(1) Les savans ne sont pas d'accord sur l'étymologie du mot druide : les uns le dérivent de l'hébreu *drussein*, qui veut dire contemplateur. Jean Picard (Celtopédie, liv. II) croit que les druides tirent leur nom d'un prince Dryus, cinquième roi des *gaulois*. Palthenius rapporte le mot druide au teutonique druthin, le seigneur. Théodore Hasée le fait dériver de true, qui veut dire foi, fidélité (Pelloutier, *Histoire des celtes*. Tom. VII); et Latour-d'Auvergne pense que le nom de druides, en latin *druidae*, est visiblement dérivé, par contraction, du celto-gallois derwyd-dyn, l'homme ou le prêtre du guy de chêne, *vir visci quercini; undè druidae per antonomasin querquetulani viri dicti*. Latour-d'Auvergne, *Orig. gaul.* Pag. 157.

chantaient leurs vers sur un instrument qui ressemblait assez à la lyre (*voyez* BARDES).

Les devins cherchaient à s'initier dans les secrets de la nature, et faisaient profession de les expliquer ; ils prétendaient même pénétrer l'avenir ; c'était le vrai moyen de s'attirer la multitude, assez aveugle pour se soumettre à leurs décisions.

Les druides étaient les plus célèbres et les plus éclairés, si l'on en croit Pythagore, qui connaissait leur capacité et qui rendait témoignage de ce que ces sages de la Gaule lui avaient appris. Philosophes et théologiens, ils enseignaient la physique et la morale. On les croyait en commerce avec la divinité. Beaucoup plus instruits que les bardes et les devins, ils les surpassèrent bientôt en autorité, et furent les seuls accrédités dans les Gaules. Le chêne était parmi eux un arbre sacré. Isolés au fond des forêts, ils y avaient leurs colléges, surtout dans le pays Chartrain (1). Là résidait leur souverain pontife, et tous les autres druides s'y rendaient une fois l'an. Juges de la nation, c'était à eux que l'on s'adressait pour tous les différens qui arrivaient entre les particuliers, et on se soumettait à leurs décisions. Si quelqu'un n'y voulait pas acquiescer, il était interdit de la participation à leurs mystères ; ce qui équivalait à nos excommunications. Les druides avaient encore ailleurs plusieurs colléges dépendant de celui dont on vient de parler ; et rien n'est si connu dans leur histoire, que ceux qu'ils avaient à Marseille, à Toulouse et dans plusieurs autres

---

(1) *In finibus carnutum considunt in luco consecrato.* Le plus célèbre de ces colléges était dans l'île de Mona, aujourd'hui Anglesey. Tous ceux qui se destinaient à l'état de druides, et qui voulaient être instruits des pratiques les plus secrètes de cet ordre, y faisaient au moins un voyage. *Cæs. com.* Lib. 6.

villes considérables (1). Ils enseignaient, dans ces colléges, la réthorique et la philosophie. Leur philosophie consistait dans la science de la forme du monde, du mouvement des astres, de la puissance des Dieux. Ils prétendaient savoir ce que les Dieux exigeaient des hommes : ils s'appliquaient aussi à découvrir les choses futures, soit par les augures, soit par un art conjectural : le gui du chêne était d'un grand usage dans leurs mystères.

L'immortalité de l'ame était un de leurs dogmes. Ils disaient, en parlant de la mort, qu'on ne faisait, en mourant, que passer d'une vie à une autre, dont la mort était le milieu (2). Cette persuasion rendait les anciens *gaulois* si intrépides, que plusieurs se jettaient dans les bûchers allumés pour brûler les morts, et que tous affrontaient les plus grands périls de la guerre, regardant comme une insigne lâcheté de ne vouloir pas exposer une vie passagère, pour une autre qui devait durer toujours (3).

---

(1) *Voyez* Duboulay, préface de l'histoire de l'université de Paris.

(2) *Regit idem spiritus artus,*
Orbe alio : longae, canitis si cognita, vitae
Mors media est. Lucret.

(3) Les druides avaient institué dans les Gaules des sacrifices humains. Strabon, livre IV, et Diodore de Sicile, liv. IX, chap. 9, semblent insinuer qu'ils faisaient leur cours d'anatomie sur les corps vivans des malheureux captifs. Auguste tenta vainement de proscrire ces barbares usages. Tibère et Claude firent condamner au dernier supplice, à la croix, presque tous ces féroces sacrificateurs. Suétone Paulinus fut le premier romain qui osa aborder l'île de Mona, où étaient les druides : il les fit brûler sur les bûchers qu'ils avaient préparés aux romains : il détruisit leurs auteis, leurs forêts sacrées et tous les objets de leur culte. Ceux qui échappèrent à la vengeance des vainqueurs se retirèrent en Norwége, en Irlande et dans quelques-unes des îles Orcades et Hébréïdes; mais ayant été chassés dans la suite de ces nouvelles demeures, par le zèle infatigable des chrétiens, vers l'an 286, le système druidical, qui s'était maintenu tant de siècles, tomba dans le néant, et depuis n'en est plus sorti.

Soit que les druides voulussent exercer la mémoire de leurs disciples, soit qu'ils appréhendassent que leurs mystères ne fussent profanés, ils les obligeaient d'apprendre par cœur un grand nombre de vers, et leur défendaient de les écrire. Dans le reste, ils se servaient, pour écrire, des caractères grecs, qui leur étaient familiers. Au reste, cette manière de mettre en vers la théologie et la philosophie, est fort ancienne; et, si nous en croyons Apulée, elle dura jusqu'à Phérécyde, qui, le premier, introduisit la prose dans les écoles.

Il est donc constant, d'après le témoignage des anciens, que les *gaulois* s'appliquaient aux sciences dès les premiers temps. L'éloquence ne leur était point non plus étrangère: ils y avaient du goût et de la disposition, même plus que les grecs, si l'on en croit Strabon et Thesmitius. Juvénal ajoute qu'ils ont appris l'art oratoire aux bretons. Saint Jérôme, père de l'église, fait le plus grand éloge de leur courage, de leur éloquence et de leurs ouvrages de littérature. De toutes les villes des Gaules, Marseille était la plus célèbre par les sciences et par l'éloquence (1). Tite-Live la regardait aussi polie qu'aucune ville de la Grèce; Ciceron l'appelait la nouvelle Athènes; Pline, la maitresse des études; et Strabon dit que les romains les plus distingués allaient y prendre des leçons. C'est de cette école que sont sortis ces grands hommes si vantés par les anciens, tels que, selon Lucain, Telon et Gigarée, son frère, célèbres mathématiciens; Pytheas, ce fameux géographe et astronome, qui vivait du temps d'Alexandre-le-Grand, et dont Pline fait une mention si honorable; Castor, savant médecin, etc. La ville de

---

(1) On pense que Marseille a été fondée 600 ans avant Jesus-Christ, par des marchands de Phocée en Ionie, que des affaires de leur commerce appelèrent dans cette contrée, où régnait un nommé Nanus.

Lyon se distingua aussi par son amour pour les sciences (1). On prétend que les druides y tenaient déjà leurs assemblées lorsque les phéniciens et les grecs s'y établirent : mais quand les romains y eurent conduit une colonie, les sciences y fleurirent encore davantage. Juvenal et Suétone parlent d'une académie d'éloquence grecque et latine établie dans cette ville, et qu'on nommait Athénée. Arles, Bordeaux et plusieurs autres villes (2) ne cultivaient pas moins les sciences que Lyon et Marseille ; mais Toulouse mérita, par son goût pour la poésie et pour l'éloquence, le nom de ville de Pallas (3). C'est ainsi qu'en parlaient Martial et Ausone. Les autres auteurs anciens nomment souvent les grands hommes qui étaient sortis des écoles *gauloises*, et qui devenaient maîtres de celles de Rome. Tel fut Valerius Caton, surnommé Latina Siren ; L. Plotius, rétheur illustre du temps de Crassus ; et, sans parler des autres, Antonius Gnipho, que Ciceron lui-même allait écouter.

GESNER (Conrad). Savant, né à Zurich en 1516. Quoique la médecine, la botanique et l'Histoire naturelle l'aient occupé presque toute sa vie, je le mets au rang des bibliographes, à cause de sa *Bibliothèque universelle*, publiée à Zurich en 1545. On en a donné un *Epitome* en 1583, qui est plus estimé que l'ouvrage même. Cette bibliothèque est une espèce de dictionnaire ou de catalogue d'auteurs et

---

(1) On croit que Lyon fut fondée l'an de Rome 712, dans la quarante-unième année avant Jesus-Christ, par Lucius Munatius Plancus, qui était consul avec Æmilius Lepidus.

(2) Arles est à peu près aussi ancienne que Marseille : on la croit fondée par les phéniciens. Bordeaux date aussi d'une haute antiquité : on ignore qui l'a fondée.

(3) *Palladiae non inficienda Tolosae*
Gloria. Mart. Lib. 9. Epi. 101.

de livres. *Gesner* a encore publié un *Lexicon grec et latin*, 1560, in-fol. Ses ouvrages sur l'histoire naturelle et la botanique sont : *Historia animalium.* Zurich, 1551, 4 vol. in-fol.; *Opera botanica.* Nuremberg, 1754, in-fol. On doit à *Gesner* l'idée d'établir les genres des plantes par rapport à leurs fleurs et leurs semences et à leurs fruits. Il mourut en 1565.

GESSNER (Salomon). Poëte, imprimeur, dessinateur, graveur et peintre. Il est né à Zurich en 1734, et est mort en 1788. Il a donné une édition de ses idylles à Zurich en 1773, avec des figures dessinées et gravées par lui-même. Il doit plutôt sa réputation à ses charmantes poésies, qu'aux éditions sorties de ses presses. On connaît plusieurs éditions de ses ouvrages, soit in-18, soit in-12 ou in-8 : la plus précieuse est celle qui a paru dernièrement en 4 volumes in-8, avec 36 figures.

GLOSSOGRAPHE. Epithète qui convient à tout écrivain qui s'applique à l'étude des langues, qui recherche les étymologies et qui en publie des traités. *Glossographe* vient de deux mots grecs qui signifient *langue* et *j'écris.* Nous indiquons les principaux *glossographes* à la fin de l'article LANGUES.

GLOSSOMÈTRE. Ce mot est employé par le président de Brosses, pour désigner une tablature qu'il a imaginée, et à l'aide de laquelle on peut comparer les langues, voir d'un coup d'œil entre plusieurs idiomes ce qu'ils ont de commun, la manière dont ils nuancent leurs changemens, ce qu'ils ont de tout-à-fait différent, leurs procédés particuliers, leurs caractères spécifiques, leurs articulations favorites, etc. Pour se former une idée de cette tablature, il faut savoir que l'auteur a inventé un alphabet organique et universel, composé d'une voyelle et de six consonnes. La voix ou voyelle a sept divisions, savoir : A, AI, E, I, O, OU et U, qui sont allongées en les doublant, et qui deviennent nazales en leur ajoutant un N : elles peuvent être intermédiairement divisées à l'infini, et chacune de ces divisions a des signes particuliers. Les six consonnes de l'alphabet organique, ou pour mieux dire les six organes qui produisent les consonnes, sont :

1.º Lèvres, p, b, m, f, v, bz, bl, pr, ps, pt, fl, etc.
2.º Gorge, e, gh, k, qu, cl, cr, cs, cz, ct, etc.
3.º Dent, d, th, t, dgh, dj, dr, tr.
4.º Palais, j, z, ch.
5.º Langue, l, n, r, gn, gl.
6.º Nez, s, st, ts, scr, sc, sp, spr, spl, str, etc.

Chacun de ces caractères a un signe particulier; et c'est la réunion de tous ces signes, qui représentent à peu près et assez imparfaitement l'organe qui produit la lettre; c'est la réunion de ces signes, dis-je, qui forme l'alphabet organique du président de Brosses. A l'aide de cet alphabet, quiconque voudra vérifier si une dérivation est juste, n'a qu'à écrire avec les caractères organiques le dérivant et le dérivé, il verra si on emploie pour l'un et pour l'autre le même ordre dans le mouvement des organes. C'est, après l'identité de signification, la meilleure preuve que l'on puisse avoir que deux mots viennent d'une même source; et quand l'identité de signification s'y trouve jointe, la preuve est démonstrative. On peut aussi, ajoute l'auteur, se servir utilement de l'alphabet organique pour comparer les diverses langues. Lorsqu'on aura un modèle de chaque langue, fait sur un même discours, soit sur l'oraison dominicale (1) ou

---

(1) L'auteur a cité pour exemple la première phrase de l'oraison dominicale, écrite en latin, en italien, en espagnol et en français, ainsi qu'il suit:

sur tout autre, il faudra écrire chacune des traductions en caractères de cet alphabet ; alors, par la conformité presqu'entière qu'auront ensemble un grand nombre de copies ainsi transcrites, on verra d'un coup d'œil toutes les langues réduites à trois ou quatre, formant autant de classes générales.

GLYPTOGRAPHIE (1). C'est ainsi que l'on appele la science des pierres gravées ; on peut donc regarder la *glyptographie* comme l'une des classes de l'archæographie (*voyez* ARCHÆOLOGIE). La glyptique est l'art de graver en pierres fines. « Pour bien expliquer les pierres gravées, dit le citoyen Millin, il faut connaître la lithologie, afin d'en déterminer la nature ; savoir l'histoire de l'art pour juger du style ; la mythologie et l'histoire pour découvrir le sujet, et avoir une connaissance des autres parties de l'antiquité ; enfin il faut les considérer sous le rapport de l'art et sous celui de l'érudition. » Voyons d'abord quelles sont les espèces de substances sur lesquelles on a gravé, ensuite nous dirons un mot des procédés employés pour graver

---

Pater noster qui es in çelis sanctificatum sit tuum nomen adveniat
Padre nostro che sei nei cieli sanctificato sia tuo nome venga
Padre nuestro que estas en cielos sanctificado sia tu nombre venga
Père nostre qui es en cieux sanctifié soit ton nom vienne
tuum regnum.
tuo regno.
tu reyno.
ton règne.

Au-dessus de chaque mot est la traduction en caractère organique, et il se trouve que les caractères de chaque dialecte se ressemblent tous les quatre, à peu de chose près.

(1) Nous parlons de cette science, parce qu'elle s'occupe d'objets précieux qui se trouvent souvent dans les collections curieuses attachées ordinairement aux grandes bibliothèques.

sur pierre, de la classification des pierres gravées, de celles qui sont les plus célèbres, et nous finirons par indiquer les auteurs qui ont traité de la *glyptographie*. Les substances sur lesquelles on peut graver sont ou animales, ou végétales, ou minérales. Parmi les substances animales on compte les coquilles, la nacre de perle, le burgau, le nautile, les chames, les porcelaines (coquillage), le corail et l'ivoire. Parmi les substances végétales ou végéto-animales, on comprend les différens bois et le succin. Les substances minérales sont, 1.° les bitumes parmi lesquels on distingue le jayet; 2.° les métaux parmi lesquels on cite l'hématite, oxide de fer que les égyptiens ont beaucoup employé, et la malachite, oxide de cuivre plus fréquemment traité par les artistes modernes; et 3.° les pierres que l'on distingue en pierres calcaires, parmi lesquelles il faut comprendre le schiste calcaire, employé à la gravure par les égyptiens; en pierres argilleuses, parmi lesquelles le lapis-lazulli, pierre bleue sur laquelle des pyrites cuivreuses forment des traces dorées, tient le premier rang; en pierres magnésiènes, dont la pierre ollaire, sur laquelle nous avons plusieurs gravures égyptiennes, fait partie; et enfin en pierres siliceuses ou quartzeuses, qui sont les plus dures et celles sur lesquelles les plus grands artistes se sont principalement exercés. On distingue les pierres siliceuses en transparentes, demi-transparentes et en opaques. Les transparentes, qui sont les plus belles, les plus dures, et que l'on nomme pierres précieuses ou gemmes, sont le diamant (1), le

---

(1) La taille du diamant n'a été inventée qu'en 1476 par Louis de Berquen de Bruges, et on n'a commencé à graver sur le diamant que dans le 16e siècle. Jacques de Trezzo, selon les uns, est le premier qui ait ainsi gravé; et selon d'autres, c'est Clément de Birague, en 1564. Quelques-uns prétendent qu'Ambroise Charadossa avait gravé, en 1500, la figure d'un père de l'église, sur un diamant, pour le pape Jules II. Natter et Costanzi ont gravé sur le diamant.

saphir oriental (bleu), le rubis oriental ou escarboucle (rouge), l'émeraude (verte), l'aigue-marine (verdâtre), l'améthyste (1) orientale (violet), l'hyacinte (rouge doré), la topaze orientiale (jaune), le grenat (rouge) et le cristal de roche, qui est un quartz transparent qui cristallise en prisme à six pans, avec deux pyramides à six faces. Les demi-transparentes sont la prase, pierre verte qui a été prise pour l'émeraude, et que l'on nomme, pour cette raison, fausse émeraude; l'opale, qui réfléchit différentes couleurs; le girasol, qui est une espèce d'opale bien chatoyante; l'agathe, soit herborisée quand elle représente des herborisations, soit figurée quand on y remarque des objets singuliers (2): on la nomme chalcédoine quand elle est troublée par des veines laiteuses; cacholong quand elle est opaque, et sardonyx ou sardoine quand elle a une couleur brunâtre, enfumée et noire. Les graveurs attaquent successivement les couches de différentes couleurs de cette pierre, pour faire les figures, les draperies et le fond des camées; enfin la cornaline, qui est de la même pâte que l'agathe, mais qui en diffère par sa teinte rouge, et le jade, qui a une teinte grisâtre et d'un blanc laiteux; il y en a d'olivâtre et de verd; sa surface est graineuse. Les pierres siliceuses opaques sont de la même pâte que les précédentes, mais moins vitreuses; la principale est le jaspe, dont les particules sont fines, compactes et serrées : il y en a de verd, de

---

(1) Il faut la distinguer de l'améthyste ordinaire, qui n'est qu'un cristal coloré; alors on le nomme prisme d'améthyste. Les anciens faisaient des coupes d'améthyste, parce qu'ils croyaient que cette pierre bannissait l'ivresse. Cette prétendue propriété est le sujet d'une jolie épigramme dans l'Anthologie. L'étymologie d'améthiste vient du grec *a* privatif, et *methyo*, j'enivre, sans enivrer.

(2) Telle devait être celle de Pyrrhus, qui représentait naturellement, dit Pline, Apollon et les Muses.

jaune, de brun, de noir, de gris : on le nomme fleuri quand il a des couleurs mélangées, et rubané quand les teintes forment des raies. Le jaspe sanguin est celui qui est verd et parsemé de taches rouges ; on le nomme héliotrope quand les taches sont plus grandes. On ne connaît qu'une seule espèce de pétrification qui soit travaillée par les graveurs ; c'est la turquoise : on appelle ainsi une substance osseuse pénétrée par un oxide de cuivre. Les graveurs se nommaient chez les anciens *lithoglyphes*, graveurs en pierres, ou *dactylioglyphes*, graveurs d'anneaux ; et chez les romains, *scalptores* ou *cavatores*. Les instrumens employés pour graver, sont la pointe du diamant, le tour appelé touret, la bouterolle, petit rond de cuivre ou de fer émoussé propre à user la pierre, et la tarrière. On use les pierres à l'aide de poudres ou de liquides différens. Les anciens se servaient du *naxium*, espèce de poussière de grès du levant ; ensuite on employa le schiste d'Arménie, puis l'émeril et la poudre de diamant : on humecte ces poudres avec de l'huile ou de l'eau. Les gravures en creux se nomment *intailles*, et celles en relief se nomment *camées*. La sardonyx est la plus propre à faire des camées. Les empreintes ou pâtes sont des imitations des pierres précieuses. Ces sortes de compositions ont été connues des anciens. On fait des empreintes en verre coloré, en cire d'Espagne, en soufre mêlé avec du vermillon, ou en plâtre. On rapporte d'Italie des petites boîtes d'empreintes. On appelle cabochons les pierres convexes ; scarabées, les pierres ovales qui ont servi de bases aux figures de cet insecte ; *grylli*, les têtes très-laides, du nom d'un athénien connu par sa laideur ; conjugées, les têtes représentées sur le même profil ; opposées, les têtes qui se regardent ; *capita symplegmata*, les têtes grouppées d'une manière bizarre. Quant à la classification des pierres gravées, on suit les divisions de l'histoire, en réunissant d'abord les sujets de la fable, ceux de l'histoire héroïque, ceux de l'histoire grecque et romaine, et enfin les portraits et les mélanges, On peut encore ranger les empreintes relativement à l'histoire de l'art ; réunir ensemble celles qui ont des noms de graveurs ; enfin former des collections spéciales relatives aux objets de ses études. Les pierres gravées les plus celèbres sont, parmi les intailles, le persée et le mercure de Dioscourides (et non pas de Dioscorides comme on l'écrit ordinairement), le taureau dionysiaque d'Hyllus et le cachet de Michel-Ange ; on appelle ainsi une cornaline qui représente une vendange : elle est au cabinet national, et a été le sujet de plusieurs dissertations ; et parmi les camées, on remarque la sardonyx de Tibère ; c'est la plus grande connue ; nous en avons déjà parlé : elle a trois rangs de figures ; au premier est l'apothéose d'Auguste ; au second est Germanicus rendant compte à Tibère de son expédition en Germanie, et au bas sont les figures des nations vaincues. Il existe aussi à Vienne une belle sardonyx qui est moins grande que la précédente, et qui représente en deux rangs de figures l'apothéose d'Auguste avec son épouse Livie. On connaît encore d'autres camées précieux, tels que Rome et Auguste, Claude et sa famille, Ptolémee et Arsinoé, etc. (*voyez* ECKEL dans sa description du cabinet de Vienne). Outre ces grands camées, qui ressemblent à des tableaux, on connaît encore des coupes en pierres précieuses, appelées *gemmæ potatoriæ*, qui sont très-remarquables : de ce nombre est le vase de Brunswick de six pouces de hauteur : on l'appelle aussi vaso de Mantoue, parce qu'il fut volé dans le sac de Mantoue, en 1630, par un soldat qui le vendit au duc de Brunswick pour cent ducats. Il représente l'histoire de Cérès cherchant Proserpine, et avec Triptolème. La superbe coupe de S. Denis, donnée à cette abbaye par Charles III, représente les mystères de Cérès et de Bacchus. Le roi de Naples en possède une très-belle qui représente un prince égyptien avec sa famille. On appelle dactyliothèques les collections de pierres gravées : on en voit de très-belles en Italie, en Allemagne, en Russie, en Danemarck, en Hollande, en Angleterre et en France. Les auteurs qui ont travaillé sur la *glyptographie* sont Vettori, à qui l'on doit quelques préceptes; Mariette, qui a composé un très-beau traité des pierres gravées, mais volumineux et cher (1); Busching le géographe, qui a donné de courts élémens de cette science; de Murr, dans sa bibliothèque de peinture et de gravure; Sulzer, dans le Dictionnaire des beaux-arts; Vasari et Giulianelli, pour l'histoire des graveurs modernes; Lippert, dans le catalogue raisonné de sa Dactyliothèque ou collection de 4,000 empreintes; Raspe, dans le catalogue des 15,000 empreintes de la collection de Tassie à Londres; Chiflet, sur les abraxas; Gori, sur les pierres astrifères; Ficoroni, sur les pierres à inscriptions, etc., etc., etc. On peut aussi consulter les principaux muséographes dont les ouvrages sont le *Musæum florentinum* (2) de Gori; la *Galerie de Florence*, par Vicard et Mongez; le *Museum d'Odescaschi;* la *Description des pierres en creux du cabinet du roi*, par Mariette; celle des pierres du duc d'Orléans, par Leblond et Lachaux; celle du cabinet de Vienne, par Eckel; du cabinet de Gravelle, de Crassier, de Stosch; celle du cabinet du duc de Malborough, etc.; et les antiquaires, tels que Caylus, Montfaucon, etc., etc., etc. Outre les écrivains que nous venons de citer, on connaît encore Abraham Gorlée, André Baccius, Anselme de Boodt, Léonard Augustin ou Agostini, Scipion Maffei, Bottari, Winckelman, Barthelemy, etc., etc.

(1) 1750, 2 vol. in-fol.

(2) Ce *Musaeum* a été publié à Florence en 1731 — 64, 11 vol. in-fol. dont deux des pierres, un des statues, trois des médailles et cinq des peintres. On doit encore à Gori *Musaeum etruscum*, 1737 et suiv. 3 vol. in-fol.; *Musaeum cortonense*, 1750, 1 vol. in-fol., et les inscriptions anciennes des villes de Toscane et Florence, 1727 et suiv. 3 vol. in-fol., etc.

GOUJET (Claude-Pierre). Très-laborieux bibliographe, né à Paris en 1697, mort en 1767. Il a publié un nombre infini d'ouvrages, tous estimés à juste titre; mais nous nous contenterons de citer ici celui qui a le plus de rapport à l'objet que nous traitons: *Bibliothèque française*, ou *Histoire de la Littérature française depuis l'origine de l'imprimerie jusqu'à nos jours*. Paris, 1740, 18 vol. in-12. C'est dommage qu'il n'ait pas commencé cet ouvrage aux beaux jours de la littérature française; on n'y verrait pas figurer tant de vieux auteurs et tant de mauvaises productions; son ouvrage serait fini, au lieu que ses 18 volumes ne contiennent pas même en entier l'histoire des belles-lettres.

GOURMOND (Gilles). Imprimeur à Paris dans le 16e siècle. Il a publié des éditions grecques qui sont estimées. Il est le premier qui a imprimé à Paris des livres grecs et hébreux. En 1507, il donna un recueil in-4° qui renfermait différens opuscules grecs, tels que les *Sentences* ou *Apophtègmes des sept Sages de la Grèce*; *les Vers dorés de Pythagore*; le *Poëme moral de Phocilide*; les *Vers de la Sibylle d'Erythrée* sur le dernier jour du monde, avec un *Alphabet grec* et quelques autres pièces. Ce livre fut très-bien reçu, et il le fit suivre la même année de trois autres livres grecs; savoir: *Homeri Batrachomyomachia*, in-4; *Hesiodi opera et dies*, in-4; et la *Grammaire grecque de Chrysoloras*, in-4. On lui doit encore *Idyles* de Théocrite; quelques *OEuvres de Lucien*; une seconde édition de la *Grammaire de Chrysoloras* en 1511; *la Gnomologie*, et le *Lexicon grec d'Aldus* en 1512; la *Grammaire de Théodore Gaza* en 1516, etc. Sa devise est *tost ou tard, près ou loing, a le fort du faible besoin;* puis son nom, *Gilles* ou *Ægidius Gourmond;* et quelquefois il prenait trois couronnes, avec un verset des psaumes en hébreu et en grec sous l'hébreu: il est mort peu après 1527.

GRAVEURS. Il existe peu de bibliothèques publiques où il ne se trouve quelque collection de gravures : il est donc intéressant de connaître quels sont les artistes qui se sont le plus distingués dans cette partie. Nous allons présenter la liste chronologique des principaux *graveurs* depuis l'origine de l'art.

Le plus ancien qui ait tiré des épreuves de ses ouvrages, et dont le nom soit parvenu jusqu'à nous, est Martin Schoen, dit *Beaumartin de Colmar*, qui grava, selon l'opinion commune, depuis 1460 jusqu'à l'année de sa mort, arrivée en 1486. Les autres *graveurs* sont les Israël Van Meckeln, dont le dernier est mort en 1523 (1) ; Michel Wolgemuth, mort en 1519, Maso Finiguera, Sandro Boticello, Baccio Baldini, André Mantegne, mort en 1517, Albert Durer, Marc-Antoine, Lucas de Leyde, Georges Penz, Hanz-Sebald-Beham, Henri-Aldegraver, Albert Altdorfer, Théodore de Bry, Georges Ghisi, dit le Mantouan, Corneille Cort, Cherubin Albert, Antoine Tempeste, Raphaël Sadeler, Jean Sadeler, Giles Sadeler, les Galles, Augustin Carrache, Annibal Carrache, François Villamene, Henri Goltz, Jean Muller, Wierx, Nicolas le Bruyn, Léonard Gaultrier, Lanfranc, Corneille Schut, François Perier, Jacques Callot, Antoine Wandyck, Claude Gelée, dit le Lorrain, Brebiette, Venceslas Hollar, Etienne de la Belle,

(1) Selon quelques auteurs, Israël Van Mecken, ou Van Mentz, ou Van Mecheln, ou Meckelen, appelé en Français Israël de Malines, florissait, comme peintre et comme graveur, l'an 1450 ; par conséquent il paraîtrait avoir quelque titre aux honneurs de l'invention de la gravure. Heinecke place les gravures des Israël Van Meckeln, père et fils, entre 1450 et 1503. James Hazard, gentilhomme anglais, mort à Bruxelles en 1787, qui parcourait l'Allemagne, la Hollande, la Flandre et la France, pour recueillir des gravures, a connu seize estampes d'Israël Van Meckeln : elles représentaient les principaux sujets de la vie de la Sainte Vierge ; il en possédait le *mariage*.

Pietre Testa, Abraham Bosse, Salvator Rosa, Sébastien Bourdon, Benedette de Castiglione, Jean le Pautre, François Chauveau, Corneille Bloemaert, Charles Audran, Etienne Baudet, Michel Natalis, Gilles Rousselet, Guillaume Vallet, François Poilly, Nicolas Pitau, Guillaume Chasteau, Elie Nainzelman, François Spier, Jean-Louis Roullet, Pierre de Jodé, Pierre Soutman, Pierre Van Sompelen, Jonas Suydersef, Robert Van Voerst, Luc Vorsterman, Paul Pontius ou Dupont, Schelte Boiswert, Guillaume Hondius, Hendrick Snyers, Pierre de Balliu, Claude Mellan, Jean-Jacques Tourneisen, Rembrandt, Ferdinand Bol, Jean-Georges Van-Uliet, Jean Lievens, Salomon Konnick, Grégoire Huret, Jean Lectma, Michel Dorigny, Israël Sylvestre, Jean Pesne, Nicolas Berghem, Carle Maratte, Corneille Visscher, Joseph-Marie Mitelli, Jean Morin, Jean Boulanger, Robert Nanteuil, Etienne Picard, dit le Romain, Pierre Sante Bartolli, Antoine Masson, Claudine Boussonnet Stella, Sébastien Leclerc, Adam Perelle, Nicolas Perelle, Charles Simonneau, Louis Chastillon, Alexis Loir, Gerard Lairesse, François Bauduin, Gerard Audran, Michel Corneille, Jean Luyken, Gerard Edelinck, Pierre Van Schuppen, les Aquila, Nicolas Dorigny, Louis Cheron, Antoine Coypel, Benoît Audran, Jean Audran, Gaspard Duchange, Robert Van-Auden-Aert, Bernard Picard, Pierre Drevet, Jérôme Ferroni, Claude Gillot, François Chéreau, Jacques Frey, Louis Desplaces, Charles Dupuis, J.-B. Oudry, Nicolas Dauphin-Bauvais, Charles-Nicolas Cochin père, Simon-Henri Thomassin, le comte de Caylus, Fréderic Hortemels, Nicolas Dupuis, Pierre Drevet fils, Jacques Houbracken, Laurent Cars, Pierre Subleyras, Thomas Worlidge, G. Wagner, François Vivaréz, Jean Daullé, Jean-Marc Pitteri, Jean-B. Piranése, George-Frédéric Schmidt, Pierre Aveline, Jean-Jacques Balechou, Jacques-Philippe Lebas,

Jean-Jacques Flipart, Claude-Henri Watelet, Jean-Louis le Lorrain, Jacques Aliamet, William Wynne Riland, Salomon Gessner, William Vollet, David Gaucher, Ingouf, Saint-Aubin, Tardieu, Blanchon, Née, Duflos, Ponce, Saugrain, Simon, Coiny, Tillard, etc., etc., etc.

Beaucoup de célèbres peintres et *graveurs* ont caché leur nom dans leurs tableaux ou gravures sous des monogrammes, chiffres, etc. qui ne sont pas faciles à exprimer. Nous indiquons à ce sujet un excellent ouvrage qui sera d'une grande ressource aux iconophiles; c'est le *Dictionnaire des monogrammes, chiffres, lettres initiales, logogryphes, rébus, etc. sous lesquels les plus célèbres peintres, graveurs et dessinateurs ont dessiné leurs noms.* Traduit de l'allemand de Christ, professeur à Leipsick. Paris, 1762, in-8, planches.

Nous ne finirons pas cet article sans parler de la manière d'arranger les porte-feuilles d'estampes dont M. Heinken, directeur du salon des estampes à Dresde, a donné l'idée dans un ouvrage in-8 imprimé à Leipsick. Sa méthode regarde la collection la plus complette dans ce genre. Il la divise en douze classes : la *première* renferme les ouvrages connus sous le titre de galeries, de cabinets et recueils; la *seconde* est destinée à l'école italienne, c'est-à-dire, aux artistes qui ont appris et ont exercé leur art en Italie, dans quelque pays qu'ils soient nés; la *troisième* est composée de l'école française; la *quatrième*, des écoles flamande et hollandaise; la *cinquième*, de l'école anglaise; la *sixième*, de l'école allemande, à laquelle on joint les estampes anonymes; dans la *septième* classe sont les portraits tant détachés que ceux qui font suite dans les livres; dans la *huitième*, les estampes qui ont rapport à la sculpture et à l'architecture; dans la *neuvième*, celles qui concernent les antiquités; les *dixième* et *onzième* sont destinées aux livres et aux estampes qui traitent des cérémonies, des solennités, des ordres de chevalerie, du blason, des funérailles et à une bibliothèque particulière des livres de l'art, bibliothèque relative et restreinte aux estampes ; enfin la *douzième* et dernière classe est réservée pour les dessins, qui sont un ornement très-précieux lorsqu'ils sont vraiment originaux. Tel est l'ordre adopté pour le cabinet royal de Dresde.

GRAVURE *en relief et en creux*. Nous parlons de cette espèce de *gravure*, parce qu'on lui doit les caractères qui se trouvent sur les anciens monumens, et parce qu'elle a sans doute fait naître l'idée de l'art typographique. On peut dire qu'elle date de la plus haute antiquité : Josephe (1) rapporte que les enfans de Seth gravèrent sur des colonnes de briques et de pierres, leurs découvertes astronomiques. Hérodote a vu, dit-il, dans la Palestine les inscriptions et les figures que Sésostris fit sculpter pour perpétuer la mémoire de ses conquêtes dans l'Asie. Pythagore et Platon ont étudié les célèbres colonnes d'Egypte, sur lesquelles Hermès grava sa doctrine ; et c'est à cette étude que Jamblique prétend qu'ils ont dû toute leur philosophie. Ces monumens existaient encore 500 ans après Jesus-Christ, du temps de Proclus. Combien d'autres objets qui, chargés de figures hiéroglyphiques, attestent l'ancienneté de la *gravure*, soit en relief, soit en creux ; l'obélisque de Thèbes, transporté d'Alexandrie à Rome, et que l'on voit sur la place de Saint-Jean-de-Latran, en est une preuve, ainsi que celui de la place du Peuple, qu'Auguste fit venir d'Heliopolis ; celui de la place Navonne, que Caracalla fit amener d'Egypte, et celui de la place Saint-Pierre, qui fut retrouvé dans le cirque de Néron. Un ancien marbre de Canope, près d'Alexandrie, représente la déesse Isis avec une inscription qui annonce ses attributs. Il y en avait une

(1) *Antiquités judaïques.*

semblable à Saïs dans la Basse-Egypte; à l'académie de Turin, on conserve un buste d'Isis, en marbre noir, dont le front, les joues, le nez et la poitrine sont ciselés de caractères égyptiens. Procope a vu à Tingis, aujourd'hui Tanger, en Afrique, des colonnes de marbre où l'on trouve encore des vestiges de la langue des phéniciens, les fondateurs de Carthage. Ces peuples ont également laissé des traces de leur navigation et de leur commerce dans leurs colonies et particulièrement sur les côtes de la Méditerranée, à Cadix, à Tripoli. Ces phéniciens passent pour être les inventeurs des lettres et de l'écriture, si l'on en croit Lucain:

Phenicès primi, famæ si creditur, ausi
Mansuram rudibus vocem signare figuris.
Nondùm flumineas Memphis contexere biblos
Noverat, et saxis tantùm volucresque, feræque
Sculptaque servabant magicas animalia linguas.

Il paraît que Memphis ne connaissait alors que l'art grossier de sculpter sur la pierre des sphinx, des oiseaux, des animaux; ce qui peignait la pensée, les choses et les actions d'une manière mystérieuse. Le décalogue fut gravé sur des tables de pierre en caractères phéniciens, c'est-à-dire, samaritains, qui est l'ancien hébreu. Le traité d'alliance conclu entre les juifs et les romains sous Judas Macchabée, fut buriné sur une table de cuivre; des médailles et des inscriptions en caractères étrusques et osques, déterrés à Perouse, à Cortone, à Rimini; des vases, des amphores, des urnes, des burettes sculptées sur bois, en relief et en creux, publiées à Rome en 1767 et 1770, par Passeri, Amaduzzi, etc. prouvent que les anciens toscans avaient une connaissance parfaite de la *gravure*. Les lois religieuses de Numa furent écrites sur des tables de bois; la loi des douze tables que les décemvirs allèrent puiser en Grèce fut gravée sur l'airain et exposée sur les rostres, afin que le peuple en prît plus facilement connaissance. A Lyon, on voit une table d'airain (*voyez* TABLE) sur laquelle est gravée la harangue que l'empereur Claude prononça dans le sénat de Rome en faveur des lyonnais. Les colonnes antonine, trajane, rostrale, militaire, érigées par le sénat romain aux grands hommes, sont chargées d'insctiptions tracées en ligne spirale et en ligne circulaire, ainsi que les colonnes milliaires destinées à marquer la distance des lieux. Les boucliers des grecs et des romains étaient ornés de devises, de monogrammes et de figures; les écus et les rondaches des anciens chevaliers succédèrent à ces boucliers. Les tartares, les arabes, les scythes, les cimbres, les huns, les mogols gravaient sur des pyramides, sur des tours, sur des arbres et sur des rochers, les têtes qu'ils avaient abattues. Ceux qui, chez les anciens, se consacraient à Bacchus se faisaient marquer d'une feuille de lierre; ceux qui avaient confiance à la déesse de Syrie portaient des caractères imprimés sur leur chair, les uns sur le poignet, les autres sur le cou; les indiens, les chinois, les lapons, les américains ont des idoles de bois chargées de *gravures* mystérieuses; les peuples de l'Orient et de l'Afrique ont leurs grisgris ou talismans également empreints de différentes figures. Nous parlons des inscriptions runiques au mot RUNES. Les germains, les frisons, les bataves, les belges, les morins, les nerviens, les éburons, les habitans des Ardennes, de Trèves, de Cologne, de Tongres, etc. avaient tous des statues de leur divinité tutélaire. On trouve dans leur pays des médailles avec légende, des inscriptions, des *ex-voto* à Mars, à Hercule, à Mercure, à Neptune, à Diane, à la déesse Néhalennie, etc. Les pierres précieuses ont été gravées de temps immémorial (*voyez* GLYPTOGRAPHIE). Dion Cassius nous apprend que l'anneau de Pompée représentait trois trophées; le monogramme de Publius Valerius Publicola, gravé sur une cornaline, représente sa tête. On en trouve mille exemples semblables dans la Dactyliothèque de Lippert, dans les pierres gravées du museum de Florence, du Vatican, de Dresde, de Vienne, de Paris, etc. Les anneaux ont toujours été une marque de distinction, et ont servi à scéler les actes publics émanés de l'autorité souveraine. Les sceaux servaient à fermer les lettres, les missives, les dépêches : Ciceron en parle dans sa troisième catilinaire. Les anciens faisaient aussi usage du sceau pour fermer leurs coffres, leurs armoires, leurs celliers, et même ils l'appliquaient sur le couvercle de leurs amphores, qu'ils calfeutraient de poix, après les avoir remplies de vin : c'est le *Nota falerni* d'Horace (1). Les monnaies sont également une des preuves les plus anciennes de la *gravure*. La monnaie des athéniens était empreinte d'une chouette, symbole de la vigilance (2) ; celle des macédoniens, d'un bouclier, signe de la force et de la puissance ; celle des béotiens, d'un Bacchus tenant une grappe de raisin et une coupe, image de l'abondance ; celle des romains, d'un bœuf sous les derniers rois, ensuite de lettres pour en indiquer la valeur ; sous la république, d'une femme représentant la ville de Rome ou une victoire, et au revers, de la figure de Castor et Pollux ; Jules-César est le premier dont, par ordonnance du sénat, la tête ait été empreinte sur les pièces d'or, d'argent ou de cuivre. Dans l'origine, les médailles n'étaient que des pièces de monnaie (*voyez* MÉDAILLES). La médaille d'Amynthas, bisayeul d'Alexandre, sert de première époque à la fabrique des médailles grecques. A Rome, Numa Pompilius substitua aux monnaies de cuir l'usage de celles de bronze : on les a frappées au marteau ; puis on les a coulées dans des moules

(1) Troisième ode du second livre.

(2) Le coq, dans la monnaie de la république française, est le symbole de la vigilance et de la victoire.

faits d'argile cuite : l'invention du balancier est moderne (1). On doit conclure de ce que nous venons d'exposer, surtout relativement à l'art monétaire, que c'est à la *gravure* en relief ou en creux que l'on doit la précieuse découverte de l'art typographique. Il règne une grande affinité entre l'art monétaire et l'art typographique : même poinçon, mêmes caractères taillés en relief, ou frappés, ou moulés en creux. Dans les anciennes médailles, on ne frappait que d'un côté du métal ; dans les premiers essais typographiques, on n'imprimait que sur un seul côté du feuillet. Ce sont des monnoyeurs, orfévres ou graveurs qui sont inventeurs de l'imprimerie. Caylus pense même, d'après les transpositions et renversemens des lettres sur certaines médailles, que les anciens se servaient de caractères mobiles : d'ailleurs l'*antique des médailles* finit à l'époque de l'origine de l'imprimerie, en 1453, à la ruine de Constantinople, sous Mahomet II. Nous renvoyons, pour completter cet article, aux mots TYPOGRAPHIE, MÉDAILLES, GLYPTOGRAPHIE et ARCHÆOLOGIE.

---

(1) L'invention du balancier est due à Nicolas Briot, tailleur général des monnaies, sous Louis XIV. Cette invention fut approuvée en Angleterre comme elle le méritait; mais en France, il fallut que Seguier employât son autorité pour la faire recevoir. Le balancier est une presse ou machine composée d'une vis qui se meut par un fléau de fer chargé de plomp aux deux extrémités, et qui est tiré avec des cordes par plusieurs hommes ; les carrés à monnoyer, vulgairement appelés coins, sont attachés à ce balancier dans une boite carrée garnie de vis et d'écrous pour le serrer, et l'autre en dessus dans une pareille boite, aussi garnie de vis et d'écrous pour tenir le carré à monnoyer. On pose le flan sur le carré d'effigie : on tourne à l'instant la barre du balancier, qui fait tourner la vis qui y est enclavée ; la vis entre dans l'écrou qui est au corps du balancier, et la barre fait ainsi tourner la vis avec tant de force, que, poussant l'autre carré sur celui de l'effigie, le flan, violemment pressé entre les deux carrés, en reçoit les empréintes d'un seul coup. Par le moyen de cette machine, un seul homme fait plus d'ouvrage que vingt autres avec le marteau dans le même espace de temps.

GREGOIRE. Membre de l'institut, né près de Lunéville en 1750. Cet estimable et laborieux savant a des droits à la reconnaissance de tous les français qui cultivent et chérissent les sciences et les arts. Il a défendu avec courage les monumens du génie, dans un instant où la hache révolutionnaire, dirigée par une aveugle fureur, les mutilait de toute part : il a fait trois rapports très-curieux sur le vandalisme; un sur l'établissement du bureau des longitudes; un pour obtenir des secours en faveur des savans, gens de lettres et artistes que la révolution avait plongés dans l'indigence; enfin un sur la bibliographie. C'est ce dernier rapport qui me fait ranger le citoyen *Grégoire* au rang des bibliographes. Je ne parlerai point ici des autres ouvrages qu'il a publiés et qui attestent l'universalité de ses connaissances : ils sont étrangers à mon sujet, et d'ailleurs ils sont suffisamment connus.

GRYPHE (François et Sébastien). Imprimeurs, le premier à Paris, et le second à Lyon, dans le 16e siècle. Ils étaient allemands d'origine, et préférèrent la France à leur patrie. François se servait de caractères romains, et Sébastien de caractères italiques, surtout dans les in-8 et les in-12; mais l'un et l'autre n'employaient que de très-beaux caractères, aussi leurs éditions sont-elles très-estimées, tant pour le choix des ouvrages que pour la révision des épreuves et l'exécution typographique. François n'imprima que jusqu'en 1540, et Sébastien imprima jusqu'en 1556. Il débuta en 1528 par imprimer des prières tirées des livres saints, en hébreu, en grec et en latin, et ne finit qu'en 1556, par l'édition de Térence. Il publia les *Commentaires sur la langue latine de Dolet*, en 2 vol. in-fol., et une infinité d'autres ouvrages, dont on voit le nombreux catalogue dans Maittaire. Sébastien mourut en 1556, laissant son imprimerie à ses héritiers, qui donnèrent l'année suivante l'édition des *OEuvres de Sannazar*. La devise des *Gryphes* était un griphon. Parmi les éditions qu'a publiées Sébastien *Gryphe*, on distingue sa *Bible latine* de 1550, in-fol., imprimée avec le plus gros caractère qu'on ait vû jusqu'alors, ainsi que ses *Bibles hébraïques* et le *Trésor de la langue sainte de Pagnin.* Jean Vouté de Reims rendit hommage aux talens de *Gryphe* en le louant dans les vers suivans de la manière la plus flatteuse :

Inter tot norunt libros qui cudere, tres sunt
Insignes ; languet cœtera turba fame.
Castigat Stephanus, sculpsit Colinœus ; utrumque
Gryphius edocta mente manuque facit.

Antoine *Gryphe* succédant à son père soutint sa réputation.

GUIGNES (Joseph de). Ce savant, recommandable par ses écrits et par ses vertus privées, est né à Pontoise en 1721, et mort à Paris en 1800 (an 8). Il était très-versé dans la connaissance des langues orientales qu'il étudia chez Étienne Fourmont, son digne maître. Les principaux ouvrages qu'il a publiés sont : *Histoire générale des huns, des turcs, des mogols et autres tartares occidentaux, avant et depuis Jesus-Christ*, 1756 et 1758, 5 vol. in-4. *Mémoire dans lequel, après avoir examiné l'origine des lettres phéniciennes et hébraïques*, etc. *on essaie d'établir que le caractère épistolique, hiéroglyphique et symbolique des égyptiens se retrouve dans les caractères des chinois, et que la nation chinoise est une colonie égyptienne* (1). Il faut ajouter à cet

(1) Voyez le trente-neuvième volume du *Recueil de l'académie des belles-lettres*, dont de *Guignes* était membre. C'est en étudiant le chinois et en le comparant avec les langues anciennes, qu'il crut découvrir que ses caractères (chinois) n'étaient que des espèces de monogrammes formés de trois lettres phéniciennes, et que la lecture qui en résulte produit des sons phéniciens ou égyptiens. Frappé de cette idée, il en

écrit la réponse que de *Guignes* fit aux doutes proposés par Deshauteraies. -- Le *Chou-king* (*voyez* ce MOT) ; — l'*Art militaire des chinois*, etc., in-4 ; — vingt-neuf *Mémoires* dans le recueil de l'académie ; — six *Notices d'ouvrages arabes* dans les trois premiers volumes du recueil des notices des manuscrits de la bibliothèque nationale. L'auteur y a inséré une traduction précieuse du géographe arabe connu sous le nom d'Yacouti. — *Essai historique sur la typographie orientale et grecque*, *imprimerie royale*, 1787, in-4 (1) ; *Principes de composition typographique pour diriger un compositeur dans l'usage des caractères orientaux de l'imprimerie royale*, 1790, in-4. La pratique a réformé sur quelques points la théorie de l'auteur ; mais en général on peut dire que la typographie ne doit pas moins à de *Guignes* que la littérature. C'est lui qui a, pour ainsi dire, découvert les poinçons et les matrices des caractères orientaux, que Savary de Brèves, ambassadeur de Henri IV à Constantinople, avait apportés en France. On les avait égarés, et ils étaient tellement brouillés, que, sans le travail de de *Guignes*, ils n'auraient été d'aucun usage. De ces heureuses recherches, il résulte que nous possédons quatre corps de caractères arabes, turcs et persans, un corps de caractères syriens, un d'arménien, quatre d'hébreu et un nombre de

---

conclut que les chinois sont une colonie égyptienne. Kircher, Huet et Moiran l'avaient conjecturé avant lui ; mais il imagina pouvoir le démontrer. Deshauteraies et de Paw attaquèrent son système ; il leur répondit sans assurer son triomphe ; et les missionnaires de la Chine le réfutèrent encore avec assez de force.

(1) Cet ouvrage a paru à la tête du premier volume des notices des manuscrits, sous le titre d'*Essais historiques sur l'origine des caractères orientaux de l'imprimerie royale*, *sur les ouvrages qui ont été imprimés à Paris en arabe*, *en syriaque*, *en arménien*, *et sur les caractères grecs appelés communément* GRECS DU ROI. Cet essai contient des anecdotes curieuses.

caractères chinois, gravés par ordre de Louis XV. Non-seulement de *Guignes* rangea tous ces caractères dans un ordre admirable, mais il apprit encore à s'en servir.

GUILLARD (Charlotte). Cette femme a exercé l'art de l'imprimerie d'une manière distinguée : elle s'est signalée par un nombre considérable d'éditions estimées et recherchées des amateurs. Bertholde Rembolt, son premier mari, l'instruisit dans l'art typographique. Elle épousa, après la mort de Rembolt, Chevalon en 1520. Ce dernier la laissa veuve une seconde fois en 1542. Pendant plus de 50 ans, elle a dirigé elle-même l'imprimerie. Ses plus beaux ouvrages sont ceux qu'elle fit pendant sa seconde viduité. On a d'elle une *Bible latine*, avec les notes de Jean Bénédicti, et un *Grégoire* en deux volumes, si correct que l'*errata* n'est que de trois fautes.

GUILLEMET. Signe dont on se sert dans l'imprimerie pour désigner un passage cité, quand on ne veut pas le mettre en italique. Il est figuré par deux petits c renversés, ou par des virgules doubles ». Les *guillemets* sont ainsi appelés du nom de leur inventeur : on s'en servait déjà dans les anciens manuscrits, et on les connaissait sous la dénomination d'*anti-lambda* : leurs signes ressemblaient assez à ceux des traits-d'union : on les remarque déjà dans les premières éditions des *Bibles* de 1450 et 1462 (*voyez* ANTI-LAMDA).

GUTTEMBERG ou GENSFLEISCH, surnommé GUTTEMBERG ou ZUMJUNGEN de GUTTEMBERG (Jean). C'est à lui que l'on est redevable de l'invention de l'imprimerie, en 1440. Un nuage très-obscur couvre le berceau de ce bel art, et tous les auteurs qui en ont parlé ne nous ont donné que des conjectures plus ou moins fondées. Selon les uns, *Guttemberg*, né à Strasbourg, était bourgeois de

Mayence; selon les autres, né à Mayence, il était bourgeois de Strasbourg; domestique selon ceux-ci, orféyre selon ceux-là, et enfin, selon d'autres, gentilhomme et de l'ancienne famille de Zumjungen, qui avait un hôtel de ce nom à Mayence, et une espèce de palais, nommé *Guttemberg*, dans le voisinage de cette ville. On prétend que Jean *Guttemberg* prit l'idée de sa découverte en voyant sur l'empreinte de son cachet, quelques lettres en relief, et en faisant attention à un pressoir à vin. Son premier essai consista en planches de bois, sur lesquelles il grava quelques caractères en relief et à rebours, etc. Nous rapportons à l'article TYPOGRAPHIE, l'histoire de *Guttemberg*, de Fust et de Schoiffer, ses associés (*voyez* ces MOTS). *Guttemberg* mourut à Mayence en 1468. On voit, dans cette ville, son épitaphe, sous son nom particulier de *Gensfleisch*.

H.

HALLERVORDT (Jean). Ce bibliographe était de Konisberg. Il a publié : *Bibliotheca curiosa in quâ plurimi rarissimi atque paucis cogniti scriptores, interque eos antiquorum ecclesiæ doctorum præcipuorum, et clarissimorum auctorum ferè omnium ætas, officium, professio, obitus, scripta, horumque optimæ ac novissimæ editiones indicantur, in gratiam philobibliorum collecta.* Regiomonti et Francofurti, 1676, in-4.

HARDOUIN. Je donne une place dans ce dictionnaire à ce jésuite, à cause de la bizarrerie de ses opinions sur les ouvrages grecs ou latins des anciens. Selon lui, tout ce qui nous reste de l'antiquité, à l'exception de Ciceron, de Pline, des Géorgiques de Virgile, des Satyres et des Epîtres d'Horace, d'Hérodote et d'Homère, a été supposé dans le 13e siècle par une société de savans, sous la direction d'un certain Severus Archontius. L'Enéide de Virgile composée par un bénédictin, est une description allégorique du voyage de saint Pierre à Rome. La *Lalagé* dont il est question dans les Odes d'Horace, n'est autre chose que la religion chrétienne; ces Odes sont de la même fabrique que l'Enéide. Aucune médaille ancienne n'est authentique, à l'exception d'un très-petit nombre dont il faut prendre chaque lettre pour un mot entier, ce qui change véritablement le sens des médailles. Cette extravagance lui attira la plaisanterie suivante. Un antiquaire lui dit : vous avez raison, mon père ; il n'y a pas une médaille qui n'aît été frappée par les bénédictins; et je le prouve. Ces lettres CON. OB., qui se trouvent sur plusieurs médailles, et que les antiquaires ont la bêtise d'expliquer par CONSTANTINOPOLI OBSIGNATUM, signifient évidemment : CUSI OMNES NUMMI OFFICINA BENEDICTINA. *Hardouin* sentit l'ironie, mais ne se corrigea point. Un de ses confrères lui ayant demandé pourquoi il publiait des paradoxes et des absurdités qui choquaient le public? *Hé croyez-vous*, répondit-il brusquement, *que je me serai levé toute ma vie à quatre heures du matin, pour ne dire que ce que d'autres avaient dit avant moi ?*

HARSI (Olivier de). Imprimeur à Paris dans le 16e siècle. Il est avantageusement connu par les éditions dont il a enrichi la littérature. Chevillier cite, comme son plus bel ouvrage, le *Corps du Droit*, avec les commentaires d'Accurse, imprimé à Paris, en 5 vol. in-fol., en société avec Henri Thierry. Olivier de *Harsi* avait pour devise une herse avec ces mots : *Evertit et equat.* Il mourut en 1584.

HAVATNAAL. Tel est le titre d'un poëme composé d'environ cent vingt strophes, et que l'on attribue à Odin, ce célèbre conquérant et législateur du Nord, devenu le premier et le plus ancien des Dieux, suivant l'Edda. Ce Dieu donne des leçons de sagesse aux hommes dans cet ouvrage. Voici quelques-uns de ses préceptes. « Ne vous fiez ni à la glace d'un jour, ni à un serpent endormi, ni aux caresses de celle que vous devez épouser, ni à une épée rompue, ni au fils d'un homme puissant, ni à un champ nouvellement ensemencé. — Il n'y a point de maladie plus cruelle que de n'être pas content de son sort. — Si vous avez un ami, visitez-le souvent; le chemin se remplit d'herbes, les arbres le couvrent bientôt si l'on n'y passe sans cesse. — Soyez circonspect lorsque vous avez trop bu, lorsque vout êtes près de la femme d'autrui, et quand vous vous trouvez parmi des voleurs. — Ne riez point du vieillard ni de votre vieux aïeul : il sort souvent des paroles pleines de sens des rides de la peau. *Havatnaal* signifie *discours sublime.*

HELLÉNISME. On entend par ce mot toute phrase qui a le tour grec ou la construction grecque; ainsi on appelle *hèllénistes* ceux qui emploient des tours et des expressions propres à la langue grecque : en général, les *Hellénistes* sont ceux qui possèdent bien cette langue.

HELLÉNISTIQUE (langue). Selon plusieurs savans critiques, et, entr'autres, Drusius et Scaliger, cette langue est celle qui était en usage parmi les juifs grecs, et c'est dans cette langue que la version des Septante a été écrite; c'est aussi dans ce même grec que les livres du nouveau Testament ont été écrits par les apôtres. Il ne faut pas croire pour cela que la langue *hellénistique* soit une langue distinguée des autres, et qu'elle soit un dialecte de la langue grecque : non, sans doute; elle est ainsi appelée pour marquer que c'était un grec mêlé d'hébraïsmes et de syriacismes. Saumaise n'est point de cette opinion, et il a composé deux volumes contre l'opinion commune des critiques sur la langue *hellénistique*.

HERISSANT (Louis-Antoine-Prosper). Né en 1745, de Jean-Thomas *Hérissant*, célèbre imprimeur, mourut en 1769. Il s'était adonné à l'étude de la médecine et aux belles-lettres. Il a composé plusieurs *Eloges*, un *Poëme sur l'imprimerie*, le *Jardin des curieux*, 1771, in-12, et la *Bibliothèque physique de la France*, ou *Liste de tous les ouvrages qui traitent de l'histoire naturelle de ce royaume*, 1771, in-8. ~~Vve~~ hérissant le père acquit les fonds de libraire et Imp fonderie de Collombat; & enrichit la dernière —

HERISSANT (Jean-Thomas). Libraire, né à Paris en 1741, a publié : *Typographia, carmen*, 1764, in-4 (1), et le *Catalogue des livres de madame de Pompadour*, 1765, in-8.

HERVAGIUS. Imprimeur à Bâle, dans le 16e siècle. Il s'occupa à réimprimer les ouvrages qui étaient sortis précédemment des presses des plus célèbres imprimeurs, dans le dessein de les surpasser. Il donna une nouvelle édition de Démosthènes, qu'avait imprimé Alde-Manuce, et ne négligea rien pour la rendre plus parfaite et plus complette. *Hervagius* était savant, et cherchait, sinon à surpasser, du moins à égaler les plus habiles imprimeurs. Il a épousé la veuve de Froben.

---

(1) Le père Houdry, jésuite, a aussi composé un poëme intitulé : *Ars typographica, carmen*. Mais il est moins connu par ses poésies que par sa *Bibliothèque des prédicateurs*. Lyon, 1733, 22 vol. in-4, dont huit de *morale* et deux de supplément; quatre de *panégyriques* et un de supplément; trois de *mystères* et un de supplément; un de *tables*; un des *cérémonies de l'église*, et un de l'*éloquence chrétienne*. Il y a du bon et du mauvais dans cette vaste compilation.

hérissant (Veuve) Imp. ord. du Roi, des Cabinets, Maison Bâtimens de S. M. Paris, rue St. Jacques 20 au coin de la Parcheminerie. — Épreuve des Caractères de la Fond. ~~hér~~

HEXAPLES. On appelle ainsi un ouvrage d'Origène qui renfermait la Bible disposée en six colonnes, lesquelles colonnes contenaient le texte et les différentes versions qui en ont été faites (1). Ce fameux ouvrage, qui était considérable, ne subsiste plus que par fragmens que nous ont conservés d'anciens auteurs, entr'autres saint Chrysostôme sur les *Psaumes*, et Philoponus dans son *Hexaméron.* Quelques modernes en ont aussi ramassé les fragmens, surtout Drusius et Montfaucon. Ce sont les *hexaples* qui ont donné lieu aux polyglottes. Comme l'ouvrage d'Origène était considérable, il l'abrégea lui-même ; et, pour cet effet, il publia la version des Septante, à laquelle il ajouta des supplémens pris de celle de Théodotien, dans les endroits où les Septante n'avaient point rendu le texte hébreu, et ces supplémens étaient désignés par un astérisque. Il ajouta de plus une marque particulière en forme d'obélisque ou de broche, aux endroits où les Septante avaient quelque chose qui n'était point dans

(1) Outre la version des Septante, faite sous Ptolomée Philadelphe, plus de 200 ans avant Jesus-Christ, l'écriture avait encore été traduite depuis par plusieurs interprètes : la première version après celle des Septante, est celle d'Aquila, qui la fit vers l'an 140 après Jesus-Christ; la seconde est celle de Symmaque, qui parut, à ce que l'on croit, sous Marc-Aurèle; la troisième est celle que Théodotien donna sous Commode; la quatrième fut trouvée à Jéricho, la septième année de l'empire de Caracalla, 217 de Jesus-Christ; la cinquième fut découverte à Nicopolis, sur le cap d'Actium en Epire, vers l'an 228, et la sixième est celle qu'Origène trouva, et qui ne comprenait que les psaumes. Voilà donc sept versions, y compris celle des Septante. Origène y ajouta le texte hébreu en caractères hébraïques; puis le même texte en caractères grecs; ce qui fait neuf colonnes pour cet ouvrage, en y comprenant la version des psaumes; mais Origène ne l'appelait *hexaples*, que parce qu'il n'entendait parler que des six premières versions grecques; et saint Epiphane, qui comptait les deux colonnes du texte, a appelé cet ouvrage *octaples*, à cause de ses huit colonnes.

l'original hébreu; et ces notes ou signes, qui étaient alors en usage chez les grammairiens, faisaient connaître, au premier coup d'œil, ce qui était de plus ou de moins dans les Septante que dans l'hébreu ; mais, dans la suite, les copistes negligèrent les astérisques et les obélisques; ce qui fait que nous n'avons plus la version des Septante dans sa pureté.

HIERAT (Antoine). Imprimeur allemand du 16e siècle. Il passe pour le plus fécond de tous les imprimeurs, par la quantité innombrable d'éditions qu'il a publiées. Il réimprima tous les saints pères, qui commençaient à devenir rares. Malgré la multiplicité de ses travaux, il montra beaucoup de discernement dans le choix des ouvrages qu'il donna au public ; mais il n'a jamais atteint les Plantins, les Manuces, les Frobens, les Etiennes. Il succéda à Jean Gymnique, dont il épousa la veuve, et fut secondé dans sa profession par Jean Gymnique le fils.

HIEROGLYPHES. Ce sont des espèces de figures que l'on dessinait et dont on se servait en Egypte pour rendre sa pensée, avant la découverte de l'écriture alphabétique. Ce ne sont pas des lettres, dit Cosmas l'égyptien, mais des symboles de lettres qui signifient quelque chose en général. Les *hiéroglyphes* ont été d'usage chez toutes les nations, pour conserver les pensées par des figures, et leur donner un être qui les transmît à la postérité. On peut donc regarder les *hiéroglyphes* comme le premier pas fait vers l'écriture épistolique (1). Les pensées morales se rendaient aussi par *hié-*

---

(1) On prétend qu'un anglais nommé Hammer vient de découvrir, en Egypte, un manuscrit arabe contenant la clef des *hiéroglyphes* gravés sur les pyramides, etc. et qu'il est occupé à le traduire.

(Monit. N. 93, an 10).

roglyphes. On connaît la fameuse inscription du temple de Minerve à Saïs : un *enfant*, un *vieillard*, un *faucon*, un *cheval marin*, signifiaient : *Vous qui entrez dans le monde et qui en sortez, sachez que les Dieux haïssent l'impudence.* Horapollo, dans ses *hiéroglyphes*, dit que les égyptiens peignaient les deux pieds d'un homme dans l'eau, pour désigner un foulon, et une fumée pour désigner le feu; enfin la représentation d'un enfant, d'un vieillard, d'un animal, d'une plante, de la fumée, d'un serpent mordant sa queue, d'un œil, d'une main, de quelqu'autre partie du corps, un instrument propre à la guerre ou aux arts, furent, avec l'aide du ciseau ou du crayon, autant d'expressions, d'images, ou, si l'on veut, autant de mots qui, mis à la suite l'un de l'autre, formèrent un discours suivi. Les monumens où l'on voit le plus d'*hiéroglyphes*, sont les obélisques (1) : on en trouve aussi sur la *table isiaque* et sur une autre *table égyptienne* dont nous parlons dans cet ouvrage (*voyez* ces Mots), ainsi que sur les momies. Les *hiéroglyphes* qui étaient, dans le principe, une écriture de nécessité, devinrent, entre les mains des prêtres égyptiens, une écriture sacrée, surtout lorsque l'écriture épistolique succéda à l'*hiéroglyphique*. Ces

(1) Ammien Marcellin a donné l'explication de l'obélisque du grand cirque, qu'il a puisée dans un ouvrage d'un certain Hermapion, sur l'explication des *hiéroglyphes*. Cet ouvrage ne subsiste plus, et l'explication, rapportée par Am. Marcellin, en grec, offre un sens qui est presque aussi énygmatique que les *hiéroglyphes* ; on en peut voir la traduction dans Montfaucon. L'obélisque dont il est ici question est aujourd'hui à Rome, à la porte *del Popolo*. On en voit encore d'autres à Rome ; un surtout qui, dans le principe, vient de Thèbes : on le croit construit par Ramessès, roi d'Egypte. Constantin-le-Grand voulait le transporter à Constantinople; l'obélisque arriva à Alexandrie, et c'est delà que Constance, fils de Constantin, le fit conduire à Rome, après la mort de son père. L'obélisque fut abattu par la suite des temps, et relevé par Sixte V, qui le fit placer devant Saint-Jean-de-Latran.

prêtres donnèrent une origine divine aux *hiéroglyphes*, et le peuple, toujours superstitieux, s'empressa d'ajouter foi à ce qu'on lui débitait à ce sujet, et il crut à la vertu de ces figures symboliques ; aussi les faisait-on graver sur des pierres précieuses, et on les portait en façon d'amulete et de charmes. Warburthon, dans son essai sur les *hiéroglyphes*, pense que les inscriptions sculptées sur les obélisques dans les places publiques, n'étaient point du tout une écriture mystérieuse, et que, loin de contenir une doctrine secrette, ces inscriptions ne faisaient qu'exposer aux yeux du peuple les choses dont on voulait qu'il conservât le souvenir. Le président de Brosses est de l'avis de Warburthon, dans son *Méchanisme du langage.*

I.

IBARRA (Joachim). Célèbre imprimeur d'Espagne, né à Saragosse en 1725, mort à Madrid en 1785. Son nom peut être placé à côté de celui des Baskerville, des Didot, des Bodoni. Il a porté la perfection de l'art typographique à un point qui était inconnu en Espagne. Il a inventé une encre d'imprimerie dont il augmentait ou diminuait à l'instant l'épaisseur. C'est également lui qui, le premier, a fait connaître à ses compatriotes le moyen de lisser le papier imprimé pour en faire disparaître les plis et lui donner un coup d'œil plus agréable. Voici quelques-unes des principales éditions sorties des presses de cet habile typographe : *El ingenioso Hidalgo don Quixote della Mancha.* En Madrid, 1780, 4 vol. in-4, fig., superbe édition. *Historia general de Espana compuesta por el padre Jean de Mariana.* En Madrid, 1780, 2 vol. in-fol., bonne édition, et celle que l'on préfère en espagnol. La meilleure édition latine de cet ouvrage est celle ayant pour titre : *Joannis Marianæ de rebus Hispanicis, libri XXX; accedunt Francisci-Josephi-Emanuelis Minianæ continuationis novæ, libri X; cum iconibus regum*, etc. Hagæcomitum, 1733, 4 tom. ordin. reliés en 2 vol. in-fol. La traduction française par le père Nicolas de Charenton. Paris, 1725, 5 tom. en 6 vol. in-4, est estimée; mais il faut que la dissertation historique de M. Mahudel, sur quelques monnaies d'Espagne, s'y trouve. La *Conjuracion de Catilina y la guerra de Jugurta, por Cayo Salustio crispo.* En Madrid, 1772, in-fol. Cette traduction, faite par l'infant don Gabriel, est très-rare, parce que ce prince s'est réservé toute l'édition pour en faire des présens. *Ibarra* a encore publié plusieurs autres belles éditions, parmi lesquelles on distingue celles de la *Bible*, du *Missel mozarabe* (1), etc.

IMPRESSION. Ce mot signifie l'action par laquelle on met en usage les procédés typographiques; et dans ce sens on dit *commencer l'impression d'un ouvrage*; ou il signifie le résultat de cette action, et alors on dit *une belle impression.* Pour obtenir un grand succès dans l'art de l'imprimerie et se faire une réputation par de belles éditions, il faut réunir à un goût exquis, des soins, des attentions et une patience à toute épreuve. De toutes les parties de l'art typographique, la plus essentielle, la plus difficile et celle qui assure davantage la gloire et la réputation de l'imprimeur, c'est la correction des épreuves; sans cela, les caractères les mieux gravés, le papier le plus beau et l'encre la mieux préparée deviennent inutiles, et même font ressortir davantage les

---

(1) Les mozarabes sont des chrétiens d'Espagne qui furent ainsi appelés, parce qu'ils vivaient sous la domination des arabes, qui ont été long-temps maîtres de cette partie de l'Europe. Vers l'an 1170, ces chrétiens avaient une messe et un rit à eux propres, qu'on nomme encore *messe mozarabique, rit mozarabique.* Il y a dans Tolède sept églises principales où ce rit est observé.

fautes nombreuses qui attestent l'ignorance, ou au moins la négligence impardonnable de l'imprimeur. Il existe si peu de livres sans faute, qu'on peut les compter; et pour pouvoir annoncer au frontispice d'un ouvrage, comme Didot l'a fait à son Virgile, *sine mendâ*, il faut sans doute mettre au pilon plus d'une feuille imprimée, et la recommencer de nouveau; mais sans atteindre ce degré de pureté, on peut publier de bonnes éditions, en donnant beaucoup d'attention à la correction des épreuves. On appelle *épreuve* la première feuille qui sort de dessous la presse ou de dessous le rouleau (dont on devrait proscrire l'usage dans toute imprimerie, parce qu'il faut trop empâter d'encre le caractère, et mouiller d'avantage le papier, et qu'il arrive souvent qu'on ne peut enlever la feuille entière quand l'épreuve est imprimée). Lorsque la première épreuve est corrigée, on passe à une seconde et à une troisième, si le cas l'exige : cette seconde ou troisième est lue et corrigée par l'auteur; ensuite les imprimeurs mettent en train, et la première épreuve tirée après la mise en train, se nomme *tierce* : c'est sur celle-ci que se fait la dernière correction, et celle à laquelle il faut prêter la plus grande attention (1). Nous parlons des signes usités pour indiquer les corrections à l'article qui en fait l'objet (*voyez* CORRECTION). C'est la sévérité de la correction qui a établi la célébrité de plusieurs

(1) On a vu autrefois, dit Bertrand-Quinquet, dans quelques imprimeries, comme chez les Guerin, les de Latour, etc. les compositeurs corriger si soigneusement les premières épreuves, que les secondes, qu'ils conservaient avec soin, devenaient des exemplaires qui, à peu de chose près, étaient aussi purs et aussi beaux que les bonnes feuilles. On connaît un exemplaire de l'histoire ecclésiastique, et un autre des voyages de l'abbé Prevôt, qui ne sont composés que de tierces, et à peine dans chaque ouvrage entier existe-t-il dix ou douze signes de correction, encore fort légers.

imprimeurs français, tels que les Rigault, les Anisson, les Barbou, les Coignard, les Jombert, les de Latour, les Lambert, les Crapelet, les Didot. Parmi les beaux ouvrages sortis depuis peu des presses françaises, on doit distinguer les *OEuvres de Xenophon*, traduites du grec par Gail, édition de l'imprimerie de la république, et précieuse surtout pour le texte grec (1); les *Tables chronologiques de Blair*, traduites par Chantreau, imprimées par Boiste, pour Agasse (2); le *Télémaque* de Crapelet (3); le *Rousseau* in-4 de Didot jeune, parent de P. Didot l'aîné; les *Tables de logarithmes*, format in-8 (4); le *Télémaque* de Didot l'aîné; les *OEuvres de Racine*, du même; le *Discours sur l'histoire universelle, par Bossuet*, du même; les *Fables de la Fontaine*, du même; le *Petit carême de Massillon*; les *OEuvres de Boileau*, la *Henriade*, les *Poésies de J.-B. Rousseau*, les *OEuvres de Molière*, le *Théâtre de Corneille*, les *Poésies de Malherbe*, les *OEuvres de Montaigne*, les *Amours de Psiché*, les *OEuvres de Gentil-Bernard*, celles *de Bernis*, le *Virgile* in-folio, l'*Horace* in-folio, le *Racine* in-folio, etc. Tous

(1) Ce sont les caractères fondus sous François Ier, connus sous le nom de *grec du roi*, et dont les amateurs déploraient depuis long-temps la perte.

(2) La carte biographique qui termine cet ouvrage offre à la fois le mérite de la gravure et celui de la difficulté vaincue : c'est un véritable chef-d'œuvre. Je n'ai rien vu de plus beau, ni de mieux fini. Il a cependant été fait par un ouvrier qui n'avait pas encore quatre ans dans l'exercice de l'art typographique.

(3) Le citoyen Crapelet, l'un des meilleurs imprimeurs de Paris, est d'autant plus recommandable qu'il porte jusques dans les plus petites choses le plus grand soin et la plus sévère attention.

(4) Cet ouvrage ne présente que des chiffres et une pureté de correction à peine concevable ; les pages de chaque feuille ont été conservées avec le plus grand soin, soudées en dessous de manière à leur donner une solidité telle que rien ne s'en puisse détacher, quoiqu'il soit facile d'enlever un ou plusieurs chiffres, s'il arrivait par hasard qu'on apperçût une faute.

ces ouvrages, imprimés par Didot, admirés et recueillis à grands frais par les bibliophiles, assurent aux presses françaises une grande supériorité sur les presses étrangères, quelque soit le mérite des éditions des Baskerville, des Bodoni, des Ibarra, etc.

IMPRIMERIE. On entend par ce mot la réunion de tous les objets nécessaires pour exercer l'art typographique. Nous allons seulement présenter ici la nomenclature de ces objets, parce que nous parlons aux articles TYPOGRAPHIE et CARACTÈRES des procédés relatifs à l'art d'imprimer. Supposons que l'on veuille monter une *imprimerie* composée de deux presses, il faut pour l'assortiment des caractères et autres objets, 200 liv. de gros-canon, compris l'italique(1), 300 liv. de petit-canon, compris l'italique, 400 liv. de parangon ou gros-romain, 600 liv. de saint-augustin, 1000 liv. de cicero, 600 liv. de petit-romain, 300 liv. de petit-texte, 100 liv. de lettres de deux-points sur tous les corps; 36 liv. de vignettes, 50 liv. de filets doubles, simples et anglais, 300 liv. d'interlignes, des lettres en bois, vignettes, fleurons, culs-de-lampes, des espaces, quadratins, demi-quadratins et quadrats, vingt paires de casses, cinq rangs de tréteaux garnis de planches, quatorze paires de châssis tant in-folio qu'in-4 et in-12, douze ramettes, bois d'impositions, qui consistent en bois de fond, bois de marge, bois de tête, biseaux, coins, décognoirs (on commence à se servir de garnitures en fonte, qui sont préférables à celles en bois), composteurs en fer et en bois, galées grandes et petites, avec et sans coulisses, deux marbres d'une feuille chacun, deux presses ordinaires, six frisquettes, marbres de presse, peaux de balles, de tympans, etc. deux bans de presse, quatre blanchets, seize livres de laine pour les balles, huit

(1) Pour les proportions de l'italique au romain. *Voyez* CARACTÈRES.

livres d'encre, baquets à tremper et à lessive, quatre paires d'ais à tremper, des cordes à étendre, un étendoir, une presse à mettre le papier, une presse à rogner, avec ses outils, des éponges, etc., etc., etc. Une *imprimerie* assortie de tous les objets dont nous venons de parler, peut coûter huit à neuf mille francs d'établissement. Pour entretenir les deux presses en cicero interligné, il faut cinq ouvriers à la casse, qui doivent rendre chaque jour deux feuilles. Deux ouvriers à la presse travaillant assiduement peuvent aller à trois mille de tirage par jour, ce qui fait quinze cents exemplaires d'une feuille; les deux presses doivent donc rendre trois mille feuilles chaque jour. A la somme dont nous venons de parler pour ces acquisitions, il en faut ajouter une autre à peu près semblable pour mettre en train l'*imprimerie*, et pour faire les avances du papier, des frais d'ouvriers, etc. Comme il est rare d'avoir seize à dix-huit mille francs comptant à mettre dans une telle entreprise, on peut reduire l'*imprimerie* à une presse en commençant, et alors se contenter de 400 liv. de cicero romain, de 100 liv. d'italique, de 100 liv. de petit-romain pour les notes, de 50 liv. d'italique, de 60 liv. d'interlignes, de deux paires de châssis, de six paires de casses, de trois rangs de tréteaux garnis de tablettes, d'un marbre d'une feuille, d'un banc pour la presse, de deux frisquettes de rechange, de six livres de laine, de trois livres d'encre, de six ais in-12, etc.; enfin des autres objets en proportion de la quantité des caractères, etc. Les frais d'acquisition iraient tout au plus pour cette dernière entreprise à 2000 ou 2400 francs, et alors on ne serait dans le cas de faire des avances que pour la somme de 1000 à 1200 francs; mais avec de si faibles ressources on ne peut pas se charger d'un labeur bien étendu (1), ni de toutes sortes d'ouvrages, et une telle *imprimerie* ne convient guère qu'à

---

(1) On appelle labeur tout ouvrage faisant au moins un volume.

une société de gens de lettres ou à un journaliste qui n'a besoin que d'une espèce de caractère. Disons un mot du papier qu'on emploie le plus fréquemment dans une *imprimerie :* on le nomme carré : il y en a de plusieurs qualités et de différens prix, selon sa beauté, sa blancheur et sa force. On distingue trois sortes de carrés, le double, le fin et le moyen. Le plus commun est connu sous le nom de Normandie ; la seconde espèce porte le nom de carré de Limoges ; la troisième s'appelle carré d'Auvergne ; la quatrième vient d'Angoulême ; la cinquième se fabrique à Annonay, et l'emporte sur tous les autres par sa blancheur, la finesse du grain et la force du corps ; elle ne le cède qu'au papier vélin, le plus parfait de tous les papiers connus. Il y a encore d'autres papiers d'un usage moins fréquent, tels que le grand aigle, le nom de Jesus fin d'Auvergne, le grand raisin de Normandie, le grand raisin d'Auvergne, le grand raisin d'Angoulême, l'écu tendre d'Auvergne double, la couronne fine, etc. Nous avons parlé des dimensions de ces différens papiers dans notre *Manuel bibliographique;* nous ne parlons pas de leurs prix, parce qu'ils varient chaque jour.

IMPRIMEUR. C'est celui qui exerce l'art typographique, ou, pour mieux dire, la partie de l'art typographique qui regarde la réunion des caractères pour en former des pages que l'on enduit d'encre, et dont on tire des empreintes, par le moyen de la presse, sur du papier humecté (*voyez* TYPOGRAPHIE). Je fais cette distinction dans ma définition, parce que Fournier jeune prétend, et à juste titre, que l'art typographique ne consiste pas seulement dans la composition et dans l'impression, mais encore dans la taille des poinçons, dans la gravure et dans la fonte des caractères. L'on n'est, selon lui, vraiment typographe que lorsqu'on réunit au talent de fondeur et de graveur, celui d'*imprimeur.* Nous ne parlons point ici des célèbres *imprimeurs* qui ont illustré l'Allemagne, la France, l'Italie, la Hollande, etc.; nous consacrons à chacun d'eux un article dans leqnel nous faisons mention des principaux ouvrages sortis de leurs presses.

INSECTES *qui rongent les livres.* Ces *insectes* sont les teignes et les anthrènes; les anthrènes surtout s'attachent plus volontiers aux herbiers, et causent des dégats dans les collections des cabinets d'histoire naturelle. Pour prévenir les ravages que peuvent faire ces *insectes*, le relieur devrait mettre dans sa colle un peu de sel minéral, tel que l'alun et le vitriol. Il faut aussi avoir soin de frotter les livres, sur la fin de ventôse, de prairial et de messidor, avec un morceau d'étoffe de laine saupoudré d'alun pulvérisé En général on doit souvent enlever la poussière de dessus les livres, parce qu'elle favorise le développement des *insectes;* lorsque les volumes en sont atteints, soit dans la couverture, soit dans l'intérieur, on peut verser dessus de la poudre de coloquinte; mais le plus sûr est de les battre, de les mettre à l'air et de les exposer à une fumigation de soufre; la vapeur de ce minéral tue les insectes lorsqu'ils sont parfaits; mais ne produit aucun effet sur leurs œufs; ainsi il faut attendre qu'ils soient éclos. Nous allons ajouter à cet article une note prise dans le Dictionnaire de l'industrie, dernière édition, an 9, 6 vol. in-8. « Les insectes dévorateurs qui font tant de ravages dans les bibliothèques, sont les larves de quelques vrillettes, telles que les *ptinus fur*, *L. ptinus mollis*, *L.* ou *anobium molle* de Fabricius. Les unes percent les feuillets d'un livre de part en part, presque en ligne droite (1); d'autres les percent en

(1) On a vu dans une bibliothèque peu fiéquentée vingt-sept volumes in-folio percés en ligne droite par le même insecte, de sorte qu'on aurait pu, en passant un cordeau dans le trou parfaitement rond, fait par l'insecte, on aurait pu, dis-je, enlever les vingt-sept volumes à la fois. Ce fait m'a été attesté par un témoin oculaire.

sillons sinueux, à peu près comme le ver-à-soie sur la feuille du mûrier qu'il dévore On doit en attribuer la cause aux cartons et à la colle dont se servent les relieurs. On a essayé de mêler dans cette colle de l'absynthe, de la coloquinte et d'autres amers, mais sans succès. Le seul remède est dans les sels minéraux, tels que l'alun, le vitriol, etc., et non pas dans les sels végétaux, comme la potasse, le sel de tartre, etc. En 1741, M. Prodiger a publié, en allemand, des instructions pour les relieurs : il leur conseille l'amidon au lieu de la farine, pour faire leur colle; les *insectes* en seraient bien moins avides. Il ajoute que pour préserver les livres de leur attaque, il faut mettre entre le livre et la couverture, de l'alun pulvérisé mêlé d'un peu de poivre fin; qu'il convient même d'en répandre un peu sur les tablettes de la bibliothèque; enfin, que pour garantir les bibliothèques des vers, il faut frotter les livres fortement dans les mois de mars (ventôse), juillet (messidor) et septembre (fructidor), avec un morceau de laine saupoudré d'alun pulvérisé. »

IRENEO AFFO. Célèbre bibliographe italien, né en 1741, et mort à Busetto, sa ville natale, en 1797. Il a été bibliothécaire du duc de Parme, et professeur honoraire d'histoire à l'université de cette ville. On lui doit un grand nombre d'ouvrages qui attestent son goût et ses connaissances profondes dans les beaux-arts et dans la littérature. Nous ne citerons de lui que ses *Memorie degli scrittori e letterati parmigiani*. Parma, dalla stamperia reale, 1789 — 1797, 5 vol. in-4. *Saggio di memorie su la tipografia parmense del secolo XV*. Parma, dalla stamp. real, 1791, 1 vol. in-4. *Affo* eut pour maître Bonafede Vitali, si savant qu'il était surnommé par son élève, l'*Encyclopedico*. Le savant Tiraboschi cite *Affo* comme un des premiers génies de l'Italie.

IROUKOUVEDAM. C'est celui des quatre livres sacrés

des indiens, nommés *védams*, qui traite de l'histoire de la création.

ISIAQUE (table) (1). C'est une table de bronze à compartimens, d'environ 5 pieds de long, sur 3 de large (1 mètre 6 palmes 24 traits, sur 9 palmes 74 traits), qui a été achetée au sac de Rome, en 1525, par un serrurier qui la vendit au cardinal Bembo. A la mort du cardinal, elle passa dans le cabinet des ducs de Mantoue, et y resta jusqu'à l'an 1630, époque à laquelle cette ville fut prise par les troupes impériales. Dès-lors la *table isiaque* a disparu : elle a dans la suite passé à Turin, sans qu'on sache par qui ni comment; enfin, en l'an 7, elle est arrivée de Turin à Paris, avec plusieurs manuscrits, et a été déposée au musée central des arts; mais elle est singulièrement endommagée, parce qu'on présume que le soldat qui s'en est emparé à Mantoue, l'aura dégarnie des lames d'argent qui suppléaient à quelques parties de la peinture, ne sachant pas qu'il l'aurait vendue plus cher à ceux qui auraient connu la valeur de ce précieux monument de l'antiquité. Le fond de cette *table* est en bronze, et le dessus était comme un tableau d'émail noir entre-mêlé de lames d'argent avec un art admirable : elle a été gravée dans toute sa grandeur et avec toute l'exactitude possible par Enée Vico de Parme, et elle l'a encore été plusieurs fois depuis (2). On prétend qu'elle fut portée en Italie du temps des croisades par un seigneur de la maison de Gonzagues. Cette *table*, dans trois larges bandes et dans différens compartimens encadrés d'une brochure qui renferme aussi beau-

---

(1) On la nomme *isiaque*, parce qu'elle contient la figure et les mystères d'Isis.

(2) *Voyez* Pignorius, Kircher, Montfaucon, André Bardon, Jean-Georges Herward de Hohembourg, Jablouski, Caylus.

coup de figures, offre mille choses relatives à la religion et aux superstitions égyptiennes. On y voit plusieurs personnes faisant des offrandes aux divinités d'Egypte : on y remarque des figures à genoux qui semblent adorer des oiseaux, des poissons, des bêtes à quatre pieds ; ces dernières figures sont dans la bordure. On distingue Osiris, son fils Horus, plusieurs Isis, une dans son vaisseau, une autre à tête de lion, une autre avec le circ ou cercle solaire, entre deux cornets de lotus et deux feuilles de persée, portant en main la mesure du Nil, et ayant sous son trône la canicule : on y distingue des sceptres d'Osiris, sa clé, son fouet, son bâton pastoral : on y voit Horus emmailloté, portant la girouette à tête de hupe, l'équerre et le clairon ; on y voit encore des signes du zodiaque, toutes sortes d'espèces d'animaux, de reptiles et d'oiseaux, l'ibis, la cigogne, l'épervier, le sphynx. On y trouve aussi différentes mesures du Nil, des avirons, des ancres, des canopes, des girouettes, des équerres et quantité d'hiéroglyphes indéchiffrables. Shuckford, dans son *Histoire du monde*, dit que la *table isiaque* a été gravée avant que les égyptiens adorassent des figures d'hommes ou de femmes. Warburthon, au contraire, pense que cette *table* a été faite pour les personnes qui, à Rome, étaient attachées au culte d'Isis, et il la juge le plus moderne des monumens égyptiens (1). Pignorius est regardé comme celui qui a le mieux réussi dans l'explication de cette mystérieuse *table* ; cependant il ne donne, et avec raison, que comme de légères conjectures, ce qu'il en dit dans un ouvrage qu'il a fait imprimer, en 1670, à Amsterdam. Kircher, qui a écrit depuis

(1) Le citoyen Cointreau, dans son Histoire abrégée du cabinet des médailles et antiques de la bibliothèque, dit que ce précieux tableau de la mythologie égyptienne peut avoir été composé, soit à Alexandrie, soit à Rome, dans le premier ou deuxième siècle de l'ère vulgaire.

sur ce sujet, explique tout, et semble lire couramment dans ces hiéroglyphes; mais l'on n'est pas plus instruit après avoir lu son ouvrage qu'auparavant. Montfaucon a hasardé l'explication de cinq à six grandes figures, en s'aidant des écrits des grecs et des romains, sur la signification de plusieurs symboles et attributs de la déesse Isis, d'Osiris et d'Horus; mais toutes ces recherches et ces conjectures ne donnent et ne donneront jamais l'intelligence du monument en question, parce que, comme l'a dit un savant: « Nous n'avons point la clef de l'écriture symbolique des égyptiens, ni de celle des premiers temps, ni de celle des temps postérieurs. Cette écriture, qui changea mille fois, variait le sens des choses à l'infini, par la seule position du symbole, l'addition ou la suppression d'une pièce de la figure symbolique. Quand l'écriture épistolique eut lieu, la symbolique fut très-négligée », et les figures et les hiéroglyphes devinrent des énigmes inexplicables même pour les prêtres et les savans d'Egypte, qui ne savaient plus les lire. Ainsi, malgré que le père Kircher dise qu'il a trouvé les sens les plus cachés de la *table*, que ce sont les véritables, et qu'il n'en faut point chercher d'autres, soyons assurés qu'on n'en aura jamais l'explication, à moins que nos savans d'Egypte ne trouvent dans leurs laborieuses et profondes recherches, quelques monumens qui facilitent la traduction de cette antique et mystérieuse écriture (1).

(1) Le 5 brumaire an 7, Bonaparte et Monge ont entretenu l'institut national de différens objets trouvés en Egypte, entr'autres d'un rouleau assez volumineux, écrit tout entier en hiéroglyphes, et qui était sous le bras d'une momie qu'on a dépecée. Ils ont aussi parlé d'une plaque trouvée dans les fondations de Rosette, sur laquelle étaient gravées ou sculptées trois colonnes portant trois inscriptions, l'une en hiéroglyphes, la seconde en cophte, et la troisième en grec: les inscriptions cophte et grecque signifient l'une et l'autre, que *sous tel des Ptolomées tous les canaux*

ISINGRINIUS (Michel). Imprimeur de Bâle, dans le 16e siècle. On lui doit une édition de tous les ouvrages d'Aristote, en grec, qu'il imprima, le premier après Alde-Manuce, d'abord en société avec Jean Bébelius, son beau-père, puis ensuite seul vers l'an 1550. Les caractères et le papier de cette édition sont très-beaux et préférables à ceux de Manuce. Il a aussi publié plusieurs ouvrages de médecine, entr'autres, *Leonhardi Fuchsii medici stirpium historia.* Les figures qui enrichissent cette édition la font rechercher : elle parut d'abord en latin, puis en allemand. *Isingrinius* a encore donné beaucoup d'autres bonnes éditions.

IZESCHNÉ. Ouvrage composé de soixante-douze hâs ou chapitres, dont Zoroastre est l'auteur. Le nom de cet ouvrage signifie une prière dans laquelle on relève la grandeur de celui à qui on l'adresse.

J.

JACOB de Saint-Charles (Louis). Carme, bibliothécaire du cardinal de Retz, et ensuite d'Achille de Harlay. Il est né à Châlons-sur-Saône en 1608, et est mort en 1670, après avoir publié plusieurs ouvrages de bibliographie, qui annoncent que cette science était encore à son berceau. Il a commis une faute assez grossière dans sa *Bibliotheca pontificia.* Lyon, 1643, in-4, réimprimée en 1647. Il y fait, d'un écrit, un homme, en s'exprimant en ces termes : *Articulus samcaldus, germanus, lutheranus, edidit de primatu et potestate papæ*

---

d'Egypte ont été nettoyés, et qu'il en a coûté telle somme. Il ne paraît pas douteux que l'inscription hiéroglyphique ne présente le même sens. On a encore trouvé, dans la Haute-Égypte, des milliers d'inscriptions en hiéroglyphes. Une commission de savans et de dessinateurs a été formée pour les copier et rédiger une espèce d'alphabet.

librum. Ses fautes ne sont pas moins grossières lorsqu'il cite des auteurs qui ont écrit en langues étrangères. On lui doit un *Traité des plus belles bibliothèques*, 1644, in-8, que j'ai consulté, mais des inexactitudes duquel je me suis méfié; *Bibliotheca parisina*, in-4, pour les années 1643, 44, 45, 46 et 47; *De claris scriptoribus cabillonensibus, libri III*, 1652, in-4; *Gabrielis Naudæi tumulus*, 1659, in-4; *Bibliotheca gallica universalis*, pour les années 1643 à 1651; *Catalogus scriptorum Burgundiæ*, manuscrit qui se trouvait dans la bibliothèque de M. de Harlay, etc.

JANSSON BLAEV ou BLAAVAW (Guillaume), dit *Janssonius Cœlius*. Imprimeur à Amsterdam, au commencement du 17e siècle. Etant élève et ami de Tycho-Brahé, il n'est pas surprenant que *Blaev* ait beaucoup travaillé sur l'astronomie. Il a lui-même imprimé ses ouvrages, où l'on remarque une très-grande érudition, tels que l'*Atlas*, le *Traité des globes*, l'*Institution astronomique*, etc., etc. Il mourut en 1638, à 67 ans. Il laissa deux fils, Jean et Corneille *Blaev*, qui marchèrent sur les traces de leur père, et continuèrent ce qu'il avait commencé. Corneille étant mort, Jean acheva ce qui restait à faire. Il donna plusieurs autres ouvrages, entr'autres le *Théâtre des villes et fortifications*. Il en était auteur. Gustave Adolphe, roi de Suède, le choisit pour son imprimeur.

JENSON (Nicolas). Imprimeur à Venise, dans le 16e siècle. Né en France et graveur de caractères pour les monnaies à Tours, il fut envoyé par Louis XI à Mayence, pour apprendre l'art typographique sous Schoiffer. Au lieu de revenir en France, il s'établit à Venise, et y fondit des caractères romains, les premiers qui parurent, et avec lesquels il imprima, dit-on, le *Decor puellarum*, qui porte pour date 1461. Pour former le caractère romain, il composa d'abord les majuscules de capitales latines, et les minuscules furent composées de lettres latines, ainsi que des espagnoles, des lombardes, des saxones et des françaises ou carolines, qui se ressemblaient beaucoup. Il donna à ces minuscules une forme simple et gracieuse. Tel est l'origine du caractère romain, qui fut ainsi appelé à cause des capitales romaines qui servaient de majuscules ; et ce caractère est devenu celui de l'Europe. Plusieurs bibliographes ont regardé la date du *Decor puellarum* comme supposée ou comme une erreur de chiffres, parce que, disent-ils, il n'est pas présumable que *Jenson* soit resté depuis 1461 jusqu'en 1470 (1) sans rien imprimer. Les partisans de la date de 1461 répondent à cela que *Jenson* ayant gravé et fondu le premier caractère romain suivant son goût, il en fit l'épreuve sur le *Decor* en 1461, et que, trouvant plus de bénéfice à fournir de caractères les imprimeries de Venise, de Rome et de France, il cessa d'imprimer pour s'adonner à la fonte, et ne recommença à faire rouler la presse qu'en 1470.

JEUNE (Martin le). Imprimeur de Paris, dans le 16e siècle. Il fallait qu'on le connût pour très-habile dans son art, puisqu'il fut choisi successeur de Robert Etienne, qui se retira à Genève, pour cause de religion. Il eut donc son imprimerie, et y publia plusieurs ouvrages en langues orientales. On a de lui quelques livres de l'ancien Testament, en hébreu, qu'il a très-bien imprimé.

JUNTES (Philippe et Bernard). Imprimeurs à Gênes, vers la fin du 15e siècle et au commencement du 16e. Outre les deux *Juntes*, que nous annonçons, et qui étaient ou frères

---

(1) Toutes les éditions de *Jenson* ne paraissent commencer qu'en 1470, à l'exception du *Decor*.

ou cousins, il y en a eu beaucoup d'autres établis dans les principales villes d'Italie, à Venise, à Rome, à Florence et même à Lyon; ceux de Florence surtout se firent remarquer par la beauté et la correction de leurs éditions grecques et latines. Nous ne parlons ici que de Philippe, comme le plus ancien et l'un des plus estimés. Il obtint du pape Léon X un privilége pour dix années, relativement à toutes les éditions qu'il pourrait publier durant cet espace de temps. Il paraît que les contrefaçons étaient déja connues. Voici les principales éditions sorties de ses presses : *Basilii magni liber de exercitatione grammaticâ*, 1515, in-8; *Antonii sophistæ prœludia*, et *Hermogenis rhetorica*, 1515, in-8; *Musœi batrachomyomachia*, *Oppiani halientica*, 1515, in-8; *Novem comediœ Aristophanis*, 1515, in-8; *Apollon: de constructione*, 1515, in-8; *Theodori Gazœ grammatices introductionis*, *libri IV*. 1515, in-8; *Dyon. Areopagitœ opera*, 1516, in-8; *Xenophontis opera*, 1516; in-fol.; *Plutarchi vitœ perallelœ grœc.*, 1517, in-fol.; *Philostrati icones et heroic.*, etc., 1517, in-fol.; *Aristidis orationes*, 1517, in-fol.; *Sophocles cum scholiis grœcis*, 1518, in-8; *Homeri opera*, 1519, in-8. Philippe est mort en 1519. Le *Florilegium diversorum epigrammatum*, etc. a été imprimé in-8 par ses héritiers.

K.

KERVER (Jacques). Imprimeur à Paris, dans le 16e siècle. On estime ses éditions grecques. Il avait un commerce très-étendu, soit en France, soit chez l'étranger. Tous les livres qu'il débitait ne sortaient pas de ses presses, car on en voit plusieurs qu'il a fait imprimer chez Morel. *Kerver* fut le premier à qui les papes Pie V et Grégoire XIII accordèrent le privilége d'imprimer l'office de l'Eglise, suivant la réforme du concile de Trente: ce privilége fut confirmé par Charles IX. *Kerver* mourut en 1583 à Paris.

KESLER (Nicolas). Imprimeur de Bâle, du 15e siècle. Cet imprimeur a donné, en 1487, *Biblia sacra*, avec l'indication de la ville d'Anvers : on lui doit, outre cela, cinq autres éditions à Bâle, depuis 1486 jusqu'en 1494. Il mit, comme Fust et Schoiffer, cette subscription à la fin de sa première édition : *Anno Domini millesimo quadringentesimo octogesimo-sexto, octavo nonas martii, non atramentali pennâ cannâve, sed quâdam arte imprimendi cunctipotenti aspirante Deo, in egregiâ urbe Basiliensi Nicolaus Kesler feliciter consummavit.* Le dernier ouvrage de *Kesler*, intitulé *Liber deflorationum*, ne porte point son nom ; mais la ressemblance du caractère ne permet point de douter qu'il soit de lui. On présume qu'il mourut en 1494.

KINGS. On appelle de ce nom les principaux ouvrages qui traitent de la morale et de la religion des chinois. Ils ont une telle passion pour le nombre cinq, dit de Paw, qu'ils ont voulu avoir cinq livres canoniques, pour les égaler aux cinq élémens ou aux cinq manitous qui, suivant eux, président aux différentes parties du ciel. Ces cinq livres canoniques sont l'*Y-king*, le *Chi-king*, le *Chou-king*, le *Li-ki* et le *Yo-king* (*voyez* ces MOTS). On dit que ces deux derniers se perdirent pendant le temps des guerres civiles. En général, on donne le titre de *king*, par excellence, aux plus anciens et aux meilleurs livres qui soient à la Chine. Qui dit *king*, dit un ouvrage qui n'a rien que de vrai, de bon et de grand ; et qui dit *pou-king*, dit doctrine fausse, mauvaise et qui n'est pas *king*.

KIO ou FOKE-KIO. Livre sacré du Japon. Les japonais le respectent infiniment : il renferme les principaux articles de la doctrine de Xaca, tracés de sa propre main sur des feuilles d'arbres, et recueillis avec grand soin par deux de ses disciples les plus zélés : ce qui valut à ces deux compilateurs les honneurs divins. On les voit dans le temple de Xaca, l'un à la droite et l'autre à la gauche de leur maître. *Foke-kio* signifie le *livre des fleurs excellentes.*

KOBURGER (Antoine). Imprimeur à Nuremberg, à la fin du 15 siècle et au commencement du 16e. Si l'on en croit ce qui a été débité sur son compte, cet imprimeur doit occuper une des premières places parmi ceux qui ont cultivé l'art typographique. Les savans de son temps l'appelèrent le prince des imprimeurs. Il avait, dit-on, vingt-quatre presses roulantes chez lui, cent ouvriers par jour, des magasins à Lyon et dans plusieurs villes considérables de l'Europe, et seize boutiques ouvertes où l'on trouvait toutes les meilleures éditions qu'on pouvait désirer. Il est surprenant qu'avec un tel appareil *Koburger* n'ait donné que trente-sept éditions, dont douze de la Bible. Il faut croire qu'il y a eu exagération dans les récits que l'on a faits à son sujet; cependant on doit convenir que ses éditions sont belles et exactes : dans ses douze de la Bible, il y en a une en six volumes, l'autre en cinq, et une autre ornée de belles figures en bois. Il eut pour correcteur le savant Frédéric Pistorius. Il a imprimé à Nuremberg et à Lyon avec beaucoup de succès jusqu'en 1501. Depuis cette année jusqu'en 1513, on ne trouve aucune édition de *Koburger*, si ce n'est la *Bible de Castellanus*, imprimée à Lyon en 1513, par Jacques Sachon, l'un de ses ouvriers. *Koburger* mourut cette même année à Nuremberg.

KORAN, ou ALCORAN, ou ALFORKAN, ou ALZEEHR. C'est le livre de la loi de Mahomet, qui est le livre par excellence aux yeux des mahométans (1). Il contient une doctrine

(1) Ce livre a joui de sa haute réputation dès qu'il a vu le jour. On en peut juger par l'anecdote suivante : Jean-le-Grammairien, surnommé

basée sur des points historiques et dogmatiques. Tout ce qui tient à l'historique a beaucoup de rapport aux principaux événemens de l'ancien Testament, qui y sont cependant défigurés : il y est aussi question de Jesus-Christ, avec éloge : le dogme des peines et des récompenses d'une vie future y est établi ; mais les peines ne seront point éternelles. Les musulmans croient à la prédestination, et c'est une œuvre très-méritoire chez eux de mettre à mort celui qui refuse d'embrasser l'islamisme. On prétend que Mahomet a composé l'*Alcoran* avec le secours de Batyras, hérétique-jacobite, de Sergius, moine nestorien, et de quelques juifs. On compte quatre sectes différentes dans la religion musulmane : la première et la plus superstitieuse est celle du docteur Melik, suivie par les maures et les arabes ; la seconde, qu'on nomme l'iméniane, conformément à la tradition d'Ali, est suivie par les persans ; les turcs ont embrassé celle d'Omar, qui est la plus libre ; et celle d'Odman, qu'on regarde comme

---

Philoponus, fut témoin de la prise d'Alexandrie par les turcs. Comme il était dans les bonnes grâces de Amrus, général des vainqueurs, il lui dit : Vous avez mis sous les scellés tous les effets qui se trouvent dans les magasins d'Alexandrie ; mais les livres vous étant inutiles, permettez-moi de disposer des écrits philosophiques qui se trouvent dans la bibliothèque. Amrus lui répondit qu'il ne pouvait lui accorder sa demande sans en avoir prévenu Omar, le général des fidèles. Il lui écrivit en conséquence, et en reçut la réponse suivante : « Quant aux livres dont vous m'avez parlé, » si ce qu'ils contiennent s'accorde avec le livre de Dieu (le *Koran*), » ils sont inutiles, le livre de Dieu contenant tout ce qui est suffisant ; » mais s'ils renferment quelque chose de contraire à ce livre, il faut les » supprimer ; ainsi faites-les tous brûler. » Amrus les fit donc distribuer dans les bains d'Alexandrie, pour les chauffer, et tout fut consumé dans six mois. Ces détails sont tirés de l'*Histoire universelle* d'Abulfarage, traduite par Pococke, sous le titre de *Abulpharagii dynastiar* (arabe et latin). Oxonii, 1663, 2 vol. in-4. Les *Dynasties* d'Abulfarage vont jusqu'au milieu du 13e siècle, c'est-à-dire, un peu plus loin que Gengis-Kan. Cet auteur mourut évêque d'Alep et primat des jacobites, l'an 1286.

la plus simple, est adoptée par les tartares. Tout le *Koran* a été divisé depuis peu en soixante suras ou chapitres, et les suras sont subdivisés en petits versets mal cousus et sans suite, qui ressemblent plus à de la prose qu'à de la poésie. Il y a sept principales éditions de l'*Alcoran*, deux à Médine, une à la Mecque, la quatrième à Couphah, une à Bassora, une en Syrie, et l'édition commune. La première contient 6,000 vers ou lignes ; les autres en contiennent 200 ou 236 de plus ; mais pour le nombre des lettres et des mots, il est le même dans toutes : celui des mots est de 77,639, et celui des lettres de 323,015. Il y a une infinité de commentaires de l'*Alcoran*. Ben-Oschair en a écrit l'histoire intitulée : *Tarikh Ben-Oschair*. Les commentaires qui ont le plus de vogue sont le *Raidhaori thaalebi*, le *Zamalch schari* et le *Bacai*. Outre le *Koran*, les musulmans ont encore un livre de tradition appelé la *Sonna*, une *Théologie positive* fondée sur le *Koran* et la *Sonna*, et une *Scholastique* fondée sur la raison. On a plusieurs traductions du *Koran*, 1.° une latine du père Maracci, professeur de langue arabe à Rome : il y travailla pendant quarante ans, et la publia à Padoue en 1698 ; 2.° une française d'André Duriel, sieur de Maillezais ; 3.° une histoire du *Koran*, en français, par Turpin, 1775, 2 vol. in-12 ; 4.° une traduction française, par Savary, 1783, 2 vol. in-8, avec un abrégé de la vie de Mahomet.

KOUA. Ce sont des espèces de caractères chinois avec lesquels était écrit l'Y-king, ancien ouvrage attribué, selon les uns, à Confucius, et, selon les autres, à Fo-hi. Ces *koua* ne sont formés que de deux traits différens horisontaux, ligne entière ——— ou ligne brisée en deux — —. Ces deux traits multipliés et variés trois à trois, produisent huit caractères différens qui, liés deux à deux et multipliés de toutes les manières possibles, ne donnent que 64. On peut consulter à ce sujet la table du père Couplet et plusieurs autres ouvrages où cette table des *koua* se trouve. On ne sait trop si ces *koua* peuvent être considérés comme écriture : ils ont succédé aux CORDELETTES (*voyez* ce MOT), et ont été remplacés par les lettres ou caractères chinois tels que nous les connaissons aujourd'hui (*voyez* Y-KING).

L.

LABBE (Philippe). Jésuite, mort à Paris en 1667. Cet infatigable écrivain a donné plusieurs ouvrages de bibliographie, qui, sans être très-précieux, peuvent cependant avoir un degré d'utilité, ne serait-ce que celui d'éviter les recherches. On lui doit une notice de *Byzantinæ scriptoribus*, 1648, in-fol.; *Nova bibliotheca manuscriptorum*, 1657, 2 vol. in-fol.; *Bibliotheca bibliothecarum*, 1664, 1672 et 1686, in-fol., et à Genève, 1680, in-4, avec la *Bibliotheca nummaria* et un *Auctuarium* imprimé en 1705; *De scriptoribus ecclesiasticis dissertatio*, 2 vol. in-8; une *Bibliographie* des ouvrages que les jésuites avaient publiés en France dans le courant de 1661 jusqu'au commencement de 1662. Je ne parle point de ses autres ouvrages sur la chronologie, sur l'histoire, ni de sa collection des conciles en 17 vol. in-fol., dont les deux derniers sont par Gossart, et auxquels il faut en joindre un dix-huitième qui est très-rare, quoique, sous le titre d'*Apparatus alter* (1), il ne soit autre chose que le traité des conciles de Jacobatius. *Labbe* a publié une *Notitia dignitatum omnium imperii romani*, 1651, in-12, qui est utile, et qui par conséquent doit être distinguée parmi ses nombreuses compilations.

LACROIX-DU-MAINE (François-Grudé de). Né dans le Maine en 1552, assassiné en 1592 à Toulouze. On lui doit

(1) Le dix-septième volume est aussi un Apparat.

une *Bibliothèque française*, 1584, in-fol., dont Rigoley de Juvigny a donné, en 1772, une belle édition, précédée d'un bon discours sur le progrès des lettres en France, et suivie de la bibliothèque de Duverdier; le tout en 6 vol. in-4 (*voyez* DUVERDIER).

LAIRE (François-Xavier). Né à Dole en Franche-Comté en 1739. Il avait été bibliothécaire du cardinal de Brienne, et était bibliothécaire près l'école centrale de l'Yonne, lorsque la mort l'a surpris en 1800. Ce profond bibliographe a publié : *Mémoires pour servir à l'histoire de quelques grands hommes du 15e siècle, avec un supplément aux Annales typographiques de Maittaire* (en latin). Naples, 1776, in-4; *Specimen historicum typographiæ romanæ, cum indice librorum*, etc. Rome, 1778, in-8; *Epistola ad abbatem Ugolini*, etc. imprimée à Pavie, avec la fausse indication *Di argentorati*, in-8; *De l'origine et des progrès de l'imprimerie en Franche-Comté, avec un Catalogue des livres qui y furent imprimés.* Dole, 1784, in-12; *Serie del edizione aldine* (avec le cardinal de Lomenie), imprimé à Pise en 1790, in-12; à Padoue, augmenté en 1790, in-12, et à Venise en 1792, in-12; *Index librorum ab inventâ typographia ad annum* 1500. Sens, 1792, 2 vol. in-8; plusieurs mémoires biographiques, etc. Il a laissé, dit-on, des manuscrits curieux; et tous les ouvrages de bibliographie qui étaient dans sa bibliothèque, sont chargés, en marge, de notes précieuses écrites de sa main.

LAMBECIUS (Pierre). Bibliothécaire de l'empereur à Vienne. Ce savant bibliographe, mort en 1680, est connu par d'excellens ouvrages, entr'autres par son *Commentariorum de bibliothecâ Cæsareâ vindobonensi, libri VIII*, en 8 vol. in-fol., auquel il faut joindre le *Supplément* de Daniel Nessel, 1690, 2 vol. in-fol.; et par son *Prodomus historiæ litterariæ*, *et iter cellense*, ouvrage posthume, publié en 1710 par Jean-Albert Fabricius, en 1 vol. in-fol. Cet ouvrage ne va que depuis Adam jusqu'au 13e siècle avant Jesus-Christ. L'*Iter cellense* est un journal du pélérinage que l'empereur Léopold fit, en 1665, au monastère de Marien-Kell dans la Haute-Styrie. On y trouve des observations propres à enrichir l'histoire littéraire.

LAMBINET (P....). Je ne connais ce bibliographe érudit que par ses *Recherches historiques, littéraires et critiques sur l'origine de l'imprimerie*, etc. Bruxelles, an 7, 1 vol. in-8. J'ai consulté plusieurs fois cet intéressant ouvrage, qui est rempli de notices très-curieuses sur les premiers établissemens de l'imprimerie, au 15e siècle, dans la Belgique, et sur les premières éditions qui sont un objet de vives discussions parmi les bibliographes. La première partie de ce livre précieux est divisée en sept chapitres : le premier traite de l'antiquité de la gravure en relief et en creux, en figures et en caractères sur le bois, les écorces, etc. ; le second parle de la matière et forme des livres anciens, employées et perfectionnées par les modernes, de l'origine des lettres, des lettres d'or, de l'usage du papyrus, du parchemin, du vélin, du papier de la Chine, du papier-chiffe, des tablettes et tesseres (1) des anciens, de l'emploi des différentes espèces d'encres, etc. ; le troisième chapitre est consacré à l'imprimerie en planches de bois fixes, sur les perses, les indiennes, la soie, le coton, connue de temps immémorial, de même que la mobilité des caractères, les matrices ou moules, etc. ; le quatrième traite des premiers livres d'images, des essais

---

(1) Les tesseres, *tesserae*, étaient de petites tablettes en planches de bois enduites de cire, dont les romains se servaient pour donner leurs suffrages dans les comices, pour donner le mot du guet aux soldats, pour gage d'amitié, d'hospitalité mutuelle, etc.

de l'imprimerie, des cartes à jouer, de la bible des pauvres, etc.; le cinquième offre la décision du débat agité entre Harlem, Strasbourg et Mayence, sur les inventeurs de l'imprimerie, etc.; le sixième présente le complément de l'art typographique fait à Mayence par Fust et Schoffer, ainsi que les monumens primitifs de l'imprimerie, etc.; enfin le septième chapitre est composé de remarques sur les éditions du 15e siècle, sur les caractères gothiques, sur les abréviations, l'ortographe, la ponctuation, les signatures, les chiffres, les réclames, les traits-d'union, les astérisques, etc. La seconde partie de l'ouvrage est destinée à faire connaitre l'établissement de l'imprimerie dans les différentes villes de la Belgique, comme par exemple,

A Louvain, par Jean de Westphalie, Jean Veldener, Gilles Vander Heerstraeten, Louis Ravescot, Conrard de Paderborn, Conrard Braem, Martens d'Alost, et des notices sur leurs éditions.

A Alost, par Thierry Martens de cette ville, avec une notice de ses éditions par ordre chronologique, etc.

A Bruxelles, par les clercs ou frères de la vie commune, avec des détails sur leur institut, leur costume, leur genre de travail, leur fondation, leur demeure à Bruxelles; par Arnaud de Bruxelles, par Josse Bade d'Assche en Brabant.

A Bruges, par Colard Mansion, avec une notice sur sa vie, sur ses talens de traducteur et d'imprimeur, sur ses éditions, etc.

A Anvers, par Matthias Goes, Martens d'Alost, Gerard Leeuu, Claes Leeuu, Nicolas Kesler, Adrien Van Liesveldt, Roland Vanden Dorp, Michel Van Hoogstraeten, Godfroid Back, etc.

A Gand, par Arnoud de Keysere.

A Audenarde, par Jean Keysere, etc., Gerard de Flandre et Laurent Torrentinus, célèbres imprimeurs flamands, etc. Tels sont les objets que renferme l'utile ouvrage du citoyen *Lambinet*. Je l'ai lu avec un vif intérêt, et je l'ai consulté avec fruit. Il est cité dans plusieurs articles de ce dictionnaire.

LAMONNOYE (Bernard de). Célèbre littérateur, né à Dijon en 1641, mort à Paris en 1727. Nous ne le considérerons ici que comme bibliographe, et surtout comme auteur d'une dissertation curieuse sur le livre trop fameux *De tribus impostoribus*. Il s'efforce de prouver que cet ouvrage n'a jamais existé, du moins en latin; mais il se trompe, surtout en assurant qu'il n'existait point encore en 1712. M. Crevenna d'Amsterdam, qui possédait une riche bibliothèque dont on a le catalogue raisonné en 5 vol. in-4, avait un exemplaire latin de ce livre, en 46 pages in-8, sous la date de 1598. Il est vrai que M. Crevenna le croit postérieur à cette date; mais il n'est pas vraisemblable qu'il soit plus récent que la dissertation de *Lamonnoye*. Il y a des savans qui attribuent cette fraude à Straubius, qui fit imprimer ce livre à Vienne en Autriche, en 1753, sur une prétendue ancienne édition qui est très-suspecte et peut-être imaginaire. On connait une traduction ou plutôt un ouvrage français sous le même titre, et qui n'a aucun rapport avec l'exemplaire latin. Les auteurs qui ont publié des dissertations à ce sujet sont: Chrétien Kortholt, Richard Simon, Jean-Frédéric Mayer, Chrétien Thomasius, Burchard Gotthelff-Struve, Vincent Placcius, Immanuel Webber, Augustin Calmet, un anonyme italien et un anonyme anglais.

Ceux à qui l'on a attribué le livre *De tribus impostoribus, sive tractatus de vanitate religionum*, sont: Simon de Tournay, à cause de cette pensée: *Ceux qui ont subjugué le monde par leurs sectes et enseignemens, sont trois, assavoir, Moyse, Jesus-Christ et Machomet. Premièrement, Moyse a fait devenir fol le peuple judaïc; secondement, Jesus-Christ les chrétiens; tiercement, Machomet le peuple gentil*; à

Averroès, à cause de cette pensée : *Lex Moysi, lex puerorum ; lex Christi, lex impossibilium ; lex Mahumeti, lex porcorum ;* et de cette autre : *De toutes les sectes que j'ai vues, je n'en connais point d'aussi follement extravagante que la chrétienne, qui mange avidement le Dieu qu'elle adore ;* à l'empereur Frédéric II ; à son chancelier Pierre Desvignes ; à Alphonse X, roi de Castille, à cause de cette pensée : *Que s'il s'était trouvé à la création de l'univers, il aurait donné de bons avis à Dieu ;* à Bocace, à cause de sa nouvelle des trois anneaux ; à Pomponace, à cause de cette pensée : *Totus mundus decipitur aut hujus pars maxima. Nam supposito quod tres tantùm sint leges, Mosis, Christi et Mahumedis : aut omnes falsæ sunt, et sic totus mundus decipitur, aut saltem duæ earum, et sic major pars est decepta ;* à Pogge ; à Herman Ryswick ; à Machiavel ; à Erasme ; à Pierre Aretin ; à Ochin ; à Dolet ; à Francesco Pucci ; à Servet, à Rabelais ; à Gruet ; à Barnaud ; à Postel, à cause de ces pensées : *Le paradis est comme Paris : on y entre par diverses portes,* le *judaïsme*, le *christianisme* et le *mahométisme. — Pour faire une bonne religion, il faudrait qu'elle fût composée de trois, de la judaïque, de la chrétienne et de la turquesque ;* à Muret ; à Giordano Bruno ; à Nachtegaal, à Campanella, à cause de cette pensée : *Nemo fidem prestat bibliis, evangelio, nec alcorano, nisi quatenus utile est. Credet quidem his plebecula : sed docti et principes omnes machiavellistæ politici sunt, utentes religione ut arte dominandi ;* à Milton, etc. *Voyez* le *Dictionnaire* de Prosper Marchand, *article* IMPOSTORIBUS, qui nous a fourni quelques-uns de ces détails. Cet article, très-étendu, est plein de l'érudition prodigieuse, mais un peu minutieuse, si commune à Marchand.

Lamonnoye a encore publié de savantes notes sur la bibliothèque choisie de Colomiès ; des remarques sur les jugemens des savans de Baillet, et sur l'anti-baillet de Ménage, et enfin des remarques sur les bibliothèques de Duverdier et de Lacroix-du-Maine. Nous passons sous silence les poésies latines et françaises de *Lamonnoye*, son *Menagiana*, ses *Noëls bourguignons*, ses *Notes sur l'éducation de Rabelais*, etc., etc., etc., etc.

LANGLOIS (Denis). Imprimeur qui fut d'abord médecin. Un goût singulier pour l'art typographique lui fit quitter la médecine, qu'il avait pratiquée long-temps, pour se livrer entièrement à l'imprimerie. Il a publié un très-grand nombre d'ouvrages, parmi lesquels on distingue celui du célèbre Richer, ayant pour titre : *Edmundi Richerii de ecclesiasticâ et politicâ potestate, liber unus*, 1614, 1 vol. in-8; et *Joannes Dartis de suburbicariis regionibus et ecclesiis*. Ce dernier livre est rare. *Langlois* composa beaucoup d'ouvrages qu'il imprima lui-même. Il avait pour devise un pélican.

LANGUES. Les bornes que nous nous sommes prescrites dans cet ouvrage ne nous permettant pas de donner de grands développemens à cet article, nous allons résumer les opinions des principaux auteurs qui ont traité de l'origine, de la différence des *langues* et de l'écriture (1) des différens peuples.

ORIGINE DES LANGUES. Le geste et la voix sont les deux seuls moyens par lesquels nous pouvons communiquer avec nos semblables; ainsi la vue et l'ouïe sont les deux organes passifs de toute espèce de langage. La *langue* du geste a sans doute précédé celle de la voix, parce qu'elle est plus apte et plus prompte à satisfaire les besoins physiques, surtout chez l'homme isolé : mais quand la réunion, soit fortuite, soit nécessaire, de quelques individus eut augmenté le nombre

(1) Nous ne parlons ici de l'écriture que sous un rapport systématique et conjectural, quant à son origine; nous consacrons un autre article à la partie technique de ce bel art. *Voyez* ÉCRITURE.

de ces besoins, et quant le germe des passions eut commencé à se développer, et la sphère des idées à s'agrandir, alors la *langue* du geste, malgré son expression, devint insuffisante, et l'homme eut recours aux voix, puis aux sons articulés, et enfin aux mots, lorsqu'il fut plus riche d'idées. Mais combien de siècles se sont écoulés depuis la première voix jusqu'à la prononciation du premier mot, et depuis le premier mot jusqu'à la première lettre d'un alphabet!

Les *langues* doivent donc leur origine aux passions, comme les gestes la doivent aux besoins, ou pour mieux dire, les besoins physiques produisirent les premiers gestes, et les besoins moraux arrachèrent les premières voix.

Les voix étant filles des passions, le premier langage a dû être figuré, parce que les passions ne raisonnent pas; elles cherchent plus à frapper l'imagination et les sens qu'à séduire par le raisonnement; elles parlent plus aux yeux qu'à l'esprit; tout doit être image dans leur langage, qui, sans doute, a été d'abord un langage d'imitation; et en cela il faut avouer que la *langue* primitive a dû avoir un caractère d'expression beaucoup au-dessus de celui de nos *langues* modernes, froides, décrépites et plâtrées de mille innovations qui les appauvrissent au lieu de les enrichir; car on ne saurait douter que les *langues* sont, comme tout ce qui existe, sujettes aux lois de l'accroissement, de la maturité et du dépérissement, autrement on ne parlerait qu'une seule *langue* sur le globe.

Mais au langage des passions a dû en succéder un autre. Quiconque étudiera l'histoire et les progrès des *langues*, dit Rousseau, verra que plus les voix deviennent monotones, plus les consonnes se multiplient, et qu'aux accens qui s'effacent, aux quantités qui s'égalisent, on supplée par des combinaisons grammaticales et par de nouvelles articulations: mais ce n'est qu'à force de temps que se font ces changemens. A mesure que les besoins croissent, que les affaires s'embrouillent, que les lumières s'étendent, le langage change de caractère : il devient plus juste et moins passionné ; il substitue aux sentimens les idées ; il ne parle plus au cœur, mais à la raison. Par-là même l'accent s'éteint, l'articulation s'étend, la *langue* devient plus exacte, plus claire, mais plus traînante, plus sourde et plus froide. Ce progrès paraît tout à fait naturel.

DIFFÉRENCE DES LANGUES. Il est présumable que la différence caractéristique des *langues* tient à des causes physiques : la nature du climat y entre sans doute pour beaucoup ; les *langues* des pays chauds ne doivent point ressembler à celles des pays froids. Dans le Midi, la nature a prodigué tous ses dons ; les passions y sont voluptueuses ; tout y respire l'amour et la mollesse : il n'est donc pas surprenant que les *langues* y soient douces, harmonieuses, vives, sonores, accentuées et éloquentes. Dans le Nord, au contraire, les hommes, forcés au travail par l'ingratitude du sol, sont plus attachés au peu qu'ils possèdent ; ils consomment beaucoup ; ils craignent de perdre ; le moindre tort qu'on peut leur faire les rend irascibles jusqu'à la fureur ; leurs *langues* sont donc celles de la colère et des menaces ; aussi leurs voix sont-elles accompagnées d'articulations fortes qui les rendent dures et bruyantes ; ce qui fait que leurs *langues* sont sourdes, rudes, articulées, criardes et monotones. Les langues modernes, quoique mêlées, confondues et altérées, se ressentent toujours de ces différences, occasionnées par la nature des climats (1).

Ajoutons à cette opinion celle d'un autre auteur, qui y coïncide et qui y paraît plus développée.

Il s'exprime ainsi : « Il existe des causes naturelles qui ont introduit dans les *langues* des différences matérielles dont il

(1) Rousseau, sur l'origine des *langues*.

serait peut être encore plus utile de découvrir la véritable origine, qu'il n'est difficile de l'assigner avec certitude. Le climat, l'air, les lieux, les eaux, le genre de vie et de nourriture, produisent des variétés considérables dans la fine structure de l'organisation. Ces causes donnent plus de force à certaines parties du corps, ou en affaiblissent d'autres. Ces variétés, qui échapperaient à l'anatomie, peuvent être facilement remarquées par un philosophe observateur dans les organes qui servent à la parole : il n'y a qu'à prendre garde quels sont ceux dont chaque peuple fait le plus d'usage dans les mots de sa *langue*, et de quelle manière il les emploie. On remarquera ainsi que le hottentot a le fond de la gorge, et l'anglais l'extrémité des lèvres doués d'une très-grande activité. Ces petites remarques sur les variétés de la structure humaine, peuvent quelquefois conduire à de plus importantes. L'habitude d'un peuple d'employer certains sons par préférence, ou de fléchir certains organes plutôt que d'autres, peut souvent être un bon indice du climat et du caractère de la nation, qui, en beaucoup de choses, est déterminée par le climat, comme le génie de la *langue* l'est par le caractère de la nation.

L'usage habituel des articulations rudes désigne un peuple sauvage et non policé; les articulations liquides sont, dans la nation qui les emploie fréquemment, une marque de noblesse et de délicatesse, tant dans les organes que dans le goût. On peut, avec beaucoup de vraisemblance, attribuer au caractère mou de la nation chinoise, assez connu d'ailleurs, l'absence totale de l'articulation rude r. La *langue* italienne, dont la plupart des mots viennent, par corruption, du latin, en a amolli la prononciation en vieillissant, dans la même proportion que le peuple qui la parle a perdu de la vigueur des anciens romains ; mais comme elle était près de la source où elle a puisé, elle est encore, des *langues* modernes qui y ont puisé avec elle, celle qui a conserve le plus d'affinité avec l'ancienne, du moins sous cet aspect.

La *langue* latine est franche, ayant des voyelles pures et nettes, et n'ayant que peu de diphtongues. Si cette constitution de la *langue* latine en rend le génie semblable à celui des romains, c'est-à-dire, propre aux choses fermes et mâles, elle l'est, d'un autre côté, beaucoup moins que la grecque, et même moins que la nôtre, aux choses qui ne demandent que de l'agrément et des grâces légères.

La *langue* grecque est pleine de diphtongues qui en rendent la prononciation plus allongée, plus sonore, plus gazouillée. La *langue* française, pleine de diphtongues et de lettres mouillées, approche davantage en cette partie, de la prononciation du grec que du latin.

La réunion de plusieurs mots en un seul, ou l'usage fréquent des adjectifs composés, marque dans une nation beaucoup de profondeur, une appréhension vive, une humeur impatiente et de fortes idées : tels sont les grecs, les anglais et les allemands.

On remarque dans l'espagnol que les mots y sont longs, mais d'une belle proportion, graves, sonores et emphatiques, comme la nation qui les emploie.

C'était d'après de pareilles observations, ou du moins d'après l'impression qui résulte de la différence matérielle des mots dans chaque *langue*, que l'empereur Charles-Quint disait qu'il parlerait français à un ami, *francese ad un amico*; allemand à son cheval, *tedesco al suo cavallo*; italien à sa maîtresse, *italiano alla sua signora*; espagnol à Dieu, *spagnuolo a Dio*; et anglais aux oiseaux, *inglese a gli uccelli*. »

De l'écriture des différens peuples. Suivons Rousseau dans le moyen qu'il indique de comparer les *langues*, et de juger de leur ancienneté : « Ce moyen, dit-il, se tire de l'écriture, et cela en raison inverse de la perfection de cet art. Plus l'écriture est grossière, plus la *langue* est antique.

La première manière d'écrire n'est pas de peindre les

sons, mais les objets mêmes, soit directement, comme faisaient les mexicains, soit par des figures allégoriques, comme firent autrefois les égyptiens. Cet état répond à la *langue* passionnée, et suppose déjà quelque société et des besoins que les passions ont fait naître.

La seconde manière est de représenter les mots et les propositions par des caractères conventionnels ; ce qui ne peut se faire que quand la *langue* est tout à fait formée, et qu'un peuple entier est uni par des lois communes ; car il y a déjà ici double convention. Telle est l'écriture des chinois : c'est là véritablement peindre les sons et parler aux yeux.

La troisième est de décomposer la voix parlante à un certain nombre de parties élémentaires, soit vocales, soit articulées, avec lesquelles on puisse former tous les mots et toutes les syllabes imaginables. Cette manière d'écrire, qui est la nôtre, a dû être imaginée par des peuples commerçans, qui, voyageant en plusieurs pays, et ayant à parler plusieurs *langues*, furent forcés d'inventer des caractères qui pussent être communs à toutes. Ce n'est pas précisément peindre la parole, c'est l'analiser.

Ces trois manières d'écrire répondent assez exactement aux trois divers états sous lesquels on peut considérer les hommes rassemblés en nations. La peinture des objets convient aux peuples sauvages ; les signes des mots et des propositions aux peuples barbares, et l'alphabet aux peuples policés (1). »

---

(1) Le président de Brosses établit six ordres d'écriture, 1. peinture simple ou image isolée ; 2. peinture suivie, écriture représentative des choses mêmes, ou caractères à la mexicaine ; 3. symboles allégoriques, hiéroglyphes représentatifs des qualités des choses, ou caractères à l'égyptienne ; 4. traits, clefs représentatives des idées, ou caractères à la chinoise ; 5. traits représentatifs des syllabes, ou caractères à la siamoise ; 6. lettres détachées, organiques et vocales, ou caractères à l'européenne,

Ce que nous venons de dire de l'écriture des peuples anciens serait très-insuffisant ; mais en y ajoutant l'extrait d'un ouvrage qui est le résultat des profondes recherches du savant Fréret sur ce sujet, nous pensons que cette notice donnera une idée assez détaillée de toutes les espèces d'écritures essentiellement différentes, qui nous sont connues.

L'écriture, dit ce célèbre académicien, est l'art de communiquer aux autres hommes ses pensées et ses sentimens, par le secours de certains signes sensibles à la vue, et tracés sur un corps solide. Comme nos pensées ne sont autre chose que la perception des objets extérieurs, de leurs rapports mutuels et de leurs impressions sur nous, la manière la plus naturelle de nous rappeler ces perceptions, serait de mettre sous nos yeux, sinon les objets mêmes, du moins leurs images ou peintures. C'est précisément en quoi consistait l'écriture des mexicains avant la conquête des espagnols ; et telle est encore à présent celle des sauvages du Canada. Cette écriture était sujette à de grands inconvéniens : pour y remédier, les nations studieuses eurent recours à deux sortes de caractères ou signes : les premiers, qui exprimaient symboliquement les objets, furent des représentations des êtres naturels ou de leurs parties ; les seconds furent de simples traits ou figures arbitraires, et sans autre rapport avec les choses, que celui d'institution ; et tels sont les chiffres indiens ou arabes, d'un usage presqu'universel, comme chacun sait ;

De ces six ordres, les deux premiers se rapportent aux objets extérieurs, les deux autres aux idées intérieures, les deux derniers aux organes vocaux. Il y a donc deux genres d'écriture, partis de principes absolument différens ; l'une est l'écriture figurée représentative des objets, qui indique par la vue ce qu'il faut penser et dire : ce genre comprend les quatre premiers ordres ci-dessus ; l'autre à qui appartiennent les deux derniers ordres, est l'écriture organique représentative des articulations de l'instrument vocal, qui indique aussi par la vue ce qu'il faut effectuer et prononcer.

tel était encore le caractère réel ou le langage philosophique, imaginé par l'anglais Wilkins (1), évêque de Chester, et dont Leibnitz avait, dit-on, eu l'idée. Les égyptiens et les chinois sont presque les seules nations de notre continent qui aient mis en œuvre cette écriture représentative des choses. On conjecture que les lapons et les finlandais connaissent aussi ce genre d'écriture.

Les sauvages d'Amérique, pour peindre leurs pensées aux yeux, semblent n'avoir employé que l'écriture représentative des idées, sans aucun rapport au langage; au lieu que la plupart des peuples de notre continent se sont efforcés de peindre la parole par des caractères qui en fussent uniquement des signes; mais l'uniformité de leurs vues sur ce point, n'a pas empêché qu'ils ne suivissent des routes différentes pour arriver au même but.

Les uns, pour exprimer les sons d'une *langue* variable dans la prononciation des voyelles, et plus fixée dans celle des consonnes, n'instituèrent des signes ou caractères que pour celles-ci; et telle fut apparemment l'écriture des phéniciens, des chaldéens, des hébreux, des syriens, des arabes, des persans, etc. Tous peuples qui ne parlaient que différens dialectes d'une même *langue*, et chez qui les points destinés à représenter les voyelles, n'ont été introduits que fort tard, et seulement lorsque ces dialectes ou *langues* ont cessé d'être vivantes, ou lorsque les migrations des peuples qui

(1) *Essai sur le langage philosophique* (en anglais), 1668, in-fol., avec un dictionnaire conforme à cet essai. Wilkins est mort en 1672, âgé de 52 ans. Cet auteur n'est pas le seul qui ait eu l'idée d'une *langue* universelle. Becher, né à Spire en 1645, mort à Londres en 1685, a eu la même idée dans son *Character pro notitiâ linguarum universali.* Il prétendait que, par le moyen d'une *langue* universelle dont il fait l'objet de son livre, toutes les nations s'entendraient facilement; ce Becher était un habile machiniste; il a travaillé à perfectionner l'imprimerie.

les parlaient, mirent dans la nécessité d'en fixer la prononciation.

Les autres, qui inventèrent l'écriture des *langues* où la prononciation des voyelles se trouvait aussi invariable que celle des consonnes, instituèrent des caractères pour ces divers sons, en s'y prenant de deux manières: les premiers, observant que, pour être prononcées, les consonnes avaient toujours besoin d'une voyelle ou distincte ou muette, crurent devoir unir, dans l'écriture, ce qui l'était déjà dans la prononciation; de sorte qu'ils inventèrent des caractères différens, non-seulement pour chacune des voyelles et des consonnes, mais pour exprimer l'union de ces derniers avec les différentes voyelles; ce qui multiplia extrêmement le nombre des caractères. Tels sont ceux des éthiopiens ou abyssins, jusqu'au nombre de deux cents. Ceux des peuples du Malabar, de Bengale, de Boutan, des deux Thibets, de l'île de Ceylan, de Siam, de Java, etc.

Les seconds, pour éviter l'embarras inséparable de cette multiplicité de caractères, se bornèrent à n'en établir qu'autant qu'il en fallait pour exprimer séparément, avec plus ou moins d'exactitude, les voyelles et les consonnes; et de ce genre sont ceux des grecs, des latins ou romains, les caractères runiques ou des anciens peuples de la Scandinavie, ceux des georgiens, des arméniens, de quelques nations esclavones, etc., etc.

L'alphabet grec ne provient pas des phéniciens (selon Fréret), comme on a essayé de le prouver dans le siècle dernier; il vient plutôt de l'ancien alphabet runique, assez conforme à l'ancien alphabet grec, pour le nombre, l'ordre et la valeur des caractères, qui, en ce cas-là, pourraient bien être les anciennes lettres pélasgiennes dont parle Hérodote, plus anciennes que celles de Cadmus.

L'écriture des tartares orientaux, aujourd'hui maîtres de la Chine, est d'un genre fort singulier; ils écrivent de haut en bas, et de la droite à la gauche, comme les chinois, en séparant totalement leurs mots, dont les traits liés les uns aux autres, ne paraissent former qu'un seul caractère, à la façon des chinois, pendant qu'ils ne sont réellement que l'assemblage de plusieurs lettres qui ont chacune leur valeur comme les nôtres, et par-là ressemblent fort aux caractères de l'écriture courante de divers orientaux.

Telles sont toutes les espèces d'écritures essentiellement différentes, qui nous soient connues ; car l'arrangement des lettres est purement accidentel : les uns les ayant disposées perpendiculairement de haut en bas, comme les chinois, les japonais, les tartares orientaux, les naturels des îles Philippines, les anciens éthiopiens, etc. ; les autres les ayant rangées horisontalement, soit de la gauche à la droite, ce qui paraît le plus naturel et le plus commun, comme les abyssins, les brhamines, les malabares, les ceylanais modernes, les javanais, les siamois, les anciens habitans du Thibet et de la Germanie, les georgiens, les arméniens, les grecs et tous les peuples qui en ont emprunté l'alphabet, tels que les latins, les cophtes, les esclavons, les goths, les allemands et presque tous les européens ; soit de la droite à la gauche, comme les anciens égyptiens, les phéniciens, les hébreux, les chaldéens, les syriens, les arabes, les persans, les turcs et même les huns, sujets d'Attila, desquels on trouve encore aujourd'hui les restes, sous le nom de zikules, dans un coin de la Transylvanie, comme l'ont observé Molnar et Hickes, qui en a publié l'alphabet composé de trente-quatre lettres rangées de la droite à la gauche, et ne ressemblant à nul alphabet connu (1). Il serait à propos de placer ici un extrait du savant ouvrage de Hickes (2) sur les anciennes

(1) Mémoire de Fréret sur les principes généraux de l'art d'écrire.

(2) Georges Hickes naquit dans le duché d'Yorck en 1642, et est mort à Worcester en 1715. Le titre de son ouvrage est *Antiquae litteraturae*

langues du nord ; mais ce détail nous menerait beaucoup trop loin. Nous renvoyons, pour l'analise de cet excellent livre, à l'*Essai sur l'étude des antiquités septentrionales et des anciennes langues du nord*, qu'a publié le citoyen Pougens. Il en donne un précis qui est très-bien fait, mais qui indique seulement la distribution et une notice très-sommaire du travail de Hickes. L'opinion du savant anglais sur l'origine des diverses *langues* du nord, est que l'anglais, le flamand, le westphalien, l'idiome de la Saxe-Inférieure et celui connu sous le nom de plat allemand, dérivent du mœso-gothique et de l'anglo-saxon. Les *langues* islandaise, norwégienne, suédoise et danoise sont formées de l'ancien scano-gothique, ainsi que cette partie de la *langue* anglaise, qui vient également du dano-saxon et de l'anglo-saxon. Hickes donne le tableau des divers rapports qui existent entre la plupart des *langues* septentrionales et le médo-persique. Ce tableau est suivi d'une comparaison des *langues* septentrionales avec la *langue* grecque. Avant Hickes, personne n'avait écrit sur l'analogie du grec, du latin et du médo-persique avec les *langues* septentrionales. André Muller est le seul qui ait traité du rapport de l'allemand et du flamand avec le médo-persique. Thomas Hyde, traducteur du Sadder, a entrevu

---

septentrionalis, libri II; quorum primus complectitur Georgii Hickesii linguarum veterum septentrionalium thesaurum grammatico-criticum et archaeologicum : ejusdem de antiquae litteraturae septentrionalis utilitate dissertationem epistolarem; et and. fountaine numismata saxonica et dano-saxonica. Alter continet humfredi wanleii librorum veterum septentrionalium qui in angliae bibliothecis extant, catalogum historico-criticum; necnon multorum vett. codd. septentrionalium alibi extantium notitiam, cum totius operis sex indicibus. Oxoniæ e Theatro sheldoniano, 1705, 2 vol. in-fol. Hickes vendit son patrimoine pour faire imprimer cet ouvrage, qui n'eut pas grande réputation pendant la vie de l'auteur, mais qui fut très-recherché après sa mort. Ces deux volumes se sont vendus jusqu'à 217 livres en 1779. Les exemplaires en grand papier sont rares; la bibliothèque confiée à mes soins en possède un.

également l'analogie de l'anglais avec le persan : cette vérité a été démontrée depuis jusqu'à l'évidence, par Méninski, dans son *Trésor des langues orientales* (1) ; par Richardson, dans son *Dictionnaire anglo-persique.* Abraham Vander Milius a traité de l'analogie des *langues* grecque, latine et persane avec le flamand. On trouvera encore dans l'*Essai* du citoyen Pougens, des notices très-intéressantes sur Boxhorn, sur Leibnitz et Podesta, sur Jean Ihre, célèbres glossographes. L'auteur s'attache surtout à développer l'opinion du suédois Ihre : il regarde son dictionnaire suio-gothique comme l'un des meilleurs ouvrages relatifs à la connaissance des *langues.* Il est vrai que Ihre a fait preuve d'une sagacité et d'une érudition extraordinaires, dans le rapport des *langues* septentrionales avec l'hébreu ; dans l'examen des divers dialectes en usage parmi les scythes ; dans ses recherches sur les celtes, sur leur *langue*, sur le persan, sur le grec, sur le latin, sur le méso-gothique, sur l'anglo-saxon, sur l'ancien allemand, sur la *langue* des belges, sur l'islandais, et enfin sur le finnois et lapon. Nous invitons nos lecteurs à suppléer à la brièveté de notre article sur les *langues*, par la lecture du petit ouvrage du citoyen Pougens : il indique les sources, et on peut le prendre pour guide dans le choix des ouvrages sur les *langues* septentrionales : il a renfermé beaucoup de choses en peu de mots, et son essai sera toujours de la plus grande utilité à ceux qui voudront éviter de se noyer dans une infinité de livres hasardés sur cette partie.

---

(1) Le *Thesaurus linguarum orientalium, turcicae, arabicae, persicae*, etc., de Meninski, imprimé à Vienne, 1680 — 87, en 5 vol. in-fol. est très-recherché et très-rare, par le petit nombre d'exemplaires échappés au feu qu'un boulet de canon, tiré par les turcs lors du siège de Vienne, mit au magasin du libraire. Un exemplaire a été vendu 900 livres en 1776.

D'après ce que nous venons d'exposer sur l'origine et la différence des *langues*, ainsi que sur l'écriture des différens peuples, on voit que les *langues* sont, après le geste, les principaux instrumens de l'émanation de la pensée, que la parole en est l'écho, et que l'écriture en est l'image. La connaissance des *langues*, caractérisant le bibliographe, lui est donc essentielle : mais trouvera-t-on beaucoup de personnes versées dans cette partie ? trouvera-t-on beaucoup d'Anquetil, de de Guignes, de Larcher, de Barthelemy, de Sylvestre de Sacy, de Langlés ? Malheureusement ils ne sont plus communs.

Depuis que la *langue* française s'est perfectionnée, et que les chefs-d'œuvre littéraires du 17e siècle l'ont presque naturalisée chez tous les peuples de l'Europe, l'étude des *langues* anciennes a été singulièrement négligée. De bonnes traductions les ont reléguées dans quelques ci-devant colléges isolés, et la *langue* latine est la seule qui se soit soutenue dans les écoles publiques et particulières.

Quoique cette *langue* soit la plus universellement répandue, quoiqu'elle soit encore la *langue* usuelle des savans, elle ne suffirait cependant pas à celui qui voudrait fouiller les mines précieuses renfermées dans ces dépôts littéraires, immenses, enrichis de quantité de manuscrits dans toutes les *langues* ; mais comme ces dépôts considérables ne sont pas communs, et que le plus grand nombre des bibliothèques pourrait ne contenir que peu de manuscrits et d'ouvrages anciens, il suffirait peut-être à la plupart des bibliophiles d'avoir, outre une connaissance familière des *langues* française et latine, quelques notions alphabétiques et syllabiques des *langues* anciennes et vivantes, pour au moins ne pas ignorer en quelle *langue* est écrit tel ouvrage, et quel est son titre.

On se proposait de placer ici les alphabets et syllabaires des principales *langues*, tant anciennes que modernes, tels qu'ils se trouvent dans plusieurs ouvrages (1) sur les *langues* ; mais la grande quantité de planches qu'il aurait fallu faire graver, eût demandé un temps considérable, et eût beaucoup augmenté le prix modique auquel on porte ce dictionnaire : on est donc obligé, pour le moment, de le restreindre à la simple nomenclature des *langues* anciennes et des *langues* modernes les plus connues.

Langues anciennes.

Ces *langues* sont :

1. L'HÉBREU, qui renferme le *samaritain* et le *rabbinique*. Le phénicien a beaucoup de rapport avec l'hébreu.

---

(1) On peut consulter à ce sujet le tome second des planches de la grande *Encyclopédie*, où se trouvent 25 planches renfermant plus de 40 alphabets tant anciens que modernes, avec l'explication; la *Diplomatique* de Mabillon; le *Nouveau Traité de diplomatique* des bénédictins ; le *Dictionnaire de diplomatique* de Devaines ; le troisième tome de la *Bibliothèque des artistes de Petity*, etc. Il serait bien à souhaiter que les savans glossographes, tels que ceux que nous nommons dans le cours de cet article, se réunissent pour publier une *Polyglotte universelle élémentaire.* Cet ouvrage, qui ne serait pas impossible à exécuter, serait de la plus grande utilité dans toutes les bibliothèques. Nous proposerions d'adopter à cet effet le format in-fol. dans lequel on ferait graver ou imprimer tous les alphabets connus ; chaque planche offrirait, 1. l'alphabet d'une *langue*; 2. son syllabaire; 3. son systême numéral, et 4. une quinzaine de lignes d'un morceau de littérature, qui serait toujours le même, traduit dans toutes les *langues*. Chaque planche serait précédée de deux ou quatre pages d'impression, qui donneraient en abrégé les principes élémentaires grammaticaux, et même l'historique de la *langue* à laquelle elles appartiendraient. L'ouvrage serait terminé par les vocabulaires traduits des *langues* particulières de l'Amérique, de l'Inde et des îles dont les habitans n'ont point d'alphabets. Ce livre serait bien préférable à celui que vient de publier, en Angleterre, M. Edmond Fry, fondeur de caractères à Londres, sous le titre de *Pantographie, contenant des copies exactes de tous les alphabets connus, avec une explication anglaise de la signification de chaque caractère*, in-8 de 320 pages. Cet ouvrage n'offre que le mérite d'une belle exécution, car il fourmille de fautes, d'erreurs et de lacunes.

2. L'ARABE, qui renferme le *turc* et le *persan*.

3. Le SYRIAQUE.

4. L'ÉTHIOPIEN.

5. L'ARMÉNIEN.

6. Le GREC, qui renferme le *boustrophedon*, le *grec* ordinaire et le *cophte* ou *égyptien* moderne.

7. Le ROMAIN, qui comprend l'*arcadien*, le *gothique*, l'*allemand* et le *français*.

8. L'ISLANDAIS, qui comprend l'*anglo-saxon*, le *runique*, le *mœso-gothique* et l'*irlandais*.

9. Le RUSSE *ancien*, *moderne*, le *servien* et l'*illyrien*.

10. Le TARTARE, *thibetan*.

11. Le GEORGIEN.

12. Le MALABAR.

Disons un mot sur chacune de ces *langues*.

I. L'HÉBREU a vingt-deux lettres dont les dénominations sont significatives (1); il s'écrit de droite à gauche; il a quatorze points voyelles, dont cinq longs, cinq brefs et quatre très-brefs. On prétend que les points et les accens, qui sont au nombre de trente-cinq (dont douze dessous, dix-huit dessus, quatre dessus et dessous et un à côté), sont de l'invention des masorèthes (2).

On entend par caractères *samaritains*, les vieux caractères

---

(1) L'hébreu est si difficile à prononcer que saint Jérôme rapporte, dans une de ses Epîtres, qu'il s'était fait limer les dents tout exprès pour le bien prononcer. *Menagiana*, 2e édition, 1694, in-12, pag. 170.

(2) Les masorèthes sont des docteurs juifs de la célèbre académie de Tibériade, au cinquième siècle, qui ont travaillé à la masore; la masore est la division et le dénombrement des chapitres, des versets, des mots et des lettres du texte de la Bible; lequel dénombrement a été fait par ces savans rabbins, pour en empêcher l'altération. Avant cela la Bible n'avait ni chapitres, ni versets, ni mots séparés, de manière que le livre ne formait d'un bout à l'autre qu'un seul mot continu. *Voyez* MASORE.

hébreux avec lesquels les samaritains écrivirent autrefois le Pentateuque, et dont ils se servent encore aujourd'hui, quoiqu'ils soient affreux.

L'*hébreu rabbinique* est un caractère coulant dont tous les juifs se servent pour écrire. Lorsqu'on emploie ce caractère, on ne se sert pas de points-voyelles; il est beaucoup plus expéditif que l'hébreu carré ordinaire.

II. L'ARABE s'écrit de droite à gauche: il est composé de vingt-huit lettres auxquelles on ajoute la double lettre *lam-alif* (1).

Le *turc* est composé de trente-cinq lettres: la prononciation turque tient le milieu entre la persane et l'arabe. Les turcs ont sept sortes d'écritures: l'une pour l'histoire et l'alcoran, l'autre pour les affaires et le barreau, celle-ci pour les juges et les poëtes, etc.

Le *persan* vient de l'arabe, et a cinq lettres de plus. Les anciens persans avaient plusieurs *langues*, savoir: le parsi, le deri, le pahlevi, le sogdi, le zabuli, l'heravi, le khousi, le tartare, le souriani et le carehouni. L'ancien persan ou alphabet des gavres, n'a que trente-neuf lettres, et celui tiré du *zend* et du *pazend* n'en a que vingt-neuf.

Le *nagrou* ou *hanscret* a quatorze voyelles ou diphtongues initiales, et trente-trois consonnes: ce sont les caractères sacrés des brames: ils écrivent de gauche à droite. Les brames du Bengale écrivent en *langue* sanskretane (2). L'al-

(1) La *langue* arabe est une des plus belles *langues* connues; elle l'emporte même sur le grec par la richesse et l'abondance: elle est si riche qu'elle a mille mots différens pour exprimer l'épée, cinq cents pour le lion, deux cents pour le serpent, quatre-vingt pour le miel. Firauzabadius, qui a eu le courage de les compter, les a tous recueillis dans deux volumes qu'il a publiés.

(2) Les européens diversifient l'orthographe du nom de cette *langue*; ils la nomment *hanscrite*, *hansérite*, *sanscrite*, *sansérite*, *sanskréte*, *sanscrétane*, *samscortane*.

phabet bengale a seize voyelles initiales et trente-quatre consonnes : le telongou, *talenga* ou *badega*, a seize voyelles initiales et trente-cinq consonnes.

III. La *langue* SYRIAQUE, appelée en divers temps *langue* chaldéene ou babiloniene, arméene-assyriene, fut encore nommée hébraïque, parce qu'elle était devenue la *langue* vulgaire des juifs depuis leur retour de Babylone (1), et qu'elle l'était encore du temps de Jesus-Christ. On ne parle plus la *langue* syriaque aujourd'hui; la *langue* vulgaire des syriens et des maronites est l'arabe; ensorte que le syriaque est, comme parmi nous le latin, la *langue* de l'église et des livres saints. Lorsque les syriens veulent écrire en arabe sans être entendus des mahométans, ils se servent des caractères syriens.

IV. L'ÉTHIOPIEN, qui a vingt-six lettres, n'est plus d'usage; il a été remplacé par la *langue* abyssine qui en a trente-trois.

V. L'ARMÉNIEN, s'écrivant de gauche à droite, a trente-huit lettres; les arméniens ont quatre sortes d'écriture : la première est appelée dans leur *langue erghatachir*, écriture de fer; la seconde *poloverchir*, écriture ronde; la troisième *noderchir*, écriture des notaires; et la quatrième est composée des majuscules (2).

---

(2) C'est la *langue* que parlait Jesus-Christ. Il est certain qu'une partie des livres du nouveau Testament ont été écrits en syriaque; les termes de Boanergès, Raca, Mammouna, Barjona, Cephas, Sabactani, etc. répandns dans le nouveau Testament, sont syriens. Cette *langue* a quatre alphabets qui ont chacun vingt-deux lettres. Ces quatre alphabets sont le syrien ordinaire, le stranghelo, le nestorien et les caractères des chrétiens, de saint Thomas, dans les Indes.

(1) Scroder a publié une grammaire arménienne intitulée : *Thesaurus linguae armenicae antiquae et hodiernae*. Amsterdam, 1711.

VI. Le GREC vient du syriaque, qui tire son origine du phénicien (1) : il a vingt-quatre lettres (2).

On appelle *boustrophédon* une manière d'écrire en imitant les sillons que trace un bœuf qui laboure, c'est-à-dire, en écrivant une ligne de droite à gauche, et la ligne suivante de gauche à droite : c'est ainsi que les grecs écrivirent anciennement; mais ils s'en lassèrent, et reprirent leur écriture originaire de gauche à droite. Le grec a des majuscules et des minuscules.

La *langue cophte*, qui est à peu près la même que la grecque, à l'exception de sept lettres qu'elle a de plus, est un mélange de grec et de l'ancienne *langue* égyptienne. L'alphabet égyptien a dix-huit lettres.

VII. Le ROMAIN comprend, 1.° l'arcadien, qui est la même *langue* que le latin : on prétend que c'est Evandre qui a apporté l'alphabet arcadien aux latins (3); d'autres croient qu'ils le doivent à une peuplade pélasgienne (4).

2.° Le *gothique*, ainsi appelé parce qu'on en attribue l'introduction aux goths, qui venaient de renverser l'empire romain; le *gothique* carré, qui tient du caractère allemand;

(1) Le *phénicien* a quatre alphabets différens, dont les uns nous proviennent des inscriptions trouvées à Malte; les autres des médailles et des inscriptions conservées en Chypre et rapportées par POCOCKE. Ce POCOCKE, célèbre théologien anglais, était très-versé dans la connaissance des *langues* orientales. Il est mort à Oxfort en 1691, à 87 ans.

(2) La *langue* grecque a été introduite en France par Tipherne, en 1473; en Angleterre par Grocin, en 1491; et en Allemagne par Reuchlin, surnommé Capnion, en 1493.

(3) Evandre passa en Italie 60 ans avant la prise de Troye. Faunes, qui régnait alors sur les aborigènes, lui donna une vaste étendue de pays. Il enseigna aux latins l'usage des lettres et l'art du labourage.

(4) Le *pélasge* vient des peuples qui habitaient, il y a plus de 3000 ans, l'Ombrie; il a beaucoup d'analogie avec le grec, ainsi que l'*étrusque*, qui tire avec lui son origine des lettres phéniciennes.

a fort long-temps été en usage, même en France :-il a vingt-cinq lettres, ainsi que le *mœso-gothique*. Le *gothique* a des majuscules et des minuscules.

3.° L'*allemand*, qui a vingt-quatre caractères, ainsi que des majuscules et des minuscules.

4.° Enfin le *français*, qui a aussi des majuscules et des minuscules, et vingt-quatre lettres.

VIII. L'ISLANDAIS a vingt-quatre lettres; autrefois il n'en avait que seize, et toutes représentatives ou monogrames.

L'*anglo-saxon* ne diffère presque point du latin, quant à son alphabet.

Le *runique* est à peu près le même que l'islandais. L'irlandais a dix-sept lettres.

IX. La *langue* RUSSE est ou ancienne ou moderne : elles ont l'une et l'autre trente-six lettres.

Le *servien* a quarante lettres qui tiennent beaucoup du grec, à l'exception de celles que saint Cyrille y a ajoutées.

L'*illyrien* ou l'*esclavon*, qui a trente-deux lettres, se parle dans plus de soixante provinces du nord, tant en Europe qu'en Asie.

X. Le TARTARE MANTCHEOUX a vingt-neuf caractères élémentaires ; mais leur alphabet est divisé en douze classes : chaque classe contient cent douze lettres : il a beaucoup de rapport avec le chinois.

Le *thibétan* a trente lettres.

XI. Le GÉORGIEN, s'écrivant comme l'arménien, a trente-sept lettres et trois alphabets, le sacré majuscule, le sacré minuscule et le vulgaire.

XII. Le MALABAR ou *tamoul* a douze voyelles et dix-huit consonnes.

LANGUE CHINOISE. La *langue* écrite des chinois (1) n'est

---

(1) L'anglais Jos. Hager vient de publier un ouvrage intitulé : *Pien hoe Ya*, ou *Recherches sur les caractères élémentaires des chinois, accompagnées d'une*

composé que de signes représentatifs de choses ou d'idées avec lesquels ils n'ont qu'un rapport arbitraire : elle semble n'avoir été inventée que pour des muets qui n'auraient aucune idée de la parole. On peut comparer les caractères de cette écriture à ceux de nos chiffres numéraux, à nos signes algébriques, astronomiques, chimiques, etc. entendus de toutes les nations qui les connaissent, quoique parlant des *langues* différentes. Quant au nombre prodigieux de ces caractères, il ne doit effrayer personne, par rapport à la difficulté d'en

---

analise de leurs anciens symboles et hiéroglyphes (en anglais). Londres, 1801, 1 vol. in-fol. Comme très-peu d'auteurs (Bayer, Fourmont, de Guignes, le jésuite Amyot) se sont occupés de la *langue* chinoise, le docteur Hager s'est proposé de suppléer à ce qui manque dans cette partie. Son introduction annonce des connaissances et des recherches. L'invention des caractères chinois est, dit-il, attribuée à Fo-hi, premier empereur de la Chine, regardé comme l'auteur de la *langue* écrite. Avant lui, on se servait de cordes nouées, semblables à celles qu'on a trouvées chez les péruviens. Les premiers caractères des chinois étaient deux lignes horizontales, dont l'une entière, l'autre divisée en deux ———. Ces lignes indiquaient le parfait et l'imparfait, le ciel et la terre, le mâle et la femelle, auxquels on assignait, comme à Osiris et Isis en Egypte, l'origine de toutes choses. Ces lignes, combinées en huit différens trigrammes, formaient le KOUA ou les huit élémens, dont quatre mâles et quatre femelles; doctrine qui est conforme à ce que Jamblique dit des égyptiens, et à ce que Sénéque cite dans ses questions naturelles. *Journ. de litt. étr.*

Le docteur Hager vient d'être, dit-on, appelé à Paris par le ministre de l'intérieur, pour publier un dictionnaire chinois; c'est sans doute pour donner une édition en français de l'ouvrage dont nous venons de parler. Ce dictionnaire, ajoute-t-on, sera enrichi par les travaux laissés par Fourmont, ainsi que par les autres matériaux nombreux dont la bibliothèque nationale abonde, pour former un dictionnaire chinois. Plus de 80,000 caractères chinois, déjà gravés en bois pour cet effet, abrégeront l'édition d'un ouvrage nécessaire pour l'étude de la *langue* chinoise. Ce dictionnaire, imprimé aux frais du gouvernement, sera exécuté avec beaucoup de magnificence.

(*Monit.*)

connaître la valeur. Cette difficulté n'est pas plus insurmontable que celle d'apprendre à fond les *langues* mortes, telles que la grecque ou la latine, et d'y joindre encore la connaissance de plusieurs vulgaires; ce qui est très-commun L'étude des caractères chinois donne des idées nettes et distinctes de toutes les choses qu'ils désignent; en quoi cette écriture approche fort de celle d'une *langue* philosophique (1).

Les chinois ont 328 vocables, tous mono-syllabiques applicables à environ 80,000 caractères dont leur *langue* est composée; ils n'ont cependant que 214 caractères radicaux ou clefs auxquels se rapportent les 80,000; et ces 214 caractères en sont les véritables élémens. Le chinois s'écrit du haut en bas, et va de droite à gauche pour les lignes.

Langues modernes.

Voyons maintenant quelles sont les *langues* en usage dans chacune des quatre parties du monde.

Il faut remarquer que les *langues* sont ou générales ou particulières : les générales sont celles qui sont d'une grande étendue, et que les conquêtes, la religion et le commerce ont mises en usage parmi les peuples; les particulières sont celles qui, de peu d'étendue, ne sont en usage que parmi quelques petits peuples.

DES LANGUES EN EUROPE. L'Europe a cinq *langues* générales, dont quatre naturelles et une étrangère, qui est la tartare, et cinq *langues* particulières.

Les *langues* générales sont la *latine*, la *grecque*, la *teutone*, l'*esclavone* et la *tartare*.

1. La *langue* LATINE est une *langue* morte, c'est-à-dire, qu'on ne parle plus dans la société : elle est répandue dans les quatre parties du monde, par le moyen des *langues*

---

(1) Mémoire de Fréret.

française, espagnole et italienne, qui proviennent du latin altéré (1) par les peuples barbares qui ont dévasté l'empire d'occident.

La *langue* FRANÇAISE (2) est entendue dans toutes les

---

(1) La *langue* latine a cessé d'être parlée vulgairement en Italie vers l'an 581.

(2) Autrefois on parlait deux *langues* vulgaires dans l'étendue de la monarchie française : ces deux *langues* étaient le tudesque, ou ancien allemand, et la romaine rustique : le tudesque était parlé par les peuples soumis aux rois de Germanie, et la romaine rustique par les gaulois soumis aux rois de France et d'Aquitaine. Cette dernière fut communément employée dans les diplômes du 7e siècle, et pendant la moitié du suivant. La romance, née de la corruption du latin, se forma dans les provinces méridionales des Gaules. Le mélange du tudesque et de la romance forma une nouvelle *langue* dans les provinces septentrionales de la France, où les français étaient en plus grand nombre que les gaulois et les romains, et on l'appela *langue française*. Celle-ci donna l'exclusion à toutes les autres, et devint la *langue* générale de tout le royaume. La romancière se perpétua pourtant dans les pays méridionaux. Le plus ancien acte écrit en *langue* romance et tudesque tout à la fois, est un double serment d'alliance entre Charles-le-Chauve et Louis-le-Germanique, de 842; et le plus ancien monument en *langue* française ne remonte pas au-dessus du 11e ou 12e siècle. Une charte de 1133 de l'abbaye d'Hennecourt, est peut-être la plus ancienne qui ait été écrite en français. *Voyez* DICTION. DIPLOM.

La première traduction de latin en français, selon Soret, est celle du livre de Boece, *de la Consolation de la Philosophie*, par Jean de Meun, sous Philippe-le-Bel. Selon Falconet, le poëme *de Gemmis*, de Marbodus, évêque de Rennes, au commencement du 12e siècle, sous Louis-le-Gros, a été traduit en français par un des contemporains de ce Marbodus.

Ducange prétend que le premier traducteur de latin en français, est MIKIUS de Harnes, qui a traduit la *Chronique latine* de l'archevêque Turpin, que Papyre Masson croit composée du temps de Charles-le-Chauve, et qu'Oihenart attribue à un auteur espagnol, au 12e siècle.

Dans le milieu du 13e siècle, sous le règne de saint Louis, Brunetto Latini, auteur italien, traduisit en français les *Morales d'Aristote*. Dans le même temps, saint Louis fit traduire la *Bible* en français. C'est la première traduction de la *Bible* entière qui fut suivie de celle de Guiart-des-Moulins, chanoine d'Aire, achevée en 1294. *Voyez* Mémoire des inscriptions et belles-lettres, tom. VII.

cours de l'Europe ; elle est même en usage dans quelques-unes et en plusieurs endroits de l'Asie, de l'Afrique et d'une bonne partie de l'Amérique.

La *langue* ITALIENNE est connue en France, en Allemagne, le long des côtes de la Méditerranée et de l'Archipel ; elle a la même origine que la française et l'espagnole : elles sont toutes trois une corruption du latin.

La *langue* ESPAGNOLE est répandue dans le Portugal, dans plusieurs endroits de la Barbarie, dans quelques îles de l'Asie et dans une très-grande partie de l'Amérique.

2. La *langue* GRECQUE est connue des gens de lettres ; elle est entendue dans la Russie, dans la Lithuanie, dans la Transylvanie, dans la Valaquie, dans la Moldavie et dans les états du grand-seigneur, dans quelques endroits de la Perse, dans la Géorgie et dans l'Abyssinie.

3. La *langue* TEUTONE, qui est la *langue* naturelle du nord et du nord-ouest de l'Europe, porte avec elle les caractères de la plus haute antiquité ; mais elle s'est corrompue et en a formé plusieurs autres qui n'en sont que des idiomes, tels que l'allemand, le suédois, le danois, l'anglais, le hollandais et le flamand. Ces *langues* sont répandues dans tous les pays soumis aux peuples qui les parlent dans l'un et dans l'autre continent.

4. La *langue* ESCLAVONE, qui est la *langue* naturelle du nord et de l'est de l'Europe, s'est aussi corrompue et a formé plusieurs idiomes, comme le russe, le polonais, le bohémien, le hongrois et l'esclavon propre.

5. La *langue* TARTARE, que nous appelons étrangère, parce qu'elle vient de l'Asie, est la *langue* naturelle de la Tartarie moscovite et de la Petite-Tartarie : elle s'étend aussi dans la Turquie.

Les *langues* particulières de l'Europe sont l'*irlandaise*, la *bretonne*, la *basque*, l'*albanaise* et la *finlandaise*.

1. L'IRLANDAISE est particulière à l'Irlande et au nord de l'Ecosse.

2. La BRETONNE est particulière à la ci-devant Basse-Bretagne en France, et à la principauté de Galles en Angleterre (1).

3. La BASQUE se parle dans la Basse-Navarre, dans le ci-devant pays de Labour en France, et dans la Biscaye en Espagne.

4. L'ALBANAISE est particulière à l'Albanie, province de Turquie.

5. Enfin, la FINLANDAISE est renfermée dans la Finlande et dans la Laponie.

DES LANGUES EN ASIE. L'Asie a trois *langues* générales et six particulières : les générales sont la *tartare*, la *chinoise* et l'*arabe*.

1. La TARTARE s'étend dans tout le nord de l'Asie, dans la Turquie, dans le Mogol et dans la Chine (2).

---

(1) Le célèbre et malheureux Latour-d'Auvergne-Corret, tué le 9 messidor an 8, à la bataille de Neufbourg, a publié un ouvrage sur les *Origines gauloises*, an 5, in-8, dans lequel il cherche à démontrer les rapports physiques et moraux des bretons de l'Armorique avec les anciens gaulois, et à établir l'identité de la *langue* de ces deux peuples sur la conformité qui règne encore entre le bas-breton et la *langue* en usage dans les diverses contrées de l'Europe et de l'Asie, où les gaulois portèrent leurs armes victorieuses, et formèrent des établissemens. Les plus anciens peuples du Nord se nommaient scythes ou celto-scythes, du moins chez les grecs, qui donnaient indistinctement ce nom à toutes les nations qui habitaient le long du Danube, et au-delà de ce fleuve jusques dans le fond du Nord; ensuite on les appela celtes; puis les romains leur donnèrent le nom de gaulois. Latour-d'Auvergne veut prouver que c'est de la *langue* des scyto-celtes, représentée aujourd'hui par celle des bretons de l'Armorique, que sont sortis, comme d'un tronc commun, les nombreux rejettons, les différens idiomes qui se sont étendus de l'orient à l'occident, et du nord au midi de l'Europe et de l'Asie. Nous parlerons plus bas de son tableau de l'origine et de la descendance des *langues*.

(2) On trouve dans le cinquième volume des *Recherches asiatiques*, ou *Mémoires de la Société du Bengale*, imprimé en anglais à Londres en 1799, in-8, un alphabet de la *langue* d'Ava et d'Arracan, donné par J. Towr,

2. La CHINOISE est d'usage non-seulement dans la Chine, mais encore dans une partie de l'Inde et dans la plupart des îles.

3. L'ARABE est en usage non-seulement dans les trois Arabies, mais encore chez tous les mahométans, parce que c'est dans cette *langue* que l'Alcoran est écrit; ainsi elle est connue dans les trois parties de l'ancien continent.

Les *langues* particulières de l'Asie sont l'*arménienne*, la *persane*, la *zuzurate*, la *malabare*, la *moluquoise* et la *japonaise*. Outre ces six *langues* particulières, on connaît encore l'*hébraïque*, le *syriaque* et le *chaldéen*, qui ne sont plus d'un usage vulgaire, et qu'on nomme à cet effet *langues* mortes.

1. L'ARMÉNIENNE est particulière aux deux Arménies, et entendue, à cause du commerce, en Turquie, dans la Perse et dans les Indes.

2. La PERSANE est renfermée dans la Perse.

3. La ZUZURATE est particulière au royaume de ce nom.

4. La MALABARE ne s'étend que sur la côte de ce nom.

5. La MOLUQUOISE n'est en usage qu'aux Moluques.

6. La JAPONAISE se parle au Japon et dans quelques provinces de la Chine.

DES LANGUES EN AFRIQUE. L'Afrique a aussi trois *langues* générales, qui sont l'*africaine* proprement dite, la *nègre* et l'*éthiopienne*.

1. L'AFRICAINE est la *langue* de la Barbarie, du Biledulgerid, du Saara et de la Nubie: elle est plus ou moins mélangée d'arabe.

---

qui regarde cette *langue* comme intermédiaire entre celle de la Chine et celle de l'Indostan. Le même volume offre encore un *Vocabulaire comparé des différentes langues en usage parmi les habitans du Pégu, d'Ava et de Siam*, par Fr. Buchanan.

2. La NÈGRE est celle de la Nigritie, de la Guinée et de toute la partie occidentale de l'Afrique.

3. L'ÉTHIOPIENNE est en usage dans l'Ethiopie et dans toute la partie orientale de l'Afrique.

L'Afrique a une infinité de *langues* particulières, parce que plusieurs peuples de cette région sont anthropophages, et n'ont aucune communication les uns avec les autres.

DES LANGUES EN AMÉRIQUE. L'Amérique a neuf *langues* générales ; quatre pour la partie septentrionale, et cinq pour la partie méridionale.

Les quatre *langues* de l'Amérique septentrionale sont, 1. l'*iraquoise* ; 2. la *chipewaisse* ou l'*algonquine* ; 3. la *nadouessis* (1), et 4. la *langue* des cherokees ou *chicsakaws*. Ces quatre *langues* se parlent depuis les côtes du Labrador jusqu'à celles de l'Océan, et depuis la Floride jusqu'aux glaces du nord. La *chipewaisse* est la plus estimée et la plus générale.

Les cinq *langues* générales de l'Amérique méridionale (2) sont :

1. La MEXICAINE, commune aux deux Mexiques.

2. La CALIBINE entendue dans les îles Caraïbes, chez les peuples de la Guyane et de la Terre-Ferme.

3. La PÉRUVIENNE en usage dans le Pérou, et dans le Chily.

4. La TAPUYE que l'on parle le long des côtes du Bresil.

5. Enfin la GUAYRANNE, commune au pays des Amazones et au Paraguay.

---

(1) L'anglais Craver, qui a demeuré quelques années parmi les peuples de l'Amérique septentrionale, a donné deux vocabulaires, l'un de la *langue* chipewaisse, et l'autre de la *langue* nadouessis.

(2) Alphonse Barzena de Cordoue a publié : *Lexicon et praecepta grammatica., it. lib. confessionis et precum in quinq. indorum linguis, quarum usus per Americam australem, nempe puquiniçá, tenocoticâ, catamareanâ, guaranicâ, natixanâ, s. magaznanâ.* Peruviæ, 1590, in-fol.

L'Amérique a presque un aussi grand nombre de *langues* particulières qu'il y a de petits peuples qui ne communiquent point ensemble.

Nous aurions bien désiré présenter à la suite de la nomenclature des *langues* anciennes et modernes, une espèce d'arbre généalogique, dans lequel on eût vu, d'un seul coup d'œil, leurs sources, leur division, leur variation et leur altération ; mais l'obscurité qui couvre l'origine de chaque *langue* ne permet pas d'établir une généalogie exacte. Les plus célèbres glossographes se sont égarés sitôt qu'ils ont dirigé leurs recherches vers une *langue* primitive ; et tous leurs systèmes, loin de dissiper les ténèbres, n'ont peut-être fait que les augmenter. Nous avions déjà recueilli quelques matériaux dans différens auteurs pour former une table synoptique de l'universalité des *langues ;* nous avions placé au premier rang le phénicien, l'hébreu et le samaritain, qui sont à peu près les mêmes ; du phénicien nous faisions sortir le pélasge et l'étrusque : des trois premières *langues* réunies, nous tirions le syriaque ; du syriaqne sortaient, 1.° l'arabe qui donnait le jour au hanscret, au persan, au turc ; et, 2.° le grec, d'où l'on voyait naître d'abord l'arménien, le cophte et l'éthiopien ; ensuite le latin, puis le gothique, fils aussi du latin et père du runique ; enfin le russe et l'esclavon qui engendrait le hongrais, le polonais et le bohémien ; du latin, naissaient le romain rustique et le tudesque ; ces deux dernières *langues* réunies formaient le français, l'italien et l'espagnol ; et le tudesque seul enfantait l'allemand, le suédois, le danois, l'anglais, le hollandais et le flamand. Tel est le premier essai que nous avions déjà disposé en arbre généalogique, dont nous aurions beaucoup plus multipliés les rameaux, si nous avions trouvé plus d'harmonie dans les différens systèmes où nous avons puisé. Mais la crainte de donner dans l'arbitraire et dans les erreurs de ceux que nous consultions, nous a fait abandonner ce travail. La Tour-d'Auvergne s'est aussi occupé d'un tableau de l'origine et de la descendance des *langues*, qui sert d'introduction à son glossaire polyglotte, dans lequel il compare quarante *langues* avec le breton (1). La briéveté de ce tableau nous permet de le donner ici en entier. « Les savans les plus versés dans le mécanisme des mots, dit l'auteur, dans la métaphysique des *langues*, et entr'autres le célèbre Tankate, auteur hollandais, reconnaissent trois *langues*, mères de celles de l'Europe : la cimbrique, la teutonique et la celtique. Mais ces savans prouvent, en même temps, par une infinité d'exemples, qu'on peut les ramener toutes à une seule racine, et reconnaissent la *langue* scytho-celtique ou gauloise comme le principe, la tige des autres *langues*.

De la langue Cimbrique.

I. La *langue* cimbrique ou runique, fille de la *langue* scytho-celtique, a formé,

1.	Le dano-gothique, ou le vieux danois.		Le danois et le suédois modernes se trouvent mêlés d'un peu d'allemand.
	Le scano-gothique. Le sueco-gothique.	ou le vieux suédois.	
II.	Le norwégeois. L'islandais.	Ces deux langues sont les moins abâtardies.	

De la langue Tudesque ou Teutonique.

II. Le vieux teutonique, ou vieux allemand, sorti du scytho-celtique, a formé,

1.	Le mœso-gothique.	
	L'anglo-saxon. . . .	De l'anglo-saxon s'est formé, 1. L'anglais, qui se trouve mêlé de danois et des langues romance et normande. 2. Le bas-écossais, qui se trouve moins mêlé de langue romance, que ne l'est l'anglais.
	Le frison.	

(1) Le Glossaire polyglotte est encore manuscrit; mais on en voit un apperçu à la fin des *Origines gauloises*, pag. 301. C'est de cet apperçu que nous tirons textuellement le tableau suivant.

II.	1. Le belgique, appelé anciennement le flamand, aujourd'hui le hollandais.	
	2. Le dialecte moderne des suisses, qui est celui qui a le plus conservé de rapport avec le vieux allemand.	Du mélange de ces deux langues est sorti l'allemand moderne.
	3. Le franco-teutonique, ou bas-saxon.	

Le vieux allemand et le franco-teutonique n'existent plus que dans de vieux écrits, de même que le mœso-gothique et l'anglo-saxon : l'ancien frison s'est encore conservé dans le plat-pays de la Frise.

De la langue Scytho-Celtique ou Gauloise.

III. Le scytho-celtique, ou le vieux gaulois, qui existe dans sa pureté originelle dans l'ancienne Armorique ou Basse-Bretagne, de même que dans la province de Galles en Angleterre; cette *langue*, mère de la *cimbrique* ou runique, et de la *langue teutonique*, a aussi formé l'*erse* ou l'écossais des montagnes, l'irlandais, et la *langue esclavone*. Celle-ci domine dans la partie la plus orientale de l'Europe, et y a été apportée dans les premiers siècles de notre ère, par les Scythes. Elle comprend la *langue* russe ou moscovite, la dalmatienne, la croate, la servienne, celle d'Albanie, ou d'Epire, la carniaque, l'illyrique, la polonaise, la bohémienne et la wendique.

On trouve encore dans cette partie de l'Europe, quatre sortes de langues, qui diffèrent entièrement des autres.

I. Celles	De Lithuanie. De Livonie.	Celles-ci ont un grand rapport entr'elles, et sont mêlées de quelques mots esclavons.
II. Celles	d'Estonie. de Finnie. de Laponie.	On découvre dans ces trois langues des mots cimbriques et allemands.
III. Le hongrois.		
IV.	La tartare. La turque.	Ces deux langues offrent des traces visibles de l'ancien scytique, et ne diffèrent que dans leur dialecte.

Le scytho-celtique ou gaulois, paraît avoir aussi formé le vieux grec, tel qu'il se parlait avant le temps de Cadmus;

et devenu depuis, par son mélange avec les *langues* asiatiques, le grec célèbre, si supérieur à toutes les autres *langues* savantes. Le grec moderne en a été formé par corruption ; de même que le vieux latin, tel qu'il était connu avant le passage des grecs en Italie. Celui-ci est devenu, par son mélange avec le grec et le celtique, le latin célèbre, qui est encore de nos jours la *langue* universelle des savans, et celle du sanctuaire : cette *langue*, transplantée dans divers pays, a produit les idiomes romaniques, tels que

L'italien, Le porugais, L'espagnol,	Il s'est introduit dans ces trois langues beaucoup de mots gothiques : les deux dernières se trouvent mêlées d'arabe ou moresque.
Le grison, Le français, Le sarde,	La langue française, composée en partie de latin et de celtique, renferme aussi beaucoup de mots franco-teutoniques.

Buttener, professeur à l'université d'Iena, qui vient de mourir très-âgé, et qui a passé sa vie à faire des recherches très-étendues sur toutes les *langues* de la terre, a publié sur ce sujet des tableaux comparatifs très-estimés : il y établit que les *langues* monosyllabiques seules sont *langues* mères, et il ne range dans cette classe que le chinois et les *langues* parlées au-delà du Gange. Il regarde la multiplicité des syllabes des autres *langues* comme une preuve de leur formation postérieure et de l'émigration des peuples qui les parlent ; car il suppose que le genre humain a pris naissance vers l'extrémité australe de l'Asie.

Nous croyons devoir terminer cet article par une liste des principaux ouvrages sur les *langues*.

Dissertation d'Olaüs Borrichius sur les causes de la diversité des langues, *imprimée de nouveau par les soins de Jean-Georges Ioch.* A Iene. In-12. 1705.

Trésor de l'histoire des Langues de cet univers, *par Claude Duret.* Cologne, 1613, in-4.

Godefredi Henselii synopsis universæ phylologiæ, in quâ unitas et harmonia linguarum totius orbis terrarum demonstratur, 1741, in-8.

Guill. Postelli alphabetum linguarum duodecim caracteribus differentium et de originibus linguæ hebraïcæ. Paris, 1538, in-4.

Oratio dominica, in diversas omnium ferè gentium linguas versas et propriis cujusque linguæ characteribus expressa, etc. *Editore Joan. Chamberlaynio.* Amstel., 1715, in-4.

Les Tables de Buttener et son *Expositio alphabetorum omnium populorum*, insérés dans les nouveaux Commentaires de la société de Goettingue.

Le Trésor des anciennes *langues* septentrionales, par Hickes. (Nous en avons parlé plus haut.)

Dissertations philologiques de Schævius. *De origine Linguarum, et quibusdam earum attributis.*

Dissertations de Thomas Hayne de *Linguarum harmoniâ.* Il y traite des *langues* en général et de l'affinité des différens idiomes.

L'ouvrage de Théodore Bibliander, *De ratione communi omnium linguarum et litterarum.* Tiguri, in-4.

Essai sur les hiéroglyphes des égyptiens, où l'on voit l'origine et les progrès du langage et de l'écriture, l'antiquité des sciences en Egypte, et l'origine du culte des animaux, par Warburthon, traduit de l'anglais par Léonard de Malpeine. Paris, 1744, 2 vol. in-12.

L'ouvrage de Conrad Gesner, intitulé : *Mithridates, seu de differentiis linguarum.* Tiguri, 1558, a à peu près le même objet que celui de Bibliander, et, en outre, celui de former, du mélange de toutes les *langues*, une *langue* universelle. Il y a une nouvelle édition du *Mithridates, cum notis G. Waserii.* Tiguri, 1610, in-8.

L'harmonie étymologique des *langues*, par Etienne Guichart. Paris, 1610, in-8.

Le *Traité des langues*, *par Frain du Tremblay*. Paris, 1703, 1 vol. in-12.

Traité de la formation mécanique des langues et des principes physiques de l'étymologie, *par le président de Brosses*. Paris, 1765, 2 vol. in-12. Terrelonge, imprimeur-libraire à Paris, vient d'en donner une nouvelle édition.

Les Élémens primitifs des langues, *par Bergier*, 1765, 1 vol. in-12.

La Mécanique des langues et l'art de les enseigner, *par Pluche*. Paris, 1751, 1 vol. in-12.

Le Monde primitif, *par Court de Gibelin*, 9 vol. in-4.

Réflexions philosophiques sur l'origine des langues, *par Maupertuis*.

Essai sur l'origine des langues, *par J.-J. Rousseau*.

Il serait trop long de rappeler les ouvrages de tous ceux qui ont parlé des *langues ;* nous avons cité les principaux, et nous dirons encore que les Kircher, les Hutter, les Besold, les Borrich, les Becher, les Henselius, les Huet, les Casaubon, les Megiser, les Schindler, les Lebrigant, les Latour-d'Auvergne-Corret, les Bochard, les Broustin, les Fréret, etc. se sont aussi distingués dans cette partie, un peu systématique, mais très-intéressante, de la littérature.

Les polyglottes sont des ouvrages très-précieux pour ceux qui s'adonnent à l'étude des *langues ;* mais, avant de les ouvrir, il serait bon de consulter l'ouvrage suivant :

Discours historique sur les principales éditions des Bibles polyglottes, *par l'auteur de la Bibliothèque sacrée*. Paris, André Pralard, 1713, in-8 (*voyez* POLYGLOTTES).

LELONG (Jacques). Bibliothécaire de la maison de l'Oratoire à Paris, mort en 1721. Ce savant bibliographe savait le grec, l'hébreu, le chaldéen, l'italien, l'espagnol, le portugais et l'anglais. Tous ses ouvrages sont estimés. Il a publié une *Bibliothèque sacrée*, qui a été réimprimée en

1723, 2 vol. in-fol., par les soins de Desmolets, son confrère et son successeur dans la place de bibliothécaire (1). C'est le meilleur ouvrage que nous ayons sur cette partie. Sa *Bibliothèque historique de la France*, qui parut d'abord en 1 vol. in-fol., et dont M. de Fontette a donné, en 1768 et suiv., une nouvelle édition en 5 gros vol. in-fol., est un ouvrage plein d'érudition et de la plus grande utilité à ceux qui s'appliquent à l'histoire de France. Son *Discours historique sur les Bibles polyglottes et sur leurs différentes éditions*, 1713, in-8, est également recherché.

LEMNISQUE. C'est un signe en usage dans les anciens manuscrits pour marquer la différence des interprètes, quant aux termes seulement. Il consiste en une petite ligne horizontale entre deux points, l'un dessus et l'autre dessous ÷.

LETTRES. Nous parlons de l'origine des *lettres* aux articles LANGUES, ECRITURE et ALPHABET. Nous allons exposer les différentes espèces de *lettres* dont on fait usage dans les manuscrits, et nous dirons dans quel siècle on s'en servait.

Les *lettres* ARMORIÉES sont celles qui, soit dans leurs solides, soit dans leurs divers membres, reçoivent plusieurs couleurs, de façon qu'on peut les blasonner : elles appartiennent à l'écriture lombardique, qui n'eut lieu en Italie

---

(1) Le titre de cet ouvrage est : *Bibliotheca sacra in binos syllabos distincta, quorum prior qui jam tertio auctior prodit omnes sive textus sacri sive versionum ejusdem quavis linguâ expressarum editiones ; nec non praestantiores MSS. codices, cum notis historicis et criticis exhibet. Posterior verò continet omnia eorum opera quovis idiomate conscripta, qui huc usque in sacram scripturam quidpiam ediderunt, simul collecta tum ordine auctorum alphabetico disposita, tum serie sacrorum librorum. Huic coronidis loco subjiciuntur grammaticae et lexica linguarum, praesertim orientalium, quae ad illustrandas sacras paginas aliquid adjumenti conferre possunt. Labore et industriâ Jacobi Lelong.* Parisiis, 1723, 2 vol. in-fol.

que depuis à peu près le 9e siècle jusqu'au 13e, suivant Mabillon.

Les *lettres* BATARDES, dont on se servait vers la fin du 15e siècle, peuvent se rapporter à celles de la *Civilité puérile.*

Les *lettres* BLANCHES ou à jour, ne sont fermées que par leurs extrémités ; le solide n'est point rempli : on les trouve fréquemment dans les manuscrits des 7e et 8e siècles, et dans les temps postérieurs.

Les *lettres* BOURGEOISES passent pour avoir été inventées par les imprimeurs vers la fin du 15e siècle : elles tiennent le milieu entre les gothiques - cursives et les *lettres* d'à présent.

Les *lettres* en BRODERIES ont commencé à paraître dans le 6e siècle ; elles devinrent plus fréquentes au 7e siècle ; on les trouve surtout dans les manuscrits mérovingiens.

Les *lettres* en TREILLIS, ou à MAILLES, ou COMPOSÉES de CHAINETTES, ont succédé en France aux *lettres* en broderies. Ces espèces de caractères dénotent les 8e et 9e siècles.

Les CADEAUX sont de grandes *lettres* que l'on plaçait en tête des pièces cursives, des livres, des chapitres ou l'écriture courante est employée ; plus les cadeaux sont surchargés d'ornemens superflus et singuliers, plus la pièce où ils se trouvent est ancienne, et approche des temps gothiques.

Les *lettres* ENCLAVÉES, c'est-à-dire, renfermées dans une autre, désignent des manuscrits des 6e et 7e siècles ; mais elles ne se mettaient alors que dans les initiales des livres, ou des chapitres, ou des alinea.

Les *lettres* de FORME étaient une sorte de caractères qui tenaient lieu de notre romain, lorsque le gothique moderne régnait encore.

Les *lettres* GOFFES, telles qu'on les nommait au commencement du 16e siècle, n'étaient qu'une espèce de majuscules gothiques, deux ou trois fois plus hautes que larges, en partie d'une épaisseur outrée, en partie d'un délié sans proportion avec le plein, et qui péchaient beaucoup plus par une affectation excessive d'élégance mal entendue, que par un excès de grossièreté.

Les *lettres* GRISES sont de grandes *lettres* initiales à la tête des chapitres et des livres, et quelquefois des alinea. Sur la fin du 6e et au 7e siècle, ces *lettres* commencèrent à recevoir des ornemens qui leur furent prodigués dans la suite. Aussi, moins un manuscrit affecte ces sortes de *lettres*, moins ces *lettres* initiales diffèrent en volumes de celles du texte, plus on doit juger le manuscrit ancien, s'il est écrit en onciale ou demi-onciale (1). Lorsque la première *lettre* des pages est taillée en grand, et que l'initiale des chapitres, des livres et des alinea, est d'une grandeur ordinaire, c'est encore une marque d'antiquité qu'on rabaisserait difficilement au 7e siècle. En terme d'imprimerie, les *lettres* grises sont celles qui sont gravées sur bois ou en taille-douce, et que l'on voit en tête des livres ou des chapitres.

Les *lettres* HISTORIÉES répondent à peu près à nos *lettres* grises : on les appelle *historiées*, parce qu'elles avaient quelquefois trait à quelques points d'histoire, ou *capitales*, parce qu'elles commençaient les chapitres : elles prenaient le nom d'*anthropomorphiques*, lorsqu'elles étaient à figure d'homme;

(1) L'écriture onciale est une espèce d'écriture capitale; la différence qui existe entre elles, c'est que les caractères de la capitale sont quarrés, au lieu qu'ils sont presque toujours ronds dans l'onciale. L'écriture onciale, considérée sous sa forme ancienne, cessa vers le 7e siècle; mais elle dura jusqu'au 10 ou 11e siècle, revêtue de traits accidentels qu'elle contracta dans les temps postérieurs. L'écriture demi-onciale est une sorte d'écriture antique, qui descend à peine jusqu'au 9e siècle. La dénomination d'écriture mixte lui conviendrait mieux qu'à toute autre; car elle réunit toujours des *lettres* onciales ou minuscules à celles qui lui sont propres.

de *zoographiques*, lorsqu'elles étaient en forme d'animaux; d'*ornithoéides*, lorsqu'elles étaient composées de figures d'oiseaux; d'*ichthyomorphiques*, lorsque des poissons entrelacés et recourbés formaient la *lettre*; d'*ophiomorphiques*, lorsqu'au lieu de poissons, on représentait des serpens, ainsi que le pratiquaient ordinairement les saxons; d'*anthophylloéides*, lorsque les *lettres* étaient composées de fleurs et de feuillages. C'est dans les 7e et 8e siècles que ces sortes d'ornemens ont eu cours; mais, par la suite, on les a diversifiés à l'infini, et surchargés très-ridiculement, surtout dans les 14e et 15e siècles.

Les *lettres* CAPITALES dont on se sert maintenant dans l'imprimerie, sont ou grosses ou petites: les grosses excèdent le corps du caractère auquel elles appartiennent, de près de moitié; et les petites sont de la force même du corps. On se sert de grosses capitales au commencement de chaque phrase en prose, et au commencement de chaque ligne en vers. On marque par une capitale les noms de famille, de lieux, de villes, de rivières, de vaisseaux, de départemens, de provinces, de montagnes, d'arts, de sciences, de dignités, de professions, de titres, ainsi que les adjectifs qui en dérivent. Les anglais mettent des capitales à tous les noms substantifs, sans exception. Nous renvoyons à la *Nouvelle Diplomatique* pour l'écriture capitale ancienne: on y traite de la capitale *quarrée*, de la capitale ronde, de l'*aiguë*, de la *cubitale*, de l'*élégante*, de la *rustique* et de la *nationale*.

Les *lettres* TRÉMA sont les voyelles ë, ï, ü, surmontées de deux points. L'usage de ces *lettres* est très-rare: on nomme encore ces deux points *diéreze*.

Les LETTRINES sont des *lettres* placées entre deux parenthèses (*a*); elles servent d'indication de renvois pour les notes ou additions.

Les *lettres* en MARQUÉTERIE sont celles dont les solides paraissent coupés de toutes sortes de pièces de rapport, en façon de mosaïque : on les appelle *lithostratæ* : on en voit dans les manuscrits et les inscriptions.

Les *lettres* PERLÉES sont celles qui sont composées de petits ronds à jour ou en blanc, ou qui en portent à leurs extrémités et à leurs jointures seulement, ou qui ne les admettent que comme enchâssées dans le massif de leurs principaux traits : la seconde manière fut la plus suivie chez les grecs et chez les latins.

Les *lettres* PONCTUÉES (on appelle ainsi celles qui sont environnées de points) appartiennent surtout aux anglo-saxons, quand les lettres sont majuscules.

Les *lettres* SOLIDES présentent des pleins fort larges et presque sans déliés, approchant de celles qui se trouvent en tête de nos livres imprimés.

Les *lettres* SUPÉRIEURES sont, en terme d'imprimerie, celles qui, beaucoup plus petites que le caractère avec lequel elles se trouvent, l'excèdent par le haut, et semblent s'appuyer sur lui, comme dans m^{r} pour *monsieur*, c^{n} pour *citoyen*.

Les *lettres* TONDUES et BARBUES avaient lieu vers le commencement du 13e siècle : les tondues étaient simples, sans superfluités, approchant de la minuscule, ou, si elles tenaient encore un peu de la cursive, leurs traits n'étaient point allongés ni multipliés ; les barbues étaient hérissées de poils et de pointes comme par étage.

Les *lettres* TOURNEURES, que l'on employait aux 15e et 16e siècles, ne sont autre chose que les *lettres* majuscules gothiques des manuscrits et des imprimés : on les appela ainsi à cause de leur bonne grâce.

Les *lettres* TRANCHÉES sont celles qui portent des bases et des sommets horizontaux : on appelle base et sommet d'une *lettre*, le petit trait horizontal qui termine le bas et le haut d'un jambage.

Les *lettres* d'OR ou d'ARGENT, sur vélin ou papier, appartiennent particulièrement aux manuscrits des 8, 9 et 10e siècles, surtout pour les livres d'église.

LEU ou DELEEU (Gerard). Cet imprimeur était d'abord établi à Goude en 1477. Delà il porta ses presses à Anvers et y exerça le premier l'art de l'imprimerie en 1484. On a de lui une infinité d'éditions de livres latins, hollandais, flamands, gaulois, dont la plupart sont enrichies de gravures. Le citoyen Lambinet cite plusieurs de ces éditions dans son *Origine de l'Imprimerie*, pages 415--438. Gerard Leeu imprimait encore en 1497. On connaît encore un Claes Leeu; mais on ignore s'il était frère, fils, parent ou associé de Gerard. Ses éditions portent la date de 1487 et 1488.

LEVILAPIS ou LICHTENSTEIN (Herman). Cet imprimeur du 15e siècle était de Cologne. Il est le premier qui ait pratiqué l'art typographique à Vicence; mais, comme il était peu sédentaire, on le vit successivement à Venise et à Trevise: il fut de société avec Nicolas Petri (ou Pierre) de Harlem, pour l'impression de quelques ouvrages quand il était à Vicence. Dans quelques-unes de ses éditions, il se nomme *Herman Levilapis;* dans d'autres *de Levilapide* ou *Lichtenstein;* et enfin dans d'autres, *Herman de Lichtenstein de Coloniâ.* Une de ses éditions les plus remarquables est: *Pauli orosii Hispani Historiarum libri VI, ad Aurelium Augustinum de maximis calamitatibus ab orbe condito usque ad sua tempora.* 1 vol. in-fol., sans date et sans nom de lieu ni d'imprimeur. On sait que cet ouvrage a été corrigé par Æneas Vulpes, et imprimé à Vicence. Leonard de Bâle l'a réimprimé dans la même ville, mais en plus gros caractères. Il y en a encore eu plusieurs autres éditions postérieures.

LEXICOLOGIE. Science des mots. Cette science, prise sous un point de vue générale, embrasse tout ce qui concerne les langues, soit pour en donner l'intelligence, soit pour en conserver la pureté, soit pour en faire connaître le génie. Aussi la *lexicologie* embrasse d'abord les vocabulaires, puis les grammaires. Les vocabulaires présentent des observations sur la pureté du langage, et en font distinguer le bon usage du mauvais : ils indiquent la valeur et la signification des mots ; enfin, ce sont des dictionnaires. Les grammaires donnent des règles, établissent des principes, discutent la nature des mots pour en connaître les divers accidens et leurs différens emplois ; on y traite aussi de l'orthographe et de la ponctuation. Lexique, *lexicon*, dictionnaire et vocabulaire sont synonymes. Le citoyen Butet, de la Sarthe, vient de publier : *Abrégé d'un cours complet de Lexicologie et de Lexicographie.* Paris, an 9--1801, 2 vol. in-8. Cet ouvrage est estimé.

LIBRAIRE. Nous croyons qu'il est inutile de donner la définition du mot *libraire*. Mais nous allons entrer dans quelques détails sur cette profession, qui est infiniment honorable, lorsque l'on y réunit la délicatesse des sentimens aux connaissances bibliographiques. Nous puiserons dans Jaubert la majeure partie de cet article ; mais nous y ferons les corrections et les additions qui nous paraîtront nécessaires.

Chez les anciens, on écrivait les livres sur cette fine écorce qui se trouve immédiatement sur le bois des arbres, et qui porte en latin le nom de *liber*, d'où nous est venu le mot *livre ;* et lorsqu'ils étaient écrits, on en formait des rouleaux qui portaient le nom de *volumes*, du mot latin *volvere*, qui signifie *rouler*.

Avant l'invention de l'imprimerie, les *libraires* jurés de l'université de Paris faisaient transcrire les manuscrits et en apportaient les copies aux députés des facultés pour les recevoir et les approuver, avant que d'en afficher la vente (1). Mais on sent bien que ces sortes d'éditions, qui étaient le fruit d'un travail long et pénible, ne pouvaient jamais être nombreuses. Aussi les livres étaient-ils alors très-rares et fort chers. L'acquisition d'un livre un peu considérable se traitait comme celle d'une terre ou d'une maison; on en faisait des contrats par-devant notaires, comme on le voit par celui qui fut passé en 1332 entre Geoffroy de St-Léger, libraire, et Gérard de Montagu, avocat du roi au parlement, pour le livre intitulé *Speculum historiale in consuetudines Parisienses.* Ces *libraires* étaient lettrés et même savans; ils portaient le nom de *clercs-libraires.*

Lorsque, dans le 15e siècle, on eut imaginé les caractères mobiles, qui, par la rapidité étonnante avec laquelle ils multiplient et répandent les productions des auteurs, conserveront jusqu'à la postérité la plus reculée, nos vertus, nos vices et nos découvertes, éterniseront à jamais la mémoire de tous les hommes célèbres, entretiendront et exciteront de plus en plus, chez toutes les nations, cette noble jalousie d'être les premiers à inventer et perfectionner les arts, les *clercs-libraires* ne s'amusèrent plus à transcrire les manuscrits; les uns s'occupèrent à perfectionner cette nouvelle découverte; d'autres à se procurer des manuscrits ou des livres déjà imprimés avec des planches en bois ou avec des caractères mobiles aussi en bois; d'autres enfin, à trouver les moyens d'empêcher que le temps ne détruisît ces nouvelles productions. Ces différentes occupations formèrent les fondeurs de caractères, les imprimeurs, les *libraires* et les relieurs.

Les livres commençant à se multiplier, et tous les *libraires*

(1) On nommait alors les libraires *stationarii*, c'est-à-dire, entreposeurs, comme servant simplement au courtage des livres. Ils étaient aux gages de l'université, qui avait sur eux le droit d'inspection et de correction.

n'ayant pas la même capacité ni la même fortune, les plus savans travaillèrent sur les auteurs anciens qu'ils commentèrent, composèrent des ouvrages qu'ils imprimèrent et vendirent. Tels furent les Etienne, les Morel, les Corrozet, etc. Mais la fortune ne les favorisa pas autant que ceux qui, n'étant point auteurs, purent donner tous leurs soins à se faire des correspondances dans les différens pays, pour pouvoir écouler, soit en argent, soit en échange, les éditions des ouvrages qu'ils avaient entrepris. Cette industrie de commerce leur donna les moyens d'entreprendre des ouvrages plus considérables; et comme il y avait peu de livres, qu'on les imprimait en petit nombre, et que l'on ne craignait pas les contre-façons, les risques étaient beaucoup moins considérables qu'ils le sont actuellement.

Il serait à souhaiter que tout *libraire* sût au moins expliquer le latin et lire le grec.

Le *libraire* commerçant doit être laborieux, honnête, très-économe, actif, entreprenant par degrés, curieux dans ses entreprises, exact dans ses engagemens, et ami des savans qu'il doit consulter et beaucoup fréquenter pour être au fait des anecdotes de la littérature; que sa correspondance soit prompte, tant dans la France que dans les pays étrangers, pour y faire passer des exemplaires de tous les livres qu'il imprime, et en savoir tirer quelquefois en échange qui conviennent dans son pays. La tenue des livres doit être faite par un commis exact, etc.

La connaissance du mérite et de la rareté des livres dans toutes les langues connues, exige un si grand travail, que la vie de l'homme ne peut suffire pour posséder parfaitement toutes les différentes parties que cette science renferme. Plusieurs bibliographes, il est vrai, nous ont laissé de bons ouvrages sur cette science; mais presque tous ont commis quelques erreurs et en ont fait commettre d'autres. Dans cette science, comme dans toutes les autres; on acquiert chaque jour de nouvelles connaissances, surtout en fréquentant les bibliothèques publiques. Les recherches bibliographiques sont si longues et si épineuses, qu'un *libraire* vraiment instruit doit mériter certainement une grande considération dans la république des lettres ; car si c'est au savant, qui fait une étude particulière d'une classe, à donner au public le fruit de ses veilles, c'est au *libraire* bibliographe, qui embrasse toutes les différentes classes, à l'aider dans ses recherches, en lui procurant, et souvent en lui enseignant les sources où il peut puiser.

Jusqu'à la fin du 17e siècle, et au commencement même du 18e, les bibliothèques et cabinets de particuliers ne se vendaient pas par catalogue ; les *libraires* de ce temps, la plupart sans éducation et dont les connaissances littéraires étaient bornées, s'entendaient ensemble pour acheter en commun les cabinets et les bibliothèques, puis ils les détaillaient, comme font actuellement les colporteurs, en vendant chaque article entre eux au plus offrant et dernier enchérisseur ; de manière que le produit doublait quelquefois le prix de l'acquisition. Heureusement quelques *libraires*, plus instruits et plus délicats, commencèrent, vers ce temps, à s'occuper sérieusement de la connaissance des livres : Boudot, Marchand, etc. vendirent les cabinets à l'enchère, et donnèrent les catalogues de ceux qui en valaient la peine. Les bons catalogues raisonnés avec des tables d'auteurs disposés par Martin, Barrois, Piget, Debure, etc., formèrent insensiblement le goût du public pour les livres, et lui firent naître l'envie d'avoir des cabinets et des bibliothèques. C'est à ces *libraires* bibliographes que l'ancienne librairie est redevable de l'état florissant où elle se trouve et de l'estime dont elle jouit auprès des gens éclairés qui savent distinguer les vrais *libraires* d'avec cette multitude de colporteurs de toute espèce, que le public appelle improprement *libraires*.

La Bibliographie instructive de Debure est un guide nécessaire à tous les particuliers et *libraires* qui désireront connaître les livres rares, ceux de goût et de fantaisie. Les jeunes *libraires* ne sauraient trop étudier cet important ouvrage; mais il faut qu'ils se garantissent de quelques erreurs qui ont été reconnues, soit par l'auteur, soit par d'autres bibliographes.

Le *libraire* bibliographe doit non-seulement joindre aux connaissances primitives du *libraire* commerçant, celle des langues allemande, anglaise et italienne (ces deux dernières surtout lui deviennent presque indispensables par le nombre de livres rares et excellens qui sont sortis et qui sortent tous les jours des presses de ces pays); mais il doit encore aimer la lecture, dont il faut qu'il sache tirer parti; il doit beaucoup exercer sa mémoire; connaître les titres des livres, leurs dates, leurs différentes éditions; savoir distinguer les originales d'avec les contre-faites; prendre une idée sommaire de chaque ouvrage, soit par la lecture de la préface, de la table des chapitres, ou même d'une partie du livre, pour pouvoir placer différens ouvrages à la classe qui leur convient, lorsqu'il aura des catalogues à disposer; savoir de plus les anecdotes qui donnent un degré de rareté à plusieurs livres; posséder à fond le système bibliographique le plus universellement reçu; avoir des correspondances dans les pays étrangers, pour être instruit des bibliothèques qui y sont à vendre, et faire à propos l'acquisition de certains livres qui, n'étant point rares dans un pays, peuvent se placer avec avantage dans un autre. Toutes ces connaissances, quoiqu'assez étendues, ne suffisent pas encore à ce *libraire* : il faut, de plus, qu'il soit honnête, sociable et de bonne conversation; qu'il ne cherche point à tromper en vendant un livre pour un autre, une mauvaise édition pour une bonne; qu'il fréquente les savans, les curieux de livres; qu'il n'en impose à qui que ce soit sur les instructions qu'on lui demande; qu'il ait le talent d'étudier le goût du public, de s'y conformer, de lui faire connaître les livres qui peuvent lui convenir, de lui faire désirer les bonnes éditions, quand même elles seraient rares, et de lui faire naître enfin l'envie de se former une bibliothèque précieuse, en commençant par une partie, et l'amenant insensiblement à une autre. Voilà à peu près les connaissances et le talent nécessaires aux *libraires* bibliographes, qui doivent y joindre l'ambition d'une réputation distinguée et bien méritée.

Dans la quantité de *libraires* qui se trouvent en Europe, surtout en France et particulièrement à Paris (1), il en est beaucoup qui ont adopté des branches particulières de commerce ; les uns font la librairie ancienne, ceux-là la librairie moderne, d'autres se vouent exclusivement aux ouvrages d'agriculture, ou de médecine, ou de mathématiques, etc., etc., etc. On ne peut disconvenir que la révolution française a fait infiniment de tort, non-seulement au commerce de la librairie, mais même à l'art typographique, que l'on a souillé de mille manières pendant la circulation du papier-monnaie. Heureusement ces temps de calamité publique sont passés ; la paix, qui commence à raviver toutes les spéculations commerciales, répand déjà sa douce influence sur les beaux-arts ; et les superbes ouvrages qui sortent en ce moment des presses françaises, vengent la typographie de la nullité et de l'humiliation où les crises politiques l'avaient plongée sur la fin du 18e siècle.

LIESVELDT (Adrien). Imprimeur établi à Anvers sur la fin du 15e siècle. Maittaire rapporte cinq à six de ses éditions qui sont peu intéressantes : ce sont des livres de

---

(1) En 1801, il y a à Paris 455 *libraires*, 340 imprimeurs, 138 relieurs, 41 brocheuses, 327 graveurs, 85 imprimeurs en taille-douce, 49 marchands d'estampes, et 71 bouquinistes.

prières, des heures, un psautier, etc.; leurs dates vont de 1494 à 1499.

LI-KI. C'est le quatrième livre canonique des chinois. Il passe pour suspect, c'est-à-dire, qu'il n'est pas regardé comme *king* par les savans; cependant il renferme de bonnes choses: c'est un recueil de cérémonies fait par les lettrés de la dynastie des han, entre l'an 209 avant Jesus-Christ, et l'an 190 après Jesus-Christ.

LIPENIUS (Martin). Allemand et bibliographe très-laborieux, mais inexact. Il a composé une *Bibliotheca realis*, 1675 — 85, 6 vol. in-fol., qui prouve qu'il était infatigable pour les recherches et pour les compilations: c'est une table des matières pour les différentes sciences, avec le nom des autres, et le titre des ouvrages. Il y a deux volumes pour les *théologiens*, deux pour les *philosophes*, un pour les *jurisconsultes*, et un pour les *médecins*. Il a encore publié un *Traité curieux sur les étrennes*, 1670, in-4.

LITTÉROLOGIE. Ce mot, employé par l'abbé Girard dans son *Système bibliographique*, a pour objet les faits et les événemens littéraires: il se divise en doctrinologie, qui embrasse l'histoire de sciences et des arts, et en bibliographie, qui instruit des productions que le génie et le talent ont données au public.

LIVRE. c'est un écrit d'une certaine étendue, composé par une personne intelligente, pour l'instruction ou l'amusement des lecteurs. Il ne faut pas confondre le mot *livre* avec le mot *volume*. On entend ordinairement par *livre*, la totalité d'un ouvrage, et par *volume*, une partie de cet ouvrage; ainsi l'on dira: l'*Emile de Rousseau* est un bon *livre*, qui a quatre volumes. *Livre* se prend aussi pour une section d'ouvrage ; le digeste contient cinquante *livres*, et le code n'en renferme que douze. On met également une distinction entre *liber* et *codex* ; *liber*, selon Isidore, marque particulièrement un ouvrage séparé, faisant seul un tout à part ; et *codex* signifie une collection de *livres* ou d'écrits ; selon Scipion Maffei, *liber* signifie un *livre* en forme de registre, et *codex*, une *livre* de forme quarrée. Un *livre* est composé des matières qui en font le principal objet, et des incidens accessoires, tels que le titre, l'épitre dédicatoire, la préface et la table des matières. La méthode doit y régner d'un bout à l'autre, et le style doit en être le coloris. Par histoire d'un *livre*, on entend l'extrait ou l'analise de ce qu'il renferme ; les journalistes donnent ordinairement cette analise, et les accessoires sont du ressort du bibliographe. Parmi les historiens des *livres*, on distingue *Jean-Albert Fabricius* pour les grecs et les latins ; *Wolfius* pour les hébreux ; *Boëcler* pour les principaux *livres* de chaque science ; *Struvius* pour les *livres* d'histoire, de jurisprudence et de philosophie ; *Lambecius* pour la bibliothèque impériale à Vienne ; *Lelong* pour les *livres* sacrés et les historiens de France, etc., etc. ; *Maittaire*, *Lacroix-du-Maine*, *Duverdier*, *Fauchet*, *Colomiès*, *Baillet*, *Dupin*, *dom Cellier*, *Desfontaines*, *Bayle*, *Bernard*, *Basnage*, etc. ont aussi un droit incontestable au titre de bibliographes ou d'historiens des *livres*.

De la matière des livres. On présume que l'on grava d'abord les caractères sur de la pierre, comme le furent les tables de la loi données par Moyse aux hébreux ; ensuite on les traça sur des feuilles de palmier, sur l'écorce intérieure du tilleul, sur le papyrus, sur des tablettes enduites de cire, avec un stylet, sur des peaux de boucs, de moutons, sur le plomb en lame, sur la toile enduite, sur la soie, sur la corne, et enfin sur le papier. Les parties de certains végétaux ont long-temps été la matière dont on faisait les *livres* : de là viennent les noms latins *folium*, *tabulæ*, *liber*, le mot grec *biblos*, et le mot anglais *book*.

De la forme des livres. On croit que les premiers *livres* étaient en forme de bloc et de tables carrées : lorsqu'on avait des matières un peu longues à traiter, on se servait de feuilles ou de peaux cousues les unes au bout des autres, que l'on roulait au tour d'un bâton ; et ces rouleaux se nommaient *volumina*. Cette coutume a été suivie par les anciens juifs, par les grecs, les romains, les perses et même les indiens, et on l'a continuée encore long-temps après l'ère vulgaire ; cependant Montfaucon assure que, de tous les plus anciens manuscrits grecs qu'il a vus, il n'en a trouvé que deux en forme de rouleau, et que les autres étaient de forme carrée, pareille à celle de nos *livres* actuels. L'ordre ou la disposition de la ponctuation, des matières, des lettres en lignes et en pages avec des marges, tient à la forme des *livres*. Autrefois les lettres n'étaient point séparées par mots, mais par lignes, et un ouvrage entier ne faisait pour ainsi dire qu'un seul mot divisé en lignes ; par la suite on a séparé les mots, on a introduit la ponctuation pour marquer des repos et séparer les phrases ; on s'est servi d'alinea, de sections, de paragraphes, de chapitres, etc. Chez les orientaux, les lignes vont de droite à gauche ; et chez les occidentaux et les septentrionaux, elles vont de gauche à droite : quelques asiatiques, comme les chinois, écrivent du haut en bas ; leurs lignes sont à côté les unes des autres, en commençant par la droite. A la fin de chaque *livre* on met *fin* ou *finis* : anciennement on y mettait un < appelé *coronis* ; et toutes les feuilles du *livre* étaient lavées d'huile de cèdre, ou parfumées d'écorce de citron, pour les préserver de la corruption.

Dénominations des livres. Nous avons parlé des différentes espèces de *livres* dans le *Manuel bibliographique* ; nous allons donner la nomenclature de ceux dont il est fait mention dans l'*Encyclopédie*, à l'article Livres ; nous consacrons dans le cours de cet ouvrage un article particulier à ceux qui nous en ont paru dignes. On divise d'abord les *livres* en *divins* et en *humains*, en *historiques*, en *dogmatiques*, en *scientifiques;* puis on parle des *livres sybillins*, des *canoniques*, des *apocryphes*, des *authentiques*, des *auxiliaires*, des *élémentaires*, des *livres de bibliothèque*, des *livres exotériques*, des *acroatiques*, des *défendus*, des *publics*, des *livres d'église*, de *plain-chant*, de *liturgie*, des *pontificaux*, des *livres rituels*, des *livres des augures*, des *haruspices*, des *achérontiques*, des *fulminans*, *des fatals*, des *livres noirs*, des *livres en papier*, en *parchemin*, en *toile*, en *cuir*, en *bois*, en *cire*, en *ivoire*, des *livres en blanc* (1), des *livres perdus*, des *livres promis* (2), des *livres imaginaires* (3), des *livres* d'*ana* et d'*anti*, etc., etc.

DE L'ÉLOGE ET DU CHOIX DES LIVRES. On a donné beaucoup d'éloges aux *livres* dans tous les temps; mais parmi ceux qui en ont si bien senti le prix, tels que Caton (4), Ciceron (5), Pline l'ancien, l'empereur Julien, etc. chez les anciens, et beaucoup d'illustres modernes, nous citerons le cardinal Bessarion, le baron de Busbec, Colbert, Lucas de Penna et les de Thou. Voici un fragment de la lettre du cardinal, écrite des bains de Viterbe, le 31 mai 1468, au doge Christophe Moro, et au sénat de Venise, en leur faisant présent de sa magnifique bibliothèque, la plus belle qu'il y eût au monde de son temps : « Je croyais ne pouvoir

(1) Un *livre* en blanc, *in albis*, ou en feuilles, est un ouvrage qui n'est ni lié, ni cousu, ni broché, ni relié.

(2) Janson ab almeloveen a donné un catalogue des *livres promis*, mais qui n'ont jamais paru.

(3) Tel que le *livre De tribus impostoribus* dont il est parlé dans Baillet et dans Lamonnoye. Loescher a publié un grand nombre de plans ou de projets de *livres* dont plusieurs pourraient être utiles et bien faits.

(4) Ciceron l'appelle *hellus librorum*, un dévoreur de *livres*.

(5) *Voyez*, dans l'oraison pour Archias, le bel éloge que Ciceron fait des sciences.

acquérir ni d'ameublement plus beau, plus digne de moi, ni de trésor plus utile et plus précieux. Ces *livres*, dépositaires des langues, remplis de mœurs, de lois, de religion, sont toujours avec nous, nous entretiennent et nous parlent; ils nous instruisent, nous forment, nous consolent; ils nous représentent les choses éloignées de notre mémoire, et nous les mettent sous les yeux; en un mot, telle est leur puissance, telle est leur dignité et leur influence, que, s'il n'y avait point de *livres*, nous serions tous ignorans et grossiers; nous n'aurions ni la moindre trace des choses passées, ni aucun exemple, ni la moindre notion des choses divines et humaines : le même tombeau qui couvre les corps aurait englouti les noms célèbres. » Citons maintenant Lucas de Penna (*apud Morhoff* (1). *Poly. hist. Liv. I*, *chap.* 3.): *Liber*, dit-il, *est lumen cordis*, *speculum corporis*, *virtutum magister*, *vitiorum depulsor*, *corona prudentum*, *comes itineris*, *domesticus amicus*, *congerro jacentis*, *collega et consiliarius præsidentis*, *myrothecium eloquentiæ*, *hortus plenus fructibus*, *pratum floribus distinctum*, *memoriæ penus*, *vita recordationis*. *Vocatus properat*, *jussus festinat*, *semper presto est*, *numquam non morigenus*, *rogatus confestim respondet*, *arcana revelat*, *obscura illustrat*, *ambigua certiorat*, *perplexa resolvit*, *contrà adversam fortunam defensor*, *secundæ moderator*, *opes adauget*, *jacturam propulsat*, etc., etc. Quant au choix des *livres*, il est bon de connaître autant qu'il est possible, le meilleur *livre* en chaque genre de littérature, pour se composer une bibliothèque bien assortie; on peut à cet effet consulter Pope-

(1) Daniel-Georges Morhoff, mort à Lubeck en 1691, âgé de 53 ans, était professeur d'éloquence, de poésie et d'histoire à Kiel, et bibliothécaire de l'université de cette ville. Des nombreux ouvrages qui attestent son érudition, le plus savant est *Polyhistor*, *sive de notitia auctorum et rerum*, dont la meilleure édition est celle de Lubeck, 1732, 2 vol. in-4.

Blount, dans son ouvrage intitulé : *Censura celebriorum authorum, sive tractatus in quo varia virorum doctorum de clarissimis cujusque sæculi scriptoribus judicia traduntur.* Londini, 1690, in-fol. On trouve dans ce *livre* l'exposition des ouvrages des plus considérables écrivains et des meilleurs auteurs ; et cette connaissance conduit nécessairement à un bon choix (1). Quintilien a dit (liv. I, chap. 5) : *Il faut d'abord choisir les auteurs, ensuite les endroits de leurs ouvrages.* Th. Bartholin a mis en pratique ce précepte dans ses dissertations *De libris legendis*, 1675, in-8. Selon lui, le meilleur *livre* de Tertullien est son traité *De pallio ;*
De saint Augustin, la *Cité de Dieu ;*
D'Hyppocrate, *Coacœ prenotiones ;*
De Ciceron, *De officiis ;*
D'Aristote, *De animalibus ;*
De Galien, *De usu partium ;*
De Virgile, *le sixième livre de l'Enéïde ;*
D'Horace, *la première et la septième de ses Epîtres ;*
De Catulle, *Coma Berenices ;*
De Juvénal, *la sixième Satyre ;*

---

(1) On peut aussi consulter la *Bibliothèque choisie de Colomiès*, dont la dernière édition de 1731, 1 vol. in-12, est augmentée des notes de Bourdelot et de Lamonnoye. Ce *livre*, qui contient des anecdotes intéressantes pour les gens de lettres, et beaucoup d'érudition bibliographique, a eu trois éditions outre celle dont nous parlons; l'une de la Rochelle, 1682, in-8 ; la seconde d'Amsterdam, 1700, in-8 ; et la troisième de Hambourg, 1709, in-4, avec ses autres ouvrages recueillis par Fabricius. On doit encore à Colomiès, *Gallia orientalis, sive gallorum qui linguam hebraeam vel alias orientales excoluerunt vitae.* Hagæcomitis, 1665, in-4. Cet ouvrage, qui est plein d'érudition, se retrouve dans l'édition de Fabricius, dont nous venons de parler ; *Italia et Hispania orientalis*, 1730, in-4; la *Vie de Sirmond*, 1671, in-12 ; des *Mélanges historiques*, etc., in-12. Colomiès connaissait parfaitement la bibliographie. Il est mort à Londres en 1692, à 54 ans. Il était né à la Rochelle.

De Plaute, *l'Epidicus ;*
De Théocrite, *la vingt-septième Idylle ;*
De Paracelse, *Chirurgia ;*
De Severinus, *De absessibus ;*
De Budé, *les Commentaires sur la langue grecque ;*
De Joseph Scaliger, *De emendatione temporum ;*
De Bellarmin, *De scriptoribus ecclesiasticis ;*
De Saumaise, *Exercitationes pliniance ;*
De Vossius, *Institutiones oratoriæ ;*
D'Heinsius, *Aristarcus sacer ;*
De Casaubon, *Exercitationes in baronium.*

Il faut avouer que de pareils jugemens ne sont pas toujours sans appel ; cependant on peut dire qu'un *livre* qui paraîtrait sous le le titre d'*Indicateur littéraire*, et qui donnerait le résultat d'une saine critique sur les morceaux de choix extraits des ouvrages des principaux écrivains, serait de la plus grande utilité, et pour la perfection du goût, et pour donner la facilité de se composer une bonne bibliothèque peu volumineuse. Un homme riche, un peu original et instruit, avait trouvé le moyen de se composer une bibliothèque de ce genre. Il achetait un ouvrage, le lisait, et s'il n'y trouvait qu'une page de bon, il arrachait le feuillet et jettait au feu le reste du *livre*. Sa bibliothèque ne devait pas avoir grande apparence ; mais elle n'en était que plus précieuse.

Des livres rares. Cailleau, dans son *Essai de bibliographie*, reconnaît deux sortes de *livres* rares : les uns le sont absolument par eux-mêmes, vu le peu d'exemplaires qu'il y en a eu d'imprimés, et les autres ne sont rares qu'à certains égards : les premiers sont donc d'une *rareté absolue*, et les seconds d'une *rareté relative ;* et c'est à ces deux chefs que se rapportent toutes les règles concernant la rareté des *livres* et des éditions.

Les *livres* dont la rareté est absolue, sont, 1.° les *ouvrages dont on a tiré très-peu d'exemplaires*, comme *les Considéra-*

tions sur les coups d'état, de Gab. Naudé, imprimées à Rouen en 1630, in-4 : on assure qu'il n'y en a eu que douze exemplaires de tirés ; Colomiès prétend qu'il y en a eu plus de cent ; 2.° *les ouvrages que l'on a supprimés avec beaucoup de rigueur ;* 3.° *ceux qui ont été entièrement détruits par quelqu'accident funeste*, tels que les ouvrages d'*Helvétius* (Jean), réduits en cendres par un incendie qui dévora sa maison ; rien de plus rare que la seconde partie de sa *Machina cœlestis*, qui aurait été réduite au néant, s'il n'en eût donné quelques exemplaires à ses amis avant l'incendie ; 4.° *les ouvrages qui n'ont été imprimés qu'en partie, et qui n'ont point été achevés*; 5.° *ceux imprimés sur du papier beaucoup plus grand que celui dont on s'est servi pour le reste de l'édition, ou sur du papier vélin ;* 6.° *les ouvrages imprimés sur vélin*, dont on ne tire ordinairement que deux ou trois exemplaires ; 7.° enfin, *les anciens manuscrits avant ou après l'invention de l'imprimerie.*

Les *livres* dont la rareté est relative, sont, 1.° *les grands ouvrages*, tels que l'*Acta sanctorum*, la *Grande Bibliothèque des pères ;* la *Bibliotheca maxima pontificia* de Rucaberti ; la *Gallia christiana*, etc., etc. ; 2.° *les pièces volantes ;* 3.° *les histoires particulières des villes ;* 4.° *les histoires des académies et sociétés littéraires ;* 5.° *les vies des savans ;* 6.° *les catalogues des bibliothèques publiques et particulières ;* 7.° *les livres de pure critique ;* 8.° *les livres d'antiquités ;* 9.° *les livres qui traitent des arts curieux ;* 10.° *les livres écrits en langues peu connues, ou ceux en style macaronique* (*voyez* MACARONIQUE) ; les *livres* des rabbins, des caraïtes, arabes, persans, grecs, sans version, sont très-rares ; Merlin Cocaïe, ou Théophile Folengio, Antoine de Arena Passavantius, ou plutôt Théodore de Bèze, ont donné des ouvrages macaroniques très-rares et très-recherchés lorsqu'ils sont de la bonne édition.

Aux deux classes de *livres* rares dont nous venons de parler, ajoutons les *livres* condamnés, tels que, 1.° *les livres qui traitent des arts superstitieux*, comme de la géomancie, de la chiromancie, de la phisiononomie et métoposcopie, de la magie, de la cabale, etc., etc ; 2.° *les livres paradoxes et hétérodoxes* ; 3.° *les livres obscurs* ; 4.° *et les livres séditieux ou préjudiciables à la société*, *les satyres et libelles diffamatoires*.

Nous ne terminerons pas cet article des *livres* rares, sans parler de celui imprimé à Bamberg en 1462, par Albert Pfister, arrivé à la bibliothèque nationale au mois de pluviôse an 7, et dont le citoyen Camus a donné une notice très-détaillée. Ce *livre*, d'une rareté singulière, a été inconnu à tous les bibliographes jusqu'en 1792 (1) : il forme un volume petit in-folio, composé de cent un feuillets d'un papier de bonne qualité, de force et de blancheur moyennes ; la couverture est en bois, garnie d'agrafes portées par des lanières, d'encoignures à bossages, et d'un autre bossage sur le milieu du plat du *livre* ; le tout en cuivre. La peau qui recouvre le bois est de mouton teint en rouge, et ne paraît pas être la première dont le *livre* ait été couvert. Des cent un feuillets, trois sont demeurés blancs, savoir, deux dans le corps même de l'ouvrage, et un à la fin ; les quatre-

(1) On doit cette découverte à Matthias-Jacob-Adam Steiner, pasteur de Saint-Ulric à Ausbourg, qui l'annonça dans un mémoire rendu public par Meusel, au cinquième cahier de son *Magasin historique-littéraire-bibliographique*, imprimé à Chemnitz en 1792. Il résulte de l'existence et de l'examen de ce *livre*, dont une des parties porte la date de 1462, 1. que cet exemplaire, qui est à la bibliothèque nationale, est, selon toutes les apparences, unique, puisque personne n'a jusqu'à présent fait connaître un second exemplaire semblable, et que celui qui a été décrit par un ex-bénédictin, nommé Maugerard, en 1795, est incomplet de plusieurs feuillets ; 2. que la date de 1462 prouve que l'imprimerie était alors établie à Bamberg, d'où il suit qu'à cette époque elle n'était plus concentrée dans la ville de Mayence ou de Strasbourg. Bamberg, ville de la Franconie, est éloignée de 45 lieues de Mayence, et de 60 lieues à peu près de Strasbourg.

vingt-dix-huit autres sont imprimés, c'est-à-dire, couverts, soit en entier, ou d'une estampe gravée en bois, ou de caractères, soit en partie d'une estampe et en partie de caractères. Les pages imprimées entièrement en caractères, sans estampes, sont de vingt-huit lignes; les lignes sont de la largeur de la page; elles ne sont pas distribuées par colonnes; le caractère est ce que l'on appelait, dans le langage de ce temps, *caractère de missel:* on l'a appelé depuis *caractère gothique*, et *fracture* dans les imprimeries d'Allemagne. Le seul signe de ponctuation dont on ait fait usage, est le point carré. On voit un pareil point placé au milieu du corps de l'H, du D et de l'U capitales, et sur l'I un demi-cercle au lieu d'un point. La suite des mots qui se trouvent coupés d'une ligne à l'autre, est annoncée le plus souvent par deux traits obliques. On n'a chiffré ni les feuilles, ni les pages: il n'y a point de signatures aux feuilles, point de réclames. Le volume contient trois ouvrages différens, tous trois allemands, tous trois ayant le texte accompagné d'estampes; aucun ne porte ni frontispice, ni titre général, pour en annoncer le sujet. Le premier ouvrage est celui qu'Heinecke (1)

---

(1) Charles-Henri de Heinecke est un savant allemand qui a composé les ouvrages suivans: *Mémoires sur les artistes et les objets d'arts*, imprimés en allemand à Leipsick, pour Krauss, libraire à Vienne, 1768, 1 vol. in-8; — seconde partie des mêmes *Mémoires*, 1769, in-8; — *Idée générale d'une collection complette d'estampes*, avec une dissertation sur l'origine de la gravure, et sur les premiers livres d'images (en français). Leipsick et Vienne, 1771, 1 vol. in-8; *Nouveaux Mémoires sur les artistes et les objets d'arts* (en allemand). Dresde et Leipsick, 1786, première partie in-8, les parties suivantes n'ont point paru; *Dictionnaire des artistes dont nous avons des estampes, avec une notice de leurs ouvrages gravés*, tom. 1, 2, 3, 4, contenant les lettres A — Dl. Leipsick, de 1778, à 1790, in-8. La mort de l'auteur, âgé de 80 ans, a suspendu la suite de la publication de cet ouvrage, dont le manuscrit, qui pourrait former douze volumes in-8, est à la bibliothèque électorale de Dresde; les *Mémoires* et l'*Idée d'une collection* sont

a appelé *Allégorie sur la mort*, et qui mérite plutôt le titre de *Plaintes contre la mort.* Ce livret contient cinq estampes de la grandeur entière des pages; elles sont en bois, et ont toutes rapport à la mort, qui est tantôt sur un trône, tantôt à pied, fauchant garçons et filles, tantôt à cheval, lançant des traits, etc. Le texte est divisé en trente-quatre chapitres, avec des sommaires imprimés; le nombre des chapitres est imprimé en chiffres romains; la lettre initiale de chaque chapitre a été faite à la main, au moyen d'une plaque percée; elle est coloriée en rouge. On trouve dans cet ouvrage un singulier modèle de prière, où l'on reconnaitra facilement que l'auteur est allemand. Il y appelle Dieu l'*électeur qui préside au choix de tous les électeurs*, *la planète la plus puissante de toutes les planètes*, *celui dont l'influence a plus de force que celle de toutes les étoiles; le maître d'hôtel de la cour céleste*, *le grand-duc de l'armée céleste*, etc. Ce premier livret, en y comprenant les estampes, est composé de vingt-quatre feuillets; le second ouvrage comprend les *quatre histoires* de Joseph, de Daniel, de Judith et d'Esther. Il n'y a point de frontispice commun, chaque histoire est annoncée par ces mots: *Ici commence l'histoire de.* . . . . . et forme un cahier séparé. Le total des quatre parties comprend soixante feuillets, dont deux sont restés blancs au milieu des autres, sans qu'il paraisse aucune lacune dans le texte. Il y a soixante estampes qu'on peut réduire a cinquante-cinq, parce que plusieurs sont répétées (1). On voit dans

---

accompagnés d'un grand nombre de planches. On peut consulter sur Heinecke le *Manuel des curieux et des amateurs de l'art*, par Hubert et Rost. Zurich, 1797.

(1) Ces estampes sont grossières et prouvent le peu de goût et l'ignorance du dessinateur. On y voit deux chandeliers avec des cierges sur un autel où un pontife juif offre un agneau. Aman y est décoré d'un cordon d'ordre auquel pend une croix, et Jacob arrive en Egypte sur une voiture, avec deux chevaux attelés à la manière actuelle, conduits par un postillon assis sur une selle, les pieds dans les étriers.

la souscription de *ce livret*, *dont l'objet est de nous apprendre à améliorer notre vie*, qu'il *a été mis à fin à Bamberg ;* et que, *dans la même ville*, *Albrecht Pfister l'a imprimé*, *l'an où l'on compte mil et quatre cent deux et soixante. Telle est la vérité ; peu de temps après le jour de sainte Walpurge*, *qui peut nous obtenir grâce abondante*, *paix et la vie éternelle.* Le troisième ouvrage est la *Bible des pauvres* (1) ; elle contient dix-huit feuillets ; dix-sept seulement sont imprimés ; chaque page porte cinq tableaux ; c'est donc en tout trente-quatre histoires composées chacune de cinq tableaux. Les rouleaux qui sont dans les estampes sont demeurés en blanc. Cette édition se distingue des éditions antérieures en ce qu'elle est opistographe. Telle est la description très-abrégée de ce *livre*, qui occupera un place dans les annales de la typographie.

Titres de livres qui ont induit en erreur des bibliothécaires et des libraires peu instruits. Pour bien classer une bibliothèque, il ne suffit pas d'avoir une idée vague de la matière que renferment les *livres*, il est nécessaire encore de bien connaître toutes les branches et même jusqu'aux plus petits rameaux de cette matière, si l'on veut suivre leur enchaînement, leur liaison et mettre chaque partie à la véritable place qui lui convient (2). Il faut, pour bien dresser un catalogue, connaître les *livres* autrement que par l'étiquette du dos ou par le titre ; souvent les titres sont trompeurs, et, en leur donnant trop de confiance, on court risque de commettre des méprises ridicules : c'est ce qui est arrivé à celui qui a mis au rang des *livres* de liturgie, un

(1) On entend par cette dénomination, des extraits de la Bible faits en faveur de ceux qui, à raison de leur peu de facultés, ou pécuniaires, ou d'esprit, ou de temps, ne pouvaient pas lire la Bible entière.

(2) Ameilhon, *Projet sur quelques changemens qu'on pourrait faire à nos catalogues*, etc.

traité *De Missis dominicis*, ouvrage où il est question, non pas de messes, de dimanches, mais de ces magistrats que les rois de la première et de la seconde race envoyaient dans les provinces, pour y rendre justice, et qu'on appelait *Missi dominici*. Un ignorant avait placé le *Traité des fluxions de Maclaurin* avec les livres de pathologie, prenant pour une maladie les fluxions mathématiques. Un autre avait mis un ouvrage intitulé : *Aurifodinæ*, parmi des *livres* de métallurgie, à côté d'Agricola ; et ces prétendues mines d'or n'étaient autre chose qu'un mélange ou recueil de lieux communs sur diverses matières de religion et de piété. Dans une grande bibliothèque, le citoyen Ameilhon a vu un *livre* sur l'opération de la taille, intitulé : *Historiæ lateralis ad extrahendum calculum sectionis appendix*, placé à côté d'un *Traité sur les sections coniques*. Dans cette même bibliothèque, on voyait un grand in-folio ayant pour titre : *Fuggerorum et fuggerarum........ imagines*, mis au rang des *livres* de botanique. Il est visible qu'on a pris pour un traité des fougères mâles et femelles, une généalogie de la famille des Fugger ou Foucker, ces fameux négocians d'Ausbourg, qui avaient prêté à Charles-Quint des sommes immenses, et qui l'en acquittèrent, au milieu d'un grand festin qu'ils lui donnaient, en jetant sa cédule obligatoire dans un feu allumé avec des fagots de canelle. On avait aussi placé dans cette bibliothèque les *Jours caniculaires* au rang des *livres* d'astronomie ; et ces jours caniculaires ne sont qu'un recueil de rapsodies sur toutes sortes de matières. Ces exemples, et mille autres qu'on pourrait citer, doivent engager les bibliothécaires à ne jamais juger des ouvrages par le titre, et à les parcourir avant de les classer. Des erreurs si ridicules et si choquantes, sont propres, comme le dit le citoyen Ameilhon, à dissiper les préjugés de certaines personnes qui s'imaginent que, pour dresser ou organiser une bibliothèque, on peut se servir du premier venu. Le citoyen Delille de Sales a regardé comme une erreur bibliographique la place que l'on donne dans les bibliothèques à l'*Atheismus triumphatus* de Campanella : « Cet ouvrage, dit-il, où toutes les objections contre Dieu, sont exposées avec force, tandis que tout est vague et insipide dans les réponses, pourrait être intitulé : *Atheismus triumphans*. Les bibliographes, ajoute-t-il, qui jugent des *livres* par le frontispice, rangent cet ouvrage parmi les apologies du christianisme ; et il est probable que c'est l'autorité de ces Quinze-vingt de la littérature qui a empêché le saint-office de mettre ce *livre* à l'index. » On pourrait répondre au citoyen Delille que le titre de *Quinze-vingt* convient sans doute aux prétendus bibliographes qui commettent les erreurs dont nous avons parlé plus haut, ou à ceux qui citent et classent les ouvrages sans les avoir lus ; mais qu'il est injuste d'appeler ainsi les bibliographes instruits, quand même ils placeraient Campanella parmi les apologistes du christianisme. Si le titre de l'ouvrage n'est pas une raison suffisante pour donner cette place au moine Calabrois, la publication de son *livre* à Rome (1), le silence de la congrégation de l'index, qui avait les yeux ouverts sur l'auteur, et, plus que tout cela, la nature de l'ouvrage, qui n'est ni aussi fort contre Dieu, ni aussi intéressant qu'on le veut faire croire, sont des motifs suffisans pour démontrer que les bibliographes n'ont point commis une erreur dans cette occasion, et que l'épithète de *Quinze-vingt* est un peu gratuite : il serait cruel de la mériter, après avoir oui parler des productions du citoyen Delille.

---

(1) Son titre est: *Thomae Campanellae atheismus triumphatus, seu reductio ad religionem per scientiarum veritates.* Romæ, 1631, in-fol. Campanella est mort à Paris en 1639, à 71 ans. Il a été emprisonné pendant 27 ans, et a essuyé sept fois la question pendant 24 heures de suite. On l'accusait d'avoir voulu livrer la ville de Naples aux ennemis de l'état, et d'avoir des sentimens erronés, en matière de religion.

LIVRES D'IMAGES. L'histoire de l'origine de ces sortes de *livres*, c'est-à-dire, de la gravure en bois, serait très-intéressante et jeterait une grande lumière sur le berceau de l'imprimerie, si elle n'était pas enveloppée de nuages que toute la sagacité des meilleurs bibliographes n'a pu encore percer. Ceux qui se sont le plus adonnés à ces recherches conviennent que les italiens, les allemands, les belges, les bataves ont cherché presque tous à la même époque, sur la fin du 14e siècle et au commencement du 15e, à graver et à sculpter sur bois et sur cuivre : ils avaient été devancés par les sculpteurs, ciseleurs, graveurs, maçons et fondeurs des 13e et 14e siècles. Le règne de Charles V, roi de France, fut, depuis Charlemagne, la première époque du renouvellement des lettres : il honora les sciences, protégea et encouragea les talens. Jean de Bruges, d'abord chimiste, puis inventeur de la manière de peindre à l'huile (1), enfin, peintre distingué de ce monarque, enluminait les manucrits en or, argent et azur. Les *Histoires escolatres de la Bible*, qu'il a ornées de jolies miniatures en 1371, par ordre et à l'honneur de ce prince, et qu'il a souscrites de sa propre main, attestent le goût et les talens supérieurs de l'artiste. *Les livres d'images*, sans date, sans indication d'auteurs et de lieu, que l'on fait voir dans les différentes bibliothèques de l'Europe, ont été gravés sur planches de

(1) Lessing, dans un ouvrage allemand imprimé à Brunswick en 1775, prétend que l'art de peindre à l'huile est beaucoup plus ancien qu'on ne pense : il cite, à l'appui de son opinion, des passages d'un manuscrit de Théophile-le-Prêtre, du 10e ou 11e siècle, et qui est à la bibliothèque nationale sous le n.° 6741. Il rapporte en entier le chapitre XVIII *De rubricandis ostiis et de oleo lini*, et le chapitre XXIII *De coloribus oleo et gummi terendis*. Mais ce manuscrit, qui contient encore quatre ou cinq traités sur le même sujet, n'est que de 1431. *Voyez Recherc. sur l'orig. de l'Imp. de* LAMBINET.

bois fixes, avec le texte à côté, au milieu ou au-dessous des images, ou quelquefois sortant de la bouche des figures pour les expliquer. Ils ont été imprimés d'un seul côté du papier avec une encre grise en détrempe. Ces ouvrages, que l'on regarde comme les premiers essais de l'imprimerie, ont été fabriqués, selon les uns, avant la découverte de l'art typographique, et selon les autres, dans les premiers commencemens; ils se ressemblent presque tous : les figures sont grossièrement faites au simple trait dans le goût gothique, de même que l'explication en prose rimée qui accompagne chaque figure gravée dans les petits carrés des planches. Les feuilles, n'étant imprimées que d'un seul côté, sont collées dos à dos les unes avec les autres; les lettres de l'alphabet qui se trouvent ordinairement au milieu des planches, indiquent l'ordre de leur arrangement : c'est ce qu'on appelle signatures (*voyez* ce MOT). Nous ne parlerons point ici des procédés que l'on a employés dans le principe pour graver en bois; nous nous contenterons de faire mention de quelques *livres d'images*, curieux par leur singularité, d'une lecture difficile par l'abréviation des lettres et leur forme. Ils sont au nombre de sept à huit principaux. Maittaire, Schelhorn, D. Clément, Fournier le jeune, Méerman, Papillon, Debure, etc. les ont décrits, mais surtout Heinecke, qui a donné la copie fidelle de toutes les planches et le *fac simile* du texte, en désignant les différentes éditions, les variantes, etc. Voici la notice ou plutôt la liste de quelques-uns de ces *livres* précieux sur lesquels le citoyen Lambinet donne des détails. 1.° *Figuræ typicæ veteris atque antitypicæ novi Testamenti*, petit in-fol. C'est ce qu'on appelle la *Bible des pauvres* en Allemagne. Il y a quatre éditions différentes de cet ouvrage en 40 planches, et une cinquième distincte des autres par son augmentation en 50 planches. On en voit un exemplaire à Bâle, un à Paris, un dans la bibliothèque du duc de Brunswick-Wolfenbutel, un à Oxford et un à Cambridge. 2.° *Historia sancti Joannis evangelistæ, ejusque visiones Apocalypticæ*, petit in-fol. Heinecke a trouvé six différentes éditions de cette histoire. Il en existe beaucoup d'exemplaires que l'on voit dans différentes bibliothèques; les uns ont 46 planches, d'autres 47 et d'autres 48, comme à la bibliothèque nationale. 3.° *Historia seu providentia Virginis Mariæ ex cantico canticorum*, petit in-fol. Il contient seize feuillets remplis de gravures en bois, et imprimés seulement d'un côté. 4.° *Ars moriendi*, petit in-fol. en 23 feuillets, dont 12 pour le texte et 11 pour les figures. Il y a eu de cet ouvrage sept à huit éditions différentes en latin, en allemand, avec un plus grand nombre de planches. 5.° *Ars memorandi notabilis per figuras evangelistarum*, petit in-fol. On en voit un exemplaire à la bibliothèque de Nuremberg, un autre à la bibliothèque nationale, qui contient 48 planches, dont les figures sont grossièrement colorées. Méerman fait mention d'un exemplaire qui n'a que 30 planches. 6.° *Donatus, seu grammatica brevis in usum scholarum conscripta.* Le Donat, vocabulaire ou catholicon, fut imprimé par Guttemberg et Fust en caractères fixes gravés sur des tables de bois (*voyez* TYPOGRAPHIE). 7.° *Speculum humanæ salvationis* ou *Speculum salutis*, petit in-fol. On compte plusieurs éditions de cet ouvrage. L'exemplaire qu'a vu le citoyen Lambinet à la bibliothèque nationale a 63 feuillets imprimés d'un seul côté à deux colonnes, et 58 estampes représentant des sujets de l'ancien et du nouveau Testament, gravés au simple trait.

Selon Heinecke, les premiers *livres* ornés de gravures en taille-douce ou sur métal, en Allemagne, datent de 1440 à 1455; et selon Mercier, le premier *livre* orné de gravures sur métal que l'on ait découvert en Italie, est *Libro intitulato monte santo di dio.* Florentie, 1477, x septemb. Il y en a un exemplaire complet à Rome. La Valliere en avait un imparfait. Le second *livre* imprimé avec des figures en taille-douce est le *Ptolomée*, à Rome, en 1478. Le troisième est le *Dante* de 1481. Heinecke et Demur croient que les figures de la *montagne sainte* et du *Dante* ont été dessinées par Sandro Boticello et gravées par lui ou par Baccio Baldini. Un des *livres d'images* les plus curieux, c'est le Tewrdanck, dont l'édition, quoique postérieure de cent ans à celles que nous venons de citer, n'en est pas moins l'admiration et l'étude des graveurs et des bibliographes. Cet ouvrage in-folio est l'histoire de la vie et des aventures périlleuses de Maximilien I.er, caché sous le nom du fameux héros et chevalier Tewrdanck. Il est écrit en vers teutons, caractères gothiques de la plus grande beauté; il est orné de 118 gravures aussi nettes et aussi fraîches que si elles sortaient des mains du graveur. Le texte est imprimé sur grand papier à marge large et d'une encre bien noire. Il y a deux éditions de cet ouvrage, l'une de Nuremberg faite en 1517, dont on voit des exemplaires à Vienne, au Vatican, dans l'abbaye de Saint-Florien (Haute-Autriche), à Paris, tant à la bibliothèque nationale que dans des bibliothèques particulières. La seconde édition est d'Ausbourg, faite en 1519; il y en a un exemplaire à Bruxelles; mais les deux éditions sont parfaitement semblables. Les 118 estampes allégoriques ont été gravées sur bois par Hans Schaeuffelein; les lettres du texte allemand ont été supérieurement gravées sur planches de bois sous les yeux de Hans Schaeuffelein par d'autres artistes. Les uns prétendent que Maximilien I.er est lui-même l'auteur de ce livre; d'autres l'attribuent à Melchior Pfintzing, un de ses chapelains. Hans Schonsperger en a été l'imprimeur. On connaît aussi de cet imprimeur *Hortus sanitatis* dont il a donné deux éditions faites à Ausbourg en 1486 et 1488, avec estampes; on l'appelle le grand imprimeur de *livres* de figures. Maximilien I.er a encore fait graver en 1517 sur les dessins d'Albert Durer et de Jean Burgkmair, une fête qu'il avait imaginée, dans laquelle toute sa maison passait en revue : elle est en 79 pièces ; on appelle cette collection en Allemagne *Triumpf-wagen* (le Char de triomphe). Il en existe un exemplaire à Vienne, un en Suède et un autre à Paris.

LIVRE UNIQUE. J'ai parlé dans le *Manuel bibliographique*, page 57, d'un *livre* intitulé *Liber Passionis Domini nostri Jesu-Christi, cum figuris et caracteribus ex nullâ materiâ compositis*, dont l'empereur Rodolphe II, fils de l'empereur Maximilien II, offrit onze mille ducats, et que l'on a vu à Bruxelles, en 1640, dans le cabinet du prince de Ligne. J'ai parlé de ce *livre* d'après Debure qui ne l'avait pas vu ; je vais ajouter quelques particularités sur ce chef-d'œuvre d'industrie et de patience, d'après le citoyen Lambinet, qui l'a bien examiné. Ce livret, in-12, contient 24 feuillets, compris 9 estampes ; le vélin est de la plus grande blancheur et du plus beau poli. Le premier feuillet, qui sert de frontispice, représente des H couronnées, entre-mêlées de roses. Le second, qui est aussi une autre vignette, représente les armes du roi d'Angleterre, avec la devise *Hony soit qui mal y pense*, et au-dessous une *rose* et *deux herses*, qui sont les armes de Henri VII, parvenu au trône d'Angleterre en 1485 et mort en 1509. On présume donc que ce livre a été fait en Angleterre entre ces deux époques. Au troisième feuillet commence *Passio Domini Jesu-Christi secundum Joannem, cap. XVIII.* Le texte entier de la passion occupe 15 feuillets ; sept autres représentent les principaux mystères de la passion, et sont placés à côté du texte qui les cite. Sur chaque feuillet on a découpé, avec la pointe d'un canif ou d'un autre instrument fort tranchant, toutes les lettres et tous les traits des figures qui y avaient été préalablement dessinées. Par cette opération, chaque feuillet est percé à jour, et ne présente que différentes espèces de vides. Entre chaque feuillet de vélin, on a interposé une feuille volante en papier bleu, qui fait voir les lettres et les figures aussi distinctement que si elles étaient gravées ou imprimées. Les lettres rondes dont le texte est composé sont d'une forme et d'une netteté parfaite. Leur découpure et celle des traits des figures sont d'un délié, d'un fini et d'une précision admirables. A la fin du livret, on voit écrit sur parchemin son fidéicommis, et de quel chef il est parvenu à la maison de Ligne. Voici la copie du sonnet qui l'annonce.

La contesse Isabeau d'Hochstrate et Culembourg,
Tint ce chef-d'œuvre ancien entre son héritage;
Depuis sa chère niepce, Anne de Rennebourg,
Succédant à ses biens, eut ce livre en partage.

Sa fille de la Laing, Marie, l'hérita,
De qui les quatre sœurs après le possédèrent,
Dont ma mère eut un quart qu'elle me transporta;
Les trois en ma faveur leur part me délaissèrent.

Or, maintenant j'ordonne et commande à mon filz
De le guarder soigneux comme une œuvre très-digne;
Et qu'à mes successeurs, tousiours, de père en filz,
Ce livre soit au chef de ma maison de Ligne.

LAMORAL, *prince de Ligne.* 1609.

Marchand, dans son Histoire de l'origine de l'Imprimerie, a fait mention de cet ouvrage. Il a rapporté l'anecdote de l'empereur Rodolphe. Il doute de l'existence de ce *livre*; or, son doute est levé. Sanderus, dans sa Biblioth. bel. manusc., d'où Marchand et Debure ont tiré leur notice, ne l'avaient probablement point vu. (LAMBINET, *Recherches sur l'origine de l'Imprimerie.*)

LOMEYER (Jean). Ce bibliographe a composé un excellent *Traité historique et critique des plus célèbres biblio-*

thèques anciennes et modernes. Zutphen, 1699, in-12. On regarde cet ouvrage comme le meilleur et le plus savant que nous ayons sur cette matière ; mais il n'est pas le mieux écrit ; et l'auteur a quelquefois pris de simples cabinets pour de grandes bibliothèques. On a joint ce Traité à un ouvrage d'un autre bibliographe nommé J. J. Maderus. Voici le titre de cet ouvrage : *De Bibliothecis atque archivis virorum clariss. libelli et commentationes, cum præfatione de scriptis et Bibliothecis ante-diluvianis, primo editore Joach. Joan. Madero ; et rursus cum secundâ parte (Joan. Lomeieri Tractatum complectente) adjunctâ per Joan. Andream Schmidt.* Helmestadii, 1702 et 1705, 2 tom. en un vol. in-4. Maderus a aussi publié un autre ouvrage ayant pour titre *Scriptores Lipsienses et Francofordienses*, 1660, in-4.

LOS RIOS. Libraire à Lyon. On lui doit une *Bibliographie instructive*, 1777, in-8.

LOTTIN (A. - M.). Imprimeur-libraire à Paris, né le 8 août 1726. Il a publié plusieurs ouvrages relatifs à la bibliographie, tels que *Liste chronologique de toutes les éditions de Saluste*, 1763, 1 vol. in-8; *Grande Lettre* sur la petite édition du *Cato major*, 1762, 1 vol. in-12; *Artis typographiæ querimonia*, 1785, in-4 ; *Catalogue chronologique des libraires et imprimeurs de Paris, depuis l'an* 1470 *jusqu'en* 1789, 2 vol. in-8 ; *Coup d'œil éclairé d'une bibliothèque à l'usage de tout possesseur de livres*, 1773, et plusieurs lettres sur l'imprimerie dans le Journal des savans.

M.

MABILLON (Jean). Célèbre bénédictin de la congrégation de Saint-Maur, et l'un des plus érudits de cet ordre. Nous lui assignons une place dans ce dictionnaire, à cause de son savant ouvrage sur la diplomatique, auquel dom Ruinart a ajouté un *Appendix* en 1709, et à cause de son *Museum italicum*, 1687 — 89, 2 vol. in-4, en société avec dom Germain. *Mabillon* est le premier qui ait réuni les règles de la diplomatique sous un seul point de vue : il donne des principes pour l'examen des diplômes de tous les âges et de tous les pays : son ouvrage est le plus lumineux qui ait paru en ce genre ; mais il ne fut cependant pas exempt de quelques erreurs ; il est si difficile de porter un jugement fixe et certain sur tout ce qui s'appelle titres et manuscrits ! Les yeux et la connaissance de l'histoire sont les seuls juges en cette matière, et ce sont des juges auxquels un faussaire habile peut aisément en imposer : *Mabillon* en est un exemple. « Il était l'homme du monde qui avait le plus examiné de parchemins, dit le père d'Avrigni, et cependant il fut trompé par le fameux titre produit en faveur de la maison de Bouillon, qu'une seule lettre différente des autres, et tournée à la moderne, rendit suspect à d'autres antiquaires. La main lassée avait trahi le faussaire. L'aveu qu'il fit avant d'expirer sous la main du bourreau, pour différens crimes, justifia le jugement porté contre la pièce. » Le jésuite Barthelemi Germon attaqua la diplomatique de *Mabillon*, la regarda comme inexacte, prétendit y trouver plusieurs diplômes faux, et publia à ce sujet quelques dissertations latines, écrites avec pureté et élégance ; elles parurent en 1703, 1706 et 1707, 3 vol. in-12. *Mabillon* n'y répondit pas *ex-professo* ; mais il joignit à son livre un supplément qui satisfit presque tous les critiques. La *Diplomatique* parut d'abord en 1681, et le supplément vit le jour en 1704. On croit communément qu'il y a deux éditions de la *Diplomatique*, l'une de 1681, et l'autre de 1709 ; mais on se trompe. Cette dernière est la même que la première, à part le frontispice, quelques changemens et quelques petites augmentations depuis la page 597 jusqu'à la 634, qui ont été réimprimées, et qui sont suivies de l'*Appendix* de Ruinart, qui finit à la page 648, et qui contient cinq modèles d'anciennes écritures et différentes formes de sceaux, gravés en bois, que des papes avaient mis en usage pour sceller leurs bulles. Pour avoir la *Diplomatique* parfaitement complette, il faut annexer le supplément de 1704 aux exemplaires de 1709; l'édition de 1681 avec le supplément, ou l'édition de 1709 seule, ne complettent point l'ouvrage. On doit encore à *Mabillon*, *Analecta*, 1675 et suiv., 4 vol. in-8. Ce sont des pièces curieuses recueillies dans diverses bibliothèques ; *Acta sanctorum ordinis sancti Benedicti*. Paris, 9 vol. in-fol. ; les *Annales des bénédictins*, dont il a donné 4 vol. in-fol. qui contiennent l'histoire de l'ordre depuis son origine jusqu'en 1066; *Traité des études monastiques*, 1697, in-18 ; *Sancti Bernardi opera*. Paris, 1690, 2 vol. in-fol. ; l'*Épître dédicatoire* qui est en tête de l'édition de saint Augustin; la *Liturgie gallicane*, 1685 et 1729, in-4, etc., etc., etc. *Mabillon*, né en 1632 à Saint-Pierre-Mont, village du diocèse de Rheims, mourut à Paris, dans l'abbaye de Saint-Germain-des-Prés, en 1707. Les savans d'Allemagne lui donnent ordinairement le surnom de Grand, *Magnus Mabillonius*.

MACARONIQUE. On donne ce nom à une espèce de poésie burlesque, entremêlée de mots de différentes langues, et de mots vulgaires latinisés et travestis, comme dans ces vers :

Archeros pistoliferos furiamque manantum

Et grandem esmeutam quœ inopinum facta ruellœ est,
Toxinum que alto troublantem corda clochero.

Ou comme dans

Enfilavi scadrones et regimentos.

On croit que Théophile Folengo de Mantoue, moine bénédictin, qui florissait vers l'an 1520, est l'inventeur de ce genre de poésie. Il a composé en 1517, *Merlini Cocaii, opus macaronicum*, ouvrage rare, surtout de l'édition de 1521. Il a ensuite donné *Il Chaos del tri per uno*, qui ne réussit pas. Guarino Capella est auteur du *Macaronea Ariminensis* (de Rimini), poëme composé de six livres de poésies *macaroniques*, contre Cabrin, roi de Gogue et Magogue, qui parut en 1526. Les principaux ouvrages *macaroniques* d'Italie sont : *Macaronica de syndicatu et condemnatione doctoris Samsonis Lembi*, ouvrage très-mauvais; *Macaronis forza*, par Stbetonius, jésuite, en 1610, ouvrage estimé; *Carnavale tabula macaronica*, par Bazani; *Capricia macaronica magistri Stopini poetœ pouzanensis*, en 1636, par César Ursinius. Nous avons en France, *De arte dansandi*, et *De guerrâ neapolitanâ, romanâ et genuensi*. Ces deux poëmes sont de *Antonius de Arena, provencalis de Bragardissima, villa de Soleriis*; l'*Historia bravissima Caroli V, imper. à provincialibus paysanis triumphanter fugati*, par un avocat; *Dictamen metrificum de bello hugonotico et rusticorum pigliamine, ad sodales*, par Remy Belleau : cette pièce est estimée; *Cacasanga reistro suisso lansquenetorum, per M.-J.-B. Lichiardum recatholicatum spaliporcinum poetam; -- Arenaicum de quorumdam nugigerulorum piaffâ insupportabili*, par Jean-Edouard Dumonin; et *Recitus veritabilis super terribili esmeuta paysannorum de Ruellio*, par monsieur de Frey; ce dernier poëme surtout (d'où sont tirés les vers précédemment cités) est très-estimé. Les anglais n'ont presque rien en style *macaronique* : on ne leur connaît que quelques feuilles volantes recueillies par Camden (1). L'Allemagne et les Pays-Bas ont eu beaucoup de poëmes *macaroniques*, parmi lesquels on distingue *Certamen catholicum cum calvinistis*, par *Martinius Hamconius Frinus*. Cet ouvrage a, dit-on, mille deux cents vers dont tous les mots commencent par la lettre C. On peut mettre à côté de ce poëme, le *De R bandita* de Leti : c'est un discours sans aucune R, présenté par Leti à l'académie des humoristes de Rome. Ajoutons-y les discours en monosyllabes, et ceux desquels on retranche une voyelle. En général, on doit dire de ces objets de pure curiosité, ainsi que de toutes les poésies

(1) Ils ont cependant quelques poëtes burlesques ; Cotton a travesti Virgile en anglais, comme Scaron l'a fait en français. Brown, ami de Franklin, est auteur d'une Bible travestie en vers burlesques. « Brown avait de la littérature et de l'esprit, dit Franklin ; mais il était mécréant. Il présenta dans sa Bible travestie beaucoup de faits sous un jour très-ridicule ; ce qui aurait pu nuire aux esprits faibles, si son ouvrage eut été publié ; mais il ne le fut jamais. »

Pelisson, dans son Histoire de l'académie française, raconte que, dans le 17e siècle, le burlesque était si fort à la mode, qu'un docteur de Sorbonne mit la passion de Jesus-Christ en vers burlesques. Ce poëte représente Jesus au jardin des Olives, tenant en main le calice, et buvant à la santé du genre humain. Il n'existe rien de plus ridicule, ni de plus burlesque que le poëme de la Magdelaine, par Pierre de Saint-Louis, carme. Il y appelle les rossignols et les pinçons, des luths animés, des orgues vivans, des sirènes volantes : les arbres sont de vieux barbons, de grands enfans d'une plus grande mère, d'énormes géans, des colosses éternels. Il leur reproche l'orgueil avec lequel ils s'élèvent jusqu'au ciel, sans avoir jamais devant lui la tête nue. Il rend cependant justice à la droiture de leurs intentions : il convient qu'en regardant de si près le ciel, il n'ont dessein, ni de l'outrager, ni de l'escalader ; ils sont seulement d'aimables rodomonds et de beaux orgueilleux. Il dit, en parlant des yeux de Magdelaine :

Qu'ils sont des bénitiers d'où coule l'eau bénite,
Qui chasse le Démon jusqu'au fond de son gîte, etc., etc.

macaroniques : Turpe est difficiles habere nugas, et stultus labor est ineptiarum.

MACÉ (Robert). Imprimeur à Caen, mort en 1490 à peu près. Il est le premier qui exerça, en Normandie, l'art typographique avec des caractères de fonte. Il eut pour apprentif le célèbre Christophe Plantin.

MAITTAIRE (Michel). Grammairien de Londres, et l'un des plus célèbres bibliographes connus, dans le 18e siècle. Il joignait à une vaste érudition beaucoup d'exactitude. Le principal ouvrage qu'il a publié est celui intitulé : *Annales typographici*, dont nous avons donné le titre détaillé dans notre *Manuel* (1) ; mais nous n'y avons parlé que des cinq premiers volumes de la nouvelle édition donnée par M.-D.-G.-W. Panzer : nous ajouterons ici que le neuvième vient de paraître, et que le dixième, qui doit terminer cette belle édition, verra le jour sous peu. Le titre de cette édition est : *Annales typographici ab anno M D I, ad annum M D XXXVI continuati, post Maittairii aliorumque doctissimorum virorum curas in ordinem redacti, emendati et aucti cura D.-G.-W. Panzer*, 1797 et années suiv. 10 vol. in-4 (2). Les autres ouvrages de *Maittaire* sont : *Historia Stephanorum*. Londres, 1709, in-8; *Historia typographorum aliquot parisiensium*, 1717, 2 tom. en 1 vol. in-8; *Corpus poëtarum latinorum*. Londres, 1721, 2 vol. in-fol.; *Græcæ linguæ dialecti*. La Haye, 1738, in-8; *Miscellanea græcorum aliquot scriptorum carmina*, gr. lat.

(1) Pag. 264.

(2) On a refondu dans cette nouvelle édition le supplément que M. Denis, bibliothécaire à Vienne, a publié en 1789, et dans lequel supplément il se trouve plus de six mille articles du 15e siècle, et qui étaient inconnus à Maittaire.

Londres, 1722, in-4, etc. Tous les ouvrages de *Maittaire* sont très-estimés.

MANSION (Colard). Premier imprimeur à Bruges. On ignore l'année et le pays où *Mansion* a vu le jour. Tout ce que l'on sait, c'est qu'en 1454 il était membre et suppôt de la communauté de saint Jean l'évangéliste à Bruges, où l'on présume qu'il est né. Cette communauté était composée d'écrivains, de maîtres d'école, de *librairiers*, de *printers* (imprimeurs sur bois), d'enlumineurs, de relieurs et de *beeldemakers* (faiseurs d'images). On voit, par les registres de cette communauté, que *Mansion* a resté sans interruption à Bruges depuis 1454 jusqu'à 1468; il n'est point question de lui dans les années 1469 et 1470 : il reparaît en 1471; ce qui fait conjecturer qu'il s'est absenté de Bruges pendant ces deux années, pour aller apprendre l'art de l'imprimerie, qu'il y apporta. Dans ces registres, il prend quelquefois le nom de Colinet, diminutif de Colard, qui était fort commun dans le 15e siècle. Son nom de famille varie aussi dans ces mêmes registres : tantôt c'est *Manchien;* tantôt *Monzioen;* en 1458, *Manzioen;* en 1459, *Manchoen;* en 1467, *Monsyoen;* mais, dans ses éditions, il a toujours pris le nom de *Mansion*, qu'il écrit quelquefois *Manchion.* On pourrait soupçonner que *Mansion* était originaire de France; car il a traduit plusieurs livres en français. Il n'a imprimé que des livres écrits en cette langue; cependant il écrivait très-bien le flamand. Il s'est fait, par ses services dans l'art typographique, et par ses traductions françaises, une réputation qui lui valut la protection et même l'amitié des grands, entr'autres, celles de Louis de Bruges, seigneur de Gruthuse, qui tint un de ses enfans (1), et que *Mansion* appelle son *compère* dans la dédicace d'un de ses ouvrages.

---

(1) On ignore quelle fut la profession de cet enfant; peut-être Paul et

La première édition sortie des presses de *Mansion* est le *Jardin de dévotion, ouquel l'ame dévote quiert son amoureux Jesu-Crist.* On y lit à la fin ces deux lignes : *Primum opus impressum, Brugis, per Colardum Mansion. Laudetur omnipotens.* On croit cette édition, qui n'a point de date, de 1472 ou 1473 ; l'édition des *Dits des Philosophes* est également sans date : on la croit de 1473 ; mais l'édition *de la Ruine des nobles hommes et femmes*, de Bocace, date incontestablement de 1476. On en connait six a sept exemplaires (1). L'édition du *Livre de Boëce, de Consolation de Philosophie*, etc., est de 1477. On connait encore plusieurs autres éditions publiées par *Mansion*, et sur lesquelles on peut consulter Marchaud, Mercier, Vanpraet, Lambinet, Visser, etc, il résulte de l'incertitude de la date de certaines éditions de *Mansion*, et de la certitude de celle *de la Ruine des nobles hommes*, que l'on ne peut fixer l'établissement de l'imprimerie à Bruges, d'une manière certaine, qu'en 1476. On présume que *Mansion* aura appris son art en France, si l'on en juge par la forme de ses caractères. Il est mort en 1484.

MANUCE (Alde). Cet imprimeur, nommé en latin *Aldus-Pius Manutius*, était de Bassano dans la Marche-Trévisane, et vivait sur la fin du 15e siècle et au commencement du 16e. Il s'établit à Venise, et s'y maria avec la

---

Robert *Mansion*, libraires et imprimeurs, qui vinrent s'établir à Paris au commencement du 17e siècle, descendaient-ils de lui.

(1) Nous possédons, à l'école centrale de la Haute-Saône, cet ouvrage, mais d'une édition différente : elle est de Lyon, et postérieure à celle de *Mansion*. En voici la souscription : *A la gloire et louenge de Dieu et à l'instruction de tous a este cestuy œuure de Jehan Bocace, du dechiet des nobles hommes et femmes, imprimé à Lyon-sur-le-Rosne par honorables maistres maistre Jehan Fchabeler, et maistre Mathis Huss. L'an mil. cccc quatre vingts et troys.*

fille d'André Asulan ou d'Asola, imprimeur dans cette ville. Il imprima, en 1476, *Doctrinale puerorum*, ouvrage de grammaire, que l'on croit d'Alexandre de Ville-Dieu, franciscain du 13e siècle. *Alde* a donné de très-bonnes traductions de quelques traités de saint Grégoire de Naziance et de saint Jean de Damas. Il fit une grammaire grecque et des notes sur Horace, Homère, etc. Il publia quelques ouvrages des anciens, auxquels il ajouta des préfaces estimées. Il s'occupa à corriger les manuscrits, en les confrontant les uns avec les autres ; ce qui ne se faisait point avant lui : on imprimait le premier manuscrit qui se présentait, et souvent le compositeur ajoutait des fautes à celles des copistes. André Roccha, dans sa *Bibliotheca vaticana*, dit qu'*Alde* donnait tant de soins à la correction des épreuves, qu'il n'imprimait tout au plus que deux feuilles par semaine. *Alde-Manuce* passe pour être l'inventeur du caractère cursif ou italique, dont on s'est tant servi dans le 16e siècle. C'est ce qui a fait donner à ces sortes de lettres le nom d'*aldines ;* on les a aussi appelées *vénitiennes*, parce que les premiers poinçons en ont été faits à Venise ; mais le nom d'*italiques* a prévalu, parce que ce caractère vient d'Italie : presque tous les peuples l'ont adopté. Le pape Jules II, dans son privilége du 27 janvier 1513, accordé à *Alde-Manuce*, relativement à son invention des caractères cursifs ou de chancellerie, dit que, dans l'impression, on les prendrait pour de l'écriture : *Cum tu.... græcorum et latinorum auctorum volumina summa cura et diligentia castigata, à paucis annis ad communem omnium literatorum utilitatem characteribus, quos vulgus cursivos seu cancellarios appellat, imprimi tam diligenter et pulchri curaveris, ut calamo conscripta esse videantur.* *Alde* est le premier qui a imprimé le grec correctement. Il faisait accueil à tous les savans. Erasme lui a fait imprimer quelques-uns de ses ouvrages, et a passé quelque temps chez lui, mais n'a jamais été son correcteur d'imprimerie, comme le lui a reproché Scaliger. Et d'ailleurs, quand il l'aurait été, cet emploi était-il déshonorant? Pendant le séjour d'Erasme à Venise, on y voyait, en qualité d'ambassadeur de France, le célèbre Jean de Lascaris, qui avait été correcteur d'imprimerie. *Alde-Manuce*, le chef de la famille des *Manuces*, si renommés par la beauté de leurs éditions, mourut à Venise en 1516, laissant un fils, digne héritier de son nom, dont nous allons parler.

MANUCE (Paul). Il naquit en 1512, quatre ans avant la mort d'Alde, son père. Quelques-uns prétendent qu'il eut Erasme pour maître dans son jeune âge; d'autres sont d'un avis contraire. A peine Paul *Manuce* fut-il en âge de suivre son goût pour les lettres, qu'il se déclara pour l'éloquence, et travailla avec une ardeur infatigable, qui fut encore excitée par Sadolet, Bonanni et Rhambert. Ce travail excessif, joint à un tempérament très-faible, le firent descendre aux portes du tombeau. Il fut obligé de renoncer à l'étude pendant deux ans; ensuite il s'y livra avec son ardeur ordinaire. La langue latine lui était extrêmement familière; il possédait tous les auteurs de la bonne latinité. Lorsqu'il composait, il avait soin de laisser un long intervalle entre la composition et l'impression de ses ouvrages. Venise s'enorgueillit d'avoir un tel homme dans ses murs. Paul *Manuce* était connu très-avantageusement au sacré collége: il avait surtout pour protecteurs les cardinaux Bembo et Bernardin Maffeo, qui l'engagèrent à faire un ouvrage sur les antiquités romaines. Il n'a paru que quatre livres de ces antiquités, savoir, le premier sur les lois romaines, imprimé en 1557, in-folio; le second sur le sénat, en 1581, et les deux derniers sur les comices et la ville de Rome. Il fut encore chéri des cardinaux Alexandre Farnese, Marcel Cervin, qui fut élevé au souverain pontificat, et Hippolyte d'Est auquel il s'attacha. Il vint, à la sollicitation de Pie IV, se mettre à la tête de l'imprimerie apostolique ; l'intention du pape était de lui faire imprimer les ouvrages des saints pères ; il en imprima quelques-uns : il fut, outre cela, chargé, conjointement avec Julius Poggianus et Corneille Amalthée, d'écrire purement en latin le catéchisme du concile de Trente, dont le fond avait été digéré par d'habiles théologiens. Il s'était rendu à Rome en 1560, et quitta cette ville pour retourner à Venise, en 1570. Il mourut en 1572. Outre ses traités sur les antiquités romaines, on a encore des *Commentaires* sur Ciceron, surtout sur les Epîtres familières et sur celles à Atticus, et des *Épîtres* en latin et en italien, qui furent très-recherchées.

MANUCE (Alde). Fils du précédent. Il fût, dès son bas âge, très-versé dans la langue latine, et donna à 14 ans le livre intitulé : *Ortographiæ ratio*. Il publia les ouvrages de son père. Sa fortune ayant périclité, il alla à Bologne, ensuite à Pise, où il professa les belles-lettres d'une manière aussi peu brillante que peu lucrative ; il se fixa enfin à Rome. Clément VIII, successeur de Sixte-Quint, lui donna la direction de l'imprimerie du Vatican ; cet emploi ne le tira point de la misère. Pendant le temps qu'il exerça l'imprimerie à Venise, il donna plusieurs belles éditions, entr'autres celles de Ciceron en dix volumes, avec les notes et les commentaires de son père. Il dédia chaque volume en particulier à des souverains, à des papes, à des grands et à des gens de lettres. Il mourut en 1597, sans autres récompenses que des éloges, et après avoir vendu sa bibliothèque, amassée à grands frais par son père et son ayeul, et composée, dit-on, de 80,000 volumes.

Le citoyen Renouard, libraire, connu par son goût pour la typographie et par les belles éditions qu'il publie, prépare une histoire des éditions *aldines*, en 2 vol. in-8 : le premier contiendra la nomenclature de toutes ces éditions, chacune accompagnée de notes critiques et littéraires, non pas sur les ouvrages, mais sur les éditions, indépendamment de l'exacte description matérielle du livre ; le second volume contiendra une courte préface, une vie succincte des trois *Aldes*, la notice de toutes les éditions faites de 1480 à 1502, par André d'Asola ; celle des contrefacteurs de Lyon, des tables très-amples, etc. Cet ouvrage sera enrichi, en gravures, des portraits des trois *Aldes* et de leurs principales marques figurées très-exactement.

MANUSCRITS. Ouvrages écrits à la main. On met au rang des monumens littéraires les plus précieux les anciens *manuscrits*, les anciennes chartes et les imprimés du premier âge de la typographie. Nous parlerons dans cet article des *manuscrits* seulement ; cette partie intéressante fait la richesse (1) de la plupart de nos bibliothèques, et mérite l'attention des bibliographes. Non-seulement elle embrasse la connaissance des anciennes écritures, qui est d'une si grande importance en matière de critique, mais elle intéresse toutes les parties de la littérature, et n'est point étrangère aux arts, dont la plupart des *manuscrits* ont conservé les procédés et les ont mis sous les yeux des lecteurs par les figures dont ils sont ornés, et dans lesquels on peut voir les costumes des différentes époques du moyen âge. « On doit considérer principalement dans les *manuscrits*, dit un savant, leur ancienneté, la distinction des

(1) Je pense, dit le citoyen Sérieys dans le *Voyage en Italie de Barthelemy*, que cette richesse n'en est véritablement une que lorsqu'elle est mise en circulation..... Il serait à désirer qu'une association d'hommes instruits et laborieux secondât les premières exploitations de quelques membres de l'institut, et consacrât entièrement ses loisirs au dépouillement et à la publication de tant d'ouvrages ensevelis dans les ténèbres, etc. (*Avant-propos*, pag. xv.)

différentes écritures nationales qui ont eu lieu pendant plusieurs siècles, et dont la naissance, les progrès et la décadence sont de la plus grande utilité pour déterminer l'âge des anciens *manuscrits* qui précèdent le 13e siècle; les langues anciennes et modernes dans lesquelles ils sont écrits; leurs matières, les liqueurs métalliques et autres qu'on a employées, la beauté de l'écriture, les miniatures, les vignettes et les arabesques qui l'accompagnent, et jusqu'à la couverture qui, par la matière et les bas-reliefs, souvent antiques dont elle est ornée, intéresse également l'antiquaire et l'artiste. » Tels sont les objets auxquels il faut faire attention en examinant un *manuscrit ;* sa forme extérieure ne désigne pas toujours son âge ; la forme quarrée donne un préjugé favorable d'antiquité. Les plus anciens *manuscrits* qui existent ne vont pas au-delà du 3e siècle de l'ère vulgaire, encore n'est-on pas très-certain qu'il en existe qui remontent aussi haut. Jablonski, dans sa préface sur les bibles hébraïques, indique quatre moyens pour connaître l'âge de ces sortes de bibles. 1.° Une écriture simple et élégante, sans affectation, annonce la plus haute antiquité, surtout si l'on n'y trouve pas les notes *queri* et *kethib*, qui avertissent que la manière de prononcer et celle d'écrire sont différentes. 2.° La massore ne doit point paraître dans les bibles très-anciennes La petite massore indique le moyen âge, et la grande et la petite massore annoncent le bas-temps, en supposant cependant que le texte et la massore ne portent pas différens caractères d'antiquité. 3.° Si les cinq livres de Moyse et les autres sections de la loi ne sont pas distingués, le *manuscrit* est très-ancien ; et 4.° si l'on n'y voit ni corrections ni interpolations critiques, on peut croire également à son ancienneté. Les *manuscrits* hébreux ou grecs qui sont anciens, ne portent et ne doivent porter aucune note chronologique. C'est par la forme de l'écriture et par les indices que l'on en doit juger. Tout *manuscrit* hébreu qui porte une date formelle ou des notes chronologiques, et qui s'annonce pour être antérieur au 10e siècle, est supposé. Les *manuscrits* hébreux écrits en Espagne sont en lettres quarrées; ceux des italiens et des français sont en caractères plus arrondis, et ceux des juifs allemands sont hérissés de pointes: on y reconnait le goût gothique des 14 et 15e siècles. On peut dire en général que tous les *manuscrits* en langues orientales (1) et en langue grecque sont très-précieux, ainsi que ceux en langue latine, qui précèdent l'invention de l'imprimerie, et qui contiennent les ouvrages des anciens écrivains de Rome. Ces ouvrages ne sont point parvenus jusqu'à nous, par la voie de l'impression, sans être altérés, soit par l'injure du temps, soit par l'ignorance des copistes: le seul moyen d'en épurer le texte et d'en remplir les lacunes, c'est d'avoir recours aux variantes des différens *manuscrits*. Les écrivains latins du moyen âge doivent aussi nous intéresser; les originaux de nos chroniques, plus complettes ou plus exactes que les imprimés, sont très-utiles pour les corriger ou les completter: on ne doit point non plus mépriser les *manuscrits* en ancienne langue française et en patois des provinces. Ce qui doit singulièrement piquer la curiosité et même présenter un degré d'utilité, ce sont les vignettes, miniatures et peintures dont sont enrichis beaucoup de *manuscrits*: la plupart subsistent encore dans

(1) On peut mettre de ce nombre celui dont l'impératrice de Russie a fait présent, le 17 mai 1780, au roi de Pologne: c'est un parchemin très-fin, d'environ cinq pieds de long, et d'une largeur proportionnée, sur lequel le fameux Tamerlan écrivit, dit-on, de sa main, en langue arabe, l'histoire de sa vie. Ce prince, mort en 1405, à 71 ans, dans le Turquestan, après en avoir régné 36, avait coutume de dire qu'*un monarque n'est jamais en sûreté, si le pied de son trône ne nage dans le sang.* Cette atroce maxime semblerait pour ainsi dire excuser la pensée, non moins cruelle, d'un philosophe moderne (D......): *Il serait à souhaiter que le dernier roi fût*, etc., etc., etc.

toute leur fraîcheur, et peuvent être, comme je viens de le dire, utiles, soit par rapport à l'histoire et aux costumes, soit par rapport aux arts : à la musique dont elles représentent les instrumens; à l'art militaire, en représentant les machines de guerre, la manière d'attaquer et de défendre les villes; à la marine dont elles figurent les bâtimens et la manœuvre; à l'agriculture et aux arts mécaniques dont elles représentent les procédés et les outils, etc. Parmi les bibliothèques les plus fécondes en *manuscrits*, on remarque la bibliothèque nationale de France (1) et plusieurs autres dont nous faisons mention à l'article BIBLIOTHÈQUES; on admirait surtout celle de l'abbaye de St-Germain-des-Prés, avant qu'un malheureux incendie, arrivé en l'an 2, ne l'eut réduite en cendres. L'Italie, l'Allemagne, l'Espagne et l'Angleterre offrent aussi de grandes richesses en ce genre. Pour se familiariser avec les écritures des anciens *manuscrits*, il faut étudier le nouveau *Traité de diplomatique* des bénédictins (*voyez* DIPLOMATIQUE) : il est impossible de trouver un ouvrage plus étendu, plus érudit, et qui présente plus de ressources pour se mettre au fait de toute espèce d'écritures en usage en Europe depuis quantité de siècles. La *Diplomatique* de Mabillon et la *Paléographie grecque* de Montfaucon sont aussi très-bonnes à consulter. Quant à la classification des *manuscrits* dans une bibliothèque, nous pensons que, s'ils ne sont pas très-nombreux, on doit d'abord les diviser par langues; puis ensuite classer les *manuscrits* de chaque langue par siècles. Mais si le nombre s'en trouvait trop considérable, il nous semble qu'après les avoir divisés par

---

(1) Avant la révolution elle possédait 80,000 manuscrits au moins; et combien n'en a-t-elle pas acquis depuis la révolution, soit par la réunion de beaucoup de dépôts publics et particuliers, soit en recueillant le fruit de nos victoires dans la Belgique, dans l'Allemagne et dans toutes les parties de l'Italie?

langues, on pourrait, dans chaque langue, les classer par ordre de matières, selon le système bibliographique adopté; puis les ranger dans chaque matière par ordre chronologique. Au reste, quelque soit la classification que l'on adopte, il faut avoir soin de la couronner par un bon catalogue raisonné, qui indique quel est le titre et le sujet du *manuscrit*, quel est son âge, en quelle langue et en quel caractère il est écrit, etc.

Nous ne voulons point finir cet article sans parler des *manuscrits* trouvés à Herculanum (1). Pour avoir une juste idée de ces *manuscrits*, dit l'abbé Barthelemy, il faut concevoir une bande de papier plus ou moins longue, large d'environ un pied. On distribuait sur la longueur de cette bande plusieurs colonnes d'écriture, séparées entre elles, et allant de droite à gauche. On la roulait ensuite, mais de façon qu'en ouvrant le *manuscrit*, on avait sous les yeux la première

(1) C'est une ancienne ville d'Italie, dans la Campanie, sur la côte de la mer, vis-à-vis du Vésuve. Dion Cassius, qui vivait l'an 230 avant Jesus-Christ, et qui a composé une histoire romaine, dit formellement qu'Herculanum a été abymée par une irruption du Vésuve, en 79. « Une quantité incroyable de cendres, dit-il, emportées par le vent, remplit l'air, la terre et la mer, étouffa les hommes, les troupeaux, les poissons, les oiseaux et engloutit deux villes entières, Herculanum et Pompeia, dans le temps même que le peuple était assis au spectacle. *V. D. Cassius, livre LXVI, n° 21.* Cependant Florus, qui vivait vers l'an 100, parle encore d'Herculanum..... Les fouilles ont commencé par les ordres du prince d'Elbeuf, Emmanuel de Lorraine, qui épousa, en 1713, la fille du prince de Salsa, à Naples; les fouilles ont commencé, dis-je, vers cette année 1713, non pour découvrir Herculanum, mais pour trouver du marbre de différentes couleurs, qui, étant pulvérisé, fût propre à faire du stuc. Ce n'est qu'en 1736 que dom Carlos, devenu roi d'Espagne, qui avait acquis le terrain appartenant au prince d'Elbeuf, fit faire des fouilles à 80 pieds de profondeur, et l'on ne tarda pas à découvrir une ville entière et mille monumens plus précieux les uns que les autres. David a gravé les antiquités d'Herculanum en 9 vol. in-4.

colonne ou page de l'ouvrage, et que la dernière se trouvait dans l'intérieur du rouleau. Les *manuscrits* furent trouvés dans la chambre d'un palais qu'on n'avait pas encore achevé de fouiller à l'époque où Barthelemy voyageait en Italie : ils étaient rangés les uns sur les autres dans une armoire en marqueterie, dont on voit encore les fragmens. Lorsqu'on mit la main dessus, tous ceux qui n'avaient point été saisis par la chaleur des cendres, étaient pourris par l'effet de l'humidité, et ils tombèrent comme des toiles d'araignées aussi-tôt qu'ils furent frappés de l'air. Ceux au contraire qui, par l'impression de la chaleur de ces cendres, s'étaient réduits en charbon, étaient les seuls qui se fussent conservés. Ces livres ne sont point en parchemin comme on l'avait d'abord cru en France, ni en papyrus comme on le soupçonnait dans le principe; ils sont écrits sur des feuilles de cannes de jonc, collées les unes à côté des autres, et roulées dans le sens opposé à celui où on lisait. Ils ne sont tous écrits que d'un côté, et disposés, comme nous venons de le dire, par petites colonnes, qui ne sont guères plus hautes que les pages de nos in-12. Ces volumes ou feuilles roulées et converties en charbon, ne ressemblent ordinairement qu'à un bâton brûlé de deux pouces de diamètre, et d'un pied à peu près de longueur. Quand on veut le dérouler ou enlever les couches de ce charbon, il se casse et se réduit en poussière; mais, en y mettant beaucoup de temps et de patience, on est parvenu à lever les lettres les unes après les autres. Nous n'exposerons point ici le procédé employé par le père Antonio Piaggi, religieux somasque, et par son élève Vicenzio Merli, parce que ce n'est qu'un pur objet de curiosité, sur lequel, d'ailleurs, on peut consulter l'*Encyclopédie*, qui nous fournit une partie de ce que nous disons des *manuscrits* d'Herculanum. L'écriture est si faiblement marquée sur les feuilles de cendres que l'on déroule, qu'il est très-difficile de la lire au grand jour; mais on y réussit en la mettant à l'ombre ou à un jour plus doux ; alors on la lit comme on lirait une feuille imprimée, qui, quoique brûlée et toute noire, conserve encore l'empreinte des caractères. On a développé, par le procédé en question, quatre *manuscrits* grecs, dont le premier traite de la philosophie d'Epicure ; le second est un ouvrage de morale ; le troisième un poëme sur la musique (1), et le quatrième un livre de réthorique. Aussitôt qu'on avait enlevé une page, on la copiait et on l'envoyait au chanoine Mazocchi pour la traduire en italien. Si ce travail se continue, il serait à souhaiter qu'on y employât beaucoup de monde, et que l'on ne développât que le commencement des ouvrages dont le sujet paraît ne pouvoir rien nous apprendre d'intéressant. Sans cela, on ne verra de long-temps paraître les livres précieux qui peuvent se trouver, et parmi lesquels on ne doit pas désespérer de recouvrer quelques-uns de ceux qu'on avait cru perdus pour la république des lettres. Quelle heureuse découverte si l'on y rencontrait les ouvrages complets de Diodore de Sicile, de Polybe, de Salluste, de Tite-Live, de Tacite, les six derniers mois des fastes d'Ovide, et les vingt livres de la guerre de Germanie, que Pline commença dans le temps qu'il servait dans ces pays ! On peut dire que tout ce qu'on a découvert jusqu'à ce moment, est d'un médiocre intérêt, et ne dédommage pas des peines inexprimables que l'on a eues à dérouler ces charbons littéraires. Sur quinze à dix-huit cents *manuscrits* tirés d'Herculanum, et conservés dans le cabinet de Portici, il y en a les deux tiers qu'il sera impossible de

(1) Cet ouvrage grec contre la musique, est d'un nommé Philodémus, dont il est parlé dans Strabon et dans d'autres auteurs anciens; son nom et le sujet de son livre se sont heureusement trouvés à la fin du *manuscrit*. On n'a pu sauver que les 38 dernières colonnes de cet ouvrage, dans lesquelles il se trouve quelques petites lacunes; mais l'écriture en est très-belle et très-lisible. (*Barthelemy*).

dérouler; ils se trouvaient pressés; les feuilles ne forment qu'un morceau de charbon. Dans l'autre tiers, plusieurs sont endommagés ; le noyau seul est bon : d'autres qu'on a essayé d'ouvrir avec un couteau, ont souffert. Le nombre de ceux à peu près entiers, où il n'y a que des lacunes, n'est pas très-considérable. Il y a eu un grand nombre de rouleaux de détruits par un ignorant qui prétendait leur rendre, avec une drogue, ce que le feu avait ôté.

Ajoutons encore à cet article un mot sur les *Notices et extraits des manuscrits de la bibliothèque nationale, publiés par l'institut national, et faisant suite aux Notices et Extraits lus au comité établi dans la ci-devant académie des inscriptions et belles-lettres.* Le cinquième volume, in-4, a paru en l'an 8, et le sixième ne tardera pas à être publié. C'est en 1785 que l'académie que nous venons de citer conçut le projet de donner au public les notices et extraits en question. Son but était, dans le cas où les *manuscrits* seraient intéressans, de mettre les savans à portée de profiter de ces trésors enfouis; et, dans le cas où les *manuscrits* seraient dépourvus d'intérêt, d'épargner aux savans des lectures pénibles et stériles (1). Ce projet fut exécuté promptement; le premier volume sortit des presses du Louvre en 1787; le second fut publié en 1789; le troisième en 1790; mais l'impression du quatrième, commencée en 1791, fut suspendue par la suppression de l'académie et par les événemens, malheureusement trop sérieux, de la révolution; elle fut reprise en l'an 6 par ordre du ministre de l'intérieur, et à la sollicitation des citoyens Ginguené et Sylvestre de Sacy, et le volume a paru en l'an 7. Les notices que renferment les cinq volumes, sont on ne peut pas plus intéressantes, et font

(1) De Brequigny, 5e *volume des Notices*. Ce savant mourut en l'an 3, 1795, âgé de 80 ans.

honneur aux savans qui concourent à ce précieux travail. Une loi du 15 germinal an 4, a chargé formellement les membres de l'institut de continuer la notice des *manuscrits* ; et l'on peut dire qu'ils mettent la plus louable activité à remplir le vœu de cette loi.

MARBRES DE PAROS, D'ARUNDEL OU D'OXFORD. Ces *marbres* renferment la chronique d'Athènes : cette chronique a été gravée 264 ans avant l'ère vulgaire ; elle sert à rectifier les faits de l'ancienne histoire grecque et des temps fabuleux ou héroïques depuis la fondation d'Athènes, où elle commence : elle est gravée en lettres capitales grecques, sur le *marbre*, et fut trouvée au commencement du 17e siècle, dans l'île de Paros, l'une des Cyclades. Elle fut transportée en Angleterre par les soins du comte Thomas d'Arundel, dont le petit-fils la déposa dans la bibliothèque de l'académie d'Oxford. Selden la fit imprimer in-4 à Londres, en 1628. Prideaux en a donné une nouvelle édition in-fol. à Oxford, en 1676 ; et dès-lors on en fit usage dans la chronologie ; depuis elle a été plusieurs fois réimprimée en Angleterre, et comme il y a plusieurs endroits qui ont été dégradés dans les *marbres*, des savans se sont occupés à rétablir les lacunes. On croit remarquer dans cette chronique une faute à l'époque XLV, où le règne de Darius semble placé à l'an 517 avant Jesus-Christ, quoiqu'il soit, dit-on, de l'an 522. Cette erreur, si c'en est une, serait pardonnable en ce que l'auteur n'était peut-être pas aussi instruit des faits qui s'étaient passés en Asie, que de ceux qui concernaient la Grèce. Des savans ont prétendu trouver 520 dans la chronique ; mais cela n'est point certain (1).

(1) *Voyez* les Mémoires de l'académie des belles-lettres, tom. XXIII, pag. 53 et suiv.

MARCHAND (Prosper). Savant distingué, bibliographe instruit et très-versé dans la partie de l'histoire littéraire. On a de lui une *Histoire de l'Imprimerie*. La Haye, 1740, in-4, dans laquelle on désirerait un peu plus d'ordre; l'érudition, les discussions, les remarques et les citations y sont prodiguées à l'excès, et y mettent de la confusion. Mercier de Saint-Léger a donné, en 1775, un très-bon supplément à cette histoire, ou plutôt l'a débrouillée avec autant de lumières que d'exactitude. Le *Dictionnaire historique*, ou *Mémoires critiques et littéraires* de Prosper *Marchand*, 1758, 2 vol. in-fol., est également rempli d'érudition; mais le style n'est pas très-pur, et l'auteur est quelquefois minutieux. Il a encore travaillé à différens journaux littéraires et à d'autres ouvrages dont il n'est qu'éditeur. Il est mort en 1756, et a légué sa bibliothèque et ses manuscrits à l'université de Leyde.

MARTENS, ou MERTENS, ou MARTIN d'Alost (Thierry), en latin *Theodoricus Martinus*. Ce célèbre imprimeur nacquit à Alost en Flandre, en 1453. Jean de Westphalie l'associa à ses travaux typographiques à Alost, en 1474. Il imprima à Anvers en 1476, et depuis cette époque jusqu'en 1487, où il revint dans sa patrie, on ne connaît aucune de ses éditions. Quelques auteurs prétendent, et cela n'est guère présumable, que, depuis 1474 jusqu'à 1513, *Martens* eut des presses montées tout à la fois à Alost, à Anvers, à Louvain, où il s'était établi au commencement du 16e siècle, et qu'il les faisait rouler alternativement en passant d'une ville à une autre. *Mertens* ne fut point professeur à Louvain, comme l'assure Guicciardin, dans sa *Descriptio Belgii*. Mais il se distingua parmi les gens de lettres, et il fut ami de Barland et d'Erasme. Il a composé quelques ouvrages dont Marchand cite, 1.° *Hymni in honorem sanctorum*; 2.° *Dialogus de virtutibus*; 3.° *Alia quædam*; 4.° *Dictionarium hebraïcum*, *sive enchiridion radicum seu dictionum hebraïcarum, ex Johanne Reuchlino*, in-4. Il a donné un grand nombre d'éditions ; Prosper Marchand en cite cinquante-quatre : la première rapportée dans Marchand, est *Tabulare fratrum ordinis deifere virginis Marie de carmelo : ex Alosto Flandrie, octobris xxviij. Theod. Mertens impressore*, in-4, sans date d'année. Selon le citoyen Lambinet, la première édition que l'on attribue à *Martens*, quoique sans nom d'imprimeur, est celle *Speculum conversionis peccatoris magistri Dionysii de Leuwis, alias Rickel, ordinis carthusiensis. Impressum Alosti in Flandriâ, anno M CCCC LXXIII.* Cet opuscule, composé de 26 feuillets, est imprimé sur même papier et avec mêmes caractères que le précédent : il n'a ni chiffres, ni réclames, ni signatures, et les points sur les i ressemblent à des accens aigus. La dernière édition citée par Marchand, est *Plutarchus de discremine adulatoris et amici, ac de utilitate ab inimico capiendâ. Erasmo interprete : Lovanii, apud Theod. Martinum*, in-4, sans date. Les dernières éditions citées par le citoyen Lambinet, sont *Xenophontis Hiero, sive tyrannicus, Græcè. Lovanii, apud Th. Martinum*, 1528, *mense augusto*, in-4 ; et *Theocriti Idyllia Græcè.* Lovanii, etc., 1528 (1). *Martens* n'a pas toujours imprimé avec les mêmes caractères ; dans ses premières éditions, il s'est servi des sémi-gothiques de Jean de Westphalie ; en 1476, il employait des gothiques-allemands et grossiers ; en 1487, il faisait usage des caractères de Gerard de Leeu ; et, dans le 16e siècle, il a employé les types ronds. *Martens* est mort le 28 mai 1534. Il avait pour devise : *In vino veritas*, et pour enseigne une double ancre, symbole

(1) C'est dans cette année que *Martens*, après avoir exercé son art pendant soixante ans, particulièrement à Louvain, se retira à Alost, sa patrie, dans le monastère des guillelmites, auquel il légua son bien et sa bibliothèque.

de l'espérance. Erasme y fait allusion dans l'épitaphe suivante qu'il a faite à son ami.

Hic Theodoricus jaceo, prognatus Alosto :
Ars erat impressis scripta referre typis.
Fratribus, uxori, soboli, notisque superstes,
Octavam vegetus præterii decadem.
Anchora sacra manet, gratæ notissima pubi :
Christe! precor nunc sis anchora sacra mihi.

Les belges et les bataves croient que *Martens* est le premier qui, vers 1472, apporta l'art typographique de l'Italie, de l'Allemagne et de la France, dans la Belgique : Maittaire, Meerman et Ghesquière sont de cet avis ; mais le citoyen Lambinet, dans une savante discussion, combat cette opinion (*voyez Recherches sur l'origine de l'Imprimerie*, pag. 281 à 330).

MARTIN (Edme). Imprimeur du 17e siècle. Il se forma dans l'art typographique à l'école des Morels, et puisa dans leur imprimerie ce bon goût et cette habileté qui assurèrent sa réputation. Les principaux ouvrages sortis de ses presses sont : les *Psaumes de David* en vers, par Marillac, 1625 ; l'*Histoire de la maison de Montmorency*, in-fol. ; *Sirmundi concilia Galliæ*, in-fol. ; *Petavius de doctrinâ temporum*, in-fol. ; l'*Histoire et généalogie de France, par Marthe*, 2 vol. in-fol. ; *Sancti Joannis Climaci opera*, in-fol. ; *Spondani annales sacri*, 1626, in-fol. ; *Epitome annalium Baronii*, 1628, 2 vol. in-fol. ; *Continuatio annalium Baronii*, 1640, 2 vol. in-fol. Ces dernières éditions sont les meilleures. *Martin* imprima ces ouvrages pour Sébastien Cramoisy et pour Denis de la Noue. Il fut directeur de l'imprimerie royale, à la recommandation de Sébastien Cramoisy.

MARTIN (Edme). Fils du précédent et imprimeur comme lui. Il avait succédé à son père dans la place de directeur de l'imprimerie royale. Il se démit de cette place pour se livrer entièrement à l'impression des grands ouvrages qui l'ont illustré, et qui ont enrichi le magasin de Sébastien Cramoisy et d'autres célèbres libraires. Il possédait le grec, le latin et très-bien sa langue maternelle, au point que, par ses savantes corrections, il mettait la dernière main aux ouvrages qu'on lui donnait à imprimer. Les principaux livres qu'il a imprimés sont : *Hadriani Valesii de rebus francicis*, in-fol.; *Andreæ du Saussay panoplia episcopalis, sacerdotalis ac clericalis*, 3 vol. in-fol.; les *OEuvres de Lamothe-le-Vayer*, 2 vol. in-fol.; les *Quatre Livres de l'architecture d'André Palladio, traduits par Dechambray*, in-fol.; *Parallèle de l'architecture antique avec la moderne, par Dechambray*, in-fol.; l'*Histoire de saint Louis, par Sire de Joinville, avec les notes de Ducange*, in-fol.; l'*Afrique de Marmol, de la traduction d'Ablancourt*, 4 vol. in-4; *Traité de la majorité de nos rois et des régences du royaume, avec les preuves, ensemble des prééminences du parlement de Paris, par Dupuis*, in-4; *Philippi Brietii paralella utriusque geographiæ*, 3 vol. in-4, etc. *Martin* était un des plus laborieux imprimeurs que l'on connaisse. Il est mort âgé de 70 ans.

MARTIN (Gabriel). Ce libraire de Paris était vraiment bibliographe. Il connaissait parfaitement l'art de classer une bibliothèque et de disposer un catalogue. Il avait formé la plupart des plus célèbres bibliothèques particulières de l'Europe. On conserve précieusement ses catalogues, qu'on peut mettre au rang des bons ouvrages de bibliographie, et qu'on peut souvent consulter avec avantage. On distingue surtout les *Catalogues des bibliothèques de Colbert*, de *Bulteau*, de *Boissier*, de *Dufay*, de *Hoym*, de *Rothelin*, de *Brochart*, de la *comtesse de Verue*, de *Bellanger*, de *Boze*, etc., etc. Gabriel *Martin* était très-instruit, et avait, outre une grande netteté d'esprit et une sagacité singulière, des mœurs douces et pures, et beaucoup de probité. Il est mort en février 1761.

Le bénédictin Jacques *Martin*, mort en 1751, connu par plusieurs ouvrages très-érudits (1), a donné des *Éclaircissemens littéraires sur un projet de bibliothèque alphabétique.* On prétend que l'érudition et les mauvaises plaisanteries sont prodiguées dans cet écrit.

MASSORE ou MASSORAH. C'est un mot chaldéen qui dérive de la racine hébraïque *mesar*, *tradidit.* Ainsi *masora* veut dire *tradition.* La *massore* est un travail fait par quelques savans rabbins, sur la Bible, pour en empêcher l'altération, et pour servir de *haie à la loi*, suivant leurs expressions. Selon Buxtorf, la *massore* est une critique du texte hébreu que les juifs ont inventée, par le moyen de laquelle on a compté les versets, les mots et les lettres du texte, et l'on en a marqué toutes les diversités; car autrefois la Bible était, comme tous les anciens ouvrages, dont on voit encore plusieurs manuscrits grecs et latins, écrite sans aucune division de chapitres, de versets, ni même de mots. On croit que ce sont les juifs d'une école fameuse qu'ils avaient à Tibériade, qui ont fait ou du moins commencé cette *massore*, comme dit Elias Levita. Aben Esra croit que les masorèthes, c'est-à-dire, les auteurs de la *massore*, ont

---

(1) Tels que *Traité de la religion des anciens gaulois.* Paris, 1727, 2 vol. in-4; *Histoire des Gaules et des conquêtes des gaulois depuis leur origine jusqu'à la fondation de la monarchie française*, 1754, 2 vol. in-4. Cet ouvrage a été publié et continué par D. Debrézillac, neveu de l'auteur. *Explication de divers monumens singuliers qui ont rapport à la religion des plus anciens peuples, avec l'examen de la dernière édition des ouvrages de saint Jérôme, et un Traité sur l'astrologie judiciaire.* Paris, 1739, 1 vol. in-4, fig., etc.

inventé les points et les accens qui sont dans le texte hébreu, qu'on a aujourd'hui, et qui y servent de voyelles. Il y a une grande et une petite *massore* imprimées à Venise et à Bâle avec le texte hébreu en différens caractères. On peut consulter sur la *massore*, le père Morin, Richard Simon et Buxtorf dans le commentaire massorétique qu'il a intitulé *Tiberias*.

MAUFER (Pierre), Cet imprimeur, né en France, s'établit en Italie, d'abord dans la ville de Padoue, vers l'an 1474; de là il se rendit à Véronne en 1479 : il y séjourna peu. Il passa à Venise en 1483, et s'y associa avec Nicolas Cotingo. Ses éditions sont estimées.

MÉDAILLES. Cet article, quand même on se bornerait aux simples élémens de la science des *médailles*, serait d'une telle étendue, que nous ne pourrions le faire entrer dans ce dictionnaire, sans en augmenter considérablement le volume; nous nous contenterons donc de quelques détails sur cette science et de renvoyer aux sources, c'est-à-dire, aux meilleurs ouvrages consacrés à l'art numismatique.

On appelle *médaille* toute pièce d'or, d'argent ou de bronze à deux faces, qui porte une empreinte destinée à conserver la mémoire d'un grand homme, d'un souverain ou d'un événement remarquable. Nous présenterons trois grandes divisions des *médailles*. 1.° Division, quant à la matière, en *médailles* d'or, d'argent, de billon, de bronze, de cuivre, d'étain, de fer, de plomb et de potin (1); 2.° division, quant à la forme, en grand bronze, moyen bronze et

(1) Nous ne parlerons point ici de la monnaie de cuir qui était en usage chez les romains avant le règne de Numa, et que l'histoire nomme *Asses scortei*. Si l'on en découvrait une seule pièce, on la mettrait sans doute au-dessus des plus belles *médailles* d'or. On se servait aussi pour monnaie, de carton, de terre cuite, de bois, de coquilles, d'amandes, etc.

petit bronze ; 3.° division, quant aux temps, en anciennes et en modernes.

Avant de donner quelques détails sur ces trois divisions, effleurons les termes d'usage dans l'art numismatique. Buste signifie un portrait à demi-corps, qui ne présente que la tête, le cou, les épaules, une partie de la poitrine et quelquefois les deux bras. Champ : c'est le fond de la pièce qui est vide et sur lequel on n'a rien gravé. Voici l'explication de quelques lettres initiales qui se trouvent dans le champ des *médailles* du Bas-empire.

B. T. *Beata tranquillitas.*
C. R. *Claritas Reipublicæ.*
C. S. *Claritas Sæculi.*
F. B. *Felicitas Beata.*
F. T. *Felicitas Temporum.*
P. A. *Pietas Augusta.*
S. A. *Securitas Augusti.*
S. P. *Securitas Publica* ou *Populi.*
T. F. *Temporum Felicitas.*
V. I. *Vota Imperii.*
V. P. *Vota Publica* ou *Populi.*

Ajoutons à ces abréviations celles de quelques contre-marques, comme :

S. C. *Senatus-Consulto.*
D. D. *Decreto Decurionum.*

N.C.A.P.R. { *Nobis concessum à Popul. Rom.* selon Goltzius, ou *Nummus cusus autoritate Pop. Rom.*, etc.

Pourrait-on assurer que ces explications sont toujours les véritables ? Coin : c'est la même chose que la matrice ou le carré d'une *médaille*. Corps : on regarde toutes les figures comme le *corps* de la *médaille*. Exergue : c'est un mot, une date, des lettres, des chiffres marqués dans les *médailles* au-dessous des têtes qui y sont représentées, soit sur le revers, ce qui est le plus ordinaire, soit sur la tête. INSCRIPTION : ce sont les paroles qui tiennent lieu de revers et qui chargent le champ de la *médaille* au lieu de figures. LÉGENDE : ce sont les lettres qui sont autour de la *médaille*, et qui servent à expliquer les figures gravées dans le champ. MODULE : c'est une grandeur déterminée des *médailles* d'après laquelle on compose les différentes suites. MONOGRAMMES : ce sont des lettres entrelacées qui dénotent, ou le prix de la monnaie, ou une époque, ou un nom de ville, etc. NIMBE : c'est un cercle rayonnant qu'on remarque principalement sur les *médailles* du Bas-empire. ORDRE : c'est ainsi qu'on appelle une classe générale sous laquelle on distribue les suites : on forme ordinairement cinq ordres de *médailles*, l'un desquels contient la suite des rois ; un second, la suite des villes ; un troisième, la suite des consulaires ; un quatrième, la suite des impériales, et sous un cinquième, on range toutes les divinités, les héros, les hommes célèbres de l'antiquité. L'ordre dans les suites du moderne est absolument arbitraire. PANTHÉES : ce sont des têtes ornées de symboles de plusieurs divinités. PARAZONIUM : sorte de poignard, de courte épée, de bâton, de sceptre, tantôt attaché à la ceinture, tantôt appuyé par un bout sur le genou, et tantôt placé d'une autre manière. QUINAIRE : c'est une *médaille* du plus petit volume en tout métal. RELIEF : c'est la saillie des figures et des types. REVERS : c'est le côté de la *médaille* opposé à la tête. SUITE : c'est l'arrangement que l'on donne aux *médailles* dans un cabinet, soit d'après leur différente grandeur, soit d'après les têtes ou les revers. SYMBOLE ou TYPE : terme générique qui désigne l'empreinte de tout ce qui est marqué dans le champ des *médailles*. TÊTE : côté de la *médaille* opposé au revers (1).

(1) Chez les romains, Jules-César est le premier dont on ait osé mettre la tête sur la monnaie, de son vivant.

VOLUME : on entend par ce mot l'épaisseur, l'étendue, le relief d'une *médaille* et la grosseur de la tête.

On nomme *médailles* CONTREFAITES, celles qui sont fausses et imitées. *Médailles* DENTELÉES ou CRENELÉES, celles en argent dont les bords ont une dentelure : elles sont communes parmi les *médailles consulaires*, jusqu'au temps d'Auguste, depuis lequel il n'y en a peut-être aucune. *Médailles* ÉCLATÉES ou FENDUES : ce sont celles dont les bords sont éclatés ou fendus par la force du coin. *Médailles* FAUSSES : ce sont celles qui, faites à plaisir, n'ont jamais existé chez les anciens. *Médailles* FOURRÉES : ce sont celles de bas aloi avec un faux revers, celles de l'antiquité qui sont couvertes d'une petite feuille d'argent sur le cuivre ou sur le fer, battues ensemble avec tant d'adresse, qu'on ne les reconnaît qu'à la coupure. *Médailles* NON FRAPPÉES : ce sont des pièces de métal d'un certain poids, qui servaient à faire des échanges contre des marchandises et des denrées avant qu'on eût trouvé l'art d'y imprimer des figures ou des caractères par le moyen des coins ou du marteau. Sperlingius a fait une dissertation sur ces sortes de *médailles*. *Médailles* FRUSTES : ce sont celles qui sont défectueuses dans la forme, et qui pèchent, soit en ce que le métal est rogné, le grenetis effleuré, la légende effacée, les figures biffées ou la tête méconnaissable, etc. *Médailles* INANIMÉES, celles qui sont sans légende, parce que la légende est l'ame de la *médaille*. *Médailles* INCERTAINES, celles dont on ne peut déterminer ni le temps, ni l'occasion pour laquelle on les a fait frapper. *Médailles* INCUSES, celles qui ne sont marquées que d'un côté ; ce défaut, qui provient de l'oubli ou de la précipitation du monnoyeur, est commun dans les monnaies modernes depuis Othon jusqu'à Henri l'Oiseleur : on en trouve aussi dans les consulaires et dans les impériales de bronze et d'argent. *Médailles* MARTELÉES : ce sont celles dont on a fait une *médaille* rare, d'une commune, en se servant du marteau.

Médailles MOULÉES : ce sont des *médailles* antiques qui n'ont point été frappées, mais qui ont été jettées en sable dans des moules, et ensuite réparées. On a découvert à Lyon, au commencement du 18e siècle, des moules de *médailles* antiques. *Médailles* RÉPARÉES : ce sont des *médailles* antiques qui étaient frustes endommagées, et qu'on a rendues, par artifice, entières, nettes et lisibles. *Médailles* SAUCÉES : ce sont celles qui sont battues sur le seul cuivre, et ensuite couvertes d'une feuille d'étain. Depuis Claude-le-Gothique jusqu'à Dioclétien, il n'y a plus d'argent dans les *médailles*, ou, s'il s'en trouve quelques-unes, elles sont si rares que l'exception confirme la règle. On a frappé sur le cuivre seul, mais après l'avoir couvert d'une feuille d'étain; c'est ce qui donne cet œil blanc aux *médailles* qu'on appelle *saucées*. *Médailles* SANS TÊTE : ce sont celles qui n'ont que les légendes et point de tête. *Médailles* CONTORNIATES : ce sont celles en bronze qui ont une certaine enfonçure tout autour, qui laisse un rond des deux côtés, et avec des figures qui n'ont presque point de relief, en comparaison des vraies *médailles*. *Médailles* CONTREMARQUÉES : ce sont des *médailles* grecques ou latines, sur lesquelles se trouvent empreintes, par autorité publique, différentes figures, types, symboles, lettres, après qu'elles ont eu cours dans le commerce. *Médailles* RARES : ce sont celles qui ne se trouvent que dans les cabinets de quelques curieux : par exemple, l'*Othon* est rare dans toutes les suites de bronze, surtout celui de grand bronze qui n'aurait pas de prix : il est commun dans les suites d'argent. *Médailles* RESTITUÉES : ce sont les *médailles*, soit consulaires, soit impériales, sur lesquelles, outre le type et la légende qu'elles ont eues dans la première fabrication, on voit de plus le nom de l'empereur qui les a fait frapper une seconde fois, suivi du mot *restituit* quelquefois abrégé. *Médailles* UNIQUES : ce sont celles que les antiquaires n'ont jamais vues dans les cabinets de renom, et dont on présume qu'il n'existe qu'une seule de cette forme et de ce métal. Ainsi l'Othon de véritable grand bronze, que Vaillant a vu en Italie, est unique; le médaillon grec de *Piscennius* en argent, que Vaillant découvrit en Angleterre, et qui est au cabinet des *médailles* de la république, est unique; l'*Annia fausta* d'argent est unique; l'Agrippa-César, qui passait pour tel, ne l'est pas. *Médailles* VOTIVES : ce sont celles où l'on inscrivait des vœux publics que l'on faisait pour la santé des empereurs, de cinq ans en cinq ans, de dix ans en dix ans, et quelquefois de vingt ans en vingt ans : ces *médailles* portent le mot de *vota quinquennalia*, *decennalia*, *vicennalia*. *Médailles* SUR LES ALLOCUTIONS : ce sont certaines *médailles* de plusieurs empereurs romains, sur lesquelles il sont représentés haranguant des troupes; et la légende des ces sortes de *médailles* est *adlocutio*. *Médailles* DE CONSÉCRATION : ce sont celles frappées en l'honneur des empereurs, après leur mort, lorsqu'on les plaçait au rang des Dieux. *Médailles* CISTOPHORES : ce sont celles qu'on frappait, par autorité publique, au sujet des orgies ou fêtes de Bacchus. *Médailles* BRACTÉATES : ce sont des pièces ou plutôt de simples feuilles de métal, chargées d'une empreinte grossière. La Suède a donné naissance aux monumens de cette espèce, sur la fin du 8e siècle.

Revenons aux trois divisions annoncées au commencement de cet article.

1.° DIVISION QUANT A LA MATIÈRE dont sont composées les *médailles*.

Médailles d'or. Dans le grand nombre des *médailles* d'or grecques et romaines, il y en a qui sont, soit or fin, toujours plus pur ou d'un plus bel œil que le nôtre, soit or mêlé plus pâle, d'un aloi plus bas, et ayant environ sur quatre parts un cinquième d'alliage, soit enfin or notablement altéré, tel qu'on le voit dans certaines gothiques. L'or des anciennes *médailles* grecques est extrêmement pur; on peut en juger par celles de Philippe de Macédoine et d'Alexandre-le-Grand, qui vont à 23 karats 16 grains. Les romains ne commencèrent à se servir de monnaie d'or que l'an 547 de Rome. L'or de leurs *médailles* impériales est de même aloi que celui des grecs.

Médailles d'argent. L'usage des *médailles* d'argent commença chez les romains, l'an 485 de Rome; mais l'argent le plus fin de leurs *médailles*, est d'un sixième plus bas que nos monnaies de France; tandis que leur or est plus pur que le nôtre. Les *médailles* d'argent sont beaucoup plus communes que celles d'or. L'argent des *médailles* a été singulièrement altéré par certains empereurs.

Médailles de billon. C'est ainsi que l'on nomme toute *médaille* d'or ou d'argent mêlée de beaucoup d'alliage; car *billon*, en matière de monnaie, signifie toutes sortes de matières d'or ou d'argent alliées, c'est-à-dire, mêlées au-dessous d'un certain degré, et principalement de celui qui est fixé pour la fabrication des monnaies Depuis le règne de Gallien et de ses successeurs, on ne trouve presque que des *médailles* de pur billon, dont les unes sont battues sur le seul cuivre, et couvertes d'une feuille d'étain (*saucées*), et les autres n'ont qu'une feuille d'argent battue fort adroitement sur le cuivre (*fourrées*).

Médailles de bronze. On donne le nom de bronze (1) à toute *médaille* de cuivre que les médaillistes ont cru ennoblir en leur donnant le nom de bronze; cependant il existe des *médailles* de vrai bronze. Nous dirons plus bas que l'on compte trois espèces de bronzes.

---

(1) Le bronze est composé de deux tiers de cuivre rouge et d'un tiers de jaune, pour qu'il soit plus doux et plus facile à travailler; et pour le rendre moins soufflant et plus solide, on met un peu plus d'un tiers de cuivre jaune auquel on joint un peu d'étain fin, quand il s'agit de jetter en fonte de grands ouvrages.

Médailles de cuivre. On distingue dans les bronzes, les *médailles* de cuivre rouge et celles de cuivre jaune, qui sont différentes des vrais bronzes dont l'œil est incomparablement plus beau. Il y a aussi des *médailles* de deux cuivres qui ne sont point alliés, mais dont seulement l'un enchâsse l'autre.

Médailles d'étain. On sait qu'il a existé des monnaies d'étain ainsi que des *médailles*, qui, sans doute, n'étaient qu'un composé de plomb noir et de plomb blanc; mais il ne nous en est point parvenu.

Médailles de fer. On ne connaît point de vraies *médailles* de fer, quoique César dise que certains peuples de la Grande-Bretagne se servaient de monnaie de fer : on n'a dans ce genre que des *médailles* fourrées.

Médailles de plomb. On a long-temps douté de l'existence des *médailles* antiques en plomb; mais il s'en trouve maintenant en grand nombre dans plusieurs cabinets; il ne faut cependant pas confondre les *médailles* antiques en plomb, avec les modernes : celles-ci ne sont d'aucune valeur, et les antiques sont très-précieuses, le plomb en est plus blanc et plus dur que le nôtre.

Médailles de potin. Ce sont des *médailles* d'argent bas et allié; elles sont ordinairement composées de cuivre jaune et d'un mélange de plomb, d'étain et de calamita, avec peu d'argent.

2.° DIVISION QUANT A LA FORME (1). On distribue les *médailles* en médaillons, médailles et quinaires, pour l'or et pour l'argent; et pour le cuivre, en grand, moyen et petit bronze. Les médaillons sont des *médailles* d'une grandeur

(1) Nous ne parlons ici que de la forme circulaire; cependant il existe des monnaies et des médailles qui sont en quarré parfait, d'autres en quarré long, d'autres en losanges; ce sont ordinairement les obsidionales, c'est-à-dire, les monnaies frappées dans une ville assiégée, et qui avaient cours pendant le siège : on en voit aussi en ovale.

extraordinaire. Le module des monnaies ou des *médailles* antiques d'or et d'argent, est ordinairement assez semblable à celui du petit bronze. Les *médailles* plus petites et moins épaisses se nomment *quinaires*, comme nous l'avons déjà dit. La grandeur de toutes les *médailles* antiques n'est ordinairement que depuis trois pouces de diamètre jusqu'à un quart de pouce, soit en or, soit en argent, soit en cuivre. Il est impossible d'avoir des suites complettes dans aucun de ces métaux, pas même dans le bronze, quoiqu'il soit si nombreux, qu'on a été obligé de le diviser en trois classes. On juge du rang de chaque bronze par son volume, qui comprend en même temps l'étendue et l'épaisseur de la *médaille*, la grosseur et le relief de la tête ; ainsi telle *médaille* aura l'épaisseur du grand bronze, et cependant sera classée dans le moyen, si elle n'a qu'une tête du moyen ; et telle autre, qui aura peu d'épaisseur, sera classée dans le grand bronze, à cause de la grosseur de la tête ; au reste, tout cela dépend beaucoup de l'arbitraire des curieux. Mais n'aurait-on pas pu établir des règles fixes pour séparer les classes d'une manière plus uniforme et plus conséquente, en disant, telle *médaille* de tel diamètre est réputée médaillon ; telle autre de tel diamètre, de telle épaisseur, et ayant la tête de telle hauteur et tel relief, sera réputée grand bronze ; telle autre d'une dimension inférieure, sera bronze moyen ; telle autre encore plus petite, sera petit bronze ; et enfin celles qui sont au-dessous des proportions du petit bronze, seront les quinaires ? Cette division pourrait avoir lieu pour tous les métaux ; les bractéates y seraient aussi compris ; alors les médailliers auraient un coup d'œil plus agréable qui dédommagerait peut-être de quelques petites interruptions que cela pourrait occasionner dans les suites.

3° Division quant aux temps. On distingue les *médailles* en anciennes et en modernes.

Médailles anciennes. Les antiquaires ne sont pas

d'accord sur l'époque à laquelle on doit faire descendre les *médailles* anciennes ; les uns s'arrêtent au règne de Posthume ou de Constantin ; et les autres, du nombre desquels est Mangeart, font descendre l'âge de l'antique jusqu'à la ruine de l'empire de Constantinople (en 1453) par les turcs, sous Mahomet II, qui défit Constantin Paléologue, le dernier empereur romain-grec ; en conséquence, on doit regarder comme *médailles* modernes, toutes celles qui ont été frappées après cet événement. Nous allons parler des *médailles* anciennes les plus faites pour piquer la curiosité, soit par leur ancienneté, soit par les suites qu'elles peuvent fournir.

Médailles égyptiennes. Ou elles ont été frappées en l'honneur des rois d'Egypte, et alors elles sont très-précieuses pour l'histoire de ces rois, comme l'a prouvé Vaillant ; ou elles l'ont été en l'honneur des empereurs romains, et elles servent à l'éclaircissement de l'histoire des empereurs.

Médailles grecques. Les grecs commencèrent à battre monnaie ou à frapper des *médailles* long-temps avant la fondation de Rome ; mais il ne reste aucune monnaie de ces temps-là. C'est à Phédon que l'on doit l'invention des poids, des mesures et des monnaies frappées dans la Grèce. Les marbres d'Arundel fixent l'époque de ce prince à l'an 142 avant la fondation de Rome. Beger a fait graver, dans son *Trésor de Brandebourg*, une *médaille* d'argent qu'il croit être du temps de Phédon. On croit généralement qu'une des plus anciennes monnaies grecques qui nous reste, est une petite *médaille* d'or de Cyrène, publiée par Hardouin. Les grecs se perfectionnèrent promptement dans l'art de battre monnaie ; on en peut juger par les *médailles* de Gilon, d'Agatocles, de Philippe, d'Alexandre, de Lysimachus, de Cassandre, etc. La France est riche en *médailles* grecques ; celles des seuls rois de Syrie, d'Egypte et de Macédoine, forment de belles et nombreuses suites. La quantité des *médailles* grecques est si considérable, qu'il faudrait la séparer des *médailles* latines, et donner à chacune leur propre suite, au lieu de joindre aux latines les grecques de même volume : en leur donnant des tablettes séparées, on les démêlerait commodément, sans avoir souvent inutilement un grand nombre de planches à tirer. Il est vraisemblable que l'usage de frapper les *médailles* grecques avec la tête des empereurs, cessa sous Dioclétien et Maximilien.

Médailles consulaires. On n'entend point par ce mot, des *médailles* frappées par ordre des consuls dans le temps où ils gouvernaient Rome. Il est certain que l'on n'a frappé de la monnaie d'argent, et par conséquent des *médailles* à Rome, que sur la fin du 5e siècle de sa fondation. Les premières *médailles* n'offrent guère que la double tête de Janus, avec une proue de vaisseau, un bige ou un quadrige au revers, et plus souvent encore des figures de Castor et Pollux. Ce ne fut que vers le temps de Marius, de Sylla, de Jules-César, et surtout du triumvirat, que les monnétaires romains, prenant un peu plus d'essor, commencèrent à rappeler sur les monnaies les actions mémorables de leurs ancêtres, qui pouvaient donner un nouveau lustre à leur famille, victoires, conquêtes, triomphes, sacerdoces, jeux publics, consulats, dictatures, etc. Ces sortes de *médailles*, qui ont presque toutes été gravées dans le même siècle, portent encore le nom de *familles romaines.*

Médailles impériales. Ce sont celles qui représentent les têtes des empereurs romains régnant, ainsi que celles de quelques impératrices (1). On divise ordinairement les *médailles* impériales en deux classes, celle du Haut-Empire

(1) Les *médailles impériales* en or vont à 3,000; celles en argent à 6,000; et les bronzes de différentes grandeurs vont à plus de 30,000. On présume que le nombre des *médailles* antiques excède 50,000. Le célèbre Morel se proposait de faire graver toutes les *médailles* connues; mais il ne les portait alors qu'à 25,000, et il terminait la suite des impériales à Héraclius.

et celles du Bas-Empire. Les curieux estiment davantage les *médailles* du Haut-Empire, parce qu'elles sont infiniment mieux frappées que les autres (1) ; mais il est cependant bon de connaître les *médailles* de l'un et de l'autre empire. On peut former des suites des *médailles* imperiales de quatre façons différentes : 1.° En ne faisant entrer dans une suite que les *médailles* qu'on appelle communément du Haut-Empire ; c'est-à-dire, depuis Jules-César jusqu'à Posthume, suivant le plan de Vaillant dans ses *Numismata prestantiora* ; 2.° cette suite peut être continuée jusqu'à Constantin ; 3.° on peut même, si l'on veut, aller jusqu'à la chûte de l'empire d'occident, y faire entrer toutes les *médailles* jusqu'à Augustule ; 4.° et, dans le cas où l'on voudrait rassembler tous les empereurs sans exception, supposé qu'on pût y réussir, il faudrait conduire cette suite jusqu'à Constantin Paléologue, dernier empereur d'orient.

Médailles étrusques. Il n'y a pas très-long-temps que l'on s'occupe à recueillir les *médailles* étrusques ; elles peuvent jeter un grand jour sur cette partie si obscure de l'histoire ancienne ; mais on désespère d'en pouvoir jamais faire une suite. On pourrait ranger dans la classe des *médailles* étrusques celles qu'on croit avoir été frappées par les samnites, les ombres, les messapiens, etc.

Médailles gothiques. Ces *médailles*, frappées par quelques rois goths, sont communément en bronze ; mais, en général, on appelle *médailles gothiques* celles qui, ayant été frappées

---

(1) Il est vrai que les *médailles* impériales frappées après le règne de Caracalla et après celui de Macrin, son successeur, qui ne lui survécut que deux ans, sont très-inférieures à celles qui furent frappées sous les trente premiers empereurs. Après Gordien-Pie, elles dégénérèrent encore plus sensiblement ; et sous Gallien, qui régnait 50 ans après Caracalla, elles n'étaient qu'une très-laide monnaie.

dans des siècles barbares, sont si mal faites, qu'à peine on peut distinguer les figures.

Nous ne nous étendrons pas davantage sur les *médailles* antiques ; nous aurions pu encore parler des hébraïques (1), des phéniciennes ou puniques (2), des samaritaines ; et ensuite de celles des villes, telles qu'Athènes, Lacédémone, Crotone, Olba, etc. ; mais ces détails nous auraient conduits beaucoup trop loin.

Médailles modernes. On appelle ainsi les *médailles* qui ont été frappées depuis environ trois cent cinquante ans, c'est-à dire, depuis la destruction de l'empire d'orient. Les *médailles* frappées pendant la vie de Charlemagne, et pendant cinq cents après lui, sont si laides qu'on ne les place point dans les modernes, et que les médaillistes les regardent comme un laid entre-deux qui sépare l'antique du moderne. C'est au commencement du 15e siècle que l'on vit reparaître de belles *médailles*, par le talent d'un Pisano, d'un Bolduci et d'autres artistes. Le Pisano fit en 1448 la *médaille* en plomb d'Alphonse, roi d'Arragon ; en 1438, il avait donné celle de Jean Paléologue, avant-dernier empereur d'orient. Ensuite on frappa des *médailles* en or, telles que celles du concile de Florence et d'un consistoire public de Paul II, qui sont les premières ébauches des *médailles* modernes perfectionnées dans le siècle suivant, et ensuite recherchées, pour la gravure, par quelques curieux. Parmi les *médailles* modernes, on peut se former

---

(1) *Voyez*, sur les *médailles* hébraïques, la *Dissertation* du père Souciet, et le père Hardouin dans sa *Chronologie de l'ancien Testament*, et dans les *Notes* de la seconde édition de Pline.

(2) Les *médailles* phéniciennes sont celles dont les légendes sont en caractères phéniciens ou puniques; quoiqu'elles aient été trouvées en Espagne, elles diffèrent des anciennes *médailles* espagnoles, par les caractères et par le type.

des suites de papes, d'empereurs, de rois, de villes et de particuliers, par le moyen des monnaies et des jetons (1). La suite complette des papes peut se faire depuis Martin V jusqu'à présent. Celle des empereurs d'occident, ne peut se faire qu'en y ajoutant les monnaies ; car la suite qu'Octavius Strada a exécutée depuis Jules-César jusqu'à l'empereur Mathias, n'a eu lieu qu'avec des *médailles* presque toutes fausses, inventées pour remplir ces vides, ou copiées sur celles que Maximilien II fit battre pour relever la grandeur de la maison d'Autriche. Quant à la suite des rois de France, on n'a que des monnaies pour les deux premières races ; car il n'y a aucune *médaille* avec l'effigie du prince avant Charles VII. Toutes celles qu'on a frappées dans la France métallique jusqu'à Charlemagne sont imaginaires ; et la plupart des postérieures sont de l'invention de Jacques Debie et de Duval, son associé. Les *médailles* d'Espagne, de Portugal et des couronnes du nord ne sont que du dernier siècle. En Italie, les plus anciennes, celles de Sicile, de Milan et de Florence ne forment aucune suite et ne se trouvent que moulées ; telles sont celles de René et d'Alphonse, rois de Sicile ; de François de Sforce, duc de Milan, et du grand Côme de Médicis. La Hollande a une grande quantité de *médailles* qui forment une histoire intéressante. Cette histoire commence à la fameuse *médaille* de 1566, sur laquelle les confédérés des Pays-Bas, qui secouèrent le joug de l'Espagne, firent graver une besace, à cause du sobriquet de gueux qu'on leur donna par mépris, et qu'ils affectèrent de conserver. Il y a peu d'ouvrages sur les *médailles* modernes. On ne connaît guère que ceux de Claude Dumoulinet et de Bonanni pour les papes, de Luckius et de Try-

(1) Les jetons sont des espèces de *médailles* que les villes ou les corps font battre avec leur devise pour faire des présens.

potius pour la France, de l'abbé Bizot et de Van-Loon pour la Hollande : nous en donnerons les titres plus bas.

LIVRES A CONSULTER SUR LES MÉDAILLES. Celui qui veut faire des progrès dans l'art numismatique, doit connaître les langues savantes, l'histoire grecque et romaine, la géographie ancienne et moderne, la chronologie et la mythologie. Il trouvera dans les Tables chronologiques du père Petau, connues sous le titre de *Dionisii Petavii rationarium temporum ;* dans les Parallèles géographiques du père Briet, ayant pour titre : *Philippi Brietii Parallela geographiæ veteris et novæ*, auxquelles on joindra, l'ouvrage n'étant pas complet, la Géographie ancienne de Cellarius : *Christophori Cellarii notitia orbis antiqui, ab ortu rerum plublicorum ad constantinorum tempora : cum Tabulis geographicis. Leipsicæ*, 1733. 2 vol. in-4. Avec les Observations de Schuwartz ; c'est la meilleure édition ; et dans la Mythologie de l'abbé Banier, etc. ; il trouvera, dis-je, dans ces ouvrages, les connaissances préliminaires et indispensables pour l'étude des *médailles :* il faut qu'il y joigne aussi la la lecture des bons historiens, tels qu'Hérodote, Dion, Denis d'Halycarnasse, Tite-Live, Tacite, César, Velleius-Paterculus, etc. A mesure, qu'il fera des progrès dans l'art numismatique, il faudra qu'il consulte Suidas, Pausanias, Philostrate; et, parmi les modernes, Rhodiginus, Giraldus, Rosinus et autres, qui lui fourniront des lumières pour l'explication des types et des symboles. Quant aux ouvrages qui regardent spécialement les *médailles*, nous lui conseillerons la lecture des suivans :

Nummi populorum, et urbium illustrati, qui se trouvent augmentés et corrigés dans *Joan. Harduini opera selecta.* Amstel., 1709, in-fol.

Ezechielis Spanhemii, etc., Dissertationes de præstantiâ et usu numismatum antiquorum, editio nova. Lond. 1706, in-fol. I.er vol.

Volumen alterum, opus posthumum ex autoris autographo editum, ac numismatum iconibus illustratum, ab Isaaco Verburgio. Amst. 1717, in-fol. La première édition est de Rome, 1664, in-4; et la seconde d'Amsterdam, 1671, également in-4.

Huberti Goltzii Sicilia et magna Græcia, sive Historiæ urbium et populorum Siciliæ et magnæ Grecæ ex antiquis numismatibus restitutæ liber primus. Bruges, 1576, in-fol.

La seconde édition, enrichie des remarques d'André Schott, et donnée par les soins de Jacques Debie, a été imprimée à Anvers en 1618.

L'autre livre de Goltzius sur les *médailles* des villes grecques, a paru long-temps après sa mort, avec les commentaires de Louis Nugnez, espagnol, sous ce titre : *Ludovici Nonnii commentarius in Huberti Goltzii græciam, insulas et Asiam minorem.* Antv. 1620, in-fol.

Numismata imperatorum, Augustarum, et Cæsarum à populis romanæ ditionis græcè loquentibus, ex omni modulo percussa, etc. (par Vaillant) *editio altera* (la première est de Paris, 1698) *ab ipso autôre recognita septingentis nummis aucta*, etc. Amstel. 1700, in-fol. (1).

Numismata musei Teupoli, etc. Venet., 1736, 2 vol. in-4. Cet ouvrage contient 700 *médailles* de plus que celui de Vaillant.

Erasmi Frœlich So. Je. quatuor tentamina in re monetariâ vetere.... editio altera. Vienne, 1737, in-4.

On peut consulter sur les *médailles* des familles romaines :

L'ouvrage de Fulvio Ursini, intitulé : *Familiæ romanæ quæ reperiuntur in antiquis numismatibus, ab urbe conditâ*,

(1) Vaillant s'est acquis une telle réputation dans l'art numismatique, que l'on disait de lui qu'il lisait aussi facilement les légendes les plus difficiles, qu'un Manceau lisait un exploit.

ad tempora divi Augusti. Rom. 1577, in-fol. Le même ouvrage revu et augmenté par Charles Patin, etc. Paris, 1663, in-fol.

Nummi antiqui familiarum romanarum perpetuis interpretationibus illustrati, per Joan. Vaillant, etc. Amst. 1703, 2 vol. in-fol.

Thesaurus Morellianus, sive familiarum romanarum numismata omnia, juxta ordinem Ful. Ursini et Carol. Patini disposita à cel. antiquario aud. Morellio. Accedunt nummi miscellanei urbis Romæ, Hispanici et Goltziani; nunc primum edidit et commentariis perpetuò illustravit Sigeb. Havercampus. Amst. 1734, 2 vol. in-fol.

Pour les impériales :

Imperatorum romanorum numismata, à Pompeio-Magno ad Heraclium, ab Adolpho Occone olim conjesta. Studio Francisci Mediobarbi. Mediol. 1683, in-fol. Argelati a donné, en 1730, une seconde édition de cet ouvrage d'Occo, avec quelques additions et corrections. Il faut ajouter à l'Occo et au Mezzabarba :

Numismata imperatorum, à Trajano decio, ad Palæologos Augustos, studio D. Anselmi Banduri, etc. Paris, 1718, 2 vol. in-fol.

Imperatorum romanorum numismata à Julio Cæsare ad Heraclium, per Car. Patinum. Argentinæ, 1671, in-fol.; la seconde édition est d'Amsterdam, 1697, in-fol. Cet ouvrage ne contient que le moyen bronze.

Regum et imperatorum romanorum numismata aurea, argentea, æreа à Romulo et C. Julio Cæsare usque ad Justinianum. Antverp. 1654, in-fol. Ouvrage auquel on peut joindre :

Jacobi Oiselii thesaurii selectarium numismatum antiquarum, cum fig. Amst. 1677, in-4.

Imperatorum romanorum numismata, à Julio Cæsare, ad Heraclium collecta, et explicata à Joanne Hemelario. Antv.

1627, in-4, *cum figuris Æneis.* Cet ouvrage d'Hemelarius, chanoine d'Anvers, est pour les *médailles* d'or.

Numismata œrea imperatorum in coloniis. Paris, 1688, 2 vol. in-fol. (par Vaillant).

Historia bysantina, duplici commentario illustrata, etc., *auct. Carolo Dufresne, D. Ducange.* Paris, 1680, in-fol. Ducange a fait graver tout le Bas-Empire, et en a facilité l'explication par une savante dissertation qu'il a imprimée à la fin de son Glossaire de la basse et moyenne latinité, tom. III. Paris, 1678, in-fol.

Commentaires historiques, contenant l'histoire des empereurs, impératrices, césars et tyrans de l'empire romain, illustrés par les inscriptions et énigmes de treize à quatorze cents médailles, tant grecques que latines. Paris, 1644, 3 vol. in-fol. Cet ouvrage de Tristan de Saint-Amand, contient des commentaires très-fautifs; mais il est un des premiers qui aient débuté dans la carrière.

Numismata imperatorum romanorum prœstantiora, à Julio Cœsare ad posthumum et tyrannos, per Joan. Foy-Vaillant, etc. tom. I.

De romanis œreis senatusconsulto percussis, etc. *cui accessit series numismatum maximi moduli nundùm observata*, tom. II. *De aureis et argenteis*, etc. Paris, 1692, in-4. Il faut aussi avoir la première édition de 1682, parce qu'on y a marqué le cabinet où se trouvait chacune des *médailles* qui y sont décrites; d'ailleurs, les posthumes d'or et d'argent ont été omis dans la seconde édition.

Ajoutons aux ouvrages précédemment cités, ceux qui peuvent servir d'introduction à l'étude des *médailles.*

Discours d'Enée Vico sur les médailles, imprimé à Rome en 1555.

Les Dialogues d'Antoine Augustin, espagnol, traduit en latin par André Schott. Anvers, 1617, in-fol., fig. Il y a eu deux traductions italiennes de cet ouvrage, l'une imprimée à Venise, in-4, et l'autre, dont l'auteur est Ottaviano Sada, imprimée à Rome, 1592, in-fol.

Dialogos de medallas, inscriciones, y otras antiquidades en Tarragona, por Felipe Mey, 1587, in-4, de 470 pages, avec 26 planches : ouvrage très-rare, bien imprimé et fort cher.

Le Trésor d'antiquités de Goltzius.

Sertorii ursati de notis romanorum commentarius. Patavii, 1672, in-fol.

La Science des médailles, par le père Jobert, jésuite. Paris, 1739, 2 vol. in-12. C'est la dernière édition.

Introduction à la science des médailles, etc., *ouvrage propre à servir de supplément à l'antiquité expliquée de Montfaucon, par Mangeard, bénédictin.* Paris, 1763, 1 vol. in-fol., fig.

Bibliotheca nummaria du père Banduri, avec les notes de Fabricius. Hambourg, 1719, in-4.

Terminons cet article par les ouvrages sur les *médailles* modernes.

Claudii Dumoulinet historia summorum pontificum à Martino V, ad Innocentium XI, per eorum numismata : id est ab anno 1417 *ad* 1670. Parisiis, 1679, in-fol.

Numismata pontificum romanorum à tempore Martini V, ad annum 1699, *illustrata à Philippo Bonanni.* Romæ, 1699, 2 vol. in-fol.

Sylloge numismatum elegantiorum quæ diversi imp. reges, principes, respublicæ, diversas ob causas, ab anno 1500, *ad annum* 1600 *audi fecerunt*, etc. *operâ Joh.-Jac. Luckii.* Argentinæ, 1620, in-fol.

Symbola divina et humana pontificum, imperatorum, regum. Accessit brevis isagoge Jac. Trypotii, ex musæo Octav. de Strada. Sculptor Egidius Sadeler. Pragæ, 1601, in-fol.

La France métallique, contenant les actions privées des

rois, des reines, marquées en leurs médailles d'or, d'argent et de bronze, par Jacques de Bie. Paris, 1636, in-fol.

Histoire métallique de Hollande, par l'abbé Bizot. Paris, 1687, in-fol.

Histoire métallique des dix-sept provinces des Pays-Bas, depuis l'abdication de Charles V, jusqu'à la paix de Bade, conclue en 1716, traduite du hollandais de Girard Van-Loon. La Haye, 1732 — 1737, 5 vol. in-fol.

Histoire de Louis-le-Grand et des événemens de son règne par les médailles. Impr. royale, 1702 — 1723, in-fol.

Ne passons point sous silence le petit ouvrage que vient de publier le citoyen Cointreau : c'est l'*Histoire abrégée des médailles antiques de la bibliothèque nationale*, 1 vol. in-8, fig. On voit dans cet intéressant opuscule que les *médailles* d'or, recueillies par Gaston d'Orléans dans ses différens exils, commencèrent la collection connue depuis sous le nom de *cabinet du roi.* Colbert fit voyager Vaillant pour augmenter la collection naissante : Carcavi, Rainsan, Morel, Oudinet et Simon travaillèrent à la classer et à l'enrichir ; M. de Boze y ajouta ses propres richesses et celles de l'abbé Rothelin, de M. de Beauveau, de Mahudel et de Foucault, intendant de Normandie. L'abbé Barthelemy succéda à M. de Boze ; et, pendant 40 ans, il vit le cabinet s'accroître de ses *médailles* et de celles de Cary, de Cleves, de l'immense collection de Pellerin, d'une partie de celle d'Ennery, de la riche suite des pierres gravées et des émaux de Petitot, que M. Dangivilliers tenait renfermés à la surintendance de Versailles ; des antiques du trésor de Saint-Denis, de celles de la Sainte-Chapelle, du cabinet de *médailles* et d'antiquités de Sainte-Geneviève ; et, depuis la mort de Barthelemy, on y a déposé la table isiaque de Turin et le très-médiocre médaillier du Vatican. Après cet exposé historique, l'auteur donne une notice raisonnée d'un grand nombre de *médailles* grecques et romaines, en commençant par les *médailles* astronomiques, les signes du zodiaque, les travaux d'Hercule, etc. Il passe ensuite aux monumens de l'histoire et de la religion des romains; puis il termine par la notice des *médailles* relatives à l'histoire fabuleuse et véritable des grecs. L'auteur a enrichi son ouvrage d'un dessin représentant le bouclier votif d'argent, trouvé dans le Rhône vers le milieu du 17e siècle, et qui, selon Winkelman, représente la réconciliation d'Achille avec Agamemnon, qui lui rend Briseïs. Le citoyen Cointreau promet une suite à cet abrégé.

MÉDAILLIER. C'est une espèce de meuble composé de plusieurs planchettes à tiroirs, dans lesquelles il y a des petites enfonçures de forme ronde et de différentes grandeurs propres à recevoir toutes sortes de médailles. C'est-là qu'on range les suites dans un ordre convenable; et c'est de cet ordre dont nous allons parler. On détermine ordinairement les suites d'après les têtes des médailles; et des différentes têtes se forment cinq ordres différens, dont on peut composer des suites fort curieuses. Dans le premier de ces cinq ordres on met la suite des rois; dans le second, celle des villes, soit grecques, soit latines, avant ou après la fondation de l'empire romain; dans le troisième, celle des familles romaines dites consulaires; dans le quatrième, celle des impériales et de toutes celles qui y ont rapport; et dans le cinquième celle des déités, des héros et des hommes illustres.

1.° *Suite des rois.* Ces suites peuvent être très-belles, si l'on veut mêler les métaux; car il nous reste beaucoup de médailles grecques de ce genre. Vaillant a donné les rois de Syrie dans un ouvrage intitulé : *Seleucidarum imperium, sive Historia regum Syriæ ad fidem numismatum accommodata.* Paris, 1601, in-4. Il commence à Seleucus I.er, dit Nicanor, qui régna environ l'an 312 avant J.-C., et finit à Antiochus XIII, du nom, appelé Épiphanes, qui régnait l'an 75 de J. C. C'est le dernier Antiochus. Cet ouvrage renferme vingt-sept rois, 150 ans passés, et cent vingt médailles très-bien gravées. Vaillant a encore donné les rois d'Egypte sous ce titre : *Historia Ptolemœorum Ægypti regum ad fidem numismatum accomodata.* Amst., 1701 in-fol. On a publié, après la mort de ce savant, deux volumes concernant les médailles et l'histoire des rois Parthes, des rois du Pont, du Bosphore et de Bithynie. Le premier volume est intitulé : *Arsacidarum imperium sive regum Parthorum Historia ad fidem numismatum accomodata.* Et le second : *Archœmenidarum imperium, sive regum Ponti, Bosphori et Bithyniœ Historia, ad fidem numismatum accomodata.* Paris, 1725, in-4. Outre cela, on a encore l'Histoire des rois de l'Osrhoene et de la Bactriane, par Bayer : il serait à souhaiter que l'on eût aussi celle des rois de Macédoine, de Thrace, de Cappadoce, de Paphlagonie, d'Armenie et de Numidie.

2.° *Suite des villes.* On peut faire des suites considérables de ces sortes de médailles ; celles des seules villes grecques va à plus de 250, à n'en prendre qu'une de chaque ville et sans compter les revers. Goltzius, excellent antiquaire et graveur, a fait un travail immense sur les médailles des villes ; Jacques Debie a réimprimé à Anvers les médailles de Goltzius en plus de cent planches, qu'il a mises à la tête des deux volumes de l'histoire grecque de cet auteur. Le premier contient la grande Grèce et la Sicile ; et le second comprend la Grèce même, les îles de la Grèce et une partie de l'Asie. On a perdu une grande partie des médailles de ce célèbre Goltzius : de trente provinces dont il avait formé des suites, il n'en reste que cinq, et ce sont les moindres : la Colchide, la Cappadoce, la Galathie, le Pont et la Bithynie. On pourrait faire une seconde branche de la suite des villes avec les médailles des colonies, et cette branche serait encore volumineuse et très-intéressante pour les personnes qui aiment la géographie ancienne.

3.° *Suite des consulaires ou familles romaines.* Les consulaires peuvent fournir une suite très-nombreuse ; elles sont peu curieuses pour les légendes et pour les types, si ce n'est depuis la décadence de la république, où l'on commença à graver sur ces médailles les têtes de Jules-César, des conjurés qui le tuèrent, des triumvirs qui envahirent la souveraine puissance, et de tous ceux qui eurent part au gouvernement. Les médailles consulaires qui ont précédé ces derniers temps de la république, n'offrent guère que la tête de Rome casquée ou celle de quelque déité ; et le revers est ordinairement une victoire traînée dans un char à deux où à quatre chevaux.

Dans le *Thesaurus Morellianus*, on trouve deux cents six familles romaines, dont on a fait graver deux mille quatre cent quinze médailles, sans comprendre, dans ce nombre, ni les médailles qu'on n'a pu attribuer à aucune famille particulière, qui vont à cent trente-cinq, ni les médailles qui ne se trouvent que dans les fastes de Goltzius. Quant à l'arrangement des médailles consulaires, on peut suivre deux méthodes, ou celle d'Ursini, par ordre alphabétique des noms différens de famille qui se lisent sur les médailles, mettant ensemble toutes celles qui paraissent appartenir à la même maison ; ou celle de Goltzius, par ordre chronologiques, selon les fastes consulaires, rangeant sous chaque année les médailles des consuls. La méthode d'Ursini manque d'agrément ; mais elle a la vérité, la réalité et la solidité : celle de Goltzius est belle et savante, mais n'a que l'apparence ; car on n'a aucune médaille des premiers consuls depuis l'an 244 jusqu'à l'an 485, ce qui a obligé Goltzius de mettre en leur place seulement les noms de ces magistrats, selon qu'ils se trouvent dans les fastes ; et d'ailleurs depuis l'an 485, jusqu'à l'empire d'Auguste, les médailles que Goltzius rapporte n'ont point été frappées, ni par ni pour les consuls, mais seulement par les monétaires qui, étant de la même famille, ont voulu conserver leur nom ou celui de leurs ancêtres. Voilà pourquoi il ne faut pas prendre à la lettre l'épithète consulaire donnée à ces sortes de médailles, si ce n'est dans le sens qu'elles ont été battues du temps où la république était gouvernée par des consuls.

4.° *Suite des impériales.* On trouve suffisamment de têtes dans cette suite pour la faire complette jusqu'à nos jours (en confondant cependant les métaux). On estime particulièrement les antiques, et surtout celles qui composent le Haut-Empire; c'est-à-dire, celles que l'on renferme entre Jules-César et les trente tyrans, Il y en a encore d'assez bien frappées jusqu'à la famille de Constantin, où finit toute la belle curiosité. Occo, médecin allemand à Ausbourg, en a donné la première description dès 1579. La seconde édition de son livre, donnée en 1601, est la meilleure, parce qu'elle est plus nombreuse; mais la troisième, publiée par le comte de Mezzabarba, l'emporte sur les deux autres, parce qu'elle est augmentée de plusieurs milliers.

5.° *Suite des déités, des héros et des hommes illustres.* La suite des déités est curieuse; on en peut former une belle suite de bronze; par le moyen des villes grecques, où l'on en trouve une très-grande quantité; mais la plus agréable est celle d'argent, que fournissent les familles. On pourrait considérablement augmenter ces suites, si l'on pouvait y comprendre les revers des impériales, où les déités sont mieux représentées que sur les médailles des familles. Quant aux hommes illustres, le P. Jobert en fait une sixième suite, qu'il compose des fondateurs des villes et des républiques, des législateurs, des grands hommes, etc., comme Bizas, Tomus, Nemausus, Taras, etc; Smyrna, Amastris, etc.; des reines Cléopâtre, Zénobie, etc.; des plus fameux législateurs, Lycurgue, Zaleucus, Pittacus; des grands hommes, comme Pythagore, Archimède, Euclyde, Hippocrate, Chrysippe, Homère, etc. C'est grand dommage que l'on ne puisse porter ces sortes de suites à un certain degré de perfection. Les ouvrages qui ont été publiés sur les médailles des hommes illustres sont :

Illustrium virorum ut extant in urbe expressi vultus. Romæ, 1569, in-fol. (Par Achille Stace, savant portugais.)

Cette collection a été augmentée par les soins de Fulvio Ursini, comme on le voit par l'ouvrage suivant :

Imagines et elogia virorum illustrium, ex lapidibus et numismatibus, expressa cum annotationibus, ex bibliotheca Fulvii Ursini. Romæ, 1570, in-fol. Nouvelle augmentation de la part de Théodore Gallæus, qui a publié l'ouvrage suivant :

Illustrium imagines ex antiquis marmoribus numismatibus et gemmis expressœ, quœ extant Romœ, major pars apud Fulvium Ursinum. Theodorus Gallœus delineabat Romœ ex archetypis, incidebat. Antverp. 1598, *ex offic. Plant.* in-4. Il n'y avait dans ce livre que 151 images ; mais l'on y en ajouta 17 nouvelles lorsqu'on imprima le commentaire de Jean Faber sur ces portraits : *Joannis Fabri Bambergensis medici romani, in imagines illustrium ex Fulvii Ursini bibliotheca Antverpiœ à Theodoro Gallœo expressas commentarium.* Antv. *ex off. Pl.* 1616. in-4. Il parut encore deux recueils plus amples de têtes d'hommes illustres dans le 17e siècle ; l'un en italien avec ce titre :

Iconografia, cioè disegni d'imagini di famosissimi monarchi, filosofi, poeti, ed oratori del antichità, cavati del angelo canini, dè frammenti de marmi antichi, è dè gioè, medagliœ d'argento, d'oro, è simili metalli. Romæ, 1669, in-fol.

L'autre, en latin, a pour titre :

Veterum illustrium philosophorum, poetarum, rhetorum imagines, ex vetustis nummis, gemmis, hermis, marmori-

bus, aliisque antiquis monumentis desumptæ à Joa.-Petro Bellorio expositionibus illustratæ. Romæ, 1685, in-fol.

Il n'y a pas plus de deux cents têtes différentes dans tous ces recueils, encore a-t-on été obligé d'y faire entrer également les médailles, les médaillons, les contorniates, les statues, les bustès et les pierres gravées. Seguin, dans son livre des médailles choisies, dont le second chapitre est consacré aux hommes illustres, ne l'a presque rempli que des têtes des divinités et des rois.

Nous venons de parler de l'ordre assez généralement établi dans les grands cabinets de médailles; mais on peut en adopter un autre, si l'on veut, et le faire dépendre du nombre de médailles que l'on a : par exemple, dans un *médaillier* considérable, on pourrait diviser ainsi tous les objets qui le composeraient :

I. *Médailles anciennes* : or, argent, bronze, etc. et dans chaque métal : médaillons, médailles, grandes, moyennes, petites et quinaires; puis, dans chaque proportion, établir les suites dans l'ordre à peu près où nous les avons données; j'y ferais seulement les changemens suivans. 1.° Suite mythologique ou des déités; 2.° suite des rois; 3.° suite des consulaires ou familles romaines; 4.° suite des impériales; 5.° suite des héros et des hommes illustres; 6.° suite des villes, et, 7.° suite des colonies.

II. *Médailles modernes* : même division que dans les anciennes pour les métaux et pour les formes ou proportions, ensuite établir les suites par peuples, et classer les médailles de chaque peuple par têtes, par événemens et par villes, en observant toujours l'ordre chronologique.

Cette idée de divisions et de subdivisions, est susceptible de mille modifications qui dépendent, comme nous l'avons dit, du nombre des médailles que l'on a à classer, et de l'inclination de celui qui est chargé de l'arrangement d'un *médaillier*.

MEERMAN (Gerard). Hollandais, l'un des plus célèbres bibliographes du 18e siècle. Voici le titre de l'ouvrage qui lui assure le rang que nous lui donnons ici : *Ger. Meerman, olim reipublicæ Roterodamensis consiliarii et syndici, origines typographicæ, cum fig. Æneis.* Hagæcomitum, 1765, 2 vol. in-4. Ce livre est plein de recherches et d'érudition. *Meerman* a compulsé tous les auteurs allemands, espagnols, italiens, français, anglais, suisses, hollandais, qui ont traité de la typographie, et les a fondus dans ses notes et ses preuves. Il était en relation avec les savans de tous les pays, qui lui ont communiqué leurs observations et leurs lumières. Il a puisé dans les meilleures bibliothèques publiques et particulières. Il a voyagé en Angleterre, en France et en Allemagne, pour augmenter ses connaissances, et il a rendu les termes techniques de l'art en langue latine avec beaucoup de facilité, de clarté et de précision : enfin on peut dire que ses *Origines* sont un ouvrage très-digne d'occuper une place honorable dans toutes les bibliothèques des particuliers qui aiment les livres. On y trouve, entr'autres, dix planches gravées, exécutées avec soin, et qui sont très-curieuses, en ce qu'elles renferment les copies figurées de plusieurs anciens types qui servent à donner une idée juste des caractères dont on s'est servi pour exécuter quelques-unes des plus anciennes impressions. En voici le détail :

TABULA I. *Ectypon Horarii Laureatiani.*

TAB. II. *Fragmenta Donati Harlemensis, charactere majori.*

TAB. III. *Primum folium figuratum, è speculo humanæ salutis belgico ; editionis principis, à Laurentio typographo vulgatæ.*

TAB. IV. *Ectypus Donati Harlemensis, char. minori.*

TAB. V. *Specimina speculi latini primæ editionis.*

TAB. VI. *Specimen typi speculi latini secundæ editionis. = Typus speculi belgici secundæ editionis. = Typus folii singularis ex eodem opere.*

TAB. VI*. *Specimen tertiiharlemensis donati.*

TAB. VII. *Specimina ultimarum officinæ Laurentianæ impressionum.*

TAB. VIII. *Specimina aliquot primarum impressionum à scholâ Martinianâ.*

TAB. IX. *Specimina characteris fixi officinæ Laurentianæ, exerpta ex opere inscripto Ars moriendi, et ex figuris cantici canticorum.* = *Specimen impressionis Olrici Zell, anni* 1467.

C'est de Laurent Coster, de Martens d'Alost et d'Ulric Zell, tous trois imprimeurs du 15e. siècle, qu'il est question dans ces dix planches (*voyez* leurs différens articles et surtout celui TYPOGRAPHIE).

MENTEL ou MENTELIN (Jean). Imprimeur du 15e siècle, né à Strasbourg. On s'est singulièrement trompé lorsqu'on a débité que Jean *Mentel* fut l'inventeur de l'imprimerie. On cite une prétendue chronique de Strasbourg, qui porte que, en 1440, 1442 et 1447, *Mentel* grava d'abord des caractères en buis et en poirier; qu'il en fit ensuite en métaux; qu'il employa Guttemberg, orfévre de Mayence, pour faire des poinçons et des matrices, et qu'un domestique de *Mentel* communiqua tout le secret à Guttemberg; qu'ils allèrent ensemble à Mayence, où ils s'associèrent avec Faust, fameux marchand de cette ville : on ajoute que l'empereur Fréderic permit à *Mentel*, par lettres-patentes, de mettre une couronne d'or sur la tête du lion qui portait ses armes. Toutes ces fables sont démenties par la presqu'unanimité de tous ceux qui ont écrit sur cette matière, à l'exception de l'article des armoiries accordées par un diplôme de Frédéric III, en 1466. On présume que *Mentel* aura appris son art à Mayence, dans la société de Fust et de Schoiffer, et qu'ensuite il sera venu s'établir à Strasbourg, où il a le premier exercé l'art typographique. On a de lui *De Arte predicandi*, tiré de la doctrine chrétienne de saint Augustin ; une *Bible latine* en 2 vol. in-fol. sans date, mais présumée de 1466 ; *Epistolæ sancti Jeronimi*, gros vol. in-fol. sans date, mais relié, en 1469, par Jean Rickenback ; *Summa de casibus conscientiæ, per fratrem Astexanum ord. frat. min. compilata*, in-fol. sans date ; *Vincentii Burgundi, ord prædic. et episcopi bellovacensis, bibliotheca mundi ; seu speculum quadruplex, id est naturale, doctrinale, morale et historiale. Argentorati, per Joannem Mentellin, anno* 1486, 10 vol. in-fol. : énorme compilation imprimée par *Mentel* à Strasbourg, depuis 1473 jusqu'en 1476 ; un *Poëme allemand sur les expéditions guerrières de Charles-le-Hardi, duc de Bourgogne*, in-fol. de dix feuillets, portant la date de 1477. On y voit huit estampes grossièrement coloriés, qui représentent les villes, les forts de Granson, de Morat en Suisse, et de Nancy. Jean *Mentel* mourut à Strasbourg en 1478.

MERCIER de Saint-Léger (Barthelemy). Bibliothécaire de Sainte-Geneviève à Paris, mort en l'an 8 (1800). Ce bibliographe a publié plusieurs écrits où l'on remarque une critique sévère : de ce nombre sont la *Lettre aux auteurs des Mémoires pour l'histoire des sciences et des beaux-arts, sur la Bibliographie de Debure*, 1763 ; la *Lettre à M. Capperonnier sur l'approbation donnée au second volume de la Bibliographie ;* et les trois *Lettres sur les prétendues lettres du pape Ganganelli, publiées par Caraccioli.* On doit encore à ce savant bibliographe le *Supplément à l'histoire de l'imprimerie, par Prosper Marchand*, ou *Additions et corrections pour cet ouvrage*, 1773, in-4. Nouvelle édition, 1775, in-4. *Dissertation sur l'auteur de l'Imitation de Jesus-Christ ; Notice du livre rare intitulé : Pedis admiranda, de J. d'Artis ; Notice du manuscrit des tombeaux du duc de Bourgogne ; Observations sur l'essai d'un projet de catalogue de bibliothèques ; Notice raisonnée des ouvrages de Gaspard*

Schott, *jésuite*, 1785, etc., et plusieurs autres ouvrages de littérature.

MILLANGES (Simon). Cet imprimeur de Bordeaux naquit à Limoges, dans le 16e siècle. Il fut, dit-on, recteur ou professeur au collége de Bordeaux jusqu'à l'instant où les jésuites entrèrent dans ce collége; alors il se livra entièrement à l'imprimerie. Il monta ses presses en 1572. Ses caractères sont extrêmement fins. Il employait du papier très-blanc et de l'encre très-noire; ce qui donnait à ses éditions un coup d'œil singulier, mais agréable. Il corrigeait ses épreuves avec le plus grand soin. Il avait pour devise l'image de Dieu, couronné de rayons, assis sur un trône, ayant pour marche-pied un globe céleste, environné d'une infinité d'anges (mille anges), avec ces paroles de Daniel : *Millia millium ministrabant ei.* Ses éditions approchent beaucoup de celles des Etiennes.

MONTFAUCON (Bernard de). Ce savant bénédictin, né en 1655 en Languedoc, et mort à Paris en 1741, doit être mis au rang des célèbres antiquaires et des bibliographes instruits. On a de sa plume féconde 44 volumes in-folio et plusieurs in-4. Ses principaux ouvrages de bibliographie sont: *Diarium italicum*, 1702, in-4 : c'est une relation de son voyage en Italie, dans laquelle il donne une description exacte de plusieurs monumens de l'antiquité, et une notice d'un grand nombre de manuscrits grecs et latins inconnus jusqu'alors. *Palæographia græca*, 1708, in-fol. Il donne dans cet ouvrage, dont on a toujours fait beaucoup de cas, des exemples des différentes écritures grecques dans tous les siècles, et fait pour le grec, ce que Mabillon a fait pour le latin dans sa Diplomatique. *Bibliotheca coisliniana*, 1715, in-fol.; *Bibliotheca bibliothecarum manuscriptorum nova*, 1739, in-fol. Nous renvoyons pour ses autres productions aux différens dictionnaires bibliographiques. Son *Antiquité expliquée*, 1719, 10 vol., et le *Supplément*, 1724, 5 vol. in-fol., ne lui ont pas procuré autant de gloire qu'il avait pris de peines à les composer. On regarde cet ouvrage comme une compilation informe. Ses *Monumens de la monarchie française*, 1729, 5 vol. in-fol., sont, ainsi que son *Antiquité*, remplies de figures.

MONOGRAMME. C'est une espèce de chiffre ou de caractère composé d'une ou de plusieurs lettres entrelacées. L'origine du *monogramme* vient de l'espace que l'on a voulu ménager dans une ligne pour y placer un mot de plus : c'est pour faire place à ce mot qu'on liait et qu'on enclavait les unes dans les autres les lettres du mot précédent. Aussi les *monogrammes* ont rendu l'écriture presqu'indéchiffrable. Ils sont parfaits quand toutes les lettres du mot s'y trouvent, et imparfaits quand il n'y en a qu'une partie.

MOREL (Frédéric). Cet imprimeur du 16° siècle est né en Champagne. Il fut héritier de Vascosan, dont il avait épousé la fille. Il s'est fait un nom dans l'art typographique. Il possédait parfaitement les langues grecque et latine. Il fut d'abord nommé imprimeur du roi et son interprète des langues ; puis il succéda à Robert Etienne dans la place d'imprimeur ordinaire du roi. Sa devise était un mûrier avec ces mots : *Tout arbre porte de bons fruits*. *Morel* a composé un grand nombre d'ouvrages, et il a beaucoup imprimé. Il est mort à Paris en 1583, âgé de 60 ans.

MOREL (Frédéric). Fils du précédent, né en 1560. Il fut professeur au collége royal, interprète du roi, et succéda, par la démission de son père, à la charge d'imprimeur ordinaire du roi, pour l'hébreu, le grec, le latin et le français. Il était infatigable pour l'étude, et il a beaucoup enrichi la république des lettres, tant par ses propres ouvrages que par ceux des autres, qui sont sortis de ses presses. A l'âge de vingt ans, en 1580, il avait déjà imprimé *Hérodien*, traduit par Jacques de Ventimille. Il obtint le privilège d'imprimer le *Code Henri*, en 1594. Il avait pour devise une fontaine avec une sentence grecque, dont voici le sens : *La fontaine de la sagesse coule dans les livres.* Il a traduit et traduit fidèlement, dit le célèbre Huet, quelques ouvrages de saint Bazile, de Théodoret, de Xénophon, de Philon-le-Juif, de Synésius, de Théophile, de saint Grégoire de Nisse, de saint Cyrille, de Galien, etc. Ces traductions ont été faites sur les manuscrits de la bibliothèque du roi. On estime l'édition qu'il donna des *OEuvres d'OEcumenius et d'Aretas*, en 2 vol. in-fol. Il fut toujours égal, désintéressé, mais d'une franchise extrême. Son ardeur pour l'étude le rendait très-froid sur les événemens de la vie. Sa femme était à l'extrémité ; on vint l'appeler : un moment, dit-il, je n'ai plus que deux mots à écrire. — Elle est morte, vint-on lui dire deux minutes après. — J'en suis marri, reprit-il sans se déranger; c'était une bonne femme. Il mourut le 27 juin 1630, à 78 ans.

MOREL (Claude). Fils de Frédéric, succéda à son père dans la charge d'imprimeur du roi. Il mourut en 1626, et eut un fils aussi nommé Claude : l'un et l'autre ont publié beaucoup de bons livres, tels que les ouvrages d'Arthemidore, en grec et en latin, in-4 ; les *Catecheses* grecques et latines de saint Cyrille ; les ouvrages de saint Grégoire, en grec et en latin, 1638, 3 vol. in-fol., édition regardée comme la meilleure, de même que 6 vol. in-fol. de saint Jean Chrysostôme, sur le nouveau Testament. On joint ordinairement cette édition à celle du nouveau Testament de Commelin, imprimeur d'Heidelberg.

MOREL (Charles). Imprimeur ordinaire du roi. On lui doit de bonnes éditions d'un grand nombre de pères grecs. L'édition la plus considérable qu'il ait donnée, est celle des conciles généraux et provinciaux, en grec et en latin, par Binius, en 10 vol. in-fol.

MOREL (Gilles). Imprimeur ordinaire du roi, a donné: *Gregorii Nysseni opera græc. lat.*, 1638, in-fol.; *Isidori Pelusiotæ opera græc. lat.*, 1638, in-fol.; *Aristotelis opera omnia græc. lat.*, 4 vol. in-fol. Il continua d'imprimer en 1643, *Magna Bibliotheca veterum patrum, græc. lat.*, 17 vol. in-fol. *Morel* vendit son fonds à Simon Piget, et se fit recevoir conseiller au grand-conseil.

MOREL (Guillaume). Cet imprimeur, né à Tailleul en Normandie, n'est point parent des précédens. Il travaillait dans le 16e siècle. Le célèbre Turnebe lui céda son imprimerie, et le fit recevoir imprimeur du roi. Il était versé dans la connaissance des langues, et surtout dans la langue grecque qu'il professa au collége royal. Il a donné un *Dictionnaire grec, latin et français*, 1622, in-4, estimé. Il a composé d'autres ouvrages et publié des traductions assez estimées, telles que celles du traité de l'usage des images, approuvé par le septième concile général de Nisse; du traité de saint Jean Damascene, des images; de l'origine des iconomaches, prise de Zonaras. Les principaux ouvrages sortis de ses presses sont: *Fabii Quintiliani de institutione oratoriâ*, avec des notes de sa façon, 1548, in-4, en société avec Jacques Bogard; *Ex veterum comicorum fabulis*, 1553, in-8; *Liturgiæ, sive missæ sanctorum patrum, græc. lat.*, 1560, in-fol., estimé des savans; les *Epitres de saint Ignace en grec, latin et français*, 1561; *Sancti Dionisii Areopagitæ opera, græc.*, 1562, in-8, dont il se trouve quelques exemplaires en vélin. La devise de Guillaume

Morel est un *theta* ϑ environné de deux serpens et un amour assis sur la branche de cette lettre grecque, pour signifier que, dans la mort même, qui est figurée par le *theta*, il faut aimer l'immortalité. On lisait au-dessous de la devise de *Morel*, ce vers pentamètre : *Victurus genium debet habere liber.* Les premiers livres imprimés par *Morel*, sont plus beaux que les derniers. Il mourut à Paris en 1564. Il avait un frère nommé Jean, qui, accusé d'hérésie, mourut en prison; le cadavre fut déterré et brûlé le 27 février 1559.

MORET (Jean). Imprimeur du 16e siècle, à Anvers. Il succéda à Plantin, ayant épousé sa seconde fille. Il se montra le digne héritier de ce célèbre imprimeur, par sa science et par son talent. Il était habile dans la littérature, et ami de Juste-Lipse. Il mourut en 1610, laissant deux enfans, Balthazar et Jean, qui exercèrent, comme lui, l'art de l'imprimerie.

MORET (Balthazar). Né à Anvers en 1574, succéda avec son frère Jean, à son père. Juste-Lipse prit soin de son instruction, et il répondit aux soins de cet habile maître, par des progrès aussi rapides qu'inouis. Il voulut conserver à son imprimerie le lustre qu'y avait donné le nom de Plantin. En conséquence, il fit servir ses connaissances à corriger les manuscrits qu'il mettait sous presse; et souvent il y a fait des changemens très-heureux, soit dans les anciens, soit dans ceux que les auteurs modernes lui fournissaient; ce qui ne contribuait pas peu à irriter ces auteurs, dont il blessait l'amour-propre. Jean *Moret* étant mort, Balthazar fut seul à la tête de l'imprimerie. Il consacra toutes ses richesses à l'augmenter et à l'enrichir. Il ne se maria point, et laissa son imprimerie à Balthazar *Moret*, son neveu.

MOTS. Dans les manuscrits très-anciens, les *mots* ne sont point séparés les uns des autres; c'est une suite de lettres serrées sans aucune division ni distinction. Dès les 5e, 6e et 7e siècles, on avait commencé à séparer les *mots*; mais la séparation était peu considérable : jusqu'à la fin du 6e, les écrivains n'ont point séparé leurs *mots* par des intervalles, si ce n'est aux alinea et aux endroits où le sens est fini et suspendu. Au 8e siècle, les séparations de *mots* sont plus marquées et plus régulières; au 9e, les espaces sont très-bien observés; cependant un défaut qui manifeste tout d'un coup la fin du 8e ou le commencement du 9e siècle, c'est d'avoir une partie des *mots* bien, et l'autre mal distinguée, et surtout d'avoir des *mots* souvent coupés par un ou deux intervalles.

MOYSE Imprimeur juif du 15e siècle. Il était de Spire en Allemagne, et fils de Rabbi Israël Nathan, également imprimeur. Voici les principaux ouvrages qu'il a publiés dans la petite ville de Soncino, avant la fin du 15e siècle : 1.° *Minehah Happenini*, in-4. *Soncino*, *anno mundi* 5244, qui répond à l'année 1484 de Jesus-Christ; 2.° *Bechinal Olam*, 5245 (en hébreu); 3.° *Prophetæ Priores*, *cum comm. R. David Kimchi*, in-fol., 5246 (en hébreu sans points); 4.° *Ikkarim*, *per R. Joseph Albo*, 5246; 5.° *Biblia hebraïca cum punctis*, *per Abraham Fil. Rabb. Hhojim*, 5248, in-fol.; 6.° *Berahoth et Beitzah*, 5249; 7.° *Jad Hhasakah Rambam*, 5250, in-fol. *Moyse* eut une nombreuse famille qui se consacra, à l'exemple de ses pères, à l'art typographique, se répandit dans plusieurs endroits de l'Italie, et imprima avec succès un grand nombre d'ouvrages. Rabbi Gerson, l'un des fils de *Moyse*, après avoir mis au jour à Brescia, plusieurs livres hébreux, alla à Constantinople et y établit une imprimerie, un peu avant la fin du 15e siècle. Il continua d'y imprimer jusqu'en 1530. Quelques-uns de ses enfans allèrent à Salonique et dans d'autres villes de l'empire ottoman, où ils imprimèrent toujours avec succès.

MUSÉE, ou MUSEUM, ou MUSEON. Ces trois mots, que l'on regarde ordinairement comme synonymes, et qui cependant pourraient avoir des acceptions un peu différentes, suivant les temps et les lieux où on les a employés, signifient assez généralement, selon la définition de l'académie, un lieu destiné, soit à l'étude des beaux-arts, des sciences et des lettres, soit à rassembler des monumens relatifs aux arts, aux sciences et aux lettres. Le *musée* le plus célèbre de l'antiquité, ou, pour mieux dire, la seule académie qui ait porté ce nom, est le *musée* d'Alexandrie (1), qui était situé dans un vaste bâtiment sur le port de la ville, près du palais, autour duquel régnaient des galeries où se promenaient les philosophes. C'est dans ce *musée* que les rois d'Alexandrie, et, depuis la conquête d'Egypte les empereurs romains entretenaient avec une magnificence vraiment royale, un grand nombre de savans, dont toute l'occupation était de s'adonner aux lettres. Plutarque en attribue l'établissement à Ptolémée, que l'on croit être P. Philadelphe, amateur des sciences et des lettres, qui s'appliqua pendant tout son règne à en étendre l'empire en Egypte. Les empereurs romains se piquèrent de la même émulation, et l'empereur Claude ajouta un nouveau *musée* à l'ancien (2). A Athènes,

---

(1) *Voyez* notre MANUEL BIBLIOGRAPHIQUE, pag. 36 et suiv.

(2) Il lui donna son nom et ordonna qu'on y lût alternativement les *Antiquités d'Etrurie* et *celles des carthaginois*, qu'il avait écrites en grec. La ville d'Alexandrie s'étant révoltée sous l'empire d'Aurélien, le quartier du Bruchion, où était aussi la citadelle, fut assiégé, et le *musée* détruit. Dès-lors on plaça les livres dans le temple de Seraphis, et les savans y demeurèrent; mais, sous Théodore, Théophile, partriarche d'Alexandrie, fit démolir et le temple et le *musée*, en sorte que la réputation de cette

on donnait le nom de *musée* à une petite colline située dans l'ancienne enceinte, vis-à-vis la citadelle : elle était ainsi appelée, parce qu'il y avait un temple consacré aux muses, et que c'est là que se tenaient les assemblées académiques. En France, on donne le nom de *museum* à un établissement (1) qui se trouve à Paris, et qui est destiné à l'enseignement des diverses branches de l'histoire naturelle, dans tout le détail dont elles sont susceptibles, et à la démonstration des productions de la nature dans tous les genres. Ce *museum* national d'histoire naturelle renferme six collections principales; savoir, 1.° un cabinet contenant le règne animal et le règne minéral; 2.° la bibliothèque (2); 3.° le cabinet d'anatomie, contenant les préparations relatives à l'homme et aux animaux; 4.° l'école de botanique; 5.° la ménagerie des

---

dernière école fut tout ce qui en subsista jusqu'à l'année 630 de Jesus-Christ, que les sarrazins brûlèrent les restes de la bibliothèque d'Alexandrie (*Mémoires de l'académie*, tom. IX).

(1) Cet établissement n'était, dans sa première origine, qu'un jardin pour les plantes médicinales, fondé sous ce titre par Louis XIII, en 1626, à la sollicitation de son premier médecin, Guy de la Brosse. Les premiers médecins furent presque toujours intendans du jardin, jusqu'à Dufay qui fut nommé en 1732, et qui fut remplacé en 1739 par Buffon. Il n'y avait autrefois que trois chaires fondées près le jardin; savoir, une d'anatomie, une de chimie et une de botanique. Maintenant il y en a treize; savoir, 1. chimie générale; 2. arts chimiques; 3. botanique; 4. botanique rurale; 5. zoologie des quadrupèdes, des cétacées, des oiseaux; 6. zoologie des reptiles et des poissons; 7. zoologie des mollusques, des insectes, des vers et des zoophytes; 8. anatomie humaine; 9. anatomie des animaux; 10. minéralogie; 11. culture des jardins; 12. géologie; 13. iconographie naturelle.

(2) La bibliothèque est principalement composée d'ouvrages d'histoire naturelle; elle est sous la garde de deux bibliothécaires (les citoyens Toscan et Mordant de Launay); elle contient, entr'autres objets précieux, l'immense collection des animaux et des plantes, peinte en miniature sur vélin: trois peintres sont chargés de continuer ce recueil sous la surveillance des professeurs.

animaux étrangers ; eufin, 6.° le laboratoire de chimie et la collection des produits chimiques. On peut regarder ce *museum* comme la plus riche collection d'histoire naturelle qui existe. La partie des quadrupèdes et celle des minéraux sont à peu près complettes ; celle des oiseaux est une des plus belles et des plus considérables. La ménagerie contient dans ce moment deux éléphans (1), deux dromadaires, deux chameaux, cinq lions et lionnes, un ours blanc, deux ours bruns, une autruche, un casoar, etc., etc. On a encore établi deux *musées* très-curieux à Paris depuis la révolution ; l'un, sous le nom de *musée national des monumens français*, a été commencé en 1791, et érigé en *musée* par une loi rendue le 29 vendémiaire an 4 ; il est formé de la réunion de tous les objets précieux d'architecture et de sculpture qui, étant à la disposition du gouvernement, ont échappé à la fureur destructive du vandalisme. Ces monumens de l'histoire de France y sont chronologiquement placés pour servir aussi à celle de l'art. Le détail de tous ces objets est trop considérable pour le faire entrer dans cet article. Ce *musée* est situé rue des Petits-Augustins ; l'autre, connu sous le titre de *musée central des arts,* tire son plus bel éclat du fruit de la valeur des armées françaises en Italie (2). Nous ne parlerons pas des tableaux des plus grands maitres des écoles

---

(1) L'éléphant mâle vient de mourir : le citoyen Cuvier, qui l'a fait disséquer sous ses yeux, doit incessamment en publier l'anatomie.

(2) Cet établissement s'accroît chaque jour ; on y voit déjà plus de 900 tableaux des différentes écoles, 150 statues ou morceaux précieux d'antiquités en marbre, et 450 dessins des grands maîtres, faisant partie d'une collection de plus de 20,000 dessins. Il existe encore dans ce *musée* beaucoup de tableaux, de marbres antiques, de vases étrangers et de bijoux de matières précieuses, qui seront classés et exposés successivement. La calcographie qu'on y a réunie contient près de 4,000 planches, dont les épreuves se vendent dans l'établissement.

française et flamande, et de celles de Lombardie et de Bologne, etc., que l'on y admire ; un volume suffirait à peine à la liste raisonnée de tous ces chefs-d'œuvres. La partie des statues, bustes et bas-reliefs de la galerie des antiques, forme la collection la plus intéressante et la plus magnifique qui soit au monde : on y remarque, dans la salle des saisons, le *Tireur d'épine*, en bronze ; *Ariadne*, connue sous le nom de *Cléopatre*, en marbre de Paros, etc. ; dans la salle des hommes illustres, *Démosthènes*, etc. ; dans la salle des romains, *Scipion l'Africain*, *l'Ancien*, morceau très-rare, tiré des appartemens de Versailles ; l'*Antinoüs du Capitole*, en marbre de Luni ; *Vénus au bain*, en marbre de Paros, etc. ; dans la salle du Laocoon, un buste d'*Antinoüs*, en marbre de Paros ; le fameux *Laocoon*, trouvé en 1506, sous le pontificat de Jules II, à Rome sur le mont Esquilin, dans les ruines du palais de Titus, contigu à ses thermes : le bras droit du père et deux bras des enfans manquent (1) ; dans la salle de l'Apollon, on distingue le Mercure, dit l'*Antinoüs du Belvedere ;* c'est l'une des statues les plus parfaites qui soient restées de l'antiquité : elle est en marbre de Paros, et a été trouvée sur le mont Esquilin, sous le pontificat de Paul III ; la *Vénus* sortant du bain, dite la *Venus du Capitole*, en marbre de Paros ; l'*Apollon pythien*, dit l'*Apollon du Belvedere*, la plus sublime de toutes les statues antiques : elle a été trouvée, vers la fin du 15e siècle, à Capo d'Anzo, à douze lieues de Rome, sur le rivage de la mer, dans les ruines de l'antique Antium : cette statue a été inaugurée le 16 brumaire an 9, par Bonaparte, premier consul ; la *Vénus d'Arles*, trouvée dans cette ville en 1651, l'*Antinoüs égyptien*, etc. ; dans la salle des muses, on voit les statues des

(1) Pline cite les noms des trois habiles sculpteurs qui ont exécuté ce groupe ; ils s'appelaient Agésandre, Polydore et Athénodore.

neuf muses, les portraits d'*Hippocrate*, de *Socrate*, de *Virgile*, etc. Le *musée* central des arts est au palais national des sciences et des arts (le Louvre). On vient encore d'établir à Paris un nouveau *musée* sous le titre de *museum d'instruction publique* : on y a réuni les chefs-d'œuvres de l'art aux merveilles de la nature. On peut mettre aussi au rang des *musées* de Paris, 1.° le cabinet de l'école des mines, formé par Sage en 1778 (1) : le milieu de ce cabinet est occupé par un amphithéâtre pouvant contenir deux cents personnes; des armoires vitrées renferment, dans le plus bel ordre, les minéraux de presque toutes les parties du globe; 2.° le dépôt de Nesle qui offre des meubles précieux, des tableaux, etc.; 3.° le garde-meuble qui, malgré le feu et le pillage auxquels il a été exposé pendant la révolution, présente encore, parmi les objets qui peuvent satisfaire les curieux, les *batailles de Scipion*, les *tentures*, les *châsses d'Oudry*, l'*histoire de don Quichotte*, etc., etc. Passons au *musée* britannique qui se voit à Londres (*great russel street*) dans un édifice spacieux, acheté sous les auspices du parlement, pour l'usage du public, par les exécuteurs testamentaires de feu sir Hans Sloane. Ce *musée* est divisé en trois départemens : le premier contient les manuscrits, les médailles et les monnaies antiques ou curieuses : on y voit, dans un appartement, les manuscrits de la bibliothèque royale, qui sont au nombre de plus de 2,000; dans une autre pièce sont ceux de la bibliothèque cottonienne, composés de diverses chartes originales, entr'autres la célèbre charte, dite *magna charta*; plus loin sont les manuscrits de la bibliothèque harléienne, qui renferment, 1.° plusieurs copies de la Bible en toutes

(2) Cet estimable citoyen a été 43 ans à former, à ses frais, cette magnifique collection; il a fait créer l'école des mines en 1783, et l'a dirigée pendant dix ans.

sortes de langues, les cinq livres de Moyse sur un rouleau de vélin, etc.; on y trouve aussi une suite de médailles depuis Guillaume Rufus jusqu'à nos jours; 2.° des ouvrages de philosophie, d'histoire et de philologie en diverses langues; on y voit encore une suite de médailles françaises dites depuis Pharamond; 3.° des chartes originales d'actes du parlement et autres papiers relatifs à une multitude de faits ou négociations de différens siècles : c'est dans cette pièce que l'on conserve la collection des médailles de sir Hans Sloane, qui monte à plus de 20,000; enfin, dans une salle voisine sont les manuscrits de la bibliothèque sloanienne, où l'on trouve des traités originaux sur la philosophie, la médecine, la physique, etc. Il y a aussi une suite des médailles des papes depuis Martin V jusqu'à présent. Le second département du *musée* britannique renferme les antiquités et l'histoire naturelle : on y trouve, dans différens appartemens, 1.° la collection sloanienne, composée d'urnes, de vases, etc.; 2.° des antiquités égyptiennes, telles que des figures de bronze, un instrument de musique, un vase de terre blanche et poreuse, des amulettes, etc.; 3.° des antiquités étrusques, comme des vases de diverses formes, des vaisseaux à becs triangulaires, des patènes, des plats, des coupes, des urnes d'albâtre; 4.° des antiquités romaines, parmi lesquelles on distingue des statues, des bustes, des bas-reliefs, etc.; 5.° des instrumens servant aux sacrifices des anciens, comme couteaux, haches, lampes, calices, etc.; 6.° des lacrymatoires : ce sont des petits vases étroits et profonds, en terre ou en verre, dans lesquels on laissait couler ses larmes lorsqu'on assistait aux funérailles : on vidait ces larmes sur le bûcher : on en a beaucoup trouvé à Herculanum; 7.° différentes antiquités données au *musée* par T. Hollis : ce sont des idoles égyptiennes en bronze, des divinités romaines, des représentations de héros, etc.; 8.° des idoles américaines en terre, des pots de diverses espèces, des fragmens de plafond enlevés aux bains de Néron, d'autres des bains de Pompée, tous encadrés, deux plats de terre, peints par Raphaël, l'épée du premier comte de Chester, des instrumens des turcs, des indiens, des antiquités romaines, de talismans et cachets turcs, une tabatière faite avec de la lave du Vesuve, etc.; 9.° un présent fait par Letheuillier, consistant en plusieurs idoles égyptiennes, divers articles, tant anciens que modernes, tirés des extrémités du monde, des boucliers indiens, des modèles de chapeaux, des éventails d'une seule feuille de taliput, des tambours, des souliers, des traîneaux pour glisser sur la neige; 10.° une collection de minéraux et de fossiles de Sloane; 11.° une collection de cailloux, d'agathes, de cornalines, etc.; 12.° une collection de jaspes, d'ophites, d'héliotropes, de marbres serpentins, etc.; 13.° une collection de pierres qui résistent au feu, de divers arbustes, d'ambres, de bitumes, de charbons et d'asphaltes; 14.° des minéraux métalliques, des pierres précieuses, tant brutes que polies, des perles dont l'une est violette, et une autre a la forme d'un raisin. Parmi les modèles des diamans connus pour leur grand prix, on trouve celui de Pitt que le roi de France acheta 120,000 livres sterlings; celui d'un diamant rose pesant 139 karats et demi, appartenant à Joseph II; 15.° une collection de coquilles fossiles, provenant de Sloane, ainsi qu'un crâne humain et une épée trouvés dans le Tibre, couverts et incrustés d'une substance pierreuse qui, quoique très-épaisse, ne dérobe point à l'œil la forme de ces objets; 16.° des végétaux, des fruits, des bois, parmi lesquels on trouve une infinité d'objets curieux; 17.° une collection d'insectes provenant de Sloane, tels que guêpes, taons, cousins, scorpions, mille-pieds, nids d'araignées, des sauterelles, etc.; 18.° des reptiles, des amphibies, des serpens conservés dans de l'esprit-de-vin, des animaux empaillés, des poissons secs, le squelette d'une jeune baleine, etc.; 19.° enfin une salle garnie d'armoires dans lesquelles on a recueilli plusieurs productions de l'art; des reliques, des chapelets, des modèles de quelques édifices sacrés, des ustensiles et ornemens à l'usage des indiens, etc. Le troisième département du *musée* britannique renferme les livres imprimés; on y remarque d'abord la bibliothèque du major Edouard, collection assez considérable de livres anglais, français et italiens, mais principalement de ces derniers. La bibliothèque sloanienne a six parties : la première est formée d'ouvrages sur la médecine, la pharmacie, l'anatomie, la chirurgie et la chimie; la seconde est composée de livres qui traitent de la physique, de la botanique et de l'histoire naturelle : on y voit de très-beaux dessins; la troisième regarde la grammaire et la philosophie; la quatrième, les histoires de toutes les nations anciennes et modernes, estampes, globes et cartes géographiques de diverses contrées; la cinquième contient des traités sur les arts et les sciences, sur la philosophie, l'astronomie, etc.; enfin, la sixième renferme la théologie et la jurisprudence (1). La bibliothèque royale est divisée en deux parties, c'est-à-

(1) La bibliothèque de sir Hans Sloane était d'environ 50,000 volumes; le catalogue de son cabinet de curiosités, qui est en 38 vol. in-fol. et 8 vol. in-4, contient 69,352 articles, avec une courte description de chaque pièce. Ce cabinet était la plus riche collection qu'ait possédé un particulier. Il le laissa par testament au public; mais il exigea qu'on donnerait 20,000 livres sterlings à sa famille. Le parlement d'Angleterre accepta ce legs et paya cette somme, bien inférieure à la valeur de la collection dont elle était le prix. Quand il se trouvait quelque livre double dans la bibliothèque de Sloane, il l'envoyait soigneusement au collége des médecins, si c'était un livre de médecine, ou à la bibliothèque du chevalier Bodley, à Oxford, s'il traitait d'autres matières. Sloane, célèbre naturaliste et grand médecin, mourut en 1753, âgé de 93 ans. Ce fut lui qui fut président de la société royale de Londres, à la place de Newton : ce fut aussi lui qui établit le *dispensatoire* de Londres, où les pauvres en achetant des remèdes, ne paient que la valeur intrinsèque des drogues qui y entrent.

dire, occupe deux appartemens. Tels sont les objets qui composent le *musée* britannique. Ne quittons pas l'Angleterre sans parler du *musée* d'Oxford, appelé *musée ashmoléen*: c'est un grand bâtiment que l'université a fait construire pour le progrès et la perfection des différentes sciences: il fut commencé en 1679, et achevé en 1683. Dans le même temps, Elie Ashmole, écuyer, fit présent à l'université d'Oxford, d'une collection considérable de curiosités, qui furent par la suite arrangées et mises en ordre par le docteur Plott, qui fut établi premier garde du *musée*. Depuis ce temps, cette collection a été considérablement augmentée, entr'autres d'un grand nombre d'hiéroglyphes et de diverses curiosités égyptiennes, que donna le docteur Huntingdon, d'une momie entière, donnée par M. Goodgear, d'un cabinet d'histoire naturelle dont M. Lister fit présent, et de diverses antiquités romaines, comme autels, médailles, lampes, etc. A l'entrée du *musée*, on lit cette inscription: *Musæum ashmoleanum, schola naturalis historiæ, officina chimica.* L'Italie possède une grande quantité de *musées*. On voit à Rome *museo capitolino, museo pio clementine, villa albani, villa borghese, villa ludovisi, palazzo mattei, palazzo barberini, galeria giustiniana, palazzo rondanini*. On trouve à Naples *capo di monte*: cette collection a été augmentée de celle du palais Farnèse à Rome, que le roi a fait transporter à Naples, parce qu'elle appartenait à sa famille. A Portici, on admire le *musée* qui renferme les antiques trouvés dans les villes souterraines d'Herculanum, Pompeia et Stabia: elle est unique dans son genre pour les peintures à fresque, les médailles, camées, ustensiles et armures des anciens (1). A Catanea se voit le *musée* du

---

(1) Douze à quinze cents manuscrits; environ huit cents morceaux de peinture; plus de trois cent cinquante statues, têtes ou bustes; près de

prince Biscari ; à Palerme, celui du collége des ci-devant jésuites ; à Florence, la galerie du grand-duc ; à Turin, celui du roi ; à Milan, celui du comte de Firmian ; à Vérone, la collection des antiques de Maffei ; à Pesaro, celle du comte Annibal Olivieri ; enfin, à Venise, celle du vestibule de la bibliothèque de saint Marc. Voilà la liste de tous les *musées* qui existent maintenant en Italie. Nous parlons des principaux muséographes aux articles ARCHÆOLOGIE, GLYPTOGRAPHIE et MÉDAILLES. Nous avons oublié de dire qu'en termes d'archæologie, on entend par *collecteurs* ceux qui ont réuni en un corps des monumens divers, tendant ordinairement au même but ; tels que Ficoroni, les masques scéniques ; Passery, les lampes antiques, etc. ; par *iconographes*, on désigne ceux qui ont publié des figures de monumens, mais sans une explication détaillée ; et par *monographes*, ceux qui ont écrit des petits traités séparés sur quelques monumens, tels qu'Albert Rubens, qui a décrit l'agathe de Tibère ; Baudelot Dairval, qui a décrit le cachet de Michel-Ange ; Millin, qui a donné l'explication d'une gravure représentant *Diane Lochia*, etc.

MUSIQUE (caractères de). Nous allons puiser dans un ouvrage de Fournier le jeune, tout ce qu'il y a de plus intéressant sur l'histoire de l'origine et des progrès de l'impression de la *musique* en caractères de fonte. L'origine des notes de *musique* remonte au commencement du 11e siècle : Guy Arctin, natif d'Arezzo, religieux bénédictin, en est l'inventeur (1).

---

mille vases de différentes formes ; quarante grands candelâbres, plus de six cents autres morceaux antiques : voilà le cabinet de Portici.

BARTHELEMY au comte de Caylus, en 1756.

(1) On prétend que cet homme ingénieux trouva les six notes de la *musique*, *ut*, *re*, *mi*, *fa*, *sol*, *la*, en chantant l'hymne de saint Jean de cette manière :

Elles furent d'abord très-simples et de figure lozange; depuis elles ont été compliquées par des variations et des modifications fort étendues; enfin, on leur a donné la figure ronde. La première impression de la *musique* est due à la typographie. Pierre Hautin, graveur, fondeur et imprimeur à Paris, en fit les premiers poinçons vers 1525. Il grava des caractères de *musique* de plusieurs grosseurs; les notes et les filets étaient représentés sur le poinçon; par conséquent le tout était imprimé en une seule fois. Il en fit usage pour lui-même, et en vendit à plusieurs autres imprimeurs qui les mirent en œuvre. On voit à bibliothèque nationale plusieurs de ces premières éditions, l'une de 1530, qui est un recueil de chansons en 4 vol. in-8 oblong, imprimé par Pierre Attaignant, imprimeur à Paris. Fournier a vu dans la bibliothèque de feu M. d'Argenson, un autre recueil de chansons, imprimé, avec privilége, à Anvers, en 1543, par Tylman Syrato. Hautin imprimait encore la *musique* sur la fin de ses jours: on voit de lui des motets à cinq parties, mis en *musique* par Roland Lassutio, 1 vol. in-4 oblong, imprimé en 1576. Guillaume le Bé, graveur, fondeur et imprimeur, grava plusieurs caractères de *musique* et de tablature de luths, en 1544 et 45. Ces caractères étaient faits

---

Ut queant laxis *Famuli tuorum*,
Resonare fibris *Solve polluti*
Mira gestorum *Labii reatum*.

Il introduisit aussi l'usage des portées, c'est-à-dire, des lignes de *musique*, au nombre de cinq, selon quelques auteurs; de quatre, selon d'autres, et de huit, selon quelques autres. Sur ces lignes, ou entre chacune d'elles, à la tête desquelles une lettre servait de clef, il marqua les notes en forme de points désignant par leur position l'élévation ou l'abaissement de la voix. Kircher prétend que cette invention est antérieure à Aretin; en effet, on ne voit pas dans les écrits de ce moine, qu'il se l'attribue.

pour être imprimés à deux fois, d'abord les filets, ensuite les notes, par rentrées les unes sur les autres. Cette sorte de caractères de *musique* n'a pas eu d'autres succès, étant sujette à trop d'inconvéniens. Nicolas Duchemin, graveur, fondeur et imprimeur, s'attacha principalement à l'impression de la *musique :* il grava lui-même plusieurs caractères de *musique*, et il en fit graver pour lui par Nicolas de Villiers et Philippe Danfrie. Duchemin imprima beaucoup de livres de *musique*, entr'autres un recueil de chansons spirituelles, en 1554 ; un recueil de messes mis en *musique* par différens maitres, en 1558 ; et un livre intitulé *Institution musicale*, en 1556. Robert Granjon, graveur, fondeur et imprimeur, ayant quitté Paris pour aller à Lyon, y grava plusieurs caractères de *musique*, vers 1572. Pour lors ces sortes de caractères avaient été perfectionnés par l'industrie des graveurs nommés précédemment. Jacques Sanlecque et son fils, tous deux graveurs, fondeurs et imprimeurs, portèrent l'art de la gravure de *musique* au plus haut point de perfection qu'il fut possible alors. Vers 1635, ils commencèrent, pour leur propre usage, la gravure de trois caractères de *musique*, distingués par *petite*, *moyenne et grosse musique*. Ces trois caractères sont un chef-d'œuvre pour la précision des filets, la justesse des traits obliques qui lient les notes, et la parfaite exécution. Cependant leur figure est devenue insensiblement gothique ; et le chant étant toujours travaillé de plus en plus, les croches simples, doubles et triples n'ont pu être exécutées par ce mécanisme avec la précision qu'exigeaient les variations du chant. En 1746, un M. Keblin imagina de nouveaux caractères de *musique :* il imita très-bien la figure des notes rondes, telles qu'on les écrit ; mais chaque ligne était coulée en sable et ne faisait qu'une pièce ; ce qui rendait cette invention inutile pour l'imprimerie. En 1754, M. Breitkopf, célèbre fondeur et imprimeur à Leipsick, chercha à donner aux caractères de fonte pour l'impression de la *musique*, une forme plus gracieuse que celle qu'ils avaient eu jusqu'alors, et il y réussit en 1755. C'est cette même année que Pierre-Simon Fournier le jeune, dont nous parlons en tête de cet article, commença à travailler à faire revivre en France l'usage des caractères de *musique*, et, sans être instruit du procédé de M. Breitkopf, il y réussit parfaitement. A peine les caractères de M Breitkopf parurent-ils, qu'ils furent imités à Berlin par le sieur Zinsk; à Vienne, par le sieur Trattner; à Harlem, par MM. Enschede, fondeurs et imprimeurs. Ce qui a très-long-temps retardé la perfection des caractères de *musique* en France, ce sont les priviléges exclusifs qu'ont obtenu de Henri II, en 1552, Adrien Leroi et Robert Ballard, son beau-frère, pour l'impression de la *musique*. Ces priviléges ont été renouvellés en faveur des Ballard, de père en fils, et ont duré jusqu'à nos jours. » L'on a vu sortir des presses de Beaumarchais, des symphonies, des pièces de clavecin et des partitions plus belles et plus soignées que la plupart de celles gravées que l'on trouve à Paris chez les marchands de *musique*.

MYSTÉRIQUES (arts). Ces arts, selon l'abbé Girard, dans son *Système bibliographique*, marchent sous le voile du symbole et dans l'obscurité de la divination; ce qui les distingue en symboliques et en judiciaires : les symboliques comprennent tout ce que les hommes ont imaginé pour produire leurs idées par des figures et des allusions; tels sont le blason, les emblêmes, les devises, les hiéroglyphes, les énigmes, les logogryphes, la stéganographie, etc.; les arts judiciaires qu'on pourrait appeler illusoires, sont tous les arts magiques, enfans de l'oisiveté, de la malice ou du dérangement de l'imagination.

MYSTIQUE. Ce mot signifie allégorique, mystérique, caché, mais en terme de bibliographie, nous le regardons comme appartenant à une classe de la théologie qui renferme tous les ouvrages de dévotion contemplative. On dit aussi théologie *mystique*, et par-là on entend une connaissance infuse de Dieu et des choses divines.

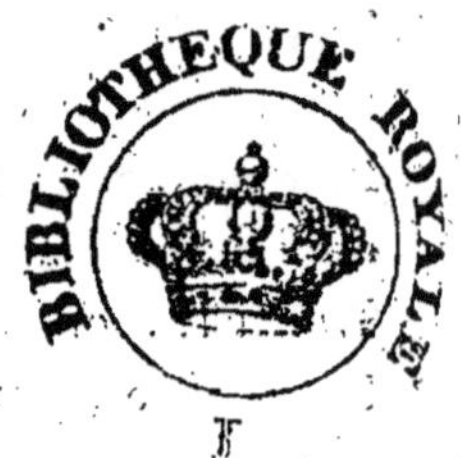

FIN DU TOME PREMIER.

TABLEAU SYNOPTIQUE (1)
DE BIBLIOLOGIE,
OU
APPERÇU MÉTHODIQUE
DE TOUTES LES PARTIES ESSENTIELLES
QUI COMPOSENT CETTE SCIENCE.

La BIBLIOLOGIE ou science des livres, renferme :

1°. La GLOSSOLOGIE ou science des langues.
2°. La DIPLOMATIQUE ou science des écritures.
3°. La BIBLIOPÉE ou composition des livres.
4°. La TYPOGRAPHIE ou science de l'imprimerie.
5°. La BIBLIOPOLIE ou science de la librairie.
6°. La BIBLIOGRAPHIE ou connaissance des livres.
7°. L'HISTOIRE-LITTÉRAIRE universelle.

Chacune de ces parties est subdivisée ainsi qu'il suit :

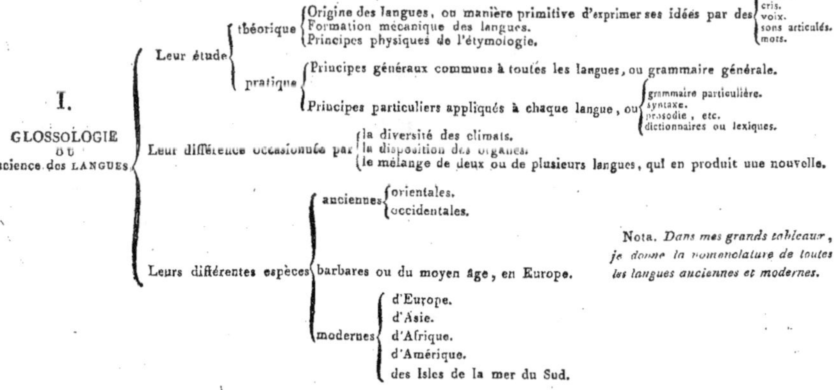

---

(1) Ce tableau est l'abrégé d'un travail synoptique fort détaillé, que j'ai essayé sur la bibliologie; j'ai réduit cette science en dix grands tableaux qui présentent au premier coup-d'œil l'ensemble et l'enchaînement méthodique de ses nombreuses parties. Ces dix tableaux sont suivis de quarante autres tant sur la bibliotactique ou classification des livres, que sur la biographie chronologique des savans, classés par ordre des matières qu'ils ont traitées. J'ai terminé cette collection (qu'on peut regarder comme une véritable encyclopédie en tableaux) par la généalogie des plus célèbres imprimeurs.

II.

DIPLOMATIQUE ou science des ÉCRITURES.....

- Chez les anciens.
  - Caractères . . . .
    - emblématiques ou symboliques.
    - hiéroglyphiques.
    - alphabétiques, abréviateurs, chiffres, sigles, etc.
  - Matière subjective de l'écriture :
    - pierres, briques, bois, métaux, etc.
    - tablettes en bois, ivoire, cire, etc.
    - parchemin, papyrus, écorce, peaux d'animaux, etc.
  - Instrumens pour écrire :
    - style ou stylet de diverses matières.
    - roseau.
  - Monumens d'ancienne écriture :
    - manuscrits sur toutes sortes de sujets. On n'en connaît guère d'antérieurs au 5e siècle, que ceux d'Herculanum.
    - diptyques
      - consulaires.
      - ecclésiastiques.
- Dans le moyen âge. . . . .
  - Caractères alphabétiques :
    - lettres de forme ou gothiques; ancienne bâtarde ou cursive; ancienne ronde bâtarde; ancienne bâtarde romaine ou cursive romaine; lettres de somme romaines...... sigles, notes, abréviations, etc.
  - Matière subjective de l'écriture :
    - parchemin, papyrus,
    - papier de coton ou papier bombycin.
  - Instrumens pour écrire :
    - stylet.
    - roseau.
    - plume.
  - Matière apparente de l'écriture ou encre
    - d'or et d'argent.
    - noire ou *atramentum.*
    - rouge ou *encaustum.*
    - de diverses couleurs.
  - Monumens du moyen âge :
    - diptyques ecclésiastiques.
    - manuscrits
      - ecclésiastiques.
      - historiques.
      - littéraires.
    - diplômes et chartes . . . .
      - ecclésiastiques } en caractères
      - politiques } en caractères
        - barbares.
        - ostrogothiques.
        - lombardiques.
        - visigothiques.
        - anglo-saxons.
        - mérovingiens.
        - carlovingiens.
        - capétiens, etc.
  - Maîtres écrivains du moyen âge :
    - chrysographes ou écrivains en lettres d'or.
    - notaires ou écrivains en notes ou abréviations.
    - calligraphes, copistes, scribes, etc.
    - enlumineurs.

Nota. *Les reliures du moyen âge étaient en or ou en argent, ou en ivoire, soie, bois, etc. On en voit encore de pareilles dans les* 15e, 16e et 17e *siècles.*

- Chez les modernes.
  - Caractères
    - alphabétiques ou écriture
      - gothique.
      - ronde.
      - coulée.
      - bâtarde.
      - expédiée ou cursive.
      - composée.
    - abréviateurs ou écriture
      - tachygraphique.
      - sténographique.
      - okygraphique.
      - pasigraphique, } ou universelle.
      - pasilalique, } ou universelle.
  - Matière subjective de l'écriture chez
    - les Européens : papier de chiffon, parchemin, vélin, papier de soie, de différentes matières végétales, etc.
    - les Orientaux : papier de bambou, de soie, de coton; satin, feuilles de palmier, de bananier, etc.
  - Instrumens pour écrire chez
    - les Européens : la plume, le crayon, le pinceau.
    - les Orientaux : le pinceau, le roseau, la pointe, la plume.
  - Matière apparente de l'écriture, ou encre
    - noire.
    - de toutes couleurs.
    - de la Chine.
    - sympatique, etc.

Nota. *Autrefois on se servait de cordelettes à la Chine, comme on se servait de quipos dans l'Amérique méridionale, sur-tout au Pérou et au Chily.*

- Monumens d'écriture.
  - La découverte de l'imprimerie a nui aux progrès de la calligraphie. Dans les annales de la littérature moderne, on ne cite que quelques chefs-d'œuvre calligraphiques des grands maîtres, tels que les Legagneur, les Beaugrand, les Barbedor, les Jarry, les Duval, les Fontaine, les Alais, les Sauvage, les Rossignol, etc.

III.

BIBLIOPÉE ou composition des LIVRES, qui exige

- Connaissance parfaite de la langue dans laquelle on écrit.
- Choix heureux d'un sujet instructif ou amusant.
- Connaissance de tous les ouvrages relatifs à ce sujet.
- Facilité, richesse et convenance dans le style.
- Clarté, simplicité et méthode dans la disposition des idées.
- Sévérité dans le choix des expressions, force et harmonie dans le tour des phrases.
- Travail, assiduité et exactitude dans l'ensemble de la composition.
- Correction rigoureuse du manuscrit, soit en le revoyant souvent, soit en déférant aux avis des gens instruits.
- Enfin lenteur dans la publication de l'ouvrage.

VII.
HISTOIRE LITTÉRAIRE universelle.

- **ANCIENNE**
  - De l'origine et des premiers progrès des connaissances humaines :
    - de la philosophie.
    - des sciences, etc.
  - De l'origine des arts
    - agréables.
    - utiles.
    - mécaniques.
  - Des religions
    - payenne ou mythologique.
    - hébraïque.
    - chrétienne pendant les cinq premiers siècles de l'ère vulgaire.
  - Des sectes philosophiques
    - Ionique sous Thalès, qui renferme le Socratisme, le Platonisme, le Cynisme, le Stoïcisme et le Péripatétisme.
    - Samienne sous Pythagore, qui renferme l'Eléatisme, l'Héraclitisme, l'Epicuréisme et le Pyrronisme ou Septicisme.
    - Eclectique.
  - Des établissemens relatifs à l'instruction :
    - bibliothèques.
    - musées.
  - Des beaux siècles de la littérature ancienne
    - Sous Périclès et Alexandre, pour la littérature grecque.
    - Sous Auguste, pour la littérature latine.
    - Sous Théodose-le-Grand, au 4.e siècle, pour la littérature grecque.
- **MODERNE**
  - générale
    - Des sciences et des arts dans le moyen âge et depuis la renaissance des lettres.
    - Des religions Idolâtres, Judaïque, Chrétienne, Grecque, Latine, Sectaires, etc.
  - particulière
    - des sciences et arts.
    - des belles-lettres.
    - de l'histoire.
    - de la théologie, etc.
  - Des établissemens d'instruction publique :
    - universités.
    - instituts.
    - académies.
    - colléges.
    - écoles en tout genre.
    - bibliothèques publiques.
    - musées, galeries, cabinets, etc.
  - Des arts utiles et agréables : de l'architecture, du dessin, de la peinture, de la gravure, de la sculpture, de l'art nautique, pyrotechnique; de la musique, de la gymnastique, des arts mécaniques.
  - De la Palæographie.
  - De la Calligraphie.
  - De l'Imprimerie.
  - Des beaux siècles de la littérature moderne sous
    - Léon X, pour la renaissance des beaux-arts et des lettres.
    - Louis XIV, pour la littérature française.
  - Des auteurs qui ont traité particulièrement de l'histoire littéraire.

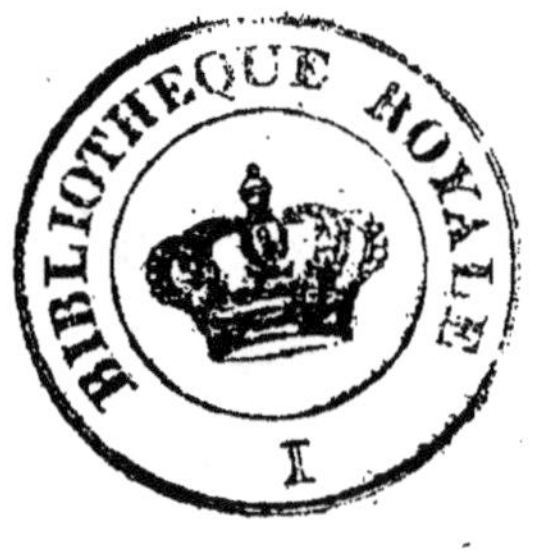
BIBLIOTHEQUE ROYALE

www.ingramcontent.com/pod-product-compliance
Lightning Source LLC
LaVergne TN
LVHW011257110826
845149LV00001B/167

* 9 7 8 2 0 1 9 2 0 9 5 7 5 *